Benedikt Peters

DIE PSALMEN
42–72

CLV

Christliche Literatur-Verbreitung e. V.
Ravensberger Bleiche 6 · 33649 Bielefeld

Anmerkung des Herausgebers: Es ist zu beachten, dass der Autor an gewissen Stellen den Text der Psalmen direkt aus dem Hebräischen übersetzt hat. Die sonstigen Bibelzitate sind verschiedenen Versionen der Elberfelder Übersetzung entnommen. Die verschiedenen Versionen weichen teilweise in der Verszählung der Psalmen voneinander ab. Daher kann es gelegentlich zur Verschiebung der Verszählung um einen Vers kommen. Wir bitten den Leser, dies im gegebenen Fall zu berücksichtigen.

1. Auflage 2018 (CLV)
(überarbeitete Ausgabe des 2006 bei der Christlichen Verlagsgesellschaft mbH, Dillenburg, erschienenen Titels)

Christliche Literatur-Verbreitung
Ravensberger Bleiche 6 · 33649 Bielefeld
Internet: www.clv.de

Satz: EDV- und Typoservice Dörwald, Steinhagen
Umschlag: Lucian Binder, Marienheide
Druck und Bindung: GGP Media GmbH, Pößneck

Artikel-Nr. 256362
ISBN 978-3-86699-362-4

Inhalt

Technisches

Am Schluss jedes Kapitels findet sich eine Rubrik **Sprachliche Anmerkungen**. Dort werden Wörter und Wendungen für den sprachlich Interessierten behandelt. Die Anmerkungen setzen neben Interesse für Grammatik und Wortbedeutung zuweilen auch ein gewisses Maß an Kenntnis der besonderen Terminologie der hebräischen Grammatik voraus. Mir ist bewusst, dass ich mit diesen Anmerkungen nicht jeden meiner Leser anspreche. Man kann der Auslegung des Buches ohne Mühe folgen, auch ohne die sprachlichen Erläuterungen zu lesen.

Zur Aussprache der Sonderzeichen:

ḥ steht für das hebräische *chet*, entspricht deutschem ch in Wörtern wie in »Bach«

ṣ steht für das hebräische *tsade*, entspricht deutschem z wie in »zeigen«

š steht für das hebräische *schin*, entspricht deutschem sch wie in »schön«

ʾ steht für das hebräische *aleph*, entspricht dem Knacklaut, der im Deutschen im Wort *beenden* die Vorsilbe *be-* vom Verb *enden* trennt

ʿ steht für das hebräische *ayin*, in der Kehle erzeugter Presslaut, hat im Deutschen keine Entsprechung

ə steht für das hebräische *schewa*, ein Murmelvokal, der wie die auslautende Silbe *-en* im deutschen Wort *essen* oder wie die Vorsilbe *be-* im Wort *belohnen* klingt

æ entspricht dem deutschen ä wie in »hätte«

â langes a

ê langes e

î langes i

etc.

Das zweite Psalmbuch

Das zweite Buch des Pentateuchs Davids gleicht dem zweiten Buch des Pentateuchs Moses. Wie dieses beginnt es mit dem Seufzen der Erwählten unter der Bedrückung der Gottlosen (2Mo 1–2; Ps 42–43), und wie dieses endet es mit dem Aufscheinen der Herrlichkeit Gottes (2Mo 40,34-38; Ps 72,18-19). Gott sendet als Antwort auf das Seufzen der Heiligen sein Licht, das sie zu seinem heiligen Berg und zu seinen Wohnungen führt (43,3), wie er damals Mose mit einer Botschaft der Errettung sandte und sein Volk durch das Licht seiner Gegenwart (2Mo 13,21-22) zu seinem Berg und zu seiner heiligen Wohnung führte (2Mo 15,13.17). In der Errettung lernte Israel Gott als seinen wahren König kennen (2Mo 15,18). In Psalm 45 wird vom Kommen dieses Königs gesungen, in Psalm 72 von seiner Regierung, und damit ist ein passender Abschluss gefunden. In Psalm 42 leidet der Beter unter der Frage der Feinde: *»Wo ist dein Gott?«* Der Psalm 72 schildert, wie alle Welt im Messias den Gott der so lange bedrängten Heiligen erkennen und sich ihm unterwerfen wird. Der Bußpsalm, der wie kein anderer die Sünde des Sünders ausleuchtet (Ps 51), findet sich nicht ohne Grund im zweiten Psalmbuch. Das Herz der Sünde, das den Menschen ans Verderben und an den Verderber verkauft, ist der Ehebruch. Dieser wird zwar in 2. Mose nicht direkt genannt, wohl aber in einem Propheten. Hesekiel 20 beschreibt die hartnäckige und lange andauernde Hurerei der Nachkommen Abrahams während ihrer Jahrhunderte in Ägypten: Ihr ehebrecherisches Herz (vgl. Jak 4,4) war vom Gott der Väter gewichen und hatte sich den unreinen Umarmungen des heidnischen Aberglaubens hingegeben. So lehrt uns das zweite Buch im Psalter, wie der Herrlichkeit der Erlösung und des Erlösers (Ps 45 und 72) das Dunkel und die Macht der Sünde gegenübersteht. Errettung muss ja nur deshalb sein, weil die Sünde uns vollständig durchdrungen und unterworfen hat. Wir sind unter die Sünde verkauft (Röm 7,14). Schließlich verweise ich auf den 68. Psalm, der die Errettung aus Ägypten besingt als das Muster aller späteren Errettungen, die Gott in Seinem Volk wirkte und noch wirken wird.

Im zweiten Psalmbuch finden sich gemäß Überschrift acht Psalmen von den Söhnen Korahs (Ps 42–49), einer von Asaph (Ps 50) und achtzehn von David (Ps 51–65; 68–70), wobei die drei namenlosen Psalmen 66, 67 und 71 wohl auch davidisch sind (siehe Einleitungen zu den jeweiligen Psalmen). Der letzte Psalm dieses Buches wird gewöhnlich Salomo zugeschrieben (Ps 72). Wenn wir den 72. aber David zuerkennen (siehe Erörterungen dort) und die drei namenlosen ebenfalls, dann stammen zweiundzwanzig Psalmen von David, also mit Abstand die zahlreichsten.

Der Gebrauch des Gottesnamens unterscheidet sich auffällig vom ersten Buch. Dort wurde Jahwe am häufigsten gebraucht, nämlich 273-mal, Elohim hingegen nur 50-mal. Im zweiten Psalmbuch steht 198-mal der Gottesname Elohim, Jahwe aber lediglich 32-mal (nach der Tabelle von Ernst Aebi, *Kurze Einführung in die Bibel*, S. 73)[1]. Zur prophetischen Bedeutung dieses Sachverhalts gibt Clarke folgende Erklärung:

»Vieles in diesem Buch spricht vom treuen israelitischen Überrest, der aus dem Land vertrieben worden ist und zu Gott schreit, während er sich tröstet mit der Aussicht auf eine hellere Zukunft. Das bezieht sich auf die letzten Tage, in denen der bedrängte gläubige Überrest in die Berge geflohen ist (Mt 24,16) ... Wir müssen immer bedenken, dass Gottes Verbindung mit Israel sich nicht trennen lässt von seiner Wohnstätte. Daher war es ein ungeheure Tragödie, wenn man aus Jerusalem vertrieben wurde. Die Nation hat alle Rechte auf die Bundesbeziehung zu Gott verloren, weshalb die Treuen sich ganz auf Gottes Erbarmen werfen. Daher wird im zweiten Psalmbuch der Bundesname Jahwe zugunsten von Elohim fallen gelassen.«

Psalm 42
Wie der Hirsch nach Wasser schreit

Dies ist der erste von 11 Psalmen, die in der Überschrift den Söhnen Korahs zugeschrieben werden. Die Söhne Korahs hätten in der Sünde ihres Vaters umkommen müssen (4Mo 16,31-32); sie wurden aber, wie uns 4. Mose 26,9-11 berichtet, geschont. Es findet sich keine Begründung, warum sie geschont wurden. Wir können aber doch sagen, wozu: Gott schonte sie in seiner Gnade, damit sie ihm in seinem Haus

1 Ernst Aebi, *Kurze Einführung in die Bibel*, Winterthur: Verlag Bibellesebund Schweiz.

lobsängen. Wir erfahren in 1. Chronik 6,22; 9,19 und 2. Chronik 20,19, dass David die Söhne Korahs zu Torhütern und Sängern im Haus Gottes bestellte. Können wir, müssen wir das nicht auf uns übertragen? Hätten nicht auch wir in der Sünde unseres Vaters Adam sterben müssen? Und hat uns Gott nicht ebenso geschont? Fragen wir warum, können wir dafür keine Erklärung geben außer der, dass Gott es so wollte. Und fragen wir wozu, dann sagen wir, dass er genau deshalb alles tat, um uns Sünder aus dem Abgrund zu reißen, damit wir wie ein anderer aus der Grube Geretteter, wie König Hiskia, *»das Saitenspiel rühren alle Tage unseres Lebens im Haus des HERRN«* (Jes 38,20). Paulus sagt dreimal in seinem großartigen Panorama der erwählenden Gnade Gottes von Epheser 1, dass uns all das Gute von Gott widerfahren ist, *»damit wir seien zum Preis seiner herrlichen Gnade«* (Eph 1,6.12.14).

Die beiden Psalmen 42 und 43 sind eigentlich ein einziger Psalm, was wir am Fehlen der Überschrift beim 43. und am Inhalt deutlich erkennen. In beiden Psalmen finden sich die Worte *»Warum muss ich trauernd gehen ...«* (42,10; 43,2), und der Kehrvers von 42,6 und 12 kehrt in 43,5 zum dritten Mal wieder und bindet so die beiden Psalmen zu einem einzigen Lied zusammen. Nach diesem Kehrvers kann man das Lied in drei Strophen einteilen:

1. **In der Wüste lechzt meine Seele nach Gott (42,1-6)**
2. **Aus großen Wassertiefen schreit meine Seele zu Gott (42,7-12)**
3. **In meiner Bedrängnis bete ich zu Gott (43,1-5)**

Der Doppelpsalm 42 und 43 ist eines der ergreifendsten Sehnsuchtslieder des ganzen Psalters, aber er ist auch ein Trostpsalm für einen jeden Heiligen, der sich nach seiner himmlischen Heimat sehnt, denn nicht die Verzweiflung, sondern die gläubige Zuversicht behält die Oberhand. Der Beter ist vom Heiligtum in Jerusalem weit in den Norden vertrieben oder verschleppt worden, vielleicht als Kriegsgefangener des Königs des Nordreiches (vgl. 2Kö 14,14), oder vielleicht als ein Levit im Gefolge Davids (siehe Anhang). Ausnahmsweise erfahren wir in diesem Psalm sogar genau, wo der Beter ist: bei den Jordanquellen am Hermon. Während seiner Verbannung dürstet er nach Gott und seinem Heiligtum (Ps 63) wie ein Hirsch, der in der langen regenlosen Zeit nach Wasser schreit. Der Abschnitt wird durch den Kehrvers abgeschlossen (V. 6). Im nächsten Abschnitt vergleicht der vom Heiligtum vertriebene Anbeter seine Not nicht mit einem Verdurstenden, sondern mit einem Ertrinkenden (V. 7-8), und er beschließt seine Klage wiederum mit dem Kehrvers, das heißt, mit der Frage an sich selbst, warum er denn mutlos sei; Gott werde ihn noch retten und zurückführen (V. 12).

Der 43. Psalm bildet die dritte Strophe des Liedes. Dort betet der nach Gott lechzende Heilige, dass Gott ihn unterweise und ihm seinen Weg zeige, der zurück zum Heiligtum führt. Die Drangsal hat ihn unterwiesen, nicht mehr seine persönliche Erleichterung, sondern Gottes Licht und Gottes Wahrheit über alles zu stellen. Diese und diese allein sollen ihn leiten (V. 3). So kann er sich selbst ein drittes Mal Mut zureden, Gott werde ihn noch in sein Haus zurückführen, wo er seinen Gott und Retter wieder preisen könne (V. 5). *»Der dreimal wiederholte Kehrvers ist einem dreifach aufgeschütteten Damm vergleichbar, an dem sich die dunklen Wogen der Verzweiflung brechen«* (Lamparter).

Stellen wir schließlich die beiden ersten dem letzten Psalm des zweiten Psalmbuches gegenüber, verstehen wir, dass die Drangsal (Ps 42 und 43) die kommende Herrlichkeit (Ps 72) nicht hindert; nein, im Gegenteil: Die Drangsal ist das Mittel, das Gott verwendet, um uns zur Herrlichkeit zu führen.

1. In der Wüste schreit meine Seele nach Gott (42,1-6)

1 Dem Vorsänger. Ein Maskil von den Söhnen Korahs.

Zu »Vorsänger« siehe Psalm 4. Dies ist das erste der vier (42; 44; 45; 88) von den Söhnen Korahs gesungenen Lieder, die Maskil heißen. Zur Bedeutung des Begriffs siehe Psalm 32.

Der hebräische Ausdruck **libnê Qôraḫ** ist am besten als »von den Söhnen Korahs« zu deuten, wie u. a. die Überschrift von Psalm 3 **mizmôr ləDavîd** »ein Psalm von David« bedeutet. Die hebr. Grammatik erlaubt zwar auch die Übersetzung »für die Söhne Korahs«, aber dazu besteht wenig Anlass. Vielmehr ist Delitzsch recht zu geben, der dazu sagt:

*»Das hier wie in **lə'âsaph** das **lə** ein **Lamed auctoris** ist (also den Urheber anzeigt, B.P.), erhellt daraus, dass keiner dieser Psalmen, wie sich erwarten ließe, außerdem den Verfassernamen **lədâvîd** an*

sich trägt. Es ist freilich auffällig, dass statt je eines Verfassers immer die Familie genannt wird, wovon Psalm 88 nur scheinbar abgewichen ist. Ähnlich ist innerhalb des deutschen Kirchenliedes die Bezeichnung ›Böhmische Brüder‹. Wahrscheinlich bildeten die korahitischen Lieder ursprünglich ein Buch für sich, welches ›Lieder von den Söhnen Korahs‹ oder ähnlich betitelt war, und von dessen Titel dann das ›von den Söhnen Korahs‹ in die Aufschrift jedes einzelnen der in zwei Gruppen in der Psalmensammlung einverleibten Lieder überging, wie es auch mit der 15-mal sich wiederholenden Aufschrift ***šîr hammaᶜalôt*** *(Stufenlied) bewandt zu sein scheint.«*

2 Wie der Hirsch[2] nach Wasser lechzt,
so lechzt meine Seele nach dir[3], o Gott!

Der Anfang des Liedes erinnert uns an den 63. Psalm, den David dichtete, als er in der Wüste Juda war und nach Gott dürstete. Hier schreit der von Jerusalem vertriebene Levit **»wie der Hirsch nach Wasser«**. Die schmachtende Kreatur keucht nach der Erquickung, die nur Wasser bieten kann. Genau so lechzt die ganze Natur des Heiligen nach Gott.

3 Meine Seele dürstet nach Gott[4], dem lebendigen Gott:
Wann[5] darf ich kommen und schauen Gottes Angesicht?[6]

Die Söhne Korahs dürsten nach Gott, weil sie wissen, dass alle Quellen der Heiligen in Gott sind. Davon singen sie in Psalm 87, der ebenfalls von ihnen stammt (V. 7).

Das ist ein glückseliger Durst, der sich durch nichts stillen lässt als durch die Gemeinschaft mit Gott selbst. Hier hören wir den Tempelsänger, der sich nach Gottes Heiligtum sehnt, nach dem Ort, da Gottes Herrlichkeit wohnt (vgl. Ps 26,8), wo er so oft vor Gott getreten war. Ihn treibt jener Durst, der uns zwar plagt, aber der uns auch Wonne bereitet. Dieser Durst narrt uns nicht wie eine Fata Morgana. Gottes Bach ist immer voll Wassers (Ps 65,10), und wir dürfen immer trinken, so viel

2 Kla 1,6.
3 Ps 119,82.131.
4 Ps 63,2; 84,3; 143,6.
5 Ps 6,4.
6 Ps 17,15.

wir wollen. Dieses wundersame Wasser stillt den Durst und macht ihn gleichzeitig immer größer, und stillt ihn alsbald wieder. So wächst das Verlangen und wächst die Wonne an Gott ins Unendliche. Er entzieht sich den Seinen nicht. Im Gegenteil; unser Herr selbst sagt:

»Esst, meine Lieben, trinkt und berauscht euch, Geliebte!« (Hohelied 5,1).

»Wann darf ich Gottes Angesicht schauen?« Die gleichen Söhne Korahs können in Psalm 84,8 mit Zuversicht von den Zionspilgern sagen: *»Man erscheint vor Gott in Zion.«*

Die Frage des Heiligen lautet nicht: *Wann werde ich endlich von diesem öden Leben befreit?*, oder: *Wann werde ich endlich der Bürde des Daseins ledig?*, sondern: *Wann werde ich endlich vor Gott erscheinen?* Die Sehnsucht nach meinem Gott zieht mich stärker, als der Überdruss an der Welt mich abstößt. Der Beter sehnt sich danach, vor Gottes Angesicht zu erscheinen. Er will das Angesicht dessen sehen, der ihn geliebt und sich für ihn hingegeben, der ihn mit seinen Augen sein Leben lang gelenkt hat (Ps 32,8), das Angesicht dessen, den er liebt, wenngleich er ihn noch nicht gesehen hat (1Petr 1,8). Er will nicht nur seine Hand und seine Macht, sondern am allermeisten sein Angesicht sehen, denn in seinen Gesichtszügen sieht er ihn, wie er ist. Diese unsere Sehnsucht wird einmal vollkommen gestillt werden (Offb 22,4).

4 Meine Tränen[7] sind meine Speise[8] Tag und Nacht,
da man den ganzen Tag[9] zu mir sagt: Wo ist dein Gott?[10]

»Meine Tränen«: Diese sind es, oder viel mehr, der Kummer, der sie herausgepresst hat, der im Heiligen die Sehnsucht nach Gott weckt. Es sind die höhnischen Worte der Ungläubigen, die den Kummer erzeugen. Während der Heilige seufzt und fragt: **»Wann?«**, doppeln die Gottlosen nach und fragen: **»Wo?«** Der Heilige, der seinen Glauben bekennt, macht sich gerade damit verwundbar. Wenn Gottes Wege schwer begreiflich sind, können die Gottlosen höhnen, der Gott, von dem die Heiligen reden und dessen Treue sie rühmen, existiere entweder nicht, oder er sei nicht der treue Helfer, wie sie immer behaupten. Wie könnte er sonst die From-

7 Ps 6,7; 102,10.
8 Ps 80,6.
9 Ps 44,16.
10 Ps 79,10; 115,2; Joe 2,17; Mi 7,10.

men so offenkundig im Stich lassen? Braucht der Heilige nicht zuweilen diesen Hohn? Ist es nicht gerade der Hohn der Gottlosen, der in ihm das Verlangen nach Gott weckt und wachsen lässt?

5 Daran will ich denken
und ausschütten[11] meine Seele in mir:
Ja, ich will ziehen in der Schar,
mit ihnen gehen zum Haus Gottes,[12]
mit lautem Jubel[13] und Dank
– eine feiernde Menge.

»in mir«: **ᶜâlaj**, wörtlich »über mir«, wahrscheinlich so zu verstehen, dass der Beter über seinem Kummer seine Seele ausschüttet. Die Wendung »die Seele (oder: das Herz) ausschütten« ist aus der Psalmensprache in den allgemeinen Sprachgebrauch übergegangen. Er besagt, dass man sein Gemüt mitsamt seinem Kummer völlig in Gottes Hände fallen oder eben: fließen lässt. So wie Wasser keinen Widerstand leistet, wenn man es ausschüttet, so lässt der Beter jetzt alles los und überlässt alles Gott. Er hat nur einen Wunsch und eine Erwartung: **»Ich will … gehen zum Haus Gottes.«**

»mit lautem Jubel und Dank«: Diese Worte zeigen, dass die Pilger, die dreimal des Jahres (2Mo 23,14.17) nach Jerusalem hinaufzogen (siehe Ps 122,4) singend ihren Weg gingen, wie Jesaja 30,29 bestätigt.

6 Was bist du so aufgelöst[14], meine Seele[15],
und bist unruhig in mir?
Harre[16] auf Gott!
Denn ich werde ihn noch preisen für das Heil seines Angesichts.

»Was bist du so aufgelöst«: Warum soll der Heilige sich denn pausenlos über seine Not grämen? Hat Gott denn aufgehört, Gott zu sein? Genügt denn Gottes Kraft nicht, eine versinkende Seele emporzuziehen? **»Harre**

11 Ps 62,9.
12 Ps 55,15.
13 Ps 45,16.
14 Ps 44,26.
15 Ps 116,7.
16 Ps 39,8; 40,2; 130,7; 131,3.

auf Gott!«, sagt er sich und gewinnt die Überzeugung, dass er bald wieder im Heiligtum stehen und seinen Gott preisen werde.

»Das Heil seines Angesichts« bedeutet: Das Heil, das von Gott selbst ausgeht und zu Gott führt. Nur das ist dem Beter wirklich Errettung. Wenn nicht Gott selbst zu ihm kommt, bei ihm ist und ihn zu sich nimmt, ist ihm nicht geholfen. Angesicht steht hier für die ganze Person (wie in 2Mo 33,15). Erst wenn wir Gottes Angesicht schauen, wird unser Heil vollendet und vollkommen sein (Offb 22,4).

2. Aus großen Wassertiefen schreit meine Seele zu Gott (42,7-12)

Hier verwendet der Beter einen anderen Vergleich, um eine andere Seite seiner Not zu beschreiben. Er ist nicht nur wie ein Verdurstender in der Wüste, sondern auch so hilflos und kraftlos wie ein Ertrinkender in tiefem Wasser.

> **7 Mein Gott,**
> **meine Seele ist aufgelöst;**
> **darum denke ich an dich**[17]
> **aus dem Land des Jordan**
> **und des Hermon**[18]**, des kleinen Berges.**

Warum denke ich **»an dich«**? Weil meine Seele kraftlos ist. Gibt es Besseres, als sich auf Gott zu besinnen? Wenn ich an Gott denken kann, dann ist es einerlei, ob ich in Jerusalem bin oder im **»Land des Jordan und des Hermon«**, das wohl einige Tagereisen von Jerusalem entfernt liegt. In Psalm 61,3 sagt David: *»Vom Ende der Erde werde ich zu dir rufen, wenn mein Herz verschmachtet.«*

»Hermon« steht im Hebräischen in der Mehrzahl, weshalb Luther das hebräische »Hermonim« belassen hat. Buber bezieht die Mehrzahl auf »die Hermonsgipfel«. Der **»kleine Berg«**: **har miṣᶜâr**. Das muss nicht zwingend als Eigenname aufgefasst werden (wie Elb, AV u.a.) Dem Beter ist sogar der hohe Hermon, der viel höher und größer ist als

17 Jer 51,50.
18 Ps 89,13; 133,3.

der Hügel Zion, nur ein **»kleiner Berg«**, weil er eben nicht der heilige Berg ist, den Gott zu seiner Wohnstätte begehrt hat (vgl. Ps 68,17).

> **8 Tiefe ruft der Tiefe beim Tosen deiner Wasserstürze[19];**
> **alle deine Wogen und Wellen[20] gehen über mich.[21]**
> **9 Tags gebietet der HERR seiner Güte,**
> **und nachts[22] ist sein Lied bei mir,**
> **ein Gebet zum Gott meines Lebens.**

Der Beter ist in große Tiefen gesunken, Tiefen, wo er keinen Halt mehr hat. **»Tiefe ruft der Tiefe«**, d.h. eine Tiefe löst die nächste ab, ohne dass er dazwischen je fußfesten Grund finden kann. Der Beter verwendet für die Fluten das gleich hebräische Wort wie im Schöpfungsbericht: **təhôm** (1Mo 1,2). Es ist ihm, als löste sich alle in der Schöpfung gefügte Ordnung auf und versänke er samt der Welt in das Urchaos. Und doch hält ihn etwas: Es sind **»deine«** Wogen und **»deine«** Wellen, die über ihn gehen. Das ist das Licht des Glaubens. Es mag noch so schwach schimmern, aber wo es ganz finster ist, ist das schwächste Licht eine unermessliche Wohltat. In aller Not darf ich wissen: Gott sendet die Wellen, und darum beuge ich mich unter Sein Schicken. **»Alle«** Wellen müssen über mich gehen. Gott bestimmst ihre Zahl und ihre Dauer, darum harre ich still, bis dass er dem Wind und den Wellen gebietet: »Genug!« Zur bestimmten Zeit **»gebietet der HERR seiner Güte«**. Nach seinem Befehl war es dunkel geworden; nach seinem Befehl muss es wieder licht werden. Er ist es, der beides, das Licht und die Finsternis, die Wohlfahrt und die Not, schafft (Jes 45,7). Am hellen Tag seiner Güte empfange und verstehe ich all das Gute, das er mir bereitet hat. Und das füllt mein Herz mit einem Lied für die Stunden des Dunkels, wenn diese kommen. Was ich im Licht empfangen und verstanden habe, kann ich auch dann nicht ganz vergessen, wenn ich durchs Dunkel muss. Ich sehe und ich fühle den Herrn zwar nicht, aber ich glaube und ich weiß, dass er auch im Todestal mit mir geht (Ps 23,4).

19 Ps 32,6; 66,12; 69,3; Jon 2,4.
20 Ps 88,8; Hl 8,7.
21 vgl. Jer 51,42.
22 Hi 35,10; Ps 16,7; 63,7; 119,55.

10 Sagen will ich zu Gott, meinem Fels[23]:
Warum[24] hast du mich vergessen[25]?
Warum muss ich trauernd gehen,
während der Feind mich drückt?[26]

»Sagen will ich zu Gott«: Lange hat der Beter von sich und zu sich geredet, ja, auch von Gott geredet. Jetzt redet er *zu* Gott und bindet sich damit an ihn. Stehen wir vor ihm und reden wir zu ihm, mag um uns geschehen, was will. Die Wellen mögen noch rollen, die Feinde noch höhnen. Der Kummer kann uns nicht mehr verschlingen, obwohl er uns noch schmerzt. Gottes Gegenwart stellt alles in ein neues Licht. Ich gewinne Mut, denn Gott ist **»mein Fels«**. Während die Tränen fließen (V. 4) und die Wellen mich dahin und dorthin werfen, bleibt er unbeweglich wie ein Fels im rastlosen Meer. Diese Zuversicht stellt das **»Warum«**, das sonst ein Ausdruck des Unglaubens sein könnte, in ein freundlicheres Licht. Der Beter zweifelt nicht daran, dass Gott ihm noch helfen werde; was ihn drückt, ist, dass es so lange dauert, bis Gott eingreift.

11 Wie Mord in meinem Gebein
höhnen[27] mich meine Bedränger
und sagen den ganzen Tag zu mir:
Wo ist dein Gott?[28]
12 Was bist du so aufgelöst, meine Seele,
und bist unruhig in mir?
Harre auf Gott!
Denn ich werde ihn noch preisen,
Heil meines Angesichts und mein Gott.

Die Bedränger höhnen noch, aber sie können meine Gebeine nicht mehr zermalmen; ihr Spotten ist nur mehr **»wie Mord in meinen Gebeinen«**. Sie mögen mich mit ihrer höhnischen Frage **»Wo ist dein Gott?«** noch quälen. Aber sie können mir den Glauben nicht nehmen. Ich habe zu Gott, meinem Felsen, geredet (vgl. 4Mo 20,8). Er hat meine Seele und

23 5Mo 32,4; Ps 18,3.
24 Hi 3,11; Ps 10,1; 22,2; 44,24-25; 74,1; 80,13; 88,15; 115,2.
25 Ps 77,10; vgl. 9,13.19; Jes 44,21; 49,15.
26 2Mo 1,11.13.
27 Ps 44,14; 102,9.
28 Ps 79,10.

und mein Gemüt in seine Hand genommen, Er hat meinen Willen unter seinen Willen gebeugt. Ich harre auf Gott (V. 12). Ich kann jetzt mit aller Gewissheit sagen: **»Ich werde ihn noch preisen.«**

Psalm 43
Sende dein Licht und deine Wahrheit

Der letzte Vers des 43. Psalms zeigt, dass er zum vorhergehenden gehört, also auch von den Söhnen Korahs stammt.

3. In meiner Bedrängnis bete ich zu Gott (43,1-5)

Obwohl der Beter zweimal bekannt hat: *»Ich werde ihn noch preisen, Heil meines Angesichts und mein Gott«* (42,6.12), betet er wieder. Ist das ein Ausdruck von Unglauben? Im Gegenteil, weil er Gott vertraut, betet er weiterhin zu ihm. Ja, sein Glaube ist sogar gewachsen. Das zeigt sich daran, dass er im Folgenden weniger zu sich und von sich und stattdessen mehr zu Gott redet. Seine Gebete sind dringlicher, und sie zielen höher. Er betet zwar, Gott möchte eingreifen und seinen Rechtstreit gegen seine Bedränger führen (V. 1), aber er will nicht lediglich aus der Drangsal befreit werden, vielmehr wünscht er, dass Gott ihn den Weg der Wahrheit und des Lichts lehre, der ins Haus Gottes führt (V. 3).

> **1 Schaffe mir Recht**[29]**, o Gott,**
> **streite meinen Streit gegen liebloses Volk!**
> **Lass mich entrinnen dem Mann des Trugs und des Unrechts!**[30]
> **2 Denn du bist der Gott meiner Stärke.**[31]
> **Warum verstößt du mich?**[32]
> **Warum muss ich trauernd gehen,**
> **weil der Feind bedrückt?**

29 Ps 7,9; 26,1; 54,3; Lk 18,7.
30 Ps 71,4; 140,5.
31 Ps 28,7.
32 Ps 44,10; 88,15; 89,39.

»Schaffe mir Recht, o Gott«: Der Beter sehnt sich danach, dass *Gott* handeln und ihm sein Recht gewähren möge, weil er erkennt, wie hilflos er ist. Damit ist die Größe Gottes und das Unvermögen des Menschen betont.

»Lass mich entrinnen«: Der Beter erkennt, dass seine Feinde stärker sind als er. Sie halten ihn gefangen und lassen ihn nicht ziehen; das zeigt die Wahl des Verbums **palləṭênî**, das prägnanter ist als das allgemeinere »rette mich« (wie zwar Luther, Elb, Rev. Elb, Schlachter übersetzen). Gott ist Liebe, und er sinnt auf die Wohlfahrt seines Volkes; diese aber sind »eine lieblose Nation«. Sie hassen die Brüder und erweisen sich so als Kinder des Teufels und als Menschenmörder (1Jo 3,15) und heißen darum zu Recht **gôj**, das ist das Wort, das im Alten Testament fast immer für die Fremdvölker (bei Luther: »Heiden«) steht. Sie üben **»Trug und Unrecht«** und halten damit die Heiligen von Gott und Seinem Haus fern. Das schmerzt eine unschuldige Seele, aber sie ist machtlos. Aber gerade deshalb kann sie sagen: **»Du bist der Gott meiner Stärke«**. In Gott selbst ist die Seele des Gläubigen verankert. Diesen Anker kann niemand ausreißen. Damit wird Gott dem Heiligen persönlich zur Stärke. Gott gibt uns nicht ein Anästhetikum, wenn uns die Seele schmerzt. Er übertäubt unseren Kummer nicht, sondern er hilft uns, diesen zu Gott in Beziehung zu setzen.

»Warum verstößt du mich?«: Warum hat Gott, der die Macht hat, nicht auch den Willen, den Beter zu befreien? Solche Fragen quälen den Gläubigen, und zwar so lange, bis er nicht mehr fragt, sondern Gott vertraut, dass er schon weiß, was er macht. Auf diese Einsicht folgt die entscheidende Bitte:

3 Sende[33] dein Licht[34] und deine Wahrheit[35];
sie sollen mich leiten, mich bringen
zu deinem heiligen Berg[36] und zu deiner Wohnung,[37]

Der Psalmist bittet nicht mehr um Erleichterung seiner Umstände, sondern nur noch darum, jenes Ziel zu erreichen, das Gott ihm gesetzt hat.

33 Ps 57,4; 107,20.
34 Ps 44,4; 97,11; Lk 2,32.
35 Ps 57,4.
36 2Mo 15,17; Ps 2,6.
37 2Mo 15,13.

Er muss lange über alle Möglichkeiten nachgedacht haben, wie er zur Wohnung Gottes zurückkehren könne, aber er sah nur Unmöglichkeiten. Gott aber muss einen Weg kennen, der aus dem ganzen Knäuel der Möglichkeiten und Unmöglichkeiten hindurch- und hinausführt. Bei ihm wohnt das Licht, und so betet er: **»Sende dein Licht!«** So betet nur, wer weiß, dass er erstens in der Finsternis ist und zweitens, dass kein Licht in ihm selbst ist (vgl. Joh 11,10). Mit dem Sohn Gottes kam das Licht in die Welt (Joh 1,9; 8,12). Sein Kommen war die volle und abschließende Antwort auf die Bitte des Psalmisten. Gott sandte seinen Sohn. Er wird ihn am Ende der Tage, wenn Finsternis die Erde bedeckt, wiederum senden (Jes 60,2; Sach 14,7).

»deine Wohnung«: miškənôtækâ, wie in Psalm 84,2, wo die gleichen Söhne Korahs rufen: *»Wie lieblich ist deine Wohnung, HERR der Heerscharen!«* Im Hebräischen steht zwar eine Mehrzahl, der Sinn ist aber eine Einzahl, da Gott immer nur eine Wohnung unter seinem Volk hatte. Dass wir dahin kommen, wo Gott wohnt, ist das Ziel der ganzen Erlösung. Gott erzieht seine Heiligen so, dass sein Ziel mehr und mehr ihr Ziel wird.

4 dass ich komme zum Altar[38] Gottes,
zu Gott, der meine Jubelfreude ist,[39]
und dich preise mit der Laute, Gott, mein Gott!

»dass ich komme zum Altar Gottes«: zu dem Ort, wo Sünder Vergebung finden konnten. Dieser Ort zieht den Beter unwiderstehlich an. Er will da stehen und zusehen, wie Gott in Gericht und Gnade dem Sünder begegnet. Das zeigt, dass der Beter sich selbst richtig einschätzt und Gott recht erkennt. Am Altar wird uns Gott zur **»Jubelfreude«**, weil wir jetzt begreifen, dass er wahrhaftig für uns ist. Und der Altar steht im Vorhof des Hauses Gottes, er ist die Pforte in Gottes Gegenwart. Dass wir dahin kommen, sendet Gott sein Licht, sendet er seinen Retter. Der führt uns zu Gott (1Petr 3,18); der führt uns ins Haus Gottes (Hebr 10,19-22). Als Gott Israel aus Ägypten errettete, führte er es zu seiner Wohnung (2Mo 15,17). Das ist das Ziel der Erlösung: Gott will unter seinen Erwählten wohnen, und seine Erwählten sollen bei ihm sein (2Mo 25,8;

38 Ps 26,6.
39 Neh 8,10; Ps 30,12; 63,6-7; 68,4.

Joh 17,24; 1Thes 4,17; Offb 21,3). Im Haus Gottes werden wir am Ende nur noch **»preisen«**, nicht mehr bitten.

5 Was bist du so aufgelöst[40], meine Seele,
und bist unruhig in mir?
Harre auf Gott! Denn ich werde ihn noch preisen,
Heil meines Angesichts und mein Gott.

Zum dritten Mal stellt der Beter sich selbst diese Frage und beantwortet sie. Eben hat er an Gottes Erlösungsabsicht erinnert. Das hat ihm die Gewissheit gestärkt, er werde Gott noch preisen, der sein Heil und sein Gott ist.

Lehrreiches und Denkwürdiges zu Psalm 42 und 43

Psalm 42:

Zum ganzen Psalm siehe Bachs Kantate »Ich hatte viel Bekümmernis« (BWV 21), namentlich das Chorlied: »Was betrübst du dich, meine Seele?« Aber auch die Arien »Seufzer, Tränen, Kummer, Not« und »Bäche von gesalznen Zähren« sind deutlich angelehnt an Psalm 42,4.8.

»Ist ein Betpsalm, darin er klagt über die Traurigkeit des Herzens, als zürne Gott mit ihm und plage ihn, und muss dazu von den Gottlosen gespottet werden: Wo ist nun dein Gott? … Er begehrt aber zum Hause Gottes zu kommen und von dem Angesicht Gottes Trost zu haben; das ist, er wollte gerne Gottes Wort hören, das ihn tröstet, denn ›Gottes Haus‹ heißt, da Gottes Wort ist, und sein ›Angesicht‹ ist seine Gegenwärtigkeit, da er sich zu erkennen gibt und durch sein Wort seine Gnade offenbart« (Luther, *Summarien über die Psalmen*).

»Man kann den ganzen Psalm als einen Widerstreit ansehen zwischen dem, was unsere Sinne wahrnehmen, und dem, was wir glauben, wobei die Sinne die Beschwerden wecken, während der Glaube auf diese ant-

40 Ps 44,26.

wortet. I. Der Glaube beginnt mit heiligem Verlangen nach Gott, V. 2-3. II. Die Sinne klagen über das Dunkel der gegenwärtigen Umstände, das umso drückender ist, als noch die Erinnerung an frühere Wonnen wach ist, V. 4-5. III. Der Glaube bringt die Klagen zum Schweigen mit der Gewissheit, dass es zu einem guten Ende kommen werde, V. 6. IV. Die Sinne bringen wieder die gleichen Klagen vor über das gegenwärtige Dunkel, V. 7.8. V. Der Glaube gürtet trotz allem das Herz mit der Hoffnung, dass der Tag noch dämmern werde, V. 9. VI. Die Sinne wiederholen ihren Klagen (V. 10-11) und seufzen mit den gleichen Worten über die gleiche Not wie zuvor. VII. Der Glaube behält das letzte Wort (V. 12)« (Henry).

»Wie sehr David in seiner Verbannung, nachdem er vor Absalom geflohen war, während er in der Wüste Juda und in Machanaim jenseits des Jordan weilte, nach dem Heiligtum sich zurücksehnte, wissen wir aus seinen eigenen, um diese Zeit entstandenen Psalmen (Ps 23; 26; 61; 63). Dass aber auch die levitischen Sänger in seiner Umgebung, besonders die Kinder Korah … dieselbe Sehnsucht mit ihm teilten und, in sein Leid sich versenkend, aus seiner Seele heraus sie als Gebet um baldige Rückkehr nach der Stätte des Hauses des Herrn vor diesem kundwerden ließen, zeigt Psalm 84. Genau dasselbe Verhältnis findet denn auch hier statt: Ein korahitischer Levit, ganz in die Seele des fern vom Heiligtum in Machanaim weilenden Königs sich versetzend, drückt das brennende Verlangen aus, dass der Zugang zum Haus des Herrn und mit ihm zur Gnade Gottes selbst ihm bald wieder eröffnet werden möge« (Dächsel).

»Geschrieben von jemanden, der in der Verbannung und in großer Not ist. Er war offenkundig ein Levit, der gewohnt war, Gruppen von Pilgern zu den großen Festen nach Jerusalem zu führen (V. 5). Der Psalm gehört offensichtlich in die Periode der Monarchie, passt am besten in die Zeit der Rebellion Absaloms … Der Sänger wird einer der Männer gewesen sein, die zusammen mit David den Jordan überquerten (V. 7)« (Clarke).

»Man beachte wohl die Tapferkeit des Beters. Er macht seinen Kummer und seine Unruhe zum Anlass, sich an Gott zu erinnern. In der Verbannung gehen seine Gedanken zu Gott. Das Ergebnis ist nicht eine Betäubung seines Schmerzes, sondern dieser wird vielmehr in die rechte

Beziehung zu Gott gebracht. Die Not ist in Sturzfluten und hohen Wellen über ihn hereingebrochen, aber diese sind Gottes: ›deine Sturzfluten … deine Wellen‹. Wenn Schmerz in diese Beziehung gestellt wird, erwacht ein Bewusstsein der Liebe … obwohl die Not noch fortdauert« (Morgan).

»Es ist schwerlich ein Zufall nur, dass das 2. Buch des Psalters mit diesem Sehnsuchtspsalm beginnt. Er bildet, ähnlich wie Psalm 1 an seinem Ort, eine Art Introitus, der – ganz abgesehen vom Inhalt – schon rein sprachlich betrachtet zum Herrlichsten und Ergreifendsten gehört, was Menschenmund in Leidenstiefen zu sagen wusste« (Lamparter).

»Man beachte das zehnmalige ›Warum?‹ oder ›Was?‹ Viermal richtet es der Beter an Gott, sechsmal an sich selbst. Kennen wir nicht auch den Widerstreit der Gedanken und Empfindungen wie wir sie in diesem Psalm antreffen? Ängste und Glaube, Zweifel und Vertrauen, Kummer und Gesang greifen ineinander« (Clarke).

V. 1 – »Als eine ›Unterweisung‹ pflegt David einen Psalm zu bezeichnen, wenn darin von göttlichen Züchtigungen die Rede ist, die recht eigentlich darauf abzielen, die Kinder Gottes zu ›unterweisen‹, wenn ihnen die bloße Lehre noch keinen hinreichenden Eindruck macht« (Calvin).

V. 2 – »Die Trauben wecken das Verlangen, von den vollen Weinstöcken im himmlischen Kanaan zu kosten. Die Erstlingsfrüchte lassen mich nach der vollen Ernte rufen. Meine Seele ist krank vor Liebe. Nichts kann sie befriedigen, als die ungehinderte Schau und der volle Genuss Christi …« (George Whitefield in einem Brief vom 17. Februar 1741).

»Einige Ausleger finden in diesem Psalm ein Sehnen nach dem Heiligtum Gottes, andere betonen, dass die Sehnsucht nach Gott selbst die Hauptsache sei. Beide gehören zusammen, obwohl die Sehnsucht nach Gott überwiegt, wie V. 2 deutlich zeigt. Liebe zum Heiligtum ohne Liebe zum Gott des Heiligtums wäre nichtig; Liebe zu Gott, die nicht Liebe zu seinem Haus weckt, wäre unnatürlich« (Leupold).

V. 3 – »Sein Lebensdurst wird erst gestillt, wenn er Gottes Angesicht sieht. Dabei mag der Sänger an Gottes Gegenwart im Tempel zu Jerusalem denken. Doch die Sehnsucht der Bibel reicht weiter (man lese 2Mo 33,18; Hi 19,27; Ps 17,15; Mt 5,8; 1Jo 5,8; Offb 22,4)« (Brandenburg).

V. 6 – »Dieses Reden mit der eigenen Seele bildet den Kehrreim in diesen beiden Psalmen. Es ist ein wichtiger Dialog zwischen zwei Seiten des Gläubigen, der einerseits ein Mensch von Überzeugungen, aber andererseits auch ein unstetes Geschöpf ist. Er ist berufen, in der Ewigkeit zu leben und auf Gott zu sinnen, aber auch in der Zeit, wo Seele und Leib unter Druck geraten. Auch der Herr Jesus musste sagen: ›*Jetzt ist meine Seele betrübt* …‹ (Joh 12,27). Der Refrain des Psalmisten lehrt uns, diese beiden Seiten unseres Daseins ernst zu nehmen. Es findet sich kein Hinweis, dass einerseits seine Bedrängnis hätte vermieden werden können, denn sie erwuchs aus seiner Liebe zu Gott, noch auch, dass sie andererseits unerträglich gewesen wäre, denn sie konnte seinen Glauben nicht erschüttern« (Kidner).

Psalm 43:

V. 1 – »Der 43. Psalm kehrt zurück nach Jerusalem und den dortigen Zuständen. Im 42. war der ›*Feind*‹ mehr der äußere Widersacher, der Heide gewesen. Hier aber ist es die gottlose Nation und ›*der Mann des Truges und des Unrechts*‹ … d.h. der Antichrist. Er ist der Lügner, wie Johannes sagt, der nicht die Tatsache leugnet, dass ein Christus ist, aber er leugnet, dass ›*Jesus der Christus ist*‹ (1Jo 2,22)« (Grant).

V. 3 – »Licht und Wahrheit ist so viel als Gnade und Wahrheit: Es ist das Licht der Gnade gemeint, welches mit der Wahrheit der Verheißungstreue gepaart ist, das Licht, in welchem der Liebeswille zur Erscheinung kommt, welcher Gottes eigenstes Wesen ist; denn Gott ist Licht und wird, wenn er zürnt, zu Feuer (Jes 10,11). Von diesem Gottesengelpaar möchte der Dichter geleitet, möchte er hingebracht werden zu der Wohn- und Offenbarungsstätte seines Gottes« (Delitzsch).

Sprachliche Anmerkungen zu Psalm 42 und Psalm 43

Psalm 42:

V. 1 – »**Hirsch**«: **ᵓajjâl**, in Psalm 18,34 steht die Mehrzahl des Femininums.

V. 2 – »**lechzt**«: **ᶜârag**. Dieses Verb kommt außer hier nur noch in Joel 1,20 vor. Luther übersetzt: »Wie der Hirsch schreit nach Wasser.«

»**Wasser**«: **ᵓapiqê majim**, wörtl. »Läufe von Wasser«, oder »Wasserbäche« (Elb, Schlachter) das allerdings ein Pleonasmus ist; denn auf Deutsch ist ein Bach immer ein Wasserlauf. Darum folge ich hier Luther. Zürcher übersetzt: »Wie der Hirsch lechzt an versiegten Bächen«, also an einem ausgetrockneten Bachbett. Das passt zum lechzenden Hirsch.

V. 3 – »**und schauen Gottes Angesicht**«: Der masoretische Text hat die Konsonanten **wᵓrᵓh** als **wəᵓêrâᵓæh** vokalisiert, und das bedeutet »und ich werde erscheinen«. Besser scheint mir, die Konsonanten als **wəᵓærᵓæh** zu vokalisieren und entsprechend zu übersetzen. Ich folge hierin Luther.

V. 5 – »**ich werde ziehen**«: **ᵓæᵓærôb**, außer Luther 12 fassen fast alle das Imperfekt an dieser Stelle als Vergangenheit auf (Luther 84, Elb, Rev. Elb, Schlachter, AV, Segond). Entsprechend erklärt Hans Brandenburg diesen Vers: »Aus der Dürre der Gegenwart blickt der Sänger in den Reichtum der Vergangenheit, um sich daraus Kräfte zu holen.«

V. 6 – »**Was bist du so aufgelöst**«: **tištôḥaḥî**, wörtlich »zerfließen«, »sich auflösen«. Elb übersetzt »was beugst du dich nieder«. Das ist zu aktiv; denn die Not des Beters ist ja gerade seine Kraftlosigkeit. Luthers »was betrübst du dich« trifft die besondere Seelenlage auch nicht. Buber hat es gut getroffen: »Was versenkst du dich, meine Seele?« Das Verb lautet **šûḥ** oder **šîḥ** in der Grundform; es kommt nur vor in Psalm 42,6.12; 43,5 und 44,26 sowie in Klagelieder 3,20.

V. 9 – »**Tags**«: **jômâm**, wie in Psalm 1,2. Es ist ein ursprünglicher adverbialer Akkusativ des Nomens **jôm**, »Tag«, und dieser bezeichnet die Dauer (wie im Deutschen »einen Tag«), nicht aber den Zeitpunkt. Also nicht »eines Tages«, wie Delitzsch es auffasst (und dem Brandenburg folgt).

V. 10 – **»trauernd«**: **qôdêr**, eigentlich »trübe seiend« wie das Wasser von Hiob 6,16 oder »sich schwärzen« wie Sonne und Mond in Jeremia 4,28; Joel 2,10; oder »in schwarzen Kleidern einhergehen« und von daher »trauern« in Jeremia 8,21. Es wird außer hier auch in Hiob 5,11; 30,28; Psalm 35,14; 38,7 und 43,2 für »trauern« verwendet.

Psalm 43:

V. 1 – **»schaffe mir Recht«**: **šhåfṭênî**, wie in Psalm 26,1, wo ich es mit »richte mich!« übersetzt habe.

»streite meinen Streit«: **rîbâh rîbî**, als typisch semitische Paronomasie. Die fast gleiche Bitte findet sich in Psalm 35,1.

»lieblos«: **lô᾽ ḥâsîd**, das auch mit »treulos«, »gnadenlos«, »unbarmherzig« (Schlachter 2000) übersetzt werden kann. Luther übersetzt nicht ganz dem Hebräischen entsprechend »unheilig«.

Psalm 44
Gott, der HERR, der das Licht und die Finsternis schafft

Im Psalmenpaar 42 und 43 litt der Beter unter seiner privaten Not; hier leidet er unter der Niederlage des ganzen Volkes Gottes. Die Feinde höhnen nicht allein ihn (42,11), sondern sie triumphieren über die ganze von Gott erwählte Nation (44,14). Eine innere Verwandtschaft zwischen diesem und dem vorangegangenen Psalmenpaar zeigt ein Vergleich von 44,26 mit 42,6 und 43,5, ferner von 44,10.24 mit 42,10 und 43,2 sowie zwischen 44,4 und 42,3, in welchen beiden das Angesicht Gottes erwähnt wird. Dem vorliegenden inhaltlich verwandte Psalmen sind Psalm 60; 80 und 85. Einmalig an Psalm 44 ist aber die eindringliche Beteuerung der Unschuld des Beters (V. 18-22).

Es sind zwei Überlegungen, die in diesem Psalm die Klage verursachen: Die Väter erzählten von der Wohlfahrt, zu der Gott sein Volk in deren Tagen erhöht hatte (V. 2-3). Die Väter waren weder stärker noch besser gewesen als sie. Gott hatte für sie gekämpft, darum war es ihnen so gut gegangen. Warum kämpfte er nicht in der gleichen Weise heute für sein Volk? Sodann wusste der Beter um keine Schuld des Volkes, die sein Ergehen als göttliche Strafe erklärt hätte (V. 18-22). Das Bewusstsein der Unschuld macht die Not unerklärlich und gleichzeitig umso größer. Damit haben wir einen Fingerzeig zur Datierung dieses Psalms: Er muss in einer Zeit entstanden sein, da das Volk Israel insgesamt am Bund Gottes festhielt (V. 18), d. h. keinem heidnischen Götzendienst verfallen war (siehe V. 21). Das war einzig in der Zeit Davids und Salomos der Fall. Zur Zeit Salomos fielen keine fremden Heere ins Land ein. Somit bleibt einzig die Zeit Davids, in der es zu militärischen Katastrophen gekommen war, wie uns der Psalm 60 zu verstehen gibt, und was wir aus Stellen wie 1. Könige 11,15 schließen können. Was ist es, dass der Herr sein Volk dahingibt, dass die Heiden triumphieren, obwohl das Volk die Hände nicht zu einem fremden Gott ausgestreckt hat? Der Psalm weiß von keiner Wende zum Guten; er schließt aber mit Gebet, und das zeigt, dass der Beter sein Vertrauen nicht weggeworfen hat (vgl. Hebr 10,35). In V. 23 leuchtet ganz kurz ein Licht auf: *»Um deinetwillen werden wir getötet ...«* Diesen Vers greift das Neue Testament auf (Röm 8,36) und sagt uns, dass der Christ gerade im Leiden und im scheinbaren Triumph der Feinde der nie endenden Liebe Gottes gewiss ist und *»weit überwindet durch den, der uns geliebt hat«* (Röm 8,35-37).

Der Psalm ist in vier Teile gegliedert:

1. **Die Erinnerung an die Großtaten Gottes in den Tagen der Väter (V. 2-4)**
2. **Das Bekenntnis des Vertrauens auf den gegenwärtigen Gott (V. 5-9)**
3. **Die Klage, dass Gott sein Volk vor dem Feind dahingegeben hat (V. 10-23)**
4. **Das Gebet: »Herr, erlöse uns um deiner Güte willen!« (V. 24-27)**

Zuerst gedenkt der Beter des großen Werkes Gottes, das er in den Tagen der Väter gewirkt hat (V. 2-4). Das, was er von den Vätern gehört hat, wendet er auf sich und auf seine Zeit an (V. 5-9). Obwohl er dem Gott der Errettung vertraut, haben seine Feinde die Oberhand (V. 10-23). Er weiß, dass nichts als Gottes Macht und Gottes Gnade wie früher so auch jetzt retten kann; darum harrt er noch aus und ruft zu Gott um Hilfe (V. 24-27).

1 Dem Vorsänger. Von den Söhnen Korahs, ein Maskil.

Zu »**Vorsänger**« siehe Psalm 4. Dies ist das zweite der vier (42; 44; 45; 88) von den Söhnen Korahs gesungenen Lieder, die »**Maskil**« heißen. Zur Bedeutung des Begriffs siehe Psalm 32.

1. Die Erinnerung an die Großtaten Gottes in den Tagen der Väter (V. 2-4)

2 Gott, mit unseren Ohren haben wir gehört,
unsere Väter[41] **haben uns erzählt das Werk,**
das du wirktest in ihren Tagen,
den alten Tagen[42]**.**
3 Du, deine Hand vertrieb Völker,
doch pflanzte[43] **jene**[44]**,**
zerschlug Völker
und breitete jene aus[45]**.**

»**das Werk das du wirktest in ihren Tagen**«: Gott hatte Israel zum Heil erwählt und es vor dem Gericht verschont. Dabei hätte auch Israel es verdient, gerichtet zu werden (was nirgends so deutlich gesagt wird wie in Hes 20). Gott aber rettete ein unwürdiges Volk und sonderte es ohne Verdienst zum Segen aus. Das blieb den Vätern als eine unbegreiflich Großtat Gottes im Gedächtnis haften, und davon erzählten sie ihren Kindern. Das haben »**wir mit unseren Ohren gehört**«, und das soll uns Mut geben in der gegenwärtigen Not. Wenn Gott früher retten konnte, dann kann er es auch heute.

41 Ps 78,3.
42 Ps 77,6; 78,2.
43 Ps 1,3.
44 Ps 80,9.16.
45 Ps 47,4.

»deine Hand vertrieb Völker«: Es war Gott, der die Völker austrieb, um Israel zu pflanzen. Das ist die Sprache der gottesfürchtigen Seele; sie führt alles auf Gott zurück und gibt dem die Ehre, dem die Ehre gebührt. Gottes Hand war mit ihnen gewesen.

Gott **»pflanzte«** seine Erwählten, wie auch Psalm 80,9.16 und 2. Samuel 7,10 sagt; siehe auch Matthäus 15,13; und er **»breitete sie aus«** als Zeichen seines Segens (Ps 80,12; Jer 17,8; Hes 17,6). Die Worte erinnern an einen Beter aus noch älterer Zeit, der Gott darum bat, ihm seine Grenze zu erweitern und dass deshalb seine Hand mit ihm sein möge (1Chr 4,10).

4 Denn nicht durch ihr Schwert[46] gewannen sie das Land[47],
und nicht half ihnen ihr Arm;
nein, deine Rechte[48] und dein Arm
und das Licht[49] deines Angesichts,[50]
denn du hattest Gefallen an ihnen.

Die Väter waren nicht stärker als wir heute: **»nicht durch ihr Schwert gewannen sie das Land«**. Es war Gottes **»Rechte und Arm«**, der sie gerettet hatte, es war **»das Licht seines Angesichts«**, das auf ihnen mit Wohlgefallen ruhte, während es gleichzeitig gegen die Feinde gerichtet war (siehe Ps 34,17). Das ist der wahre Grund, warum Israel siegreich war. Israel hatte es nicht verdient, und es war nicht würdiger gewesen als die anderen Völker (5Mo 7,7). Jetzt aber lag Gottes Volk am Boden (sonst müsste der Psalmist nicht beten wie im V. 5). Warum war Gott jetzt nicht mehr mit seinem Volk? Gewiss, sie verdienten sein Eingreifen nicht. Aber hatten es die Väter verdient? Hat es überhaupt jemand irgendwann verdient? Wenn er andere unverdient rettet, warum rettete er sie nicht? Das sind quälende Fragen, ganz ähnlich denen, die David in Psalm 22,2-6 stellt.

46 Ps 45,4; Jes 27,1.
47 Jos 24,12.
48 Ps 45,5.
49 Ps 43,3.
50 4Mo 6,25.

2. Das Bekenntnis des Vertrauens auf den gegenwärtigen Gott (V. 5-9)

5 Du bist es, mein König[51] und Gott;
Gebiete die Rettungen Jakobs!

»Du bist es, mein König«: Das ist die einzige angemessene Antwort angesichts aller unbegreiflichen Fügungen Gottes. Wenn Gott den Vätern Sieg gab, uns aber vor den Feinden geschlagen dahingibt, dann bleibt er doch der Gerechte, der Herr und der Gebieter auf seinem Thron. Er ist König; allein ihm steht es zu, über den Ausgang im Krieg zu verfügen. Darum betet der Heilige: **»Gebiete die Rettungen Jakobs!«** Weil Gott allein König ist, kann nur er die Rettung gebieten. Befiehlt er sie, geschieht sie auch (siehe Ps 33,9). Und er rettet, damit wir uns ihm als König unterwerfen. Das ist das Ziel der Errettung (2Mo 15,18), das muss das Ergebnis der oben erwähnten Gnade sein (siehe V. 4). Könnte hier ein Grund verborgen sein, warum er die Feinde von Zeit zu Zeit über sein Volk obsiegen lässt? Muss es auf diese Weise neu lernen, dass sein Erlöser immer auch sein Gebieter (Jud 4; 2Petr 2,1) ist?

Wir fragen vielleicht, woher der Beter die Freimütigkeit hat, so zudringlich zu beten. Er bekommt sie, weil er sich Gott als seinem König unterworfen hat. Wo wir dem Herrn ergeben sind, gewinnen wir den Glaubensmut, vom Herrn große Dinge zu erbitten (siehe Joh 15,7) und dringlich zu beten (Lk 11,8-9).

6 Durch dich stoßen wir nieder unsere Feinde[52];
durch deinen Namen[53] zertreten wir unsere Gegner.
7 Denn nicht auf meinen Bogen traue ich,
und nicht kann mein Schwert mir helfen.
8 Denn du rettest von unseren Feinden,
machst zuschanden unsere Hasser[54].
9 Wir rühmen uns Gottes immerdar,[55]
und deinen Namen preisen wir ewig (Sela).

51 2Mo 15,18; Ps 5,3; 45,2; 72,1; 74,12; 84,4; 145,1.
52 Ps 60,14.
53 V. 9.21.
54 Ps 132,18.
55 Jer 9,23.

Gott hat uns aus Gnade und durch den Glauben gerettet, Gottes Gabe und Gottes Werk ist es (Eph 2,8-10). Nur durch ihn können **»wir niederstoßen unsere Bedränger«**. Ich erkenne an, dass die Macht Gottes ist; denn **»nicht auf meinen Bogen traue ich … denn du rettest von unseren Feinden«**. Das Wissen um die völlige Abhängigkeit von Gott und von seinem Wohlgefallen macht uns aber nicht fatalistisch. Wir wissen: Wir tun zwar alles **»durch dich«**, aber wir müssen es tun. Wir vermögen nur **»durch deinen Namen«** etwas, aber **»wir zertreten«** unsere Widersacher. Der Herr hat uns die Gewalt gegeben, auf Schlangen und Skorpione zu treten; darum treten wir sie nieder (Lk 10,19). Gott ist es, der in uns wirkt sowohl das Wollen als auch das Wirken nach seinem Wohlgefallen. Darum müssen wir unsere eigene Seligkeit mit Furcht und Zittern wirken (Phil 2,12-13).

Wir können uns nicht selbst retten. So bleibt die Ehre bei allem Kämpfen und auch Siegen immer Gottes. Gott macht **»zuschanden unsere Hasser«**, und wir sollen es auch Gott überlassen. Er hat in der Errettung alles so eingerichtet, dass er alle Ehre bekommt: **»Wir rühmen uns Gottes immerdar«**: Gottes Gnade sorgt dafür, dass kein Fleisch sich vor Gott rühmen kann (1Kor 1,30-31).

3. Die Klage, dass Gott sein Volk vor dem Feind dahingegeben hat (V. 10-23)

Zuerst schildert der Psalmist die Bedrängnis, indem er sie in alle Einzelheiten zerlegt (V. 10-17), dann hält er diesem allem den Glauben und die Treue der Gottesfürchtigen entgegen (V. 18-22) und kommt zum Ergebnis, dass sie um Gottes und nicht um ihrer Sünden willen leiden (V. 23). Diese Erkenntnis ist es, die ihm den Glauben hält und die Freimütigkeit gibt, weiter zu beten.

> **10 Doch hast du uns verworfen[56] und zuschanden gemacht,**
> **und ziehst nicht aus mit unserem Heer.**

Mit diesem **»doch«** schlägt der Ton um. Das Folgende handelt nicht mehr von Wohlgefallen, sondern von Zorn, nicht von Errettung, sondern von

56 Ps 43,2; 60,12; 74,1; 89,39.

Gericht, nicht von Sieg, sondern von Niederlage. Der Bruch ist hart, aber es ist ein genaues Abbild des Inneren des Beters. Er weiß, dass es Gottes Gnade allein war, die einst den Vätern große Siege geschenkt hatte. Er selbst vertraut allein auf Gottes Gnade und nicht auf seinen Arm, und er rühmt sich nicht seiner, sondern Gottes allein – und **»doch hast du uns verworfen«**. Aber musste Gott an Israel nicht so handeln, damit es die einst erfahrene Gnade verstehen lerne? Muss Gott nicht auch uns, nachdem wir seine Gnade und Errettung erfahren und auch verstanden haben, dass wir ihr alles verdanken, wiederum dahingeben, damit wir auch spüren, dass wirklich nichts anderes als Gottes freies Wohlgefallen uns errettet hat und dass die Gnade nur eines will: Dass ich mich Gottes Willen rückhaltlos ergebe?

Der Beter begreift, dass das Volk einzig deshalb besiegt ist, weil »du nicht ausziehst mit unserem Heer«. Wenn der Herr nicht mit uns ist, kämpfen wir umsonst. Wenn er das Haus nicht baut, bauen die Bauenden umsonst, wenn er die Stadt nicht bewacht, wacht der Wächter umsonst (Ps 127,1). Wir mögen unser Ross rüsten für den Tag der Schlacht, aber den Sieg gibt der HERR (Spr 21,31). Ohne ihn sind wir verloren, denn *»ohne mich könnt ihr nichts tun«* (Joh 15,5). Darauf folgert der Beter das einzig Richtige: Er betet zu Gott, dass Gott sich zu seinem Volk wende (V. 24-27).

11 Du lässt uns weichen vor dem Bedränger,
und unsere Hasser rauben für sich.
12 Du gibst uns hin wie Schlachtschafe,
und unter die Nationen zerstreust du uns.[57]
13 Du verkaufst dein Volk umsonst,
setzt nicht hoch seinen Preis.[58]
14 Du machst uns zum Hohn[59] **den Nachbarn**[60]**,**
zu Schmach und Spott denen, die um uns sind.
15 Du machst uns zum Sprichwort[61] **unter den Nationen,**
die Völker schütteln den Kopf[62] **über uns.**

57 3Mo 26,33; Ps 60,3; 106,27; vgl. Ps 18,15; 53,6; 68,2.
58 Hab 1,14.
59 Ps 42,11; 89,42; Hes 5,14.
60 Ps 80,7.
61 5Mo 28,37; Ps 69,12.
62 Ps 22,8.

»Du lässt uns weichen … du gibst uns hin … du verkaufst dein Volk … du machst uns zum Hohn…du machst uns zum Sprichwort …«: Das ist wiederum die Sicht und die Sprache des Gottesfürchtigen. Er bezieht alles Geschehen direkt auf Gott; er führt alles auf Gottes Walten zurück. Hinter dem Schein der Ereignisse sieht er Gottes Hand. Er treibt uns vor den Feinden zurück, er gibt uns den Feinden preis, er verkauft sein Volk … Was vermögen wir wider ihn? Nichts. Was vermögen wir ohne ihn? Nichts. Ist er nicht für uns, ist alles wider uns. Ist er aber für uns, wer mag dann wider uns sein?

Es werden lauter Ausdrücke verwendet, die aus 5. Mose 28 stammen. Mose hatte angekündigt, dass Gott das Volk, falls es sich von Gott abwandte, vor dem Bedränger dahingeben werde (V. 25), dass diese sie berauben würden (V. 29), dass sie *»unter die Nationen zerstreut«* (V. 64) werden und *»zum Sprichwort unter den Heiden«* (V. 37) werden müssten. Nur werden diese Dinge alle als Folge von Untreue genannt, und von solcher Untreue weiß der Beter nichts.

Diese Aufzählung erinnert an die in Psalm 22,5-8 geweissagten Leiden des Herrn. Auch dort lesen wir von Hohn, Spott und Kopfschütteln. So verstehen wir, dass der Beter Teil hat an der Schmach Christi wie vor ihm schon Mose (siehe Hebr 11,26) und wie nach ihm die Christen. Er war das Schlachtschaf (Jes 53,7), die an ihn Glaubenden sind *»wie Schlachtschafe«* (siehe unten V. 23 und Röm 8,36); nicht *die,* sondern nur »wie«.

16 Den ganzen Tag[63] ist meine Schmach vor mir,[64]
und die Scham bedeckt mein Angesicht.
17 vor der Stimme des Schmähers und Lästerers
vor dem Feind und dem Rächer.[65]

Zur Ratlosigkeit über Gottes Führungen kommt die **»Schmach … und die Scham«**. Die **»Stimme des Schmähers und Lästerers«** brennt dem Heiligen in der Seele. Liebte er Gott nicht, bedeuteten ihm die Schmähungen nichts, aber gerade weil er Gott und sein Volk liebt, tut es so weh, dass es darniederliegt und die Feinde Gottes triumphieren. Wir ertragen

63 Ps 42,11.
64 vgl. Ps 51,5.
65 Ps 8,3.

das fast nicht, und verstehen können wir es noch viel weniger. Aber sollte Gott uns nicht spüren lassen, was Lästerung ihm bedeutet? Sollten wir es nicht in der eigenen Seele zu fühlen bekommen, was unser ehemaliges Lästern Gott und Gottes Heiligen bedeutet hat? Paulus erinnert daran, dass er ein Verfolger und Lästerer gewesen war (1Tim 1,13). Er lehnt sich daher nicht mehr dagegen auf, selber gelästert und verfolgt zu werden (1Tim 4,10; 2Tim 3,12).

18 All das ist über uns gekommen,
und wir haben dich nicht vergessen
noch deinen Bund betrogen.
19 Nicht ist unser Herz zurückgewichen,
doch neigtest du unsere Schritte von deinem Pfad,
20 ja, zermalmtest uns am Ort der Schakale
und bedecktest uns mit dem Todesschatten.

»und wir haben dich nicht vergessen«: Die in V. 10-17 beschriebene Not hatte den Heiligen ohne seine Schuld getroffen; das heißt, es bestand kein unmittelbarer Anlass für sie. Hiob litt in ähnlicher Weise ohne Ursache (Hi 2,3). Aber Gott ist nicht verpflichtet, uns Gutes zu tun, auch wenn wir uns darauf berufen können, seinen Bund bewahrt zu haben. Denn wir haben den Bund nie so bewahrt, wie er es fordert, sodass wir, wenn wir auf Verdienst pochen, immer Strafe für unsere Untreue verdient haben. Sodann lässt Gott uns leiden, auch wenn wir nicht mit erhobener Hand sündigen, um uns zu lehren, dass alle seine Wohltaten nichts als Gnade sind, denn er schuldet uns nicht eine einzige.

Es ist Not, die unserer Erziehung dient, denn es ist Gemeinschaft der Leiden Christi. Haben wir wirklich Gemeinschaft mit ihm, dann wird **»unser Herz«** nicht **»zurückweichen«**, auch wenn Gott uns zermalmt **»am Ort der Schakale«**, auch wenn Gott uns **»mit dem Todesschatten«** bedeckt, sodass es uns nicht anders ergeht als Sündern. Treue im Leiden ist der Beweis der Echtheit des Bekenntnisses. Gott sendet Leiden, um die Treuen offenbar zu machen und ihre Treue zu festigen (1Petr 1,5), nicht um uns zu verderben; denn bei aller Finsternis, durch die wir hindurch müssen, bleibt es wahr, was David sagte: *»Meine Seele wirst du dem Scheol nicht lassen«* (Ps 16,10).

**21 Wenn wir vergessen[66] hätten den Namen unseres Gottes
und unsere Hände ausgebreitet zu einem fremden Gott.
22 Würde Gott das nicht erforschen?[67]
Er kennt ja die Geheimnisse des Herzens.[68]**

»Wenn wir vergessen hätten ...« erinnert wiederum an das 5. Mosebuch, wo Mose das Volk wiederholt ermahnt, Gott und seine Werke nicht zu vergessen (6,12; 8,19; 26,13). Hätte das Volk es getan, wäre es in der Tat schuldig geworden.

Die **»Hände ausbreiten«**, **pâras kappajim**, »die (beiden) Handflächen ausbreiten«, ist eine feste Wortfügung, die so viel wie »beten« bedeutet. Der Dichter will sagen, er habe nicht zu fremden Göttern gebetet und von ihnen Hilfe erwartet.

»würde Gott das nicht erforschen«: Die Drangsal lehrt uns, unsere Herzen zu erforschen, oder besser noch: Sie lässt uns Gott selbst bitten, **»die Geheimnisse des Herzens«** zu erforschen (siehe Ps 139,23). In unserem Innern sind »Geheimnisse«, oder eigentlich »verborgene Dinge«. So nennt sie der Psalmist, denn was wirklich in uns haust, ist uns selbst verborgen (vgl. Jer 17,9).

**23 Doch deinetwegen[69] werden wir getötet den ganzen Tag,
wie Schlachtschafe sind wir geachtet.**

»Warum hassen uns die Nachbarn und warum stellen sie uns nach? Nur weil wir an dich glauben und dich bekennen.« Diese Antwort kommt dem Beter erst nach langem und schwerem Ringen mit Gott, und das ist gut so. Denn der Grat, der gottesfürchtige Ergebenheit von sündigem Fatalismus trennt, ist sehr schmal. Diesen Vers zitiert Paulus im Römerbrief, um zu sagen, dass nichts geschehen kann, das Gottes Vorsatz der Gnade mit seinen Erwählten aufhebt (Röm 8,36). Hunger, Verfolgung und Schwert sehen nur aus wie Niederlagen; aber in dem allem sind Gottes Erwählte *»mehr als Überwinder«*. Wenn sie leiden, dann geschieht das, weil sie Gottes sind, nicht obwohl sie Gottes sind. Es geschieht, weil die Welt sie hasst, wie sie zuvor ihren Herrn gehasst hat; es geschieht,

66 5Mo 8,11.
67 Ps 94,11.
68 1Kö 8,39; Joh 2,25.
69 Ps 69,8.

weil die Welt im Krieg liegt mit Gott und mit seinem Gesalbten (Ps 2,1-2); es geschieht **»deinetwegen«**. In diesem Licht nehmen die Anfeindungen und Schmähungen der Feinde und ihre Siege über die Heiligen eine ganz neue Bedeutung an. Die Heiligen der Drangsalszeit werden sich auch fragen, warum Gott die Treuen der Willkür der Gottlosen überlässt. Und es wird ihnen unsagbar wehtun, wenn die Welt über die Niederlage der treuen Zeugen des Herrn frohlockt (Offb 11,7-10), weil es dann so aussehen wird, als sei Gott entthront und habe der Mensch die Oberhand (vgl. Ps 9,20). Die Heiligen werden versucht sein, an Gott irre zu werden, wenn dem Tier gegeben wird *»mit den Heiligen Krieg zu führen und sie zu überwinden«* (Offb 13,7). Aber sie werden verstehen, was die Söhne Korahs schon lernten, und sie werden verstehen, was Paulus im Römerbrief sagt. Es muss so kommen; es kann gar nicht anders sein. Die Welt muss die Heiligen hassen; und die Heiligen müssen, sofern sie Heilige sind, an den Leiden Christi teilhaben (Phil 3,10). Hätten sie es nicht, müssten sie sich fragen, ob sie überhaupt Heilige seien oder nicht vielmehr Bastarde und nicht Söhne (Hebr 12,7-8). *»Hier ist das Ausharren und der Glaube der Heiligen«* (Offb 13,10). Dieses Ausharren schöpft seinen geheimen Trost im Wissen, dass der Hirte der *»Schlachtschafe«* vor ihnen diesen Weg ging und sich selbst wie ein Schaf zur Schlachtbank führen ließ (Jes 53,7).

4. Das Gebet: »Herr, erlöse uns um deiner Güte willen!« (V. 24-27)

Dass der Psalmist noch immer betet, ist ein Beweis dafür, dass über den Erschütterungen der unbegreiflichen Niederlage sein Glaube nicht aufgehört hat (vgl. Lk 22,32). Er weiß, dass alles um Gottes und um ihres Glaubens willen über sie gekommen ist. Darum kann er noch immer dem Gott des Bundes und Gott aller Treue vertrauen und in diesem Vertrauen mit großer Kühnheit zu Gott rufen.

24 Erwache![70] Warum schläfst[71] du, Herr?
Wache auf! Verwirf uns nicht für immer!

70 Ps 35,23; 59,6.
71 Mt 8,24.

Der bedrängte, von Gott gedemütigte und belehrte Heilige bittet zum zweiten Mal um Rettung (nach V. 5). Er hat sich unter Gottes Fügen gebeugt, er hat begriffen, dass Gott alles um seinetwillen tut, sei es, dass er uns erhöht zum Heil, sei es, dass er uns erniedrigt zur Züchtigung. Auf diese Weise gelehrt, kann er mit Freimütigkeit bitten: **»Erwache!«** und kann er mit Ernst und doch mit aller Ehrfurcht fragen: **»Warum schläfst du, HERR?«** Die Jünger im Sturm fragten sich auch, warum der Herr denn schlafe, wo sie in so großer Not waren (Mt 8,23-27).

25 Warum[72] verbirgst du dein Antlitz,
vergisst unser Elend und unseren Druck?

Der Beter weiß, dass seine Väter nur darum siegreich waren, weil Gottes Angesicht über ihnen war (V. 4). Er fragt seinen Gott, warum er vor ihm **»sein Antlitz«** verberge. Wie der Beter hier fragt, fragten auch die Jünger: *»Liegt dir nichts daran, dass wir umkommen?«* (Mk 4,38). Und er ruft wie später die Jünger: »Stehe auf!« Als der Herr aufstand und dem Sturm befahl, begriffen die Jünger, dass das Toben des Sturmes genau so von ihm befohlen worden war wie nachher das Schweigen des Sturmes. Sie müssen auch begriffen haben, dass der Herr nicht schlief, weil ihm ihr Ergehen gleichgültig war, sondern weil er sie etwas lehren wollte.

Zweimal fragt der Psalmist hier **»warum?«** Hiob fragte den Herrn siebenmal *»warum?«*, bis der Herr zu ihm redete *»im Sturm«* (Hi 38,1), wie er später zu den Jüngern redete im Sturm. Es muss wohl so sein, dass der Herr uns im Sturm eine Zeit allein lassen muss, weil wir sonst offensichtlich nie lernten, wer er und was seine Gnade und wer wir sind.

26 Denn unsere Seele sinkt[73] in den Staub,
unser Bauch klebt am Boden[74].
27 Stehe auf[75], hilf uns
und erlöse uns um deiner Güte willen!

»Unsere Seele sinkt in den Staub« und kommt allein nicht hoch, so wenig wie ein Stein, der im Wasser versunken ist (vgl. 2Mo 15,5.10).

72 Ps 10,1; 22,2; 74,1; 80,13; 88,15; 115,2.
73 Ps 42,6.12; 43,5.
74 Ps 119,25.
75 Ps 3,8.

Zudem **»klebt unser Bauch am Boden«**: Ich werde so stark am Irdischen und bloß Menschlichen festgehalten, dass ich mich aus eigener Kraft nicht losreißen und aufraffen kann. Ich bin auf Gottes Eingreifen angewiesen und rufe darum mit Ernst, mit Ehrfurcht und mit Glauben: **»Stehe auf und hilf uns!«**

»um deiner Güte willen«: Der Beter bindet die Erhörung seiner Bitte nicht mehr an seine wirkliche oder vermeintliche Treue, sondern nur noch an Gott und an Gottes Treue. Er hat verstanden, dass Gott alles, was er uns an Gutem tut und gibt, um seinetwillen tut. Er tut uns Gutes, weil er ist, wie er ist, nicht weil wir sind, was wir sind.

Lehrreiches und Denkwürdiges zu Psalm 44

»Das Bild der Gemeinde Gottes wird hier so gezeichnet, wie es sich auch nach dem Offenbarwerden Christi gestalten sollte. Paulus nämlich fasst gemäß Römer 8,36 den Sinn unseres Psalms nicht so auf, als hätte sich jene Zeitlage bloß auf ein einziges Jahrhundert beschränkt; er erinnert vielmehr daran, dass ganz denselben Mühseligkeiten die Christen unterworfen sind und dass dieselben bis ans Ende der Welt nichts anderes zu erhoffen haben … Es erschien zwar später Christus als Erlöser seiner Gemeinde, doch nicht zu dem Zwecke, dass wir in fleischlicher Üppigkeit auf Erden schwelgen, sondern vielmehr unter dem Kreuze streiten mögen, bis uns des himmlischen Reiches Frieden umfängt« (Calvin).

»Es wird uns nicht gesagt, wann und aus welchem Anlass dieser Psalm entstand … aber wir müssen ihn auf alle Fälle ganz prophetisch deuten … auf die leidende christliche Gemeinde in der ersten Zeit, ja, in der ganzen Zeit ihrer Pilgerschaft auf Erden (weshalb Paulus den V. 23 in ebendieser Weise anwendet in Röm 8,36), denn es ist ihr bestimmt, durch viele Trübsale in das Reich Gottes einzugehen (Apg 14,22). Wenn wir im Psalter mehrere Evangeliumspsalmen besitzen, die von den Tröstungen der Christen sprechen, warum sollten wir nicht auch einen Psalm haben, der von ihren Nöten und Prüfungen spricht?« (Henry).

»Abfall der Nation von ihrem Gott, woraus sich die Verwerfung derselben erklären ließe, ist nicht vorhanden. Die den Heiden über Israel gegebene

Obmacht ist also eine Abnormität, und ebendeshalb fleht der Dichter aufgrund der Treue Israels und der Gnade Gottes um baldige Erlösung. Ein unmittelbar aus dem Herzen der neutestamentlichen Gemeinde geborener Psalm würde freilich anders lauten. Denn die neutestamentliche Gemeinde ist kein Volksgemeinwesen, und sowohl in Ansehung des Verhältnisses ihrer Wirklichkeit zu ihrer Idee als in Ansehung des Verhältnisses ihrer Leiden zu Gottes Beweggrund und Absicht reicht ihr Blick ungleich tiefer. Sie weiß, dass es Gottes Liebe ist, welche sie der Passion Christi gleichförmig macht, damit sie, der Welt gekreuzigt, durch Leiden hindurch der Herrlichkeit ihres Herrn und Hauptes teilhaftig werde« (Delitzsch).

»Wie sich Psalm 42 und 43 zu Psalm 63 verhält, dass da ein Sänger von den Söhnen Korahs sich mit seinem König zusammenschließt und als ein Herz und eine Seele mit ihm erscheint, so verhält sich der vorliegende 44. Psalm zu Psalm 60 und empfängt von diesem die Angabe, unter welchen Zeitumständen er entstanden. Nur besteht insofern ein Unterschied in diesen wechselseitigen Beziehungen, dass, während Psalm 42 und 43 ein Nachklang von Psalm 63 und also der Zeit nach später ist, der Psalm 44 dagegen dem davidischen Psalm 60 vorausgeht, Ersterer inmitten des Elends erklingt und Letzterer gleichsam beim ersten Anbruch des Morgens nach der tiefen Finsternis der Mitternacht erschallt« (Dächsel).

»Im 44. Psalm schaut der Glaube zurück zum Zeugnis weit verflossener Zeiten, um darauf zu bauen inmitten von Umständen, die einen scharfen Kontrast bilden. Aber gerade das setzt der Glaube voraus: Die Umstände sind so, dass man nicht auf sie bauen kann. Der Glaube stützt sich auf das, was man nicht sieht und macht damit solche Dinge zum Wesen und zur Substanz, die für die Sinne keine Wirklichkeit besitzen. Seine Grundlagen sind jenseits menschlicher Sehfähigkeit, in der geistlichen Welt, und darum sind sie dem fleischlichen Sinn nicht mehr als Träume« (Grant).

»Die endgültige Bedeutung dieses Psalms erhellt aus den vier letzten Versen. Es ist ein Gebet um Befreiung aus den Folgen von Niederlage, dessen Stärke darin liegt, dass der Beter die Regierung Gottes anerkennt. Er ist der Urheber des Guten wie des Bösen, d.h. des Unglücks und der Not« (Morgan).

»Es war im alten Israel üblich, nach einem Sieg im Feld dem HERRN ein Lied zu singen (siehe Ri 5). Ebenso pflegte man ein Lied zu singen nach einer Niederlage, und der Psalm 44 ist eben ein solches Lied« (Harman).

V. 2-4 – »Wie in Psalm 78,3 hören wir auch hier zuerst ein dankbares Bekenntnis zu Gottes Heilstaten in der Vergangenheit. Israel ist früh dazu erzogen worden, anbetend die heilige Geschichte seiner Erwählung, Erlösung und gnadenreichen Leitung zur Kenntnis zu nehmen und darüber nachzusinnen (2Mo 10,2; 12,26ff.; 5Mo 6,20ff. u. a.)« (Brandenburg).

V. 2 und 27 – »Als Bischof Cranmer in seiner Litanei den zweiten und den letzten Vers dieses Psalms zusammenstellte als Bekenntnis und Bitte, behandelte er das Gebet als ein christliches Erbe, nicht als ein bloßes israelitisches Relikt. Ebenso verfährt Paulus in Römer 8,36. Der Psalm selbst lässt seine Sache bestehen auf der Kontinuität von Gottes Volk, die alle Jahrhunderte überbrückt« (Kidner).

V. 10-15 – »Die ganze Schilderung dieser furchtbaren Demütigung geht davon aus, dass solches Unglück nicht von ungefähr über Israel hereingebrochen ist. Nicht die Übermacht der umliegenden Weltmächte, nicht ihr Kriegsglück und ihr Eroberungsdrang, nicht eine unselige Bündnispolitik oder was immer an bestimmenden Faktoren im politischen Spiel der Kräfte genannt werden könnte, hat die Katastrophe verursacht: Du (sechsmal!), Herr, hast solches alles über uns verhängt. So spricht der Glaube, der durch alle vordergründigen Faktoren hindurch unverwandt auf die in letzter Instanz entscheidende Wirklichkeit Gottes blickt« (Lamparter).

V. 23 – »Dieser Vers wird erhellt durch die Art, in der Paulus ihn in Römer 8,36 anwendet. Die Bitte, die auf dieses Bekenntnis folgt, ist aufrichtig und angemessen, gleichzeitig erscheint der Fortschritt des neutestamentlichen Glaubens gegenüber dem Höchsten des alttestamentlichen nirgends deutlicher als hier. Der Apostel des Neuen Bundes bittet nicht um Befreiung, sondern bekennt, dass wir in aller Not mehr als Überwinder sind und dass uns nichts scheiden kann von der Liebe Gottes« (Morgan).

V. 24 – »Leviten traten da (in der Makkabäerzeit, B. P.) tagtäglich an das Pulpet **(dûkân)** und ließen den Gebetsruf ›**Wache auf, warum schläfst du, HERR?!**‹ erschallen. Diese Gottes Einschreiten herbeiflehenden levitischen Rufer hießen **məᶜôrarîm** (›Aufwecker‹, B. P.). Von Jochanan dem Hohenpriester, d. i. Johannes Hyrkanos (135–107 v. Chr.) wird Sota 48a (vgl. Tosefta S. 319f. ed. Zuckermandel) erzählt, dass er diese **məᶜôrarîm** abschaffte, indem er zu ihnen sagte: ›*Gibt's denn Schlaf bei der Gottheit? Hat nicht schon die Schrift gesagt: Siehe, er schlummert nicht und schläft nicht, der Hüter Israels?*‹« (Delitzsch).

Sprachliche Anmerkungen zu Psalm 44

V. 2 – »**du wirktest ein Werk**«: Ich habe mit den beiden anlautenden *w* im Deutschen die hebräische Kongruenz in der Wortfolge **pôᶜal pâᶜaltâ** nachgebildet.

V. 3 – »**du, deine Hand vertrieb**«: **hôraštâ**, eigentlich »vertriebst«. Die beiden Subjekte »du« und »deine Hand« sind ohnehin eins, sodass der Sinn der Aussage der gleiche bliebt bei der von mir gewählten Übersetzung.

V. 5 – »**du bist es, mein König**«: Diese auch von Buber und Zürcher gegebene möglichst wörtliche Übersetzung trifft hier den Sinn besser als das mehr allgemein gehaltene »du selbst bist mein König« (Elb, Rev. Elb), denn der Glaube des Beters zeigt sich ja gerade darin, dass er erkennt, wie es Gott, der König, war und ist, der alles wirkte, sowohl die Siege in den Tagen der Väter als auch die Niederlagen der Gegenwart.

V. 9 – »**immerdar**«: **kål hajjôm**, wörtl. »den ganzen Tag« (Elb).

V. 10 – »**und ziehst nicht aus**«: **wə lôᵓ têṣêᵓ**. Ich habe das hebr. Imperfekt in diesem und in den nachfolgenden Versen anders als Elb, Rev. Elb, Zürcher, Schlachter und Buber mit Präsens übersetzt (so auch JPS), und das aus zwei Gründen. Erstens handelt es sich nicht um ein Folgegeschehen zur Aussage der ersten Vershälfte, weil das morphologisch durch den Narrativ oder durch das negierte Perfekt markiert sein müsste. Zweitens klagt der Beter über die gegenwärtige Not, und die ergab sich eben aus der Tatsache, dass Gott sein Volk verwarf (Perfekt) und beschämte (Narrativ).

V. 13 – **»umsonst«**: **bəlô᾽ hôn**, wörtl. »um keinen (hohen) Preis«.

»setzt nicht hoch seinen Preis«: **lô᾽ ribbîtâ bimḥîrêhæm**, wörtl.: »du mehrtest nicht durch ihren Kaufpreis«. Rev. Elb versteht den Sinn der Wendung so, dass Gott selbst keinen großen Gewinn davon haben konnte, dass er das Volk seinen Feinden preisgab: »Du … hast keinen Gewinn gemacht durch ihren Kaufpreis.« Die Präposition **bə**, »durch«, vor dem Hauptwort »Kaufpreis« scheint tatsächlich in diese Richtung zu weisen. JPS übersetzt ohne Berücksichtigung der Präposition: »You set no high price on them.« Buber: »Nicht steigertest du ihren Preis.«

V. 15 – **»Sprichwort«**: **mâšâl**, das gleiche Wort, das in der Pluralform als Überschrift über dem Buch des Sprüche steht.

V. 19 – **»und doch neigtest du«**: **wattaṭ**. Die Masoreten haben **wattêṭ** vokalisiert, was syntaktisch nicht passt. Daher ist anders, eben **wattaṭ** zu vokalisieren. LXX hat den nicht vokalisierten Text, der ihm vorlag, richtig gedeutet: και εξεκλινας, »und du neigtest«. Gott war es, der die Schritte der Israeliten nicht mehr lenkte, und darum irrten sie vom guten Weg ab. Das drückt der Prophet so aus, wie es die Propheten eben gerne tun. Sie beziehen alles auf Gott und führen damit alles auf die erste Ursache zurück: Gott neigt die Schritte so, dass sie abirren. Ähnlich verhält es sich mit der Bitte, die wir nach der Weisung des Herrn an Gott richten: *»Führe uns nicht in Versuchung«* (Mt 6,13).

V. 26 – **»sinkt«**: **šâḥâh**, das gleiche Verb wie in 42,6 und 43,5, das dort mit *»aufgelöst«* übersetzt worden ist. Ich habe das Perfekt mit Präsens übersetzt, weil im Hebr. intransitive Verben wie Zustandsverben im Perfekt meist (deutsch gedacht) präsentische Sachverhalte ausdrücken.

V. 27 – **»hilf uns«**: **ᶜæzrâtâh lânû**, wörtlich »Hilfe für uns«. Ich bin hier Luther gefolgt. Elb und Rev. Elb: »uns zur Hilfe«, Zürcher: »uns zu helfen«. Das hebr. Hauptwort muss syntaktisch als ein innerer Akkusativ zum Verb »aufstehen« begriffen werden; es scheint sogar, dass das unübliche **-tâh** im Auslaut nichts anderes ist als die alte Akkusativendung **-a**.

Psalm 45
Ein Liebeslied auf den König, den Messias

Im Psalm 43 hatte der Psalmist gebetet: *»Sende dein Licht und deine Wahrheit!«* Hier wird beschrieben, wie Gott das Gebet beantwortet: Er sendet seinen König. Der Psalm ist auch eine Fortsetzung des 44. Psalms. Dort hatte der Beter bezeugt: *»Du bist es, mein König und mein Gott«* (V. 5), der seinem Volk Sieg gibt und ihm Niederlage verhängt. Hier singt der Psalmist diesem König ein Liebeslied. Dort war der Beter darüber bekümmert gewesen, dass Gott den Mächten der Gottlosigkeit die Oberhand gegeben hatte über die Gerechten und die Sache der Gerechtigkeit. Zuletzt hatte er gefleht: *»Stehe auf und hilf uns!«* (44,27). Hier hat Gottes Geist ihm die Augen geöffnet, den Herrn, seinen König, zu sehen, wie er kommt und wie sein Schwert die Sache der Wahrheit, der Gerechtigkeit und der Sanftmut verteidigt und zum Sieg führt (45,4-6). Wer ist dieser König? Es ist nicht Salomo, wie einige gedacht haben[76],

»... denn Salomo war wohl weiser als alle Menschen, aber es heißt nicht, dass er schöner gewesen sei; noch war er ein Krieger, wie der hier besungene König; noch bestanden sein Thron und sein Reich immer und ewiglich; noch war er ein Gegenstand der Anbetung; noch war seine Ehe mit der Tochter Pharaos ein so lobenswertes Ding; noch wird diese je so gepriesen wie die hier genannte Königin. Nein, die im Psalm behandelte Person ist der Messias« (John Gill).

Auch die alten jüdischen Ausleger deuten den Psalm messianisch.[77] Er hat vieles mit dem 72. Psalm gemein, der das zweite Kommen des Königs und sein Friedensreich beschreibt. Er hat noch mehr mit dem Lied der Lieder gemeinsam, denn er ist wie dieses ein Hochzeitslied, und er kann daher als Beleg dafür gelten, dass das Hohelied zwar ein Liebeslied ist, aber ein Liebeslied, das neben der Liebe zwischen Mann

76 *»Ohne Zweifel handelt dieser Psalm von Salomo«* (Calvin).

77 David Baron vermerkt hierzu: *»Die altsynagogale Lesung des Targum des 3. Verses lautete: ›Deine Schönheit, du König Messias, ist größer als die der Menschenkinder.‹ Die meisten jüdischen Ausleger, unter ihnen Kimchi und Ibn Ezra, deuten diesen Vers auf ›den König Messias‹.«*

und Frau vor allem die höchste Liebe besingt, die diese Schöpfung kennt: Die Liebe zwischen dem Sohn Gottes und seinem Volk.

Viele Ausleger[78] meinen, das Lied sei als eine Gelegenheitsdichtung entstanden, das über den historischen Anlass – die Hochzeit eines Königs aus dem Haus Davids – hinaus auf den Messias verweise. Das hält schwer, denn die Sprache des ganzen Liedes wäre ganz unangemessen, ja, geradezu unerträglich, hätte man es einem Menschen gesungen. Von einem bloßen Menschenkind zu sagen, es sei schöner als alle Menschen, wäre bloß geschmeichelt und damit gelogen. Zudem wird der König in V. 8 als Gott angeredet. Einen Menschen so anzureden, wäre höchster Frevel.

»Some here see Solomon and Pharao's daughter only – they are short-sighted; others see both Solomon and Christ – they are cross-eyed; wellfocussed spiritual eyes see here Jesus only.

Einige sehen hier nur Salomo und die Tochter des Pharao; die sind kurzsichtig. Andere sehen sowohl Salomo als auch Christus; die sehen übers Kreuz. Wer klar sieht, sieht hier Jesus allein« (Spurgeon).

Das Thema dieses Psalms ist der König. Er wird zuerst als Krieger und Rächer und dann als Bräutigam dargestellt. Entsprechend zerfällt er nach einem Vorspann in zwei Teile:

Das Vorwort eines Meisterdichters (V. 2)

1. **Der König richtet seine Feinde und stellt seinen Thron auf (V. 3-7)**
2. **Der König begehrt eine Braut und führt sie in seinen Palast ein (V. 8-17)**
3. **Der Name des Königs wird deswegen ewig gepriesen (V. 18)**

Der V. 2 ist ein Vorwort: der Autor nennt seine Absicht. Der erste Teil beginnt mit der Deklaration: Du bist schön, darum hat Gott dich gesegnet für ewig (V. 3). Der zweite Teil beginnt mit der Deklaration: Du hast Gerechtigkeit geliebt, darum hat Gott dich gesalbt (V. 8). Auf diese Weise werden die beiden Teile in überraschender Weise miteinander verschränkt: Die in Teil 1 erwähnte Schönheit verbindet sich mit dem in Teil 2 genannten Begehren des Königs nach einer Braut, und die in Teil 2 genannte Gerechtigkeit mit seinem in Teil 1 beschriebenen Gericht über

78 Unter ihnen auch Delitzsch. Wie sehr sich *»der gelehrte Professor«* (Baron) in seinen Erklärungen zum Anlass des Psalms vertut, mag der interessierte Leser bei David Baron nachlesen (S. 142-143).

seine Feinde. Zum Schluss wird der Name des Königs ewig gepriesen wegen seiner Gerechtigkeit (V. 3-7) und wegen seiner Liebe (V. 8-18).

1 Dem Vorsänger, nach Schoschannim. Von den Söhnen Korahs; ein Maskil, ein Lied von der Liebe.

Der Titel ist außergewöhnlich lang; die Aufhäufung von Anweisungen und Bezeichnungen hebt die Bedeutung des Psalms als eines Liedes hervor, das weit mehr sein will als ein bloßer *Epithalamios,* ein Hochzeitsgesang. Zu »Vorsänger« siehe Psalm 4. Außer diesem sind noch zwei Psalmen **»nach** (oder »über«) **Schoschannim«** (69; 80), »Lilien«. Lilien bezieht sich auf die Anmut der Prinzessin (vgl. Hohelied 2,1, wo uns das gleiche Wort begegnet). Es ist ein Maskil, ein Lehrgedicht, das als Gedicht zwar poetisch, aber als Lehre keine poetische Fantasie ist (zur Bedeutung von **»Maskil«** siehe Ps 32). Es ist ein **»Lied von der Liebe«**, von einer wirklichen Liebe zu einer wirklichen Person, nicht einem erträumten Idealhelden.

Vorwort eines Meisterdichters

In einigen Psalmen redet der Dichter von sich und seiner Verfassung, in der er sein Lied vorträgt, ehe er mit dem Lied beginnt. So ist das auch hier, ebenso in Psalm 49,1-5; 78,1-2.

2 Mein Herz wallt über von gutem Wort.
Ich sage mein Werk dem König.
Meine Zunge ist Griffel eines Meisterschreibers.

In diesem Vers haben wir beides beieinander, was wahre, was höchste Kunst ausmacht: Stärke der Leidenschaft, gebändigt durch den Willen zur vollendeten Form. Das Herz des Sängers wallt, ja, kocht wie ein toller Sud[79], denn das besagt das hebräische Verb. Ganz anders seine Zunge: Sie rast nicht; vielmehr ist sie gebändigt, aber frei, und präzise Zirkel zeichnend wie der Griffel eines Goldstechers.

79 Diesen Ausdruck habe ich bei Heine geborgt. Er stammt aus den einleitenden Zeilen seines *Jehuda Halevy* (zu finden unter seinen »Hebräischen Melodien«).

Wir lernen hier Wichtiges über Inhalt und Form von Anbetung. Zum Inhalt: Das Herz des Psalmisten wallt, **râḥaš**, ein Wort, das nur einmal belegt ist. Es bedeutet eigentlich »sieden«, »kochen«. Es wallt aber nicht von beliebigen Leidenschaften, sondern »von gutem Wort«, also von reinen, von wahren, von göttlichen Dingen. Woher kommen dem Dichter die Worte? Und wovon und zu wem spricht er sie? Er spricht vom und zum **»König«**, **mælæk**. Sechsmal kommt das Wort »König« vor (V. 2.6.12.14.15.16), einmal das Wort »Königin«, **šêgal** (V. 10), einmal »Königstöchter«, **bənôt məlakîm** (V. 10), einmal »Königtum«, **malkût** (V. 7). Der Dichter hat den König, den Messias, gesehen, er hat seine Worte gehört, wie der Vers 3 uns zeigt. Das hat zuerst sein Herz erfüllt. Das ist das Erste, was wir verstehen müssen. Anbetung geht nicht von uns aus; man kann sie nicht durch sinnliche Reize anheizen und in Gang setzen (obwohl viele das meinen). Sie wird durch den Gegenstand der Anbetung geweckt und gewirkt: *»Von dir kommt mein Lobgesang«*, sagt David (Ps 22,26). Es ist wie unsere Liebe zu Gott. Die findet sich nicht in uns; wir können erst lieben, nachdem er uns geliebt hat (1Jo 4,19).

Das Zweite, das wir lernen: Die heftigen Empfindungen werden beherrscht und in angemessener Form dargebracht; die Zunge des Dichters ist der »Griffel eines Meisterschreibers«, wobei das mit »geschwind« (Buber) oder »fertig« (Elb) oder »gewandt« (Schlachter) übersetzte Wort **mâhîr** in heutigem Deutsch etwa »meisterlich« heißen müsste. Es ist im AT nur noch dreimal belegt. In Esra 7,6 steht es für einen Meister in den heiligen Schriften, in Sprüche 22,29 für einen Mann, der behände oder geschickt ist, und in Jesaja 16,5 für einen König, der gewandt ist im Vollstrecken von Recht und Gerechtigkeit. Der Griffel eines Meisterschreibers ist beherrscht; der Geist und der Wille des Schreibers bändigt die heftigen Empfindungen. Sie werden nicht unterdrückt, aber der Anbeter lässt sie auch nicht herausschießen wie einen Sturzbach. Das wäre heidnisch, denn bei den Heiden rast die Zunge und plappert ohne Maß, wie der Herr gesagt hat (Mt 6,7). Und es wäre kindisch, wollten wir der Zunge die Zügel schießen lassen, wie es die Korinther taten (1Kor 14,27). Wir sollen aber nicht kindisch, sondern kindlich sein (Ps 8,2). Der Anbeter ist kindlich vor Gott; aber er ist gleichzeitig *»erwachsen am Verstand«* (1Kor 14,20). Er ist mündig, und mündig heißt beherrscht, gehört doch zur Frucht des Geistes auch *»Selbstbeherrschung«* (Gal 5,22). Der Geist des Propheten ist dem Propheten untertan (1Kor 14,32).

1. Der König richtet seine Feinde und stellt seinen Thron auf (V. 3-7)

Der Dichter besingt im ersten Teil die Schönheit des Königs; diese ist es, die das Herz der von Gott Geliebten bezwingt. Er spricht von den Worten der Gnade, die auf seinen Lippen sind. So beginnt dieser Abschnitt mit der Gnade des Herrn und schließt mit dem Thron des Herrn. Der König wird alle richten, die sich von seiner Gnade und Sanftmut nicht bezwingen lassen (vgl. Röm 2,4-5). Gott wird die Feinde seines Sohnes zum Schemel seiner Füße werfen. Hier wird der König als ein Menschensohn beschrieben; das ist ein Titel, der ihn als Richter ausweist. Im Neuen Testament erfahren wir, dass Gott dem Menschensohn alles Gericht übergeben hat (Joh 5,27). Der Menschensohn ist auch der von Gott verordnete Herrscher über alle und alles (Dan 7,13-14), der also, der einst seinen Thron in dieser Welt aufrichten wird.

3 Schönster bist du von den Menschensöhnen,
Gnade ist gegossen über deine Lippen.
Darum hat Gott dich gesegnet für ewig.

Das Erste, das der Schreiber am König bewundert, ist seine Schönheit, nicht seine Macht. Das Wort »schön« oder »Schönheit« ist ein Lieblingswort der Söhne Korahs. Sie sind außer Asaph (Ps 50,2) die einzigen Psalmensänger, die es verwenden, und zwar insgesamt dreimal: Psalm 45,3.12; 48,3. Sie waren offenkundig von der Schönheit ihres Gottes und Erlösers besonders ergriffen.

Wenn der Sänger sagt, der König sei »**schönster von den Menschensöhnen**«, hat er gleichzeitig zwei Wahrheiten ausgesprochen: Der König ist selbst ein Menschensohn; sonst wäre dieser Superlativ wenig sinnvoll. Aber er ist schöner als alle anderen Menschen, denn er ist gleichzeitig mehr als bloßer Mensch. Der Messias ist auch Gottes Sohn. In den Versen 7 und 8 wird seine Gottheit in so klaren Worten bezeugt, dass man sich eigentlich wundern muss, dass der Schreiber des Hebräerbriefes die Gottheit des Messias den angefochtenen Hebräerchristen aus dem Alten Testament noch eigens belegen muss.

Das Erste, das der Dichter an der Schönheit des Königs hervorhebt, ist die »**Gnade**«, die über seine »**Lippen gegossen ist**«. Alle Menschen, die

Jesus sahen und hörten, *»verwunderten sich über die Worte der Gnade, die aus seinem Mund gingen«* (Lk 4,22). Sie empfanden gleichzeitig die göttliche Kraft seiner Worte, *»denn er lehrte sie wie jemand, der Gewalt hat, und nicht wie ihre Schriftgelehrten«* (Mt 8,29). Insgesamt mussten sie bekennen: *»Niemals hat ein Mensch so geredet wie dieser Mensch«* (Joh 7,46). Damals, bei seinem ersten Kommen, hörten die Menschen sein Reden in Gnade. Ganz anders wird er reden, wenn er zum zweiten Mal kommt. Dann wird er zu ihnen reden in seinem Zorn (vgl. Ps 2,5). Davon sprechen die nächsten Verse.

»Darum«: Gott hat den König **»gesegnet für ewig«**, weil seine Lippen Worte der Gnade und Wahrheit sprechen. Das ist eine seiner Qualifikationen. Seine Worte müssen so sein, wie Gott selbst ist; sie müssen seinem Willen und seinem Wesen vollständig entsprechen. Vom Messias sagt eine andere Weissagung, dass in seinem Mund kein Trug ist (Jes 53,9), und Jakobus erklärt, dass der Mann, der im Wort nicht strauchelt, vollkommen ist (Jak 3,2). In V. 8 wird zum zweiten Mal mit einem *»Darum«* begründet, warum dieser und kein anderer von Gott gesalbt worden ist.

»gesegnet«: Man kann das hebräische Verb **bêrak** auch übersetzen: »gepriesen«. Es ist gut möglich, dass der Apostel Paulus in Römer 9,5 – *»Gott, gepriesen in Ewigkeit«* – auf diese Stelle anspielt, womit wir einen weiteren Beleg dafür hätten, dass jener Abschnitt von der Gottheit des Herrn Jesus zeugt[80].

4 Gürte, Held, dein Schwert an die Hüfte[81],
deine Pracht und deine Hoheit!
Und deine Hoheit!
5 Sei siegreich, zieh aus
für Wahrheit und Sanftmut und Recht!
Und Furchtbares soll deine Rechte dich lehren.

Der König ist auch ein »Held«, **gibbôr**. Mit diesem Wort wird *»der König der Herrlichkeit, Jahwe, ein* ***Held*** *im Kampf«* auch in Psalm 24 angesprochen. Auf diese Anrede des Messias greift Jesaja in seiner groß-

80 Die Mehrdeutigkeit der griechischen Syntax spiegelt sich in den verschiedenen Übersetzungen von Römer 9,5.

81 vgl. Offb 19,16.

artigen Weissagung vom kommenden König zurück; denn dieser wird heißen **ʾêl gibbôr**, *»starker Gott«* (Jes 9,5; siehe auch Jes 42,13), oder »Gott-Held« (Luther). Der König unseres Liedes ist der HERR und Gott Israels, den bereits Mose als einen Kriegsmann besingt (2Mo 15,4). Er soll sein Schwert und seine Pracht als Krieger um seine Hüften gürten. Und das zeigt eine weitere wunderbare Wahrheit über Gott: Er ist nicht ein passiver Gott; er ist nicht der *deus otiosus* (der untätige Gott) der Philosophen; er ist nicht ein statisches Prinzip; er ist auch nicht ein herzloser Tyrann, wie der Beduinengott Allah. Nein, er ist der Gott der Liebe, er ist der Gott der Gnade, er ist der lebendige Gott, der Rettung wirkende und in die Geschicke unserer armen Erde eingreifende Gott. Von ihm sagt deshalb David, dass er *»den Himmel neigt und herabfährt«* (Ps 18,10), dass er *»einherfährt durch die Steppen«* (Ps 68,5), dass er seinen Arm ausstreckt und den Versinkenden aus dem Wasser reißt (Ps 18,17; vgl. Mt 14,31) Und weil die Söhne Korahs ihren Gott kennen, rufen sie zu ihm: **»Sei siegreich, zieh aus!«**

Das deutsche »sei siegreich« steht für den hebräischen Imperativ **ṣəlaḥ**, eigentlich: »sei erfolgreich«, »setze dich durch«, wie in Psalm 1,3; oder noch etwas dramatischer: »dringe durch« (Buber). Gemeint ist wohl, dass der Held den Elenden Recht schaffen und der König die Armen in Gerechtigkeit richten wird (Ps 72,2; Jes 11,4).

»zieh aus!«: **rəkab**. Das bedeutet eigentlich »fahre aus auf dem Kriegswagen« (wie in 2Kö 9,16).

Nachdem der Dichter zuerst von der Schönheit des Königs gesprochen hat (V. 3), spricht er als Zweites in seinen knapp und klar gezeichneten Versen über die unwiderstehliche Macht des Königs. Wir können seine Reihenfolge die historische und die logische nennen; historisch in zweierlei Weise. Der Herr kam zuerst in Niedrigkeit; er kam um zu retten, nicht um zu richten. Damals konnten die Menschen an ihm die Lieblichkeit seiner Worte und Taten hören und sehen. Er kommt aber auch zu uns persönlich so. Wir sind von unserer Sünde überführt worden und zittern vor Gott; da führt uns der Heilige Geist zur Erkenntnis des Menschen Jesus, der für uns zum Knecht und zum Lamm wurde. Die Lieblichkeit seiner Worte haben uns ganz überwältigt und gefesselt. Später erkennen wir in ihm auch den Richter. Das ist auch die logische Reihenfolge; denn wäre er sofort als Herrscher und Richter gekommen, wäre kein Mensch am Leben geblieben und wären keine von Dank und

Bewunderung übergehenden Herzen da, aus denen Worte des Dankes und der Bewunderung fließen könnten.

Wenn er als »**Held**« gegen alle Feinde in den Krieg zieht, dann ist er nicht nur mit dem »**Schwert**«, sondern auch mit »**Pracht und Hoheit**« angetan. Dann werden die Menschen erkennen, dass der sanftmütige Jesus »ein Kriegsmann« ist, »Jahwe ist ein Name« (2Mo 15,3). Seine »**Wahrheit**« und sein »**Recht**« fordern es; Gottes Wahrheit und Gerechtigkeit müssen Genüge geschehen. Wenn er kommt, um für die Sanftmütigen zu streiten, wird er der »**Sanftmut**«, **ᶜanwâh**, zum Recht verhelfen. Dann werden die Menschen verstehen, dass seine eigene Sanftmut (Mt 11,28-29) der tiefste Grund für seinen gerechten Zorn ist. Er wurde zum Lamm wegen der Sünde der Menschen, und die Sünder haben ihn genau deshalb für nichts geachtet. Ebenso haben sie nachher alle Sanftmütigen, alle, die in dieser Welt den Fußstapfen ihres Meisters folgten, für nichts geachtet (siehe Ps 10,2; 35,20; 37,14). Furchtbar wird es sein, wenn sie sich *»vor dem Zorn des Lammes«* ducken und zu verkriechen suchen (Offb 6,16-17). Sein Schwert ist sein Wort (Hebr 4,12). Seine Worte waren einst in Gnade gewesen; diese Worte werden nun alle richten, die sie verworfen haben (Joh 12,48).

»**Furchtbares**« wird offenbar, wenn der Sohn des Menschen auszieht, um Gericht zu halten. *»Es ist furchtbar, in die Hände des lebendigen Gottes zu fallen«* (Hebr 10,31). Johannes, der dem Herrn während dessen Erdenleben besonders nahegestanden war, sah den Sohn des Menschen in seiner Macht und Heiligkeit. So furchtbar war der Anblick, dass der Jünger, den Jesus liebte, zu Boden fiel wie tot (Offb 1).

6 Deine scharfen Pfeile[82]
– Völker fallen unter dir –
ins Herz der Feinde des Königs!

Seine »**Pfeile**« werden das »**Herz der Feinde des Königs**« durchbohren. Er wird *»sich als Held erweisen gegen seine Feinde«* (Jes 42,13). Das wird dann aber nicht wie einst zur Buße und zur Errettung geschehen (Apg 2,37), sondern zum Untergang. Ihre Herzen waren hart geblieben wie das Herz des Pharao. Sie werden dem Pharao gleich in den Fluten

82 5Mo 32,42; Hi 6,4; Ps 7,14; 18,15; 120,4; Jes 49,2; Hes 5,16; Hab 3,9.

des Gerichts ertrinken (2Mo 15,4-5). Das Herz ist der Sitz des Willens. Sie hatten sich mit Willen gegen den von Gott gesalbten König gewandt, das war ihre Sünde, darum müssen sie sterben.

7 Gott, dein Thron steht immer und ewig,
ein gerades Zepter ist das Zepter deines Reiches.

Diesem Vers begegnen wir im Neuen Testament wieder. In Hebräer 1,8 zeigt der Verfasser, dass der Mensch Jesus kein Geschöpf ist wie die Engel, sondern Gott selbst. Denn der Thron Gottes, von dem ein Psalmendichter vor alters sang, ist der Thron Jesu, des Messias; es ist sein Thron, der **»immer und ewig«** steht.

»Dein Thron«: Ein König hat einen Thron. Es ist der Thron des Königs, der in diese Welt gekommen ist und wieder kommen wird. Diesem Thron muss alles unterworfen werden, sei es in Gnade (V. 3) und damit zum Leben, oder sei es im Zorn (V. 5-6) und damit zum Tod.

»Gott«: Dieser König ist Gott. Er ist wahrer Mensch, und er ist wahrer Gott. Sein Zepter ist ein **»gerades Zepter«**, d. h. er herrscht in Geradheit. Gerechtigkeit und Gericht sind seines Thrones Grundfeste (Ps 89,15), darum wird sein Thron nie wanken. Darum muss der König Messias das Böse richten (V. 5 und 6), denn täte er es nicht, könnte sein Reich nicht bestehen. Alle auf Ungerechtigkeit gebauten Reiche der Welt müssen vergehen (Hab 2,12-13); kein von Sünde befallenes Gemeinwesen kann Bestand haben. Aber *»das Reich der Welt«* wird *»unseres Herrn und seines Christus«* werden (Offb 11,15), und sein Reich wird nie vergehen (Dan 7,14).

2. Der König begehrt eine Braut und führt sie in seinen Palast ein (V. 8-18)

Der Dichter besingt im zweiten Teil zunächst die Gerechtigkeit des Königs (V. 8), aber bevor er in Gerechtigkeit herrscht, ergeht sein Ruf an Sünder, um aus ihnen ein Volk zu sammeln, das ihm als Braut zugeführt werden soll. Das ist ein Erweis der vollkommenen Liebe des Königs. Darum höre, neige dein Herz und ergib dich ihm! Während der Dichter im ersten Teil den König als den Menschensohn beschreibt, nennt er ihn hier Gottes Sohn, ja, Gott selbst. Die Verse 7 und 8 werden im Hebräerbrief zitiert (Hebr 1,8-9); die Gottheit des Herrn ist dort der Ausgangspunkt für die großartige Tatsache, dass er, der Gott ist, Mensch wurde, um viele Söhne zur Herrlichkeit zu führen (Hebr 2,10). Hier spricht der inspirierte Dichter von diesen *»Herrlichen«* (V. 10.14), die der Sohn Gottes in seinen Palast einführt.

8 Du liebst Gerechtigkeit
und hassest Frevel,
Gott, darum hat dein Gott dich gesalbt
mit Freudenöl vor deinen Gefährten.

Hier wird die sittliche Vollkommenheit des Königs bezeugt. Er ist als Menschensohn genau so, wie Gott den Menschen haben will. Seine Zuneigungen sind göttlich vollkommen. **»Darum«** hat Gott ihn zum Messias gemacht (siehe oben V. 3).

»Gott, darum hat dein Gott dich gesalbt«: Diese Stelle wird in Hebräer 1,9 zitiert, wo der Schreiber die Gottheit Christi aus dem Alten Testament beweist. Der Dichter spricht seinen König mit **»Gott«** an und sagt, dass sein Gott ihn gesalbt habe. Der Sohn des Menschen ist auch Gott. Und er ist gerecht, er ist sündlos, er ist sittlich vollkommen, was sich eben hieran zeigt: **»Du liebst Gerechtigkeit und hassest Frevel.«** Das ganze Erdenleben bewies es, dass seine Zuneigungen so waren, wie Gott sie haben will; er liebte das Richtige und er hasste das Richtige. Denn so ist sein ewiges Wesen. Darum hat Gott ihn **»gesalbt mit Freudenöl«**. Er ist der von Gott, dem Vater, Erwählte und öffentlich als sein Sohn und König Proklamierte (Ps 2,6; Mt 3,17).

Was den Sündern zuerst ein Gräuel und dann ein Schrecken ist, ist den Erwählten lauter Lieblichkeit. Was den Ungläubigen ein Anstoß ist, ist ihnen *»die Kostbarkeit«* (1Petr 2,7). Dass er Gerechtigkeit liebt und Frevel hasst, macht ihn in ihren Augen zum Schönsten unter Zehntausenden (Hl 5,10). Für sie ist er der von Gott über alle **»Gefährten«** Erhobene und Ausgezeichnete.

9 Myrrhen, Aloe und Kassia[83] **auf all deinen Kleidern;**
aus Elfenbeinhallen erfreut dich Saitenspiel[84]**.**

»Myrrhen, Aloe und Kassia auf all deinen Kleidern«: Paulus spricht vom *»Wohlgeruch Christi«* (2Kor 2,15). Er ist Gott ein Wohlgeruch, aber auch seinen Geliebten. Während er seinen Feinden ein Schrecken ist und ihnen im Gewand des Kriegers erscheint, ist den Erwählten am Herrn alles lieblich. Seine Kleider, sein Wandel, seine Worte, alles ist ein Wohlgeruch. Und davon singen sie, und ihn **»erfreut«** das **»Saitenspiel«**, **minnîm** (nur noch in Ps 150,4) seiner Heiligen (Offb 5,8; 14,2; 15,2).

10 Königstöchter sind unter deinen Herrlichen;
die Königin steht zu deiner Rechten in Gold von Ophir.

»Königstöchter« werden zum König geführt. Als Töchter waren sie dazu geboren, und darum waren sie für den König passend. Gott hat uns in Christus erwählt und dazu bestimmt, zu ihm geführt zu werden. Wir sind aus Gott geboren, und darum passen wir zu seinem Sohn. Seine Braut besteht aus lauter **»Herrlichen«** (V. 10 und 14), aus lauter Söhnen, denen er seine Herrlichkeit gegeben (Joh 17,22) und die er zur Herrlichkeit geführt hat (Hebr 2,10). **»die Königin«** in der zweiten Zeile ist die Braut, die künftige Gemahlin.[85]

11 Höre, Tochter!
Sieh her und neige dein Ohr,
vergiss dein Volk und Vaterhaus!
12 Begehrt der König deine Schönheit,
– er ist dein Herr –
ergib dich ihm!

»Höre, Tochter!«: Während der König sich seine Feinde im Zorn und mit Gewalt unterwirft, unterwirft er sich seine Braut durch die Gnade und durch die Macht seines Wortes. Er ruft sie mit seiner Stimme. Wir

83 2Mo 30,24.
84 Ps 150,3; Jes 38,20.
85 Das Neue Testament verwendet ebenfalls oft auf engstem Raum verschiedene Ausdrücke für die gleiche erlöste Schar. So heißt die Gemeinde in Offenbarung 19,7 *»Weib des Lammes«*, und im übernächsten Vers ist von den *»Berufenen«* die Rede. Das sind die einzelnen Gläubigen, die gemeinsam ebendieses eine »Weib« sind.

müssen hinhören, wenn der König ruft; wir müssen das Evangelium aufnehmen. Das Wort der Versöhnung geht aus in alle Welt, darum **»neige dein Ohr«**, denn der König hat Wohlgefallen an dir. Neigst du dein Ohr nicht, wird er dich mit Gewalt niederwerfen; neigst du aber dein Ohr, wird der König dich erhöhen, seine Herrlichkeit zu teilen.

»vergiss dein Volk«: Jede Königstochter, die einen König heiratete, wurde damit auf neue Loyalitäten verpflichtet. Nicht mehr konnte und durfte sie den Interessen ihres Vaters und seines Reiches dienen. Das wäre strafbare Untreue gegenüber dem neuen Eheherrn gewesen. Ebenso ist der Christ von dem Tag an, da er sich dem König Christus unterworfen hat, auf ihn, auf seine Sache und auf sein Reich verpflichtet. Er muss den alten Loyalitäten absagen. Wollen wir dem König gehören, müssen wir ihn – wie einst Abraham (1Mo 12,1) – mehr lieben als Vater und Mutter, Bruder und Schwester (Mt 10,37). Lieben wir ihn, lösen wir alle Bande, die uns an eine Welt der Gottlosen und des Götzendienstes binden, denn der König wird bald alle Völker richten, auch unser Volk. Wer aber Vater und Mutter, Volk und Heimat, Häuser und Felder um seinetwillen verlässt, wird dafür *»hundertfältig empfangen und ewiges Leben erben«* (Mt 19,29). Davon spricht der nächste Vers.

»Begehrt der König deine Schönheit«: Wie sehr eine junge Frau auch erschüttert und beglückt sein mag, wenn ein großer König ihre Schönheit begehrt und um sie wirbt, so ist das alles doch nichts im Vergleich zur Liebe des Königs aller Könige zu uns. Er sollte uns überhaupt begehren? Er sollte an uns irgendetwas Schönes sehen? Das ist uns ganz unbegreiflich. Wir wissen gar nicht, was wir dazu sagen sollen. Und doch ist es wahr, und darum können wir nicht anders und wollen auch nicht anders, als uns ihm ergeben.

13 Die Tochter Tyrus bringt ein Geschenk,[86]
die Reichen des Volkes flehen dich an.

»Tochter Tyrus« bedeutet so viel wie die Bewohner von Tyrus, ebenso wie der Ausdruck »Tochter Zion« die Bewohner von Zion meint (z.B. 2Kö 19,21; Jes 62,11). In Psalm 72 lesen wir von den Völkern, wie sie dem König ihren Tribut bringen (V. 10), hier bringen sie ihn der Königin.

86 Ps 68,30.

Tyrus war eine mächtige, hochberühmte, stolze Stadt (siehe Hes 26–28). Dass nun gerade Tyrus der Königin **»ein Geschenk«** bringt, ist deshalb für diese eine besondere Ehre. Die Braut hat sich dem König, ihrem Herrn, unterworfen (V. 12), und so hat er sich mit ihr verbunden mit allem, was ihm gehört: *»Alles ist euer, ihr aber seid Christi, Christus aber ist Gottes«* (1Kor 3,22-23). Alle Reichtümer, die die Völker dem König bringen, bringen sie deshalb auch der Braut. So lesen wir tatsächlich in Offenbarung 21,26: *»Und man wird die Herrlichkeit und Ehre der Nationen zu* ***ihr*** *bringen.«* Alle Herrlichkeit des Königs wird nun ihre Herrlichkeit. Ja, am Ende wird es so sein, dass die Gemeinde die Herrlichkeit ihres Gottes und Erlösers selbst hat (Joh 17,22; Offb 21,11).

14 Die Königstochter drinnen ist ganz herrlich,
von Goldgewebe ihr Gewand.

»drinnen« ist die Königin **»ganz herrlich«**, also da, wo niemand außer den Hausgenossen, wir können sogar sagen, außer dem König sie sieht. Die ganze Herrlichkeit der Gemeinde wird von niemandem vollständig wahrgenommen als von ihrem Herrn und Erlöser selbst. Der Geliebte nennt im Hohenlied seine Geliebte *»meine Taube in den Schlupfwinkeln der Felsen, im Versteck der Felswände«* (2,14). Nur er sieht ihre Schönheit; anderen ist sie verborgen: *»Darum erkennt uns die Welt nicht, weil sie ihn nicht erkannt hat. Geliebte, jetzt sind wir Kinder Gottes, und es ist noch nicht offenbar geworden, was wir sein werden«* (1Jo 3,1-2).[87]

»von Goldgewebe ihr Gewand«: Es scheint, dass das Gold in der Stiftshütte symbolisch von der göttlichen Natur des Erlösers (in der Bundeslade) und von der göttlichen Natur der Erlösten (in den goldenen Brettern des Heiligtums) spricht. Demnach verweist das aus Gold gewebte Gewand der Königin auf die göttliche Natur der Brautgemeinde (2Petr 1,4).

87 Manche sehen hierin einen willkommenen Anlass, sich von der Welt abzuschotten. Damit zeigen sie nur, wie wenig sie dem Herrn der Gemeinde gleichen. Denn ihn hat die Welt wirklich nicht erkannt, aber deswegen blieb er der Welt nicht fern; er besuchte sie, er kam zu den Menschen, er war mit ihnen zusammen, er liebte sie, er tat ihnen Gutes, er litt für sie.

15 In gestickten Kleidern wird sie zum König geführt;
Jungfrauen folgen ihr,
ihre Freundinnen werden zu dir gebracht.

Die Braut wird »**zum König geführt**«, wie Gott die erste Frau zum Mann (1Mo 2,28) und Paulus die Gemeinde als Jungfrau zu Christus führte (2Kor 11,2). Und ebenso wird die Braut bereitet und zum Lamm geführt werden, wenn endlich die Hochzeit des Lammes gekommen ist (Offb 19,7).

»**in gestickten Kleidern**«: Die Braut muss in ihren Kleidern zum König in seinen Prachtgewändern (V. 9) passen. Wir müssen als Volk Gottes zum Sohn Gottes passen. Wir werden passend gemacht durch die neue Geburt: Dabei bekommen wir seine Natur (2Petr 1,4); wir werden ferner passend gemacht durch Stellvertretung (2Kor 5,21; 1Petr 3,18); und wir werden schließlich passend gemacht durch Erziehung (Hebr 12,10).

Gott hat die Braut schön gemacht, hat ihr den Ehrenrock der Gerechtigkeit umgelegt (Jes 61,10); der Vater hat dem heimgekehrten Sohn das beste Gewand geholt (Lk 15,22), und die Braut wurde in feine Leinwand gekleidet (Offb 19,8). Der König und die Söhne, die der König erwählt und erlöst hat, *»sind alle von einem, darum schämt er sich nicht, sie Brüder zu nennen«* (Hebr 2,11).

Ein Zug von »**Jungfrauen**« gehörte zu jeder rechten Hochzeit im alten Israel, wie wir am Gleichnis von Matthäus 25,10-12 lernen, und die Braut hat »**Freundinnen**«, wie der Bräutigam Freunde hat (Joh 3,29).

Wenn in diesem prophetischen Hochzeitslied von Königstöchtern (V. 10a), von der Königin (V. 10b), *einer* bestimmen Tochter (V. 11.14), von Jungfrauen (V. 15a) und von Freundinnen (V. 15b) gesprochen wird, dann sollten wir in der Erfüllung dieser Bildersprache nicht verschiedene Erlöste oder Gruppen von Erlösten suchen. Es geht immer um den gleichen Gegenstand der Liebe des Königs: Sein Volk, das natürlich aus einzelnen Erlösten besteht. Es braucht mehrere Vergleiche, um die verschiedenen Beziehungen zu benennen, in denen der Einzelne und das ganze Volk zu seinem Gott und Erlöser stehen. Neutestamentlich heißen wir Söhne, aber auch Knechte; denn wir sind aus Gott geboren, aber wir sind auch zum Gehorsam und Dienst verordnet. Wir heißen Braut, aber auch Leib, denn wir sind die vom Herrn besonders Geliebten, aber wir sind auch gemeinsam das Gefäß, durch das er seinen Willen ausführt. Wir heißen Volk, aber auch Haus, denn er ist Herrscher über uns, aber er wohnt auch unter uns. Wir heißen Weib des Lammes (Offb 19,7), aber auch Berufene zur Hochzeit des Lammes (Offb 19,9). In einem einzigen Vers werden sogar die gleichen Erlösten sowohl Braut als auch Weib des Lammes genannt (Offb 21,9).

16 Sie werden geführt unter Freude und Jubel,[88]
ziehen ein in die Königshalle.[89]

Mit **»Freude und Jubel«** ziehen sie ein **»in die Königshalle«**; denn das ist das rechte Zuhause der Weisen (vgl. Spr 30,28), der Menschen, die den König mehr lieben als alles, und darum auf ihn warten. Die Freude des Königs, der mit Freudenöl gesalbt wurde (V. 8), ist auch ihre Freude: *»Dies habe ich zu euch geredet, damit meine Freude in euch sei«* (Joh 15,11). Wenn er seine geliebte Braut vor Gott vollkommen und tadellos darstellt (Eph 5,27), wird er frohlocken (Jud 24.25). Der ganze Himmel wird *»fröhlich sein und frohlocken«*, wenn die Braut mit dem Lamm vermählt wird (Offb 19,7). Sein Haus ist ihr Haus; denn er hat seinen Vater gebeten, dass die Seinen da seien, wo auch er ist (Joh 17,24).

17 Deine Söhne sind an deiner Väter statt;
du setzt sie zu Fürsten im ganzen Land.

»Deine Väter« und **»deine Söhne«** beziehen sich, wie das Hebräische deutlich macht, nicht auf die Braut, sondern auf den König. Es ist von den Vätern und von den Söhnen des Messias die Rede. Die Väter des Messias sind seine Vorfahren *»dem Fleisch nach«* (Röm 1,3; 9,5), und seine Söhne sind *»die Kinder, die Gott ihm gegeben«* (Hebr 2,13), die vielen *»Söhne«*, die er *»zur Herrlichkeit«* gebracht hat (Hebr 2,10), die Brüder, unter denen er der Erstgeborene ist (Röm 8,29). Die Söhne Abrahams nach dem Fleisch werden durch geistliche Söhne Abrahams ersetzt (Röm 9,6-8; Mt 3,9). Und sie, die Väter Israels und der Gläubigen, werden selbst zu Söhnen.

88 Ps 105,43.
89 Ps 11,4.

Er setzt sie »**zu Fürsten im ganzen Land**«, wobei man »Land«, **ʾæræṣ**, wie immer im Hebräischen auch als »Erde« verstehen kann. Wie wir wissen, wurde nur *ein* Sohn Salomos König, und unter diesem zerfiel sogar das Reich in zwei Teile. Also kann sich diese Aussage wiederum nur auf den Messias beziehen. Die durch und in Christus gezeugten Söhne Gottes sollen mit ihm über die ganze Schöpfung herrschen. Wir lesen davon in Stellen wie Matthäus 19,28; Lukas 19,17; 1. Korinther 6,2.3; in Offenbarung 5,10; 20,6; 22,5.

3. Der Name des Königs wird deswegen ewig gepriesen (V. 18)

18 Ich will deinen Namen bekennen lassen
von Kind zu Kindeskind;
darum werden die Völker dich preisen
immer und ewig.

»**deinen Namen**«: Der Psalm schließt mit dem Namen über allen Namen. Denn nur weil der Herr und König, der Richter und Retter groß und herrlich ist, können Menschen erhöht und verherrlicht werden. Ihm verdanken sie alles; ihm soll darum alle Ehre zukommen. Er soll als der erkannt werden, der Anfang und Ende, Alpha und Omega ist. Gott wird dafür sorgen, dass »**von Kind zu Kindeskind**« sein Name bekannt bleibt. Der Vater liebt den Sohn, und er will daher, dass alle ihn ehren ebenso wie sie den Vater ehren (Joh 5,23). Im letzten Psalm dieses zweiten Psalmbuches lesen wir vom König, dass er seiner universalen Königsherrschaft wegen gepriesen wird (72,17); hier hingegen wird er als der Überwinder des Bösen, als der Richter aller Gottlosigkeit und als der Erlöser und Bräutigam beständig erhoben. Denn er hat sich mit seinem Blut sein Volk erkauft, und er hat sie seinem Gott zu Königen und zu Priestern gemacht, und sie werden über die Erde herrschen (Offb 1,5-6; 5,10).

»**Darum werden die Völker dich preisen**«: Im letzten Buch der Bibel lesen wir, dass alle Nationen kommen, um den König anzubeten (Offb 15,4; 21,26). Die Aufforderung von Psalm 117,1 an alle Völker wird noch befolgt werden.

Lehrreiches und Denkwürdiges zu Psalm 45

»Wir sind überzeugt, dass dieser Psalm die Vermählung des Messias, Christi Jesu, unseres Herrn, mit seinem Volk besingt. Christus, der Bräutigam, wird gepriesen (V. 1-10), und die Braut wird in ihrer Pflicht ihm gegenüber gelehrt (V. 11-16). Das Ende des Liedes sagt voraus, dass man den Christus für immer preisen wird (V. 17-18)« (Dickson).

»Dieser Psalm ist eine leuchtende Weissagung vom Messias, dem Fürsten … Sie spricht von ihm und von ihm allein, wie er sich mit der Gemeinde vermählt und in ihr und für sie regiert. Wahrscheinlich bezog sich unser Heiland auf diesen Psalm, als er das Reich der Himmel mehr als einmal mit einer Hochzeitsfeier verglich (Mt 22,2; 25,1)« (Henry).

»Man kann nicht sagen, dass es sich bei diesem Psalm ursprünglich um ein rein weltliches Festgedicht gehandelt hat. Es ist ja nicht irgendein König, dem die Huldigung dargebracht wird, sondern der König über Gottes Volk. Als solcher ist er *›der Gesalbte des Herrn‹*, den Gott selbst auf seinem heiligen Berg Zion eingesetzt hat (Ps 2,6) und zu dem sich der Herr wie ein Vater zu seinem *›Sohn‹* bekennt (2Sam 7,16; Ps 89,30; 132,11f.) … Es kommt hinzu, dass der Verfasser, gerade weil er den König ganz im Lichtglanz der Herrlichkeit Gottes sieht, von seiner Person und seiner Sendung eine Reihe von Aussagen macht, die so kühn und weittragend sind, dass sie alle geschichtlichen Gestalten der Königszeit in Israel weit überragen (V. 3.7). Er blickt nicht so sehr auf die menschliche Erscheinung des Königs als vielmehr auf die herrliche Verheißung und Sendung, die mit dem Königtum Israel verbunden ist. Wer hat diese Verheißung erfüllt, wer ist dieser Sendung gerecht geworden, wer anders als jener *›König der Juden‹* (Joh 18,33ff.), von dem das Neue Testament erzählt … « (Lamparter).

»Die allegorische oder messianische Auslegung wird von den ältesten Auslegern, sowohl jüdischen als christlichen, geboten. Die allegorische Idee dieses Psalms wird im Lied der Lieder weitergeführt, zu welchem der Psalm im gleichen Verhältnis steht wie der 37. Psalm zum Buch der Sprüche und der 39. zum Buch Hiob« (Joseph A. Alexander).

»Müssen wir denen recht geben, die in diesem Psalm lediglich einen weltlichen Hymnus sehen …? Ein solcher Gebrauch eines Psalms wäre, vorsichtig ausgedrückt, ganz einmalig. Wir glauben nicht, dass die Juden, welche mit heiliger Eifersucht über den Kanon gewacht haben, ein solches Lied im Kanon zugelassen hätten. Noch können wir mit jener Mittelposition einverstanden sein, die diesem Psalm einen weltlichen Ursprung zuschreibt, dem man dann später allegorische Bedeutung zugemessen habe. Wir haben noch immer eine zu hohe Meinung vom Prozess der Inspiration der Heiligen Schriften, um solche Entwicklungen mit dem inspirierenden Wirken des Heiligen Geistes in Einklang zu bringen. Sowohl in der Synagoge als auch in der christlichen Kirche hat man seit je diesen Psalm so gedeutet, dass er vom König Messias und seiner Braut, der alten Synagoge und später der christlichen Kirche, spricht« (Leupold).

V. 8 – »Es kann keiner gut sein, welcher der Sünde nicht zürnt. Wer die Wahrheit liebt, muss alles Falsche hassen. Wie sehr hasste unser Herr Jesus die Sünde, als der Versucher ihn versuchte! Dreimal griff sie ihn an, jedes Mal in anderer Gestalt, und jedes Mal begegnete er ihr mit einem *›Weiche von mir, Satan!‹*. Er hasste das Böse auch in anderen, und nicht etwa weniger inbrünstig, weil er häufiger Tränen des Mitleids vergoss als Weherufe ausstieß … Er hasste die Gottlosigkeit so sehr, dass er blutete, um sie tödlich zu verwunden, dass er starb, damit sie sterbe, dass er begraben wurde, um sie in seinem Grab zu begraben, dass er auferstand, um sie unter seinen Füßen zu zertreten … Wenn Christus in einem Herz regiert, herrscht Krieg zwischen Christus und Belial, und wenn unser Erlöser als Richter zu Gericht sitzen wird, dann sind seine Worte *›Weicht von mir, ihr Verfluchten!‹* nichts anderes als die Fortsetzung dessen, was er während seines Lebens über Sünde lehrte. So innig er die Sünder liebt, so unerbittlich hasst er die Sünde. So vollkommen seine Gerechtigkeit ist, so vollständig wird er die Gottlosigkeit in jeder Form und Gestalt vernichten. Du herrlicher Held der Gerechtigkeit und Feind allen Unrechts, darum hat Gott, dein Gott, dich gesalbt mit Freudenöl mehr als deine Gefährten« (C. H. Spurgeon, *Morning and Evening*, 20. Mai, Morgen).

Sprachliche Anmerkungen zu Psalm 45

V. 1 – **»Liebe«**: Die Masoreten haben **jədidôt**, vokalisiert; das ist eine feminine Pluralform der Bedeutung »Lieblichkeiten« (Elb). Man sollte besser als **jədîdût**, »Liebe«, vokalisieren. Schlachter: »Ein Lied der Liebe«, Buber: »Lied der Freundschaft«. Die LXX hat es anders aufgefasst: ωδη υπερ του αγαπητου, »Lied von dem/der Geliebten«.

V. 2 – **»meine Gedichte«**: **maᶜasaj**, wörtl. »meine Werke«, wie im Griechischen, wo man für »Gedicht« ποιημα (poiæma), »Gemachtes« = »Werk«, sagt.

V. 3 – **»Gnade«**: **ḥên**, das auch »Anmut« (Zürcher; Rev. Elb; Schlachter), »Holdseligkeit« (Elb), »Liebreiz«, »Schönheit« bedeuten kann; Luther: »holdselig sind deine Lippen«.

V. 4 – **»Und deine Hoheit!«**: **wehadârəkâ**, das in der Textausgabe als erstes Wort in V. 5 wieder erscheint. Ich habe es zum Vers 4 genommen. Der Beter wiederholt das Wort zweimal dicht hintereinander, das zweite Mal mit größerem Nachdruck.

V. 10 – **»die Königin«**: **šêgal**, ein Wort, das nur noch in Nehemia 2,6 belegt ist. Es kann hier auch mit »Gemahlin« (Buber) oder »Braut« (Luther) übersetzt werden.

V. 15 – **»buntgewirkte Kleider«**: **rəqâmôt**, wie in Richter 5,30; Hesekiel 16,10.

V. 17 – **»deine Väter«**: **ᵓabôtækâ**, **»deine Söhne«**: **bânækâ**, haben beide das maskuline Pronominalsuffix **-ka**, das heißt, sie beziehen sich auf den König, nicht auf die Braut.

V. 18 – **»ich will … bekennen lassen«**: **ᵓazkîrâh**, das man auch übersetzen kann: »ich will erinnern lassen«. D. h. Gott wird dafür sorgen, dass man sich erinnert

»von Kind zu Kindeskind«: **ləkål dôr wadôr**, wörtl. »auf jedes Geschlecht und Geschlecht«.

Psalm 46
Gott, der Helfer in der größten Not

Der Psalm 45 spricht zu den Glaubenden von der Schönheit des kommenden Königs. Der Psalm 46 spricht vom Widerstand, den die Welt dem Kommen des Königs entgegensetzt (siehe Ps 2; Sach 12 und 14 und das ganze Buch der Offenbarung). Das Volk Gottes, das zum Königtum berufen ist, hat in seiner ganzen Geschichte Teil gehabt an der Drangsal, die der Herrlichkeit vorausgeht (Offb 1,9). Der Psalm hat aber auch eine zugespitzt prophetische Bedeutung: In Psalm 45 hat der Dichter-Prophet den König geschaut, wie er zuerst in Niedrigkeit und Gnade und danach in Macht kommt. Der Psalm 46 spricht von der allerletzten Zeit vor dem zweiten Erscheinen des Königs. Die Bedrängten werden in jener Nacht der Bedrängnis wissen, dass der Morgen anbricht und ihr König dann kommen und sie retten wird (46,6-8). Das gibt ihnen dann wie in unserer Zeit dem Christen die Kraft *»zu allem Ausharren mit Freuden«* (Kol 1,11). Der geliebte und ersehnte Bräutigam und Messias von Psalm 45 ist der Allmächtige selbst. Der Allmächtige wird ihnen zur Zuflucht und Stärke auch in dieser letzten und schlimmsten Drangsal (vgl. Nah 1,7).

Dieser Psalm ist wie die beiden nachfolgenden ein Lied auf einen großen göttlichen Triumph. Der wahrscheinliche historische Anlass zu diesem Kampf- und Trutzlied[90] war die Belagerung Jerusalems durch Sanherib und die wunderbare göttliche Befreiung (2Kö 18 und 19; Jes 36 und 37). Jesaja, der zusammen mit König Hiskia die Belagerung erlebte, beschreibt die Bedrohung durch die Assyrer als einen mächtigen Strom wütender Wasser (Jes 8,7-8), und er spricht auch von stillen Wassern, die in Zion fließen (Jes 8,6). Hiskia hatte die Wasser der außerhalb der Stadt liegenden Gihon-Quelle unterirdisch in die Stadt geleitet (2Chr 32,30). Das war der Lebensnerv der Stadt, ein Symbol für den unsichtbaren Geist Gottes, der das Volk Gottes in einer feindlichen Welt am Leben erhält. »Früh am Morgen« (V. 6) sahen sich damals die Bewohner Jerusalems unverhofft von ihrer tödlichen Bedrohung befreit (Jes 37,36). So erfuhren die Bewohner Jerusalems, was Jesaja gepredigt hatte: *»Tobt, ihr Völker,* (siehe Ps 46,4.7) *und werdet zerschmettert, ... denn Gott ist mit uns«*

90 Dieser Psalm gab Luther den Stoff zu seinem großartigen Choral »Ein feste Burg ist unser Gott«, das zu dem Kampf- und Trutzlied der Reformation wurde.

(Jes 8,9-10; siehe Ps 46,8.12). Der 47. und der 48. Psalm besingen die gleiche Befreiung.

Der Psalm gelangt in drei Schritten zum Ziel. Entsprechend ist er in drei Strophen unterteilt:

1. **Gewissheit in aller Bedrängnis (V. 2-4)**
2. **Ursache der Gewissheit inmitten der Bedrängnis (V. 5-8)**
3. **Bestätigung durch das Ende aller Bedrängnis (V. 9-12)**

Gott ist uns Zuflucht und Stärke. Darum kann in dieser Schöpfung geschehen was will. Der Glaubende kann nicht untergehen, und wenn die Berge – das sind Königreiche (Jer 51,25; Offb 8,8) – ins Meer taumelten (V. 1-4). Ein Strom erfreut die Stadt Gottes: Der Heilige Geist verbindet die Bewohner der bedrängten Gottesstadt mit dem Gott, der in dieser Stadt wohnt. Durch ihn sehen sie ihren Herrn als König mit Ehre und Herrlichkeit gekrönt und wissen, dass der Morgen kommen und ihr König und Befreier erscheinen wird (V. 6). Der Herr erscheint, er lässt die Bewohner der Erde erstarren (V. 9), er bereitet allen Kriegen ein Ende. Nun wird er erhöht sein unter den Nationen. Der Glaube sieht, was noch nicht geschehen ist, das aber, da es in Gott verankert ist, so gewiss ist, als sei es schon geschehen.

1 Dem Vorsänger. Von den Söhnen Korahs; auf Alamoth, ein Lied.

Zu »**Vorsänger**« siehe Psalm 4. »**auf Alamoth**«, **ᶜal ᶜalâmôt**, ist eine Anweisung, die nur in diesem Psalm vorkommt. In 1. Chronik 15,20-21 steht dieses Wort zusammen mit **šeminît**, wörtlich: »der/die/das Achte«, was lateinisch buchstäblich »die Oktave« hieße. **ᶜalâmôt** bedeutet wörtlich »Jungfrauen«, bezeichnet also am ehesten die helle Frauenstimme, die Oberstimme (siehe Überschrift zu Ps 6 und die Anmerkungen dazu). Buber übersetzt »Jugend-Tonart«. In Psalm 45,15 hatten wir gehört, dass Jungfrauen, **ᶜalâmôt**, die Königin begleiten. In Psalm 68,26 erfahren wir, dass Jungfrauen, **ᶜalâmôt**, im Tempel das Tamburin schlugen, und in 2. Mose 15,20 hören wir Mirjam, die Prophetin, mit den Frauen zum Tamburin singen.

1. Gewissheit in aller Bedrängnis (V. 2-4)

2 Gott ist uns Zuflucht und Stärke,
als Hilfe in Nöten[91]
gar sehr befunden.

Das einzige Beständige im Universum ist Gott. Alles mag wanken, er wankt nie. Himmel und Erde werden vergehen, er und seine Worte bleiben (Mt 24,35). Die Gestalt dieser Welt vergeht (1Kor 7,31), und die Schöpfung wird weggelegt werden wie ein altes Kleid, aber der Herr bleibt (Ps 102,27-28). Menschen kommen und gehen, Jesus Christus allein ist derselbe gestern, heute und in Ewigkeit (Hebr 13,8). Er ist uns jetzt »**Zuflucht und Stärke**«, besonders »**in Nöten**«, **ṣârôt**, in Bedrängnissen, in Zeiten, da Feinde näher rücken und uns verschlingen wollen (Ps 27,2). Was wir persönlich im Kleinen immer wieder erfahren haben, wird Israel erfahren in seiner bevorstehenden Stunde der Not. In der Zeit der größten Bedrängnis wird Jakob finden, dass Gott sein Retter ist (Jer 30,7). Es ist eine wunderbare Wahrheit, dass Gott gerade dann, wenn wir ihn am nötigsten haben, »**sofort gefunden**«, **nimṣâ' mə'ôd**, wörtlich »sehr gefunden« wird (vgl. Hebr 4,16). Er hilft uns in der Not besonders gern; seine Hilfe ist uns dann besonders kostbar. Dann wissen wir wirklich, was wir an ihm und an seiner Hilfe haben.

3 Darum fürchten wir uns nicht,
ob die Erde wankt
und Berge[92] **taumeln mitten ins Meer.**
4 Seine Wasser mögen toben und schäumen,[93]
die Berge beben vor seinem Wüten (Sela).

»**Darum**«, weil Gott selbst unsere Zuflucht ist, »**fürchten wir uns nicht**«, nicht etwa, weil wir so stark wären oder weil die Gefahr nur eine Einbildung wäre. Der Tumult ist entsetzlich, die Feinde sind grausam, und wir sind hilflos. Wir müssten den Verstand verloren haben, fürchteten wir uns nicht – es sei denn, wir kennen Gott. Dann, aber nur dann,

91 Jes 25,4.
92 Ps 65,7.
93 Ps 65,8; 93,3; Jes 17,12.

brauchen wir uns nicht zu fürchten. Denn er ist größer als alle Not, er ist über jeden Feind und alle Macht erhaben.

Der Tag wird kommen, an dem alles ins Wanken geraten muss, das bisher fest war. Gott selbst wird Himmel und Erde erschüttern (Hebr 12,26). Wohl dem, der vorher gelernt hat, sich bei dem zu bergen, der nicht wankt. »**Berge taumeln mitten ins Meer**«, Reiche gehen unter (Jer 51,25; Offb 8,8) und bringen das Völkermeer ins Wallen (Jes 17,12-13; Dan 7,2), »**seine Wasser toben und schäumen**«, alles ist in Bewegung und gleichzeitig in Empörung gegen den Himmel (V. 6; Ps 2,1-2). Und diese Empörung richtet sich auch gegen alle, die diesem Gott vertrauen und ihn bekennen (Mt 24,9). Doch der Herr in der Höhe ist gewaltiger als die tosenden Wasser (Ps 93,4). Wehe dem, der ihn dann nicht kennt! Der wird keine Zuflucht haben.

2. Ursache der Gewissheit inmitten der Bedrängnis (V. 5-8)

5 Ein Strom[94] **– sein Lauf erfreut Gottes Stadt,**
das Heiligtum, die Wohnung des Höchsten.
6 Gott ist inmitten,
sie taumelt nicht;
Gott hilft ihr[95] **am frühen Morgen.**[96]

Diese Strophe beginnt nicht mit Gott, sondern mit einem »**Strom**«, **nâhâr**, der in einem »**Lauf**«, eigentlich einem Kanal, dahin gelenkt worden war, wo er gebraucht wurde. König Hiskia hatte angesichts der assyrischen Bedrohung eine unterirdische und damit dem Feind verborgene Wasserleitung in die Stadt gezogen (2Kö 20,20; 2Chr 32,30) und auf diese Weise die Stadt vor dem Ausdursten gesichert. Darum war das selbstsichere Höhnen der Belagerer Jerusalems verfrüht (2Kö 18,27). Dieser Strom in der Stadt Gottes will uns an den Strom erinnern, der vom Thron Gottes im himmlischen Jerusalem ausgeht (Offb 22,1). Er will uns auch an den Heiligen Geist erinnern, den Gott vom Himmel in die Welt und in die Herzen der Gläubigen gesandt hat. Er »**erfreut die Stadt Got-**

94 Ps 65,10.
95 Ps 37,40; 119,175.
96 Ps 30,6; Jes 37,36.

tes[97]«, d. h. die Bewohner der Stadt, und das inmitten von unbeschreiblicher Not. Das muss ja ein außergewöhnlicher Strom sein. Wie bringt er das nur fertig? Es ist ein Strom, der Wunder wirkt, es ist der Heilige Geist. Er hat die Macht, die Herzen Gott zuzuneigen und die Herzen zu ihm emporzuziehen. Er lässt uns verstehen und glauben, dass Gottes Thron nicht wanken kann, denn er zeigt uns den, der auf dem Thron sitzt (Offb 4,2). Und weil unser Herr nicht wankt, wird die Stadt Gottes nicht wanken. Dieser Strom ist der Welt verborgen, wie der Sohn Gottes selbst gesagt hat:

»Ich werde den Vater bitten, und er wird euch einen anderen Sachwalter geben, dass er bei euch sei in Ewigkeit, den Geist der Wahrheit, den die Welt nicht empfangen kann, weil sie ihn nicht sieht noch ihn kennt. Ihr ***aber*** *kennt ihn, denn er bleibt bei euch und wird in euch sein«* (Joh 14,16-17). Auch Salomo spricht im schönsten seiner 1005 Lieder von einer verborgenen Quelle, die nur der Bräutigam kennt (Hohelied 4,12).

»Gott ist inmitten«: Das ist die wahre Auszeichnung der Stadt Gottes; das allein macht sie zur Stadt Gottes, so wie es die Gegenwart Gottes in seinem Volk ist, das dieses von allen anderen Völkern aussondert (2Mo 33,16; Mt 18,20). Gottes Gegenwart ist die einzige Sicherheit seines Volkes. Der Herr Jesus ist bei den Seinen im Sturm, darum kann das Schiff nicht untergehen. Der Lebensstrom, der von Gott ausgeht, gibt dem Glaubenden die Gewissheit, dass Gott für ihn und dass er bei Gott geborgen ist. Der Heilige Geist öffnet dem bedrängten Heiligen die Augen zu sehen, dass Gott gegenwärtig ist.

»... am frühen Morgen« wird dem bedrängten Gottesvolk die Hilfe kommen, wie einst am Schilfmeer, wo zum ersten Mal ein großer Verfolger und Hasser des Volkes Gottes hinter ihm her war. Auch damals wurden die Bedränger *»in der Morgenwache«* durch den HERRN gerichtet (2Mo 14,24). Und die Bewohner Jerusalems sahen, *»als man morgens früh aufstand«*, wie die belagernden Assyrer *»allesamt Leichen«* waren (Jes 37,36). Die Hilfe kommt zur bestimmten Stunde; die Hilfe mag verziehen, aber sie kommt sicher (Hab 2,3). Die Nacht

97 Die Bezeichnung *»Stadt Gottes«* kommt außer an dieser Stelle nur noch in Psalm 87,3 vor; in Psalm 48 allerdings *»Stadt unseres Gottes«* (V. 2 und 9), *»Stadt Jahwes der Heerscharen«* (V. 9), *»Stadt des großen Königs«* (V. 3), und schließlich in Psalm 101,8: *»Stadt Jahwes«*.

wird den Heiligen lang werden, aber die Sonne der Gerechtigkeit wird noch aufgehen und ihnen Rettung bringen (Mal 3,20).

7 Völker toben, Reiche taumeln;
seine Stimme ergeht: Die Erde schmilzt.

Die beiden Verben »toben«, **hâmâh**, und »wanken«, **môt**, sind schon in den Versen 3 und 4 vorgekommen. Das zeigt, dass das tobende Meer für »die Völker«, und die wankenden Berge für »die Reiche« stehen, die gegen den HERRN und seinen Gesalbten anrennen und die Heiligen verschlingen wollen. In Psalm 65,8 und Jes 17,12 werden die Völker ebenfalls mit dem tobenden Meer verglichen.

Gegen die Bedränger ergeht **»seine Stimme«**. Die Verse 6 und 7 haben in Joel 4,16-17 eine exakte Entsprechung: *»Der HERR brüllt aus Zion und lässt aus Jerusalem seine Stimme erschallen, und Himmel und Erde erbeben. Und der HERR ist eine Zuflucht für sein Volk und eine Feste für die Kinder Israel. Und ihr werdet erkennen, dass ich, der HERR, euer Gott bin, der auf Zion wohnt.«*

Die Erde **»schmilzt«**: Einst hatte Gott gesprochen, und alles war geworden. Und noch trägt er alles durch sein mächtiges Wort (Hebr 1,3). Er wird wieder sprechen, und dann vergeht alles. Alles, was bisher fest gewesen ist, weicht und gibt nach. Die Erde, die die Gottlosen immer getragen hat, trägt sie nicht mehr. So wird Gott den Gottlosen im Gericht offenbar als der Schöpfer und Erhalter aller Dinge. Zieht er seinen Hand zurück, bricht alles ein. So müssen die Gottlosen endlich erkennen, dass sie in ihrem Toben gegen ihn und sein Volk gegen den angerannt waren, der sie die ganze Zeit getragen und erhalten hatte.

8 Der HERR der Heere ist mit uns,
eine hohe Feste ist uns Jakobs[98] Gott (Sela).

Den Heeren der Angreifer stehen die himmlischen Heere entgegen. Die sah zwar niemand, aber sie waren doch die ganze Zeit da, wie damals, als syrische Kriegsscharen den Propheten Elisa umzingelten und greifen wollten (2Kö 6,14-17). **»Der HERR der Heere«**, **Jahwæh ṣəbâʾôt**, der

98 Ps 20,2; 75,10; 76,7; 81,2.5; 84,9; 94,7; 114,7; 146,5.

ewige Gott und Retter, der von seinen himmlischen Heeren umgeben ist, »Er, der Umscharte« (M. Buber), sendet seine Engel, um seine Geliebten zu schützen und zu retten (Hebr 1,14; Ps 34,8; 2Chr 32,21).

Der Herr ist **»mit uns«**, **ᶜimmânû**. Der Sohn Gottes heißt daher Immanu-El, »mit uns ist Gott«. Er erweist sich den Seinen jetzt als der Bewahrer und Befreier, und er wird seinem alten Bundesvolk als der große Immanuel erscheinen, wenn die Nationen und Armeen der Welt sich um Jerusalem versammelt haben, um es zu vertilgen (Sach 14,2-5; Offb 16,13-14; 19,19-21).

»Festung«: **misgâb**, wie in Psalm 9,10; 18,3; 48,4; 59,10.17; 62,3.7; 94,22; 144,2. Es stammt vom Verb **sâgab**, »hoch sein«. Wie eine hoch in die Felsen gebaute Festung, die kein Feind erklimmen und einnehmen kann, ist Gott seinem Volk ein sicherer Schutz.

»Jakobs Gott« ist der Gott von Unwürdigen und Sündern; der Gott der Gnadenwahl (Röm 9,10-13). Der Titel findet sich zum ersten Mal bei der Berufung Moses (2Mo 3,6), zehnmal in den Psalmen (siehe Ps 20,2). In der Gnadenwahl ist die ewige Sicherheit des Volkes Gottes begründet. Kein Toben der Feinde kann Gottes Heilsrat aufhalten oder rückgängig machen. Als der *»Gott Jakobs«* führt er Jakob, seinen Erwählten, durch *»die Drangsal Jakobs«*, um ihn durch die Drangsal zum Glauben zu erziehen und ihn am Ende aus ihr zu befreien (Jer 30,7).

3. Bestätigung durch das Ende aller Bedrängnis (V. 9-12)

9 Geht, schaut die Werke des HERRN:
Er wirkt Erstarren auf Erden!

Gott hat Wunder gewirkt; er hat die übermächtigen Feinde erniedrigt und das schwache Gottesvolk gerettet. Die Nationen sind in einem Tumult gegen Gott und seine Heiligen angestürmt, das Völkermeer hat getobt. Dann hat Gott gesprochen, und all ihre Macht ist vor ihm wie Wachs zergangen (V. 7), und nun ist alles still; nicht mehr wogt das Meer (Ps 65,8). Es ist fest, als sei es geronnen, wie das gläserne Meer vor dem Thron im Himmel (Offb 4,6). Die Berge taumeln nicht, der Boden wankt nicht mehr (Ps 65,7); denn Gott **»wirkt Erstarren auf Erden«**.

10 Er dämpft die Kriege bis an das Ende der Erde,
zerbricht den Bogen[99]
und zerschlägt den Speer,
verbrennt die Wagen im Feuer.

»dämpft«: **mašbît**, von **šâbat**, »ruhen«. Gott bringt alles Lärmen und Kriegen zur Ruhe. Gott ist im Zorn herniedergefahren und hat den Armeen, die Jerusalem vernichten wollten, Bogen, Speer und Schild aus der Hand geschlagen. Das ist die wahre »Friedensbewegung«: Der Mensch wird durch Gottes Macht entwaffnet, die Auflehnung gegen den Himmel durch seine Macht beendet. Er ist es, *»der Frieden stellt in deine Grenzen«* (Ps 147,14). Das geschieht zwar mit Macht, aber der Friede kommt dadurch zur Herrschaft, dass Gott das Böse erniedrigt und damit Gerechtigkeit aufrichtet. Der 72. Psalm sagt, dass die Hügel dem Volk Frieden tragen »durch Gerechtigkeit« (V. 3). Das Friedensreich wird nur deshalb so heißen, weil der König den *»Gottlosen mit dem Hauch seiner Lippen töten und Gerechtigkeit der Gurt seiner Lenden und Wahrheit der Gurt seiner Hüften«* sein wird (Jes 11,4-5).

11 Lasst ab[100] **und erkennt: Ich bin Gott!**
Ich werde erhöht sein unter den Völkern,
ich werde erhöht sein auf Erden.
12 Der HERR der Heere ist mit uns,
eine hohe Feste ist uns Jakobs Gott (Sela).

»Lasst ab!« (so übersetzen auch Elb, Zürcher und Buber das hebräische **harpû**. Wir zitieren meist nach Luther »Seid stille!«) ist ein Befehl an die Rebellischen; Gott gebietet, und die Wellen legen sich mit einem Schlag. Die Feinde müssen erkennen, **»dass ich Gott bin«** und dass sie bloße Menschen sind. Und dann wird Gott allein **»erhöht sein unter den Völkern«**. Als die Assyrer Jerusalem belagerten, hatte Hiskia gebetet, dass Gott eingreifen möchte, damit alle Nationen erkennen, dass der HERR allein Gott ist (Jes 37,20). Der Prophet Jesaja sagt, dann wird er allein erhaben sein (Jes 2,11), und fügt deshalb hinzu: *»Lasst ab von dem Menschen, in dessen Nase nur ein Hauch ist. Denn wofür ist er zu achten?«*

99 Ps 37,15; 76,4; Hos 2,20.
100 Hab 2,20; Sach 2,13.

(Jes 2,22). Der Sünder wird erschrecken, wenn er sehen muss, dass Gott hoch über allem Treiben der Menschen waltet und dass er in Torheit gegen ihn angerannt ist. Der Gerechte hingegen kann sich nicht genug darüber freuen, dass Gott hoch erhaben ist; gerade das wird ihm zur Sicherheit und zur Freude. Zum zweiten Mal und mit größerem Recht ruft er daher, dass der Gott Jakobs ihm eine »**Festung ist**«. Wie freut er sich, dass er, dieser Erhabene »**mit uns**« ist!

Lehrreiches und Denkwürdiges zu Psalm 46

Eine freie Nachdichtung des 46. Psalms:

1 Zuflucht und Stärke
Ist uns Gott,
Einzige Hilfe in jeder Not,
und bald ist sie gefunden.

2 Wir fürchten nicht,
Und bebt die Erde,
Und wanken Berge
Und taumeln ins Meer

3 Und brüllen die Wogen
Und gären die Wasser
Und bäumen sich auf
Und zittern die Berge!

4 Ein Strom erfreut
Die Stadt, da wohnt
Der höchste Gott
Im Heiligtum.

5 Ist Er in ihr,
Wie soll sie wanken?
Der Morgen graut,
Die Hilfe kommt.

6 Was toben die Völker?
Die Throne wanken,
Der Höchste spricht,
Die Erde schmilzt.

7 Der HERR der Heere
Kämpft für uns.
Ein Bollwerk ist
Uns Jakobs Gott.

8 Nun kommt und schaut
Sein Großes Tun!
Er macht erstarren
Alle Lande.

9 Er dämpft die Kriege
In der Welt.
Den Bogen bricht,
Den Speer zerschlägt,
Den Schild verbrennt
Er mit Feuer.

10 Seid still! Erkennt:
Nur ich bin Gott,
Vor allen Völkern
Hoch erhöht
Und hoch erhaben
Auf der Erde.

11 Der HERR der Heere
Kämpft für uns.
Ein Bollwerk ist
Uns Jakobs Gott.

»Dies ist ein Dankpsalm … gesungen für die Wundertaten Gottes, dass er die Stadt Jerusalem, da seine Wohnung war, schützte und bewahrte wider aller Könige und Heiden Wüten und Toben und Frieden erhielt wider alle Kriege und Waffen. Er nennt, nach der Schrift Weise, das Wesen der Stadt ›ein Brünnlein‹, als ein kleines Wässerlein, das nicht versiegen soll gegen die großen Wasser, Seen und Meere der Heiden, das ist: große Königreiche, Fürstentümer und Herrschaften, die versiegen und vergehen mussten. Wir aber singen in Gott zu Lobe, dass er bei uns ist und sein Wort und die Christenheit wunderbar erhält wider die Pforten der Hölle, wider das Wüten aller Teufel, der Rottengeister, der Welt, des Fleisches, der Sünden und des Todes; dass unser Brünnlein bleibt eine lebendige Quelle, da jener Sümpfe, Tümpel und Kölke faul und stinkend werden und versiegen müssen« (Luther, *Summarien über die Psalmen*).

»Man darf wohl an eine plötzliche wunderbare Errettung Jerusalems denken, das in äußerster Gefahr schwebte, in der schon alles zur Flucht sich rüstete. Auf diese herrliche Hilfe weist der Prophet, welcher der Sänger dieses Liedes ist, hin, um die Gläubigen zu mahnen, ohne Zaudern sich dem Schutz Gottes anzuvertrauen. Sie sollten nicht zweifeln, dass sein Schutz und Schirm sie gegen alle feindlichen Anläufe sichere. Ist es doch Gottes Sache, jeden Widerstand zu ersticken« (Calvin).

»Wie Psalm 2 gleichsam die Quintessenz des Buches Immanuel (Jes 7–12) ist, so Psalm 46 von Jes 33, der lyrisch gehaltenen Schlussrede zu Jesaja 28–32, gesprochen vor Jerusalems Errettung zur Zeit der höchsten Not« (Delitzsch).

»Wir halten diesen Psalm für ein prophetisch-endzeitliches Lied, das von der kommenden Heilszeit ›am Ende der Tage‹ redet. Im Gegensatz zu vielen Auslegern, die die Verbundenheit der Psalmen mit dem Kultus im Tempel zu beweisen suchen, ist uns ihre Verbundenheit mit der prophetischen Predigt wichtiger. Vom Verlauf des Tempelkultes wissen wir wenig Authentisches – umso besser kennen wir die Verkündigung der Propheten Israels« (Brandenburg).

»Mit Recht hat man in der Geschichte der Auslegung gern an jene wunderbare Bewahrung der Gottesstadt im Jahr 701 v. Chr. erinnert, als die Kriegsmacht des assyrischen Großkönigs Sanherib vor den Mauern von Jerusalem zur Umkehr gezwungen wurde (vgl. Jes 36 und 37). In jener Zeit mag dieser Psalm entstanden sein. Die ganze Glaubenshaltung, die sich darin ausspricht, ist der Kühnheit, mit welcher der Prophet Jesaja in jener Stunde höchster Gefahr König und Volk zum unbedingten, grenzenlosen Vertrauen auf die Übermacht des *›Heiligen in Israel‹* aufrief, im Innersten verwandt. Man vergleiche dazu Stellen wie Jesaja 7,7ff.; 28,16; 30,15; 31,1ff.8f. Wenn man will, kann man diesen 46. Psalm geradezu als eine geistliche Frucht dieser prophetischen Predigten betrachten. Besonders der Kehrvers mit seinem jubelnden Bekenntnis: ›Der Herr der Heerscharen ist mit uns‹ (V. 8.12) mutet wie ein wörtlicher Anklang an Jes 7,14 (Immanuel, d. i. Gott mit uns) an« (Lamparter).

Prophetischer Ausblick: »Die Psalmen 46–48 sind Siegeslieder, die von den Geschehnissen künden, die bei der Wiederkunft von Gottes gesalbtem König (Jes 24,23) stattfinden werden … Der Psalm 46 bezieht sich auf Harmagedon und den Triumph des Messias, der Psalm 47 auf die darauf folgende Krönung, der Psalm 48 auf das Aufrichten der Regierung des Messias auf dem Berg Zion. Der vorliegende Psalm spricht von der Zuflucht des gläubigen Überrests: a) seine Zuversicht inmitten gewaltiger Umstürze (V. 2-4); b) sein Trost in Ruhe und Rückblick (V. 5-8); c) seine Betrachtung des Triumphs und des Zeugnisses des Messias

(V. 9-12). Die Verse 3-4 beschreiben die Schrecken der Drangsalszeit: eine Welt im Aufruhr, Einsturz aller Regierung, Gesetzlosigkeit und weltweiter Abfall« (Clarke).

V. 2 – »So wie ›**Drangsale**‹ uns beständig zusetzen, so brauchen wir beständig eine Stadt der ›**Zuflucht und Stärke**‹, dahin wir fliehen und sicher sein können. Unser Glaube ist jene Stadt, deren Tore der bedrängten Seele immer offen stehen. Wir bekennen, das zu glauben. Handeln wir auch nach unserem Bekenntnis?« (Horne).

V. 5 – Wie Jerusalem eine verborgene Wasserzufuhr hatte, so kennt jeder Erlöste eine verborgene Quelle des Lebens: ›*Ein verschlossener Born, eine versiegelte Quelle*‹ (Hl 4,12). Diese Metapher, die ein Hinweis auf das geistliche Leben des Gläubigen ist, spricht ganz deutlich von Geheimsein. Es handelt sich um eine verschlossene Quelle. Im Morgenland gab es Quellen, über die ein Haus errichtet wurde, damit niemand zur Quelle gelangen konnte, der nicht den geheimen Eingang kannte. Das gilt auch für das Herz, das die Gnade erneuert hat. In ihm ist ein geheimes Leben, das kein menschlicher Genius antasten kann. Es ist ein Geheimnis, das kein Mensch kennt. Aber wir haben hier auch den Gedanken der Absonderung. Es ist nicht der öffentliche Brunnen, aus dem jeder Vorbeigehende trinken darf, sondern ein Brunnen, der allen anderen verwehrt ist; es ist ein Brunnen, der ein besonderes Zeichen trägt: das Siegel des Königs, damit jeder erkennen muss, dass es kein gemeiner Brunnen ist. So verhält es sich mit dem geistlichen Leben. Die Erwählten Gottes wurden in Gottes ewigem Ratschluss ausgesondert; sie wurden am Tag ihrer Erlösung von Gott abgesondert; sie sind abgesondert durch ein Leben, das sie besitzen, während andere es nicht haben. Es ist ihnen unmöglich, sich in der Welt heimisch zu fühlen und an deren Freuden Freude zu haben. Der verschlossene Born ist für eine ganz bestimmte Person reserviert, wie auch das Herz des Christen. Es ist nur für Jesus offen. Wir haben hier ferner den Gedanken der Sicherheit. Wie sicher ist das innere Leben des Gläubigen! Selbst wenn alle Mächte der Erde und der Hölle sich gegen dieses Leben verschwören, kann es nicht überwunden werden; denn er, der es gab, verbürgt mit seinem eigenen Leben für dessen Bewahrung. Und wer will uns schaden, wenn Gott unser Beschützer ist?« (C. H. Spurgeon, *Morning and Evening*, 18. November, Morgen).

Sprachliche Anmerkungen zu Psalm 46

V. 4 – **»vor seinem Wüten«**: **bəgaʾawâtô**, wörtl. »in/ob seinem Hochsein«, Buber: »vor seinem Hochfahren«, Elb: »vor seinem Ungestüm«.

V. 5 – **»sein Lauf«**: **pəlâgâjw**, wörtl. »seine Rinnen«. Es ist das gleiche Wort, das in Psalm 1,3 für *»Wasserbäche«*, eigentlich »Rinnen von Wasser«, **palgêj majîm**, verwendet wird. Ein **pælæg** (so lautet die Einzahl) ist nicht ein natürlicher Bach, sondern eine künstlicher Kanal, ein vom Städtebauer oder Landmann gezogener Wasserlauf, um entweder eine Stadt oder Felder mit Wasser zu versorgen.

V. 6 – **»am frühen Morgen«**: **liphnôt bôqær**, wörtlich: »zur Wende des Morgens«, d. h. wenn die Nacht weicht und das Licht sich den Menschen wieder zuwendet. Buber: »um die Morgenwende«.

V. 7 – **»seine Stimme ergeht«**: **nâtan bəqôlô**, wörtl. »er gibt mit seiner Stimme«; Buber: »er gibt seine Stimme aus«.

»schmilzt«: **tâmôg**, das gleiche Verb wie in Psalm 65,11, wo es »weich werden« bedeutet. In Amos 9,5 steht das Wort im Zusammenhang mit einem Erdbeben. Daher übersetzt Buber dort: »Die Erde birst.« Louis Segond: »La terre se fond d'épouvante – die Erde schmilzt vor Entsetzen.«

V. 9 – **»Werke«**: **miphᶜalôt**, von **pâᶜal**, »tun«. Dieses Wort begegnet uns nur noch in Psalm 66,5 (in einer fast buchstäblich gleichen Wendung) und in Spr 8,22.

»Erstarren«: **šammôt**, das man, anders als Elb (»Verheerung«) oder Luther (»Zerstören«) so übersetzen sollte (siehe Buber). Das Verb **šâmam**, von dem es abgeleitet ist, bedeutet »starr sein«, nämlich vor Entsetzen. Erst in zweiter Linie konnte man das Wort dann für das verwenden, was das Entsetzen auslöste, die Verwüstung. LXX übersetzt τερατα, »Wunder, die Staunen erregen«. Zürcher übersetzt daher »Erstaunliches«.

V. 10 – **»Wagen«**, **ᶜagâlôt**, sind nicht Kriegswagen, sondern Ochsenwagen, mit denen man Lasten fährt. Ibn Ezra erklärt, auf diesen habe man die Waffen transportiert. Gewiss, es braucht auch Lasttiere und Lastwagen in jedem Krieg, und doch will uns das Wort nicht so recht in die Reihe von Bogen und Speer passen. LXX übersetzt θυρεους κατακαυσει, »er verbrennt die Schilde«. Das Targum fasst das Wort ebenfalls als »Rundschilde« auf. Man kann das hebräische Wort tatsächlich **ᶜagîlôt**, »Rundschilde«, vokalisieren, ohne dass man die Konsonanten ändern muss. In Psalm 76,4 werden die drei »Bogen«, »Schwert« und »Schild« genannt (wobei der »Schild« dort allerdings wie üblich **mâgên** heißt).

Psalm 47
Gott ist aufgefahren unter Jauchzen

Hier folgt ein zweites Triumphlied. Der Psalm 46 hatte dem Volk Gottes gesagt, dass sein Gott eingreifen und ihm helfen und dass er unter den Nationen erhöht sein werde (46,11). Jetzt ist der König gekommen, er hat die Völker unterworfen (V. 4), jetzt ist er erhöht unter den Nationen (V. 6). Nicht mehr versammeln sich die Könige und ihre Heere, um das Volk Gottes zu zerstören, sondern um den König der Könige anzubeten (V. 10).

Einige Ausleger denken, dass der Psalm entstand, als David die Bundeslade nach Jerusalem führte (2Sam 6,12-16), denn das geschah unter Gesang, Tanz und Jubel, und der V. 15 in jenem Kapitel lautet hebräisch ganz gleich wie der V. 6 unseres Psalms. Andere sehen den Sieg Josaphats über die Koalition von Feinden (2Chr 20) als den Anlass zu diesem Lied. Am besten fasst man ihn aber als den zweiten Psalm der Dreiergruppe 46–48 auf, die alle im Anschluss an die Belagerung Jerusalems durch Sanherib und die wunderbare Befreiung entstanden. Das göttliche Eingreifen in jener Stunde der Not war den Sängern erstens ein Beweis der Bundestreue Gottes und zweitens ein Angeld auf eine endzeitliche und endgültige Errettung. Das bedeutet, dass der Psalm 47 auch messianisch ist. Wie bereits Ibn Ezra und Kimchi unter den alten jüdischen Auslegern, so wollen auch wir diesen Psalm auf die Tage des Messias anwenden. Er wird an seinem Tag vor den Augen der Völker *»erhoben und erhöht werden und sehr hoch sein«* (Jes 52,13). Und dann werden auch die Nationen kommen, um den anzubeten, der in seinen Gerichten seine Gerechtigkeit geoffenbart hat (Offb 15,4).

Der Psalm ist von Jubel durchdrungen, indem er Gott als den Höchsten, als den Herrscher und Kriegsmann (V. 4) besingt. Wiewohl er allmächtig und furchterregend ist, ist sein Tun von Liebe (V. 5) und von Heiligkeit (V. 9) bestimmt. Darum freut sich Israel seiner, darum liegen seine Knechte nicht starr vor Schrecken vor ihm wie die Sklaven Allahs oder eines anderen orientalischen Despoten, sondern sie jubeln vor seinem Angesicht.

Das Lied gliedert sich durch das Sela (V. 5) in zwei Strophen, die einander ergänzen. In der ersten (V. 1-5) wird gesagt, dass Gott die Völker unterwarf, in der zweiten, dass er nun König über alle diese Völker ist (V. 6-10).

1 Dem Vorsänger. Von den Söhnen Korahs, ein Psalm.

Zu »**Vorsänger**« siehe Psalm 4. Ein »**Psalm**«, **mizmôr**. Das dem Hauptwort zugrunde liegende Verb **zimmêr**, »singspielen«, kommt in den V. 7 und 8 fünfmal vor.

1. Der HERR, der Höchste, unterwarf uns die Völker (V. 2-5)

2 Ihr Völker alle[101], klatscht in die Hände!
Jauchzet Gott mit Jubelschall[102]!

»**klatscht in die Hände**«: Händeklatschen ist ein Ausdruck des Entzückens (Ps 98,8; Jes 55,12) und des Triumphs (Nah 3,19). Vor den Augen des Betrachters hat sich ein Schauspiel entfaltet, das ihn so entzückt, dass er gar nicht anders kann, als in die Hände zu klatschen. Gleichzeitig kann er die Freude nicht für sich behalten. Er ruft die »**Völker alle**« auf, sich seinem Jubel anzuschließen. Dabei werden als Grund dafür lauter Dinge genannt, die sie eigentlich gar nicht freuen können: Er unterwarf »**uns**«, d. h. Israel »**die Völker**«. Und er erwählte ein Erbteil für »**Jakob, den er geliebt hat**«. All das muss ja die Nationen viel mehr stechen als entzücken. Ist es also Zynismus, der aus diesen Zeilen spricht? Nein, es ist die unverstellte Freude von Israeliten, die wis-

101 Ps 67,4; 96,7; 117,1.
102 Ps 38,3; 89,16.

sen, dass Gott in der Erwählung Israels das Heil der Welt im Auge hatte, wie er Abraham verhieß und wie am Ende des Psalms auch deutlich wird (V. 10). Die Nationen sind dem Gott und König Israels unterworfen worden, aber das ist nicht ihr Unglück, sondern ihr Glück. Nie hatten sie einen besseren König; nirgends könnten sie einen besseren König finden. Darum werden sie **»Gott mit Jubelschall«** zujauchzen. Gleichzeitig kann das Volk Gottes erst dann wirklich froh sein und sich freuen, wenn alle Nationen zusammen mit ihm Gott zujubeln. Damit wird erst das Ziel der Erwählung und Erlösung Israels erreicht sein. Mose hatte das Volk ein Lied gelehrt, das viele auswendig gekannt haben mussten. Im allerletzten Satz jenes Liedes wurden sie beständig daran erinnert, dass das Ziel ihrer Erlösung erst erreicht ist, wenn die Völker zusammen mit Israel jubeln werden (5Mo 32,43).

3 Denn der HERR, der Höchste, ist zu fürchten,
ein großer König über die ganze Erde.

Der Jubel wird mit einem **»denn«** begründet: Was ist es, das den Dichter so freut? Nicht, dass es ihm so gut geht, sondern dass Gott erhaben ist und über die ganze Erde herrscht. Er ist **»der Höchste«**, **ᶜæljôn**, ein Titel Gottes, der im Leben Abrahams eine wichtige Rolle spielte (1Mo 14,18). Am Ende des Psalms wird vom *»Gott Abrahams«* gesprochen (V. 10). Er ist **»zu fürchten«**, **nôrâ'**, wörtlich »gefürchtet«. Wir denken, Freude und Furcht seien ein ungleiches Paar; in der Bibel gehen die beiden aber Hand in Hand: *»Freut euch mit Zittern«* fordert uns schon der 2. Psalm auf (2,11). Freude wird nie wirklich größer sein als der Urheber der Freude; und wenn wir sehen, wie groß Gott ist, dann werden wir ihn fürchten. Fürchten wir Gott nicht, ist er in unseren Augen klein, und ist er klein, ist unsere Freude auch entsprechend.

»über die ganze Erde«, nicht bloß über das Land Israel. Der Gott Israels ist zwar in der Heilsgeschichte in besonderer Weise der Gott dieses Volkes geworden; aber er ist kein Nationalgott wie Assur oder wie der babylonische Stadtgott Marduk. Er ist auch kein Stammesgott wie der mekkanische Hochgott Allah. Er ist der Schöpfer aller und darum der Gott aller; darum soll er und wird er als König über die ganze Erde anerkannt und gefürchtet werden. Als Gott Israel aus Ägypten erlöste, verstand das erlöste Volk: *»Der HERR ist König immer und ewig«*

(2Mo 15,18). Sein Königtum kann also zeitlich nicht begrenzt werden. Es kann aber auch räumlich nicht eingegrenzt werden. So wie er ewig herrscht, so herrscht er auch über alle und alles.

4 Er zwingt Völker unter uns,
Fremdvölker unter unsere Füße.

»Er zwingt Völker … unter unsere Füße«: Damit gibt der Sänger dem die Ehre, dem die Ehre gebührt. Gott hat gehandelt, Gottes Arm hat für sie gestritten (Ps 44,3-4). Ihm verdanken die Erwählten alles. Ihn wollen sie daher rühmen.

5 Er erwählt uns unser Erbteil,
den Stolz Jakobs, den er liebt (Sela).

Und dann erinnert sich der Dichter: **»Er erwählt uns unser Erbteil«**: Das Volk Gottes war nicht besser als andere Völker; es verdankte seine besondere Berufung und sein Erbe Gottes erwählender Gnade und Gottes Treue gegenüber allen Verheißungen, die er gegeben hatte (5Mo 7,7-8).

»der Stolz Jakobs« ist das Erbteil, das Gott dem Jakob ausgesucht und geschenkt hat, also das Land Kanaan. Alles, worauf Jakob stolz sein konnte, verdankte er Gott. Er hatte ihm das Erbe ausgesucht, er hatte es ihm erstritten, er hatte es ihm geschenkt. Zunächst ist zwar das Land gemeint, aber nicht nur das, sondern auch alle Vorrechte, die nur Jakob kannte. Gott hatte nur ihm sein Wort gegeben (Ps 147,19-20), Gott wohnte unter ihm, und nur er war Gott nahe (5Mo 4,7). Warum hat Gott das getan? War Jakob besser als Esau? War Israel besser als die anderen Völker? Nein: Er hat Jakob **»geliebt«**. Nehmen wir das zusammen mit den Aussagen in den Versen 2 und 10, dann sehen wir, dass Gott Abraham und Isaak und Jakob erwählte, weil er auch die Völker liebte und diese segnen wollte. Darum wird Jakob sein wahres Glück erst dann finden, wenn er alle Nationen mit ihm zusammen gesegnet und glücklich sieht.

2. »Gott ist König der ganzen Erde« (V. 6-10)

**6 Gott ist aufgefahren unter Jauchzen,
der HERR unter Posaunenschall.**

Wenngleich der Psalm nicht aus jenem Anlass entstand, erinnern diese Worte dennoch an 2. Samuel 6,15, *»Und David und das ganze Haus Israel brachten die Lade des HERRN hinauf mit Jauchzen und mit Posaunenschall.«* Warum war es David damals so wichtig gewesen, die Lade nach Jerusalem zu bringen? Weil sie der Thron Gottes ist, *»des HERRN der Heerscharen, der zwischen den Cherubim thront«* (2Sam 6,1; Ps 80,2). Als die Lade nach Jerusalem heraufgeführt wurde, sah ganz Israel, dass nicht David, sondern Davids Gott König in Israel war. Dort lernten die Söhne Asaphs und die Söhne Korahs Gott als ihren König zu besingen, wie sie es fortan taten und in diesem Psalm tun (V. 7-8).

»Gott ist aufgefahren«: **ᶜâlâh**. Das gleiche Verb, das verwendet wurde für das Hinaufführen der Lade nach Jerusalem (2Sam 6,2), bezeichnet hier sein Hinauffahren in den Himmel, wo Gott sich auf seinen Thron gesetzt hat (V. 9). Gott wird erhöht sein auf Erden (Ps 46,11).

»Jauchzen«: **tərûᶜâh**. Wenn Gott auffährt, jauchzt sein Volk, wie in Josua 6,5.20, wo das Volk in der Gewissheit des Sieges des HERRN über Jericho jauchzte. In 4. Mose 23,21 steht, dass Gott in Israel vom *»Jubelgeschrei –* **tərûᶜâ** *– wie um einen König«* umgeben ist, und als die Rückkehrer aus dem Exil den Grund des Tempels gelegt hatten, erhoben sie *»ein großes Jubelgeschrei«*, **tərûᶜâh gədôlâh** (Esr 3,11). Israel wird sich freuen, wenn sein Herr und Messias regiert. So werden sich freuen alle, die sich nach dem Kommen des Herrn und seines Reiches gesehnt haben. Können wir von uns sagen, dass wir uns freuen, dass Jesus von Nazareth erhöht ist beim Vater? Und sehnen wir uns nach nichts mehr, als dass er komme und sich alles untertan mache? Dann werden wir in den mächtigen Chor aller Heiligen und Knechte Gottes einstimmen, die auf diesen Tag geharrt haben (Offb 11,17-18; 15,3-4; 19,1-2.6).

»unter Posaunenschall«: **qôl šôfâr**. Das Schofar kündigt den Krieg des HERRN an wie in Hosea 8,1; Hesekiel 33,3; Jeremia 4,5, und es verkündigt seinen Sieg über die Feinde wie bei der Eroberung Jerichos (Jos 6,4-20) und beim Sieg Gideons über die Midianiter (Ri 7,8.16.20). Man stieß ins Schofar auch am Neumond (Ps 81,4) und am großen

Versöhnungstag (3Mo 25,9), wenn das Volk Gottes sich vor Gott versammelte.

Der Psalm besingt prophetisch die Erhöhung Christi und die Sammlung der Völker um ihn (V. 10). Wenn der Engel in Apg 1 sagt, der Herr werde so wiederkommen, wie er auffuhr, und wenn wir in 1. Thessalonicher 4 erfahren, dass der Herr mit dem Schall der Posaune Gottes wiederkommen wird, dann dürfen wir daraus schließen, dass der Herr auch bei seiner Erhöhung von Posaunen Gottes und der Stimme des Erzengels begrüßt wurde.

7 Lobsingt Gott, lobsingt;
lobsingt unserem König, lobsingt!
8 Denn Gott ist König der ganzen Erde;[103]
lobsingt mit Verstand!

Fünfmal wiederholt der Sänger die Aufforderung: **»lobsingt«**, **zammərû**. Von diesem Verb ist das Hauptwort **mizmôr**, »Psalm«, gebildet (das in der Überschrift der meisten Psalmen steht). Beachten wir bei dieser Wiederholung zwei Dinge: Erstens wird der gleiche Imperativ durch verschiedene Zusätze variiert, zweitens wird die Aufforderung zum Lobgesang mehrfach begründet. Die Heiden wiederholen die gleichen Worte endlos, um sich in Hochstimmung oder gar Ekstase zu steigern. Die Heiligen wissen, warum sie Gott anbeten. Sie sind dabei hellwach, und es geht ihnen nicht um ihre Stimmung. Denn nicht der Anbeter ist wichtig; der Angebetete, er allein ist wichtig. Wir sollen **»Gott lobsingen«**, denn er ist würdig; wir sollen **»unserem König«** lobsingen, denn er hat uns erlöst, damit wir erkennen, dass er König ist und damit wir ihm als unserem König untertan seien (2Mo 15,18). Wir singen Gott Psalmen, denn er ist **»König der ganzen Erde«**. Seine Herrschaft kennt keine Grenzen. Erst wenn wir die Ursachen kennen und die Ursachen nennen, warum wir Gott loben, singen wir Psalmen **»mit Verstand«**, **maskîl**. Man könnte die Aufforderung »singt Psalmen mit Verstand« geradezu übersetzen: »Singt einen Maskil-Psalm«, das heißt, einen Lehrpsalm. Es ist das gleiche Wort, das in der Überschrift von 13 Psalmen steht (32, 42, 52, 53 etc.).

103 V. 3; 97,1.

9 Gott ist König über die Nationen;
Gott sitzt auf seinem heiligen Thron.

Er **»ist König über die Nationen«**, **gôjîm**, das Wort, das Luther stets mit »Heiden« übersetzt (AV: »gentiles«) und das bei den Juden zur besonderen Bezeichnung aller nichtjüdischen Völker wurde. Es ist in diesem Psalm nach **ᶜammîm** (V. 2.4) und **le᾿ummîm** (V. 2) die dritte Bezeichnung für die Fremdvölker. Nachdem die Nationen gezürnt und getobt haben (Ps 2,1-2; 46,6; Offb 11,18), haben sie sich dem von Gott gesalbten König (Ps 2,6) gebeugt. Jetzt ist *»das Reich der Welt unseres Herrn und seines Christus gekommen, und er wird herrschen von Ewigkeit zu Ewigkeit«* (Offb 11,15). Er hat im Gericht und in seiner Erhöhung nicht allein seine große Macht erwiesen, sondern er hat auch seine Gerechtigkeit offenbart.

Er **»sitzt auf seinem heiligen Thron«**. »Der Thron seiner Heiligkeit« (AV, Diodati, Elb) ist zu hebräisch; Buber fasst **qådšô** als das Heiligtum auf und übersetzt: »Gott hat sich auf den Thron gesetzt in seinem Heiligtum.« Wie wir auch übersetzen, ist der Sinn klar: Gott ist heilig, und er regiert in Heiligkeit. Damit verbindet sich seine in V. 5 bezeugte Liebe mit vollkommener Wahrheit und Gerechtigkeit. Die Grundfeste seines Thrones ist *»Gerechtigkeit und Gericht«* (Ps 89,15). Darum beten die Heiligen ihn an, und darum werden alle Nationen kommen und ihn anbeten (Offb 15,4).

10 Die Edlen der Völker sind versammelt
als Volk des Gottes Abrahams;
denn Gottes sind die Schilde der Erde;
er ist sehr erhaben.

»als Volk des Gottes Abrahams«: Die Fürsten unter den Völkern sind versammelt als Volk des Gottes Abrahams; der jüdische Ausleger Ibn Ezra erklärt, man müsse die Wortfolge »Volk des Gottes Abrahams« versehen als **lihjôt ᶜam l᾿êl ᾿Abrahâm**: »damit sie zu einem Volk Abrahams würden«. Gott hatte Abraham eine große Nachkommenschaft verheißen: Er sollte zum *»Vater einer Menge von Nationen«* werden (1Mo 17,6). Am Tag, da der Herr *»sehr erhaben«* sein wird, am Tag seiner Macht (Ps 110,3), da er seine Herrschaft über die Erde antritt, wird diese Verheißung in Erfüllung gegangen sein. **»Die Edlen«**, **nədibîm**, sind wörtlich »die Willigen«, und das erinnert abermals an den Psalm 110,3, wo es heißt, Gottes Volk werde voller *»Willigkeit«*, **nədibôt**, sein am Tag der Macht des Messias. In der Erhöhung Gottes liegt das Wohl aller Nationen begründet, und in ihrer willigen Unterwerfung unter seine Regierung finden sie ihr höchstes, ihr einzig wahres Glück. Wie einfach ist das alles, aber wie schwer ist es dem Menschen, danach zu tun!

Der Parallelismus der beiden Versglieder zeigt, dass **»die Schilde der Erde«** die Edlen der Völker sind (vgl. Hos 4,18). Die Könige der Erde **»sind Gottes«**. Das haben sie nun verstanden, darum kommen sie und geben Gott die Ehre.

Lehrreiches und Denkwürdiges zu Psalm 47

»Dies ist eine Weissagung von Christo, wie er sollte auffahren und ein König werden über alle Welt, und zwar ohne alle Schwertschläge, allein durch Jauchzen, Singen und Posaunen, das ist, durch die fröhliche Predigt des Evangeliums, gleich wie die Mauern Jerichos fielen durch Posaunen und durch Jauchzen, ohne alle Waffen« (Luther, *Summarien über die Psalmen*).

»Die Gnade, die Gott dem Geschlecht Abrahams vor jener Zeit zuteil werden ließ, wird gepriesen. Sollte doch aus dieser Quelle das Heil der ganzen Welt kommen. Doch enthält der Psalm auch eine Weissagung auf das künftige Reich Christi; denn es heißt, der Glanz, der damals im vorbildlichen Allerheiligsten erstrahlte, werde weit und breit sichtbar werden. Gott selbst werde die Strahlen seiner Gnade in die Ferne senden, um Könige und Völker mit Abrahams Samen zu vereinigen« (Calvin).

»Vom Anfang bis zum Ende beherrschen Begeisterung und Jubel über eine Thronbesteigung diesen Psalm. Der König ist Gott selbst … Er ist mehr als Poesie, es ist Prophetie« (Kidner).

»Dieser Psalm ist wegen des in V. 6 erwähnten Schofarblasens der eigentliche Neujahrspsalm der Synagoge (neben Ps 81, dem Psalm des zweiten Neujahrsfeiertages), und wegen der ebendaselbst erwähnten Auffahrt

Jahwes der Himmelfahrtspsalm der Kirche. Luther nennt ihn ›der Kinder Korah Christ fuhr gen Himmel‹« (Delitzsch).

V. 2 – »Bei allem gläubigen Bewusstsein der Gnadenwahl (V. 5) weiß Israel doch, dass sein Gott der universale Gott aller Völker ist. Das bezeugen auch viele Psalmen (2,8; 8,2; 22,29f.; 24,1; 33,8; 46,9ff. u. a.). Darum ist die ganze Völkerwelt zum Lob Gottes aufgerufen und verpflichtet. Das Klatschen in die Hände hat zweifache Bedeutung. Es kann höhnend und spottend gemeint sein (Nah 3,19). Meist aber ist es ein Zeichen großer Freude (Ps 98,8; 2Kö 11,12)« (Brandenburg).

V. 5 – »Bei jeder Erwähnung der Gnade Gottes gegen die Kinder Israel muss man festhalten, dass jedes Verdienst null und nichtig ist, weil er ja ihre Väter geliebt hat. Wenn schon die ganze Wertschätzung des heiligen Erzvaters von dem freien Wohlgefallen Gottes abhängt, wer dürfte es dann überhaupt wagen, sich irgendein eigenes Verdienst anzumaßen?« (Calvin).

»Das könnte die Frage aufwerfen: ›Warum?‹, aber die können wir nicht beantworten, ob es nun heißt, Gott habe *›mich‹* oder *›die Gemeinde‹* oder *›die Welt‹* (Gal 2,20; Eph 5,25; Joh 3,16) geliebt. Der Bibel ist es wichtiger, stattdessen auf unsere falschen Antworten (5Mo 7,7), auf unser Anzweifeln (Mal 1,2ff.) und auf unseren Verrat (Hos 11,1) zu entgegnen« (Kidner).

V. 6 – Bach hat den Text im Wortlaut der Lutherbibel zum Eingangschor verarbeitet in der Kantate »Gott fähret auf mit Jauchzen« (BWV 43).

»Gott ist herniedergefahren und, nachdem er sich durch die Vernichtung der Feinde Israels Anerkennung verschafft hat, in offenbarer Königsherrlichkeit wieder aufgefahren« (Delitzsch).

Sprachliche Anmerkungen zu Psalm 47

V. 4 – **»Er zwingt die Völker«**: **jadbêr**, wörtlich »er treibt zurück«, das gleiche Verb wie in Psalm 18,48, aber zusammen mit dem nachfolgenden **taḥtênû**, »unter uns«, ist der Sinn ebender in meiner Übersetzung gegebene (so auch Buber und Zürcher).

V. 5 – **»der Stolz Jakobs«**: **gəʾôn jaʿaqôb**, das man auch mit »Hoheit«, »Herrlichkeit« übersetzen könnte. Zürcher: »Herrlichkeit Jakobs«; KJV: »excellency of Jacob«; Segond: »la gloire de Jacob«. Im rabbinischen Hebräisch ist Gaon ein Ehrentitel für einen Rabbiner.

V. 9 – **»sitzt«**: **jâšab**, das zwar ein sog. »Perfekt« ist, das aber bei intransitiven Verben im Deutschen meistens einem Präsens entspricht. Psalm 1,1 verwendet die gleiche Form dieses Verbs.

Psalm 48
Zion, die Stadt des großen Königs

Dies ist nach Psalm 46 und 47 das dritte Triumphlied, das nach einer Belagerung Jerusalems samt nachfolgender Befreiung entstand. Wie im 46. wird die Stadt ausdrücklich genannt und heißt zudem wie dort *»Stadt (unseres) Gottes«* (V. 2.9); in beiden kommt der in nur fünf Psalmen belegte Titel *»HERR der Heerscharen«* vor. 48,2 greift mit dem Adjektiv *»groß«* das Bekenntnis von 47,3 auf, und die Enden der Erde von 48,3 erinnern an 47,8. In 48,4 heißt Gott eine hohe Feste, wie in 46,8.12, und sowohl in 48,5 als auch in 47,10 versammeln sich die heidnischen Könige, einmal in feindlicher, dann in friedlicher Absicht. Die Freude Zions in 48,12 lässt uns an 46,5 und 47,2.6 denken. Der Psalm wird also wie der 46. nach der Belagerung Jerusalems durch Sanherib und ihrer wunderbaren Errettung (2Kö 19,32-36) entstanden sein. Dazu ist der Psalm prophetisch. Er spricht, wie bereits der alte jüdische Ausleger Kimchi erkannte, vom Anbruch der Regierung des Messias.

Der Psalm zerfällt in drei Teile:

1. **Der Herr ist groß unter den Seinen, weshalb er von den Seinen gelobt wird (V. 2-4)**
2. **Vor seiner Größe schreckten seine und seines Volkes Feinde zurück (V. 5-9)**
3. **Darum rühmen die Seinigen Gott in Zion bis an ihr Lebensende (V. 10-15)**

1 Ein Lied, ein Psalm. Von den Söhnen Korahs.

Fünf Psalmen heißen in der Überschrift beides: »ein Lied, ein Psalm« (48; 66; 83; 88; 108). Ein Lied, **šîr**, ist im Psalmbuch gewöhnlich ein Loblied. Insgesamt 25 Psalmen heißen **šîr**, unter ihnen auch die fünfzehn Stufenlieder.

1. Der Herr ist groß unter den Seinen, weshalb er von den Seinen gelobt wird (V. 2-4)

2 Groß ist der HERR und sehr zu loben
in der Stadt unseres Gottes,
auf seinem heiligen Berg.

Der V. 2 drückt vier Wahrheiten aus:

1. Der Herr ist »**groß**«.
2. Darum ist er »**sehr zu loben**«. Das heißt: Lob ist in der Person des HERRN begründet. Das Objekt, nicht das Subjekt ist das Entscheidende.
3. Er wird »**in der Stadt unseres Gottes**« gelobt; das heißt: dort, wo man ihn kennt und wo man ihm nahe ist. Nur wer ihn kennt und Frieden mit Gott hat, kann anbeten.
4. Er wird als der gelobt, der »**auf seinem heiligen Berg**« ist; das heißt: als der Herrschende. Denn auf seinem heiligen Berg thront er als König über den Seinen (Ps 2,6). Wahres Lob beginnt damit, dass wir uns Gott unterwerfen und dass wir ihn dadurch erhöhen.

Der HERR ist es, der die Seinen zu bewahren vermag vor jedem Feind. Weil er groß ist und unter den Seinen wohnt, sind diese geschützt. Nur weil die Stadt *»unseres Gottes«* ist, steht sie fest und wankt nicht (Ps 46,5). Diese Wahrheit liegt allem Weiteren zugrunde. Er ist der Schutz und Schild derer, die ihm nicht allein gehören, sondern die ihm auch vertrauen und die seine Größe loben, weil sie sich ihm auch unterworfen haben.

**3 Schön ragt empor,
eine Freude der ganzen Erde,
der Berg Zion, der nördliche Rücken,
die Stadt des großen Königs.**

Der »**Berg Zion**« ist schön, wie auch der König, der dort regiert, schön ist (Ps 45,2), er ist »**die Freude der ganzen Erde**«. In aller Welt wird man Zion bewundern und sich seines Königs freuen; das ist noch nie der Fall gewesen, auch heute noch nicht. Aber der Tag wird kommen, an dem alle Feinde Zions gerichtet werden, und der König aus Zion, *»der Schönheit Vollendung«* (Ps 50,2) hervorstrahlen und seine wunderbare Regierung über die ganzen Erde ausdehnen wird.

Der Berg Zion ist »**der nördliche Rücken**« des lang gezogenen Hügels, auf dem die ganze Stadt Jerusalem liegt. Der Norden ist auch die Seite, von der stets das Unglück hereinbricht, von woher die Feinde Jerusalems einfallen (Jer 1,14; Hes 38,6.15; Hos 2,20). Der wahre und einzige sichere Schutz des Volkes Gottes ist der unter ihnen wohnende Gott.

»**die Stadt des großen Königs**« ist, wie der König selbst gesagt hat, Jerusalem (Mt 5,35).

**4 Gott ist bekannt in ihren Palästen
als hohe Feste.**

»**Gott ist bekannt in ihren Palästen**«: Vor ihm erschrecken denn auch die Könige, die gegen Jerusalem Krieg führen wollen (V. 5): *»In Salem ist seine Hütte ... dort zerbrach er des Bogens Blitze, Schild und Schwert und Krieg«* (76,3-4). Er ist eine »**hohe Feste**«, **misgâb** (wie 46,8.12), denn er ist der Allerhöchste. Wollten die Feinde sein Volk vernichten, müssten sie zuerst den Allerhöchsten überwinden. Der Drache wird es noch versuchen, das Weib Jahwes zu verschlingen (Offb 12,6). Aber vergeblich rennt er gegen die Ratschlüsse des Himmels an; denn wer Gottes Volk vernichten will, müsste die Macht haben, den Allmächtigen vom Thron zu stoßen (Offb 12,7).

2. Vor seiner Größe schreckten seine und seines Volkes Feinde zurück (V. 5-9)

5 Denn siehe, die Könige sammelten sich,
zogen zusammen heran.
6 Wie sie sahen, staunten sie,
wurden bestürzt, flohen in Hast.

Zum wievielten Mal mögen damals, als dieser Psalm entstand, **»Könige sich gesammelt«** haben, um gegen Zion und seinen König Krieg zu führen (siehe Ps 83)? Wie lange wollen *»die Könige der Erde und ihre Fürsten noch ratschlagen wider den HERRN und wider seinen Gesalbten«* (Ps 2,2; Apg 4,25-26)? Wir wissen nur, dass sie es so lange tun werden, bis der Himmel sich öffnet und der Herr der Herren und der König der Könige erscheint, um für immer die Feinde Gottes und die Feinde der Seinigen niederzustrecken. Bald werden *»die Könige des ganzen Erdkreises«* sich ein letztes Mal versammeln (Offb 16,14; Sach 12,2; 14,2) und werden die *»zehn Könige ... ihre Macht und ihre Gewalt dem Tier geben«*, um *»mit dem Lamm Krieg zu führen«* (Offb 17,12-14). Dann werden *»das Tier und die Könige der Erde und ihre Heere versammelt sein, Krieg zu führen mit dem, der auf dem Pferd saß«* (Offb 19,19; Joel 4,9-11). An jenem Tag kommt eine über Jahrtausende andauernde Feindschaft an ihr Ende. Dann wird der Ewige endlich *»aus Zion brüllen«* (Am 1,2), und seine Stimme wird »Erstarren wirken auf der Erde« (Ps 46,9). Die Mächtigen der Erde werden **»staunen ..., bestürzt«** sein und **»in Hast«** fliehen. Aber sie werden nicht entrinnen, denn sein Schwert wird aus seinem Mund fahren, *»das harte und große und starke«* (Jes 27,1), und er wird *»damit die Nationen schlagen«* (Offb 19,15). Er wird dann allen Kriegen ein Ende machen *»bis an das Ende der Erde«* (46,10).

7 Beben griff sie dort,
Angst wie eine Gebärende.

»Angst«: **ḥîl**, eigentlich »Geburtsschmerzen«. Außer hier kommt das Wort nur noch in 2. Mose 15,14 und in den Propheten Jeremia (6,24; 22,23; 50,43) und Micha (4,9) vor.

**8 Du zerbrichst durch den Ostwind
die Tarsisschiffe.**

Wir wissen aus der alttestamentlichen Geschichte von keinem Feldzug fremder Heere, bei dem Armeen und Kriegsmaterial mit Schiffen an die israelitische Küste gebracht worden wären, um einen Feldzug gegen Jerusalem zu führen. So handelt es sich bei diesem Vers entweder um eine bloße poetische Fantasie, oder aber um eine Weissagung endzeitlicher Geschehnisse. Wir sind von Letzterem überzeugt.

»Tarsisschiffe« werden im Alten Testament wiederholt erwähnt (1Kö 10,22; 22,49; 2Chr 9,21; Jes 2,16; 23,1.14; 60,9). Besonders Jona 1,3 legt nahe, dass Tarsis von Kanaan sehr weit entfernt war. Es scheint eine phönizische Pflanzstadt (vgl. 2Chr 9,21) gewesen zu sein, möglicherweise im heutigen Spanien. Die Verwendung des Begriffs »Tarsisschiffe« zeigt, dass man damit ganz allgemein große Fracht- und Handelsfahrzeuge meinte. Auf den Weltmeeren werden feindliche Mächte ihre Truppen und Waffen zum Krieg gegen die heilige Stadt herbeitragen, aber Gott wird sie **»durch den Ostwind«** zerschellen. Der Ostwind ist in Palästina der gefürchtete Scirocco. Im endzeitlichen Gerangel um die Weltherrschaft werden es Heere aus dem Osten (Offb 16,12; Dan 11,44) sein, die den von Westen gegen Jerusalem heranziehenden Feind vernichten.

**9 Wie wir gehört, so sehen wir's
in der Stadt des HERRN der Heere,
in der Stadt unseres Gottes:
Gott macht sie fest für ewig (Sela).**

Jerusalem ist die Stadt **»des HERRN der Heere«**, **Jahwæh ṣəbâ'ôt**. Der Titel kommt in den Psalmen achtmal vor (24,10; 46,8.12; 48,9; 69,7; 84,2.4.13). Er besagt, dass Gott umgeben ist von himmlischen und irdischen Heeren, von Engeln und Erlösten, die ihm dienen und seine Befehle ausführen. Er wird die Kriegsschiffe und Bogen, Speer und Wagen zertrümmern, und Zion, **»die Stadt unseres Gottes«**, wird feststehen **»für ewig«**. Alles, was der Herr verheißen und **»wie wir gehört«** haben, so **»sehen«** es dann die Erlösten. Nichts wird fehlen, es wird kein Wort auf die Erde fallen, denn er ist *»der treue Zeuge ... das Alpha und* *das Omega«* (Offb 1,5.8). Seine *»Worte sind gewiss und wahrhaftig«* (Offb 21,5).

3. Darum rühmen die Seinigen Gott in Zion bis an ihr Lebensende (V. 10-15)

10 Gott, wir denken an deine Güte,
im Innern deines Tempels.

Das **»Innere des Tempels«** steht in eigentümlichem Kontrast zu den Enden der Erde (V. 11) und ebenso die **»Güte«** Gottes zur Gerechtigkeit Gottes (V. 11). Während die heilige Stadt bedroht wurde, waren die Heiligen im Haus Gottes. Ähnlich wie Asaf ging angesichts der wachsenden Bedrohung der Feinde König Hiskia hinein *»in die Heiligtümer Gottes«* (Ps 73,17; Jes 37,14). Dort sah er, dort sehen die Heiligen Gottes Güte, **ḥæsæd**, das ist zugleich seine Bundestreue. Und dort sehen sie das Ende. Was die Heiligen **»im Innern deines Tempels«** sehen und woran sie glauben, das wird an seinem Tag **»bis an die Enden der Erde«** ausstrahlen.

11 Gott, wie dein Name[104]**,**
so ist dein Lob bis an die Enden der Erde;
deine Rechte ist voll von Gerechtigkeit.

Alle Welt wird das Heil unseres Gottes sehen, und **»wie dein Name«**, so wird das Lob sein. Alle Namen Gottes bezeichnen ewige Wirklichkeiten. Er ist der Ewige, er ist der Höchste, er ist der König der Könige, er ist der Allmächtige, er ist der Gott Israels, er ist der alleinige Retter. Seine Namen sind nicht Schall und Rauch. Und er ist Gott, der Retter, der Heiland der Welt. In seinem Namen ist allen Völkern das Heils verkündigt worden. Alles, was im Namen Jesu gepredigt und verheißen worden ist, wird offenbar werden, und alle Menschen werden Gott in diesem Namen Ehre geben. Während die Feinde entsetzt zurückgewichen sind, freut sich

104 Ps 8,2; 9,11; 20,20; 23,3; 52,11; 72,17.19; 76,2; 83,19; 113,2; Spr 18,10.

der Berg Zion. In seiner Güte hat er seine Erwählten errettet und bewahrt, in seiner Gerechtigkeit hat er die Feinde gerichtet.

»deine Rechte« steht für Gottes Macht, wie sie sich im Gericht gegen die Feinde offenbart (Ps 118,15-16). Diese ist **»voll von Gerechtigkeit«**: Das bedeutet, dass Gott gerecht gerichtet hat und gerecht regiert. Man vgl. Psalm 47,9: *»Gott sitzt auf seinem heiligen Thron.«* Somit ist Recht mit Macht vereint. Unter Menschen ist es immer so gewesen, dass die Mächtigen das Recht gebeugt haben. In unseren modernen Staaten wird dem mit der sogenannten Gewaltentrennung begegnet. Durch diese hält sich die Gewalt der verschiedenen an der Macht Beteiligten in der Waage. Und doch: Wie unvollkommen! In Gott ist vollkommene Macht mit vollkommenem Recht vermählt.

12 Es freue sich der Berg Zion,
fröhlich seien die Töchter Judas wegen deiner Gerichte!

Die Heiligen freuen sich über Gottes Gerichte, weil sie sehen, wie Gottes Sache sich endlich durchsetzt und Gottes Gerechtigkeit alles Unrecht verdrängt. Diese Freude der Gerechten wird noch in verschiedenen anderen Psalmen bezeugt (Ps 58,11; 68,3-4; 97,8), und auch in Offenbarung 18,20; 19,1-2.

13 Umgeht Zion und umkreist es,
zählt seine Türme;
14 richtet das Herz auf seine Wälle,
durchmesst seine Paläste,
damit ihr's erzählt dem kommenden Geschlecht!
15 Denn dieser ist Gott,
unser Gott immer und ewig.
Er wird uns leiten über den Tod.

Nach geschehener Befreiung werden die Bewohner Zions die Stadt umgehen, ihre Türme zählen und sehen können, dass an ihr nicht der geringste Schaden geschehen ist. Denn es wird *»der HERR der Heerscharen herniedersteigen, um auf dem Berg Zion und auf seinem Hügel zu streiten. Gleich schwirrenden Vögeln, so wird der HERR der Heerscharen Jerusalem beschirmen: beschirmen und retten, schonen und* *befreien«* (Jes 31,4-5). Erst nach geschehener Befreiung aus der Gefahr erkennen die Bewohner der Stadt so richtig, wie schön sie ist. Uns wird es auch so ergehen. Erst nach vollendeter Erlösung werden wir unsere Stadt, die Gemeinde des lebendigen Gottes, richtig erkennen und uns darüber nur verwundern können, wie schön und wie vollkommen sie ist.

Was Zion einst in den Tagen Hiskias erlebt hatte, konnten sie **»dem kommenden Geschlecht«** erzählen, sodass die damalige Errettung ein Angeld zukünftiger Errettungen und schließlich einer endgültigen Befreiung wurde. Nach dem letzten Angriff der Feinde Gottes auf die Heilige Stadt wird der Böse auf immer gerichtet werden (Offb 20,9), und die Erlösten werden auf immer vor jedem Zugriff irgendeines Feindes bewahrt sein. Die Machttaten Gottes werden in Ewigkeit nie vergessen und den Erwählten Anlass zu nie endenden Dankesliedern sein, nicht nur in diesem Leben, sondern **»über den Tod«** hinaus.

Lehrreiches und Denkwürdiges zu Psalm 48

»In diesem Psalm wird eine denkwürdige Befreiung Jerusalems gerühmt, nachdem sich viele Könige zu ihrer Vernichtung zusammengeschlossen hatten. Dieser geschichtliche Vorgang, für den er Gott dankt, gibt dem Dichter, den wir nicht kennen, Gelegenheit, das Glück der Gottesstadt zu preisen, die in Gott den steten Hüter ihres Heils erblicken darf. Die Frommen sollen nicht bloß erkennen und anerkennen, dass Gottes Hand sie einmal errettet hat, sondern auch künftig darauf bauen, dass sie unter desselben Gottes Schutz geborgen sind, der sie als besonderes Eigentumsvolk erwählt hat. Deshalb legt der Dichter besonderes Gewicht darauf, dass das Heiligtum Gottes nicht vergeblich auf dem Berg Zion errichtet wurde, sondern dass der Herr seinen Namen daselbst anrufen lasse, um seine Kraft zum Heil seines Volkes zu offenbaren« (Calvin).

»Auch dieser Psalm trägt, wie der vorhergehende, hymnischen Charakter. Aber während im 47. Psalm die universale Größe der Königsherrschaft Gottes das Thema bildet, gilt hier der Ruhm des Sängers der *Stadt Gottes*, die der Herr zu seiner ›Residenz‹ erkoren hat (vgl. Ps 46,5; 122). Wir stoßen hier auf eine Welt- und Geschichtsbetrachtung, die für das alttestamentliche Denken besonders charakteristisch ist: Wiewohl Jahwe

König und Herr über seine ganze Schöpfung ist, so greift er doch mit souveräner Wahl ein bestimmtes Volk, ein besonderes Land, ja, einen einzelnen Berg, *eine* Stadt heraus. Das Volk Israel, das Land Kanaan, den Berg Zion, die Stadt Jerusalem erwählt er, um von hier aus seine ›Weltpolitik‹ (H. Frey) zu betreiben, seine Herrschaft über alle, die auf Erden wohnen, aufzurichten« (Lamparter).

»Dieser Psalm hat vieles mit dem 46. Psalm gemein, nicht zuletzt die Atmosphäre der Erleichterung und Freude nach einer großen Befreiung. Und auch hier werden wir uns, ganz unabhängig vom unmittelbaren Anlass des Liedes, eines Geschehens bewusst, das weiter greift als die Berge Judas. Zion ist mehr als eine nationale Hauptstadt; der Kampf hat mit der ganzen Erde und mit dem Gang ihrer ganzen Geschichte zu tun. Schon treten die Umrisse von ›Jerusalem da droben‹ hervor mit ihren Mauern und Grundlagen, die ewig bestehen« (Kidner).

Prophetischer Ausblick: »Der Psalm besingt den endgültigen Sieg über die Feinde Israels, was in Hesekiel 38 geweissagt wird … Es ist die Gegenwart des Königs (Hes 48,35), die die Stadt herrlich macht (Sach 2,10-11; Jes 12,6; Zeph 3,15-17). In seiner Gnade verleiht der HERR ihr seine eigenen Eigenschaften (Jer 33,16)« (Clarke).

V. 11 – Diesen Vers hat J. S. Bach in der Kantate »Gott, wie dein Name, so ist auch dein Ruhm« zum Eingangschor verarbeitet (BWV 171).

V. 15 – »Der Schluss ›**er führet uns wie die Jugend**‹ ist nicht mit Sicherheit zu erklären. Bleibt man bei dieser Übersetzung, so ist der Sinn: Wie Gott seine Gemeinde von Anfang an mit seiner Huld geleitet hat, dem Vater gleich, der sein Kind erzieht, so tut er es auch weiter. Vielleicht sind die Worte aber zu übersetzen: ›bis an den Tod‹. So werden die Gläubigen erwarten, dass Gott sie ewig führen und leiten werde, wie es denn seine Sache ist, für die bis ans Ende zu sorgen, dich sich auf ihn stützen« (Calvin).

Sprachliche Anmerkungen zu Psalm 48

V. 6 – **»flohen in Hast«**: **næḥpâzû**, das gleiche Verb wie in Psalm 104,7b (dort von den Wassermassen gesagt). Vom gleichen Wortstamm ist das Hauptwort **ḥippâzôn**, »Eile«, »Hast« gebildet, das in den beiden bekannten (und aufeinander als Kontrast zu beziehenden) Stellen 2. Mose 12,11 und Jesaja 52,12 vorkommt.

V. 14 – **»durchmesst«**: Das zugrunde liegende Verb **pâsag** kommt im AT nur hier vor und ist in seiner Bedeutung unklar. Luther: »durchwandelt«, Zürcher: »durchwandert«; Elb und Rev. Elb: »mustert«; Buber: »durchstreichet«; AV: »consider«.

V. 15 – **»über den Tod«**: **ᶜal-mût**. So haben die Masoreten die Vokale samt Bindestrich gesetzt; einige Handschriften fassen es als ein einziges Wort auf: **ᶜalâmôt**, »Ewigkeiten«: »Gott wird uns leiten in alle Ewigkeiten.« Luther 12 setzt eine etwas andere Vokalisierung voraus **(ᶜalmût)** und übersetzt: »Er führt uns wie die Jugend«, was keinen besonders guten Sinn ergibt. Zürcher und Luther 84 haben: »Er wird uns leiten.« Sie lassen den Schluss einfachheitshalber ganz aus, was man natürlich nicht darf. Es ist ein gesunder Grundsatz, sich so lange an die masoretischen Vorgaben zu halten, als diese einen guten Sinn ergeben und nicht gegen die Grammatik verstoßen. Rev. Elb hat das masoretische **ᶜal-mût** in der Übersetzung auch nicht wiedergegeben, sondern es in die Fußnoten relegiert.

Psalm 49
Die Welt vergeht und ihre Lust, wer den Willen Gottes tut, bleibt

Mit diesem Psalm haben wir den letzten eines Bündels von acht Psalmen der Söhne Korahs vor uns (42–49). Dieser Psalm ist ein reines Lehrgedicht: Es enthält kein einziges Wort, das an Gott gerichtet ist, keine Bitte und kein Lob. Als Lehrgedicht steht er zum Buch Prediger im gleichen Verhältnis wie der Psalm 37 zu Sprüche, Psalm 39 zu Hiob und Psalm 45 zu Hohelied. Er behandelt wie das Buch Prediger die Nichtigkeit von allem irdischen Reichtum. Man vergleiche Vers 11 mit Prediger 2,14.15.18; Vers 13 mit Prediger 3,19; Vers 18 mit Prediger 5,15. Der inspirierte Lehrer will erstens die Gerechten lehren, sich weder zu verwundern noch zu fürchten, wenn sie die Wohlfahrt der Gottlosen sehen (darin gleicht er dem 37. und dem 73. Psalm), zweitens will er die Gottlosen lehren, ihr Vertrauen nicht mehr auf Reichtum zu setzen (49,7), sondern auf Gott (siehe Ps 52,9; 62,11).

Nach dem vorangegangenen Psalm, der von der Regierung des Königs in der Stadt des großen Königs gesprochen hat, folgt dieser letzte Psalm in der Reihe der Psalmen der Söhne Korahs etwas überraschend. Er spricht vom Ende der Toren, die so leben, als sei kein Gott. Damit steht er aber entgegen dem ersten Anschein dennoch in einer inneren Beziehung zum Psalm 48. Denn dort war vom Ende jener Könige gesprochen worden, die in ihrem Wahnwitz versuchten, die Stadt des großen Königs zu erobern. Welche Torheit, so zu tun, als sei kein Gott, der Zion erwählt hat und innerhalb ihrer Mauern wohnt! Und welche Torheit, so zu leben, als sei kein ewiges Gericht und kein ewiger Gott, bei dem man Vergebung und ewiges Leben suchen müsste!

Der Psalm zerfällt in drei Teile: Auf die Anrede (V. 1-5) folgen der zweite und der dritte Teil, die beide mit einem Kehrvers abgeschlossen werden, die die gleiche summierende Wertung enthalten (V. 13 und 21). Im zweiten Teil gibt der Lehrer gewichtige Gründe, warum man sich nicht fürchten oder ärgern sollte, wenn die Gottlosen gedeihen, während die Gerechten bedrängt sind (V. 6); im dritten Teil fordert er die Leser auf, sich nicht zu fürchten, wenn die Sorglosen immer reicher werden (V. 17), und wiederum nennt er gute Gründe dafür.

1. Ruf an alle (V. 1-5)

1 Dem Vorsänger. Von den Söhnen Korahs, ein Psalm

Zu »**Vorsänger**« siehe Psalm 4.

2 Hört dies, alle Völker;
merkt auf, alle Bewohner der Welt,
3 gemeine Leute und Herren,
Reiche und Arme zusammen!

Der Wichtigkeit des Themas ist die lange Einleitung angemessen (zu vergleichen mit 5Mo 32,1; 1Kö 22,28; Mi 1,2). In der ersten 4 Versen werden alle Völker und alle Arten von Menschen aufgefordert, zu hören. Der Ausdruck **»alle Bewohner der Welt«** erinnert an die im Buch der Offenbarung häufig vorkommende Bezeichnung der Gottlosen *»die auf der Erde wohnen«* (Offb 3,10; 8,13; 11,10; 13,8.12.14). Das ist dort im prägnanten Sinn gemeint für Leute, die diese Welt bewusst zu ihrer Heimat erklärt haben und von einem Jenseits nichts wissen wollen. Der Psalmist lehrt hier Wahrheiten, die über Wohl und Wehe aller Menschen an allen Orten und zu allen Zeiten entscheiden. Darum wendet er sich an alle Erdenbewohner und alle Sorten von Menschen:

»gemeine Leute und Herren, Reiche und Arme«: Alle, von zuunterst bis zuoberst auf der sozialen Leiter, sind vor die Wahl gestellt, wem und worauf sie vertrauen wollen. Wollen sie ihr Vertrauen auf Geld (Ps 52,9; 62,11) oder auf Gott setzen (1Tim 6,17); wollen sie den Fürsten vertrauen oder dem unsichtbaren HERRN (Ps 118,9); wollen sie auf den verfolgten David hoffen, oder stellen sie sich lieber zu Saul, der auf dem Thron sitzt und Ämter, Ehren und Ländereien vergeben kann (1Sam 22,7)? Im letzten Buch der Bibel kommen die »Reichen und Armen« wiederholt vor. Dann wird sich die Frage mit letzter Dringlichkeit stellen: Wollen sie dem Tier vertrauen, das gegenwärtig herrscht und Ehre und Güter verteilen kann (Dan 11,39; Offb 13,16-17), oder dem Messias, von dem nichts zu sehen ist und der vorläufig noch niemanden mit Gütern überschüttet. Die Reichen und die Armen, die Großen und die Kleinen werden nach Ablauf der Weltdauer alle vor dem großen weißen Thron erscheinen müssen (Offb 20,12). Dann wird sich zeigen, wer wirklich weise war.

»hört ... merkt auf«: Wer weise ist, der hört jetzt aufmerksam auf alles, was Gottes Propheten und Lehrer seinem Volk sagen (Ps 78,1; vgl. Offb 2,7). *»Höre Israel!«*, das war Gottes erster und oberster Befehl an sein Volk (5Mo 6,4). Diesem Befehl zu folgen, ist der erste Schritt, um weise zu werden.

4 Mein Mund soll Weisheiten reden,
das Sinnen meines Herzens Einsicht sein.
5 Ich neige einem Spruch mein Ohr,
öffne mein Rätsel zur Laute.

»das Sinnen«: **hâgût**, ein nur einmal im AT belegtes Hauptwort, das vom recht häufig belegten Verb **hâgâh**, »sinnen« (2,1; 35,28; 38,13; 63,7; 77,13; 115,7; 143,5), gebildet ist.

»Ich neige einem Spruch mein Ohr«: Das ist eine etwas kuriose Ausdrucksweise. Man neigt ja das Ohr nicht, um einen Spruch von sich zu geben, sondern um zu hören. Das hat der inspirierte Lehrer getan; er hat zuerst hingehört, um belehrt zu werden. Darum hat er auch etwas zu sagen, darum kann sein **»Mund Weisheit reden«**. Wer nicht zuerst auf Gott gehört hat, kann von ihm und von seinen Wegen nichts sagen. Und wer nicht selbst gehorcht, kann andere nicht lehren.

»Spruch«: **mâšâl**, wie Sprüche 1,1, das übliche Wort für einen Lehrspruch. Es bedeutet eigentlich »Vergleich«.

»Rätsel«: **ḥîdâh**, in den Psalmen nur noch einmal belegt (78,2; siehe ferner 4Mo 12,8; Ri 14,12-19; 1Kö 10,8; Spr 1,6; Dan 8,23; Hes 17,2); es ist vom Verb **ʾaḥad** abgeleitet und bedeutet eigentlich etwas, das man in der Hand verborgen hält (ganz entsprechend unserem Kinderspiel »Was ist das Pfand in meiner Hand?«). Damit liegt im Hebräischen ein schönes Bild vor: Ich **»öffne«**, **pâtaḥ**, meine Hand, und decke damit das Rätsel auf. Vgl. Psalm 119,130, wo für »Eröffnung« das hierzu gehörige Hauptwort **pêtaḥ** steht.

2. Die Nichtigkeit irdischen Reichtums (V. 6-13)

6 Warum sollte ich mich fürchten in bösen Tagen,
wenn das Unrecht meiner Häscher mich umringt.
7 Die auf ihr Gut vertrauen[105]
und sich ihres großen Reichtums rühmen?

105 Ps 52,9; 62,11.

»Warum sollte ich mich fürchten«, selbst wenn **»das Unrecht«** mich bedrängt, weil der ungerechte Mammon die Welt zu beherrschen scheint und seine Diener hinter mir her sind? Der Sänger muss eine gute Antwort auf diese Frage haben, etwas wissen, dass größer ist als seine Not und größer als alles, was diese Welt vermag und dem Menschen bieten kann: Gott wird ihn von der Gewalt des Scheol erlösen und aufnehmen (V. 16). Er sagt uns aber zunächst, wie nichtig das Vertrauen auf Geld, zweitens wie hilflos auch der Reichste (V. 8-11) und drittens wie erbärmlich ihr Ende ist (V. 13).

Die Gottlosen vertrauen **»auf ihr Gut«**; denn erstens ist er ihr Vermögen, das ihnen Ansehen gibt, weshalb sie sich **»ihres großen Reichtums rühmen«**; und zweitens verschafft es ihnen ein Gefühl der Sicherheit. Das ist große Torheit; denn Reichtum ist eine Grundlage, die so sicher ist wie das Eis eines im Winter gefrorenen Sees (1Tim 6,17). Er hält nur so lange er hält, aber ganz sicher nicht ewig. Gott hat dem Reichen Reichtum gegeben; denn Gott ist es, der alles bereitet hat, auch die Fähigkeit, Vermögen zu schaffen (5Mo 8,17-18). Aber der Tor lernt daran nicht, Gott zu vertrauen, sondern er rühmt seinen Verstand, der ihm zum Reichtum verholfen habe, und er rühmt sich seines Reichtums, als ob er ewig bliebe. Er ist wie der babylonische König, der sein Netz anbetet, weil er damit seine Fische fängt (Hab 1,16).

8 Nimmer erlöst den Bruder einer,
nicht kann er Gott sein Sühnegeld geben,
9 zu teuer ist der Loskauf der Seele,
– er muss ewig davon lassen –
10 dass er lebe für immer
und die Grube nicht sehe.

In diesen beiden Versen wird uns die Hilflosigkeit auch der Reichsten gezeigt: **»Nimmer erlöst den Bruder einer«**: Kein noch so Reicher kann einen anderen erlösen; nur Gott kann das. Was hilft dann aber dem Reichen sein Geld vor Gott? Was hilft dem Reichen sein Geld im Gericht? *»Schätze der Gesetzlosigkeit nützen nichts, aber Gerechtigkeit errettet vom Tod«* (Spr 10,2). Wie arm und wie jämmerlich und wie blind und wie bloß ist der Reiche, der keinen Glauben hat und damit keine Erlösung kennt. Hat aber Gott nicht *»die weltlich Armen auserwählt,* *reich zu sein im Glauben, und zu Erben des Reiches, welches er denen verheißen hat, die ihn lieben?«* (Jak 2,5).

»Zu teuer ist der Loskauf der Seele«: Wer wollte für eine Menschenseele das Lösegeld aufbringen, wo doch alle Güter der Welt nicht reichen (Mt 16,26)? Das Leben und das Blut des Sohnes Gottes wiegt aber mehr als alle Güter der Welt. Wer dankt ihm genug, dass er für uns seine Seele in den Tod ausschüttete? (Jes 53,11). Was für ein Preis! Welche Liebe! Ihr Heiligen alle, betet euren Gott und Retter Jesus Christus an! Sinkt vor ihm in den Staub und rühmt ihn!

»Grube«: **šaḥat**, das eine Fanggrube sein kann wie in Psalm 7,16; 9,16; 35,7; 94,13. Hier ist es wie in Psalm 16,10; 55,24; 103,4 die Grube, in die die Toten hinabfahren.

11 Denn er wird sehen:
Die Weisen sterben,
Narr und Tölpel, alle kommen um
und lassen anderen ihr Gut.
12 Sie wähnen, ihre Häuser blieben ewig,
ihre Wohnungen von Geschlecht zu Geschlecht.
Sie nennen Länder nach ihrem Namen.

Der Tod ist der große Gleichmacher, der unerbittliche Abwärtsnivellierer, der nicht mit sich reden lässt. **»Er wird sehen«**, wie am Ende alle gleich umkommen, **»die Weisen …, Narr und Tölpel«**. Aber dann wird es zu spät sein. Sähe er es jetzt, hörte er sofort auf, sein Vertrauen auf die Ungewissheit des Reichtums zu setzen (1Tim 6,17) und hoffte nur noch auf Gott. Aber der Tor sieht zwar täglich, dass alle dahin müssen und keiner seinen Reichtum mitnimmt, und dennoch hofft er wider alle Hoffnung, dass es ihm nicht so gehen werde. Dennoch **»wähnen sie«**, dass ihre Häuser **»ewig blieben«**. Das zeigt, wie groß die Sehnsucht des Menschen nach Unsterblichkeit und Unvergänglichkeit ist. Sie ist so groß, dass sie alle Vernunft erstickt. Er lebt so, als sei diese Welt die einzige Welt. Sein Streben ist nur auf das Diesseits beschränkt. Damit ist er im wahrsten und im höchsten Sinn ein Beschränkter. Man sagte von den Bewohnern des antiken Agrigent, sie bauten Häuser, als ob sie ewig leben würden, und sie äßen, als ob sie morgen sterben müssten. Wer sagte das? Die anderen Griechen, die das an den Agrigentinern beobachteten. Sie sahen es und sahen es doch nicht. Denn sie selbst lebten ja nicht anders. O Gott, bewahre uns vor dieser schlimmen Täuschung!

»Sie nennen Länder nach ihrem Namen«: Der erste Mensch, der eine Stadt nach dem Namen seines Sohnes nannte, war Kain (1Mo 4,17), denn er wollte in seinem Sohn weiterleben. Das ist das »ewige Leben« der Gottlosen. Es ist erbärmlich genug; aber nicht einmal diese armselige Hoffnung bleibt ihnen; denn diese Erde bleibt nicht, sondern sie wird im Feuer verbrennen und mit ihr alle Menschenwerke (2Petr 3,10).

13 Doch der Mensch in seiner Pracht bleibt nicht;
er gleicht dem Vieh, das vertilgt wird.

»Der Mensch in seiner Pracht« mag sich seiner Reichtümer rühmen und unter seinen Zeitgenossen angesehen sein, kennt er aber Gott nicht, wird er alles verlieren, was unter den Menschen Ansehen verleiht: Titel, Häuser und schöne Gewänder. Er wird ein Verfluchter heißen (Mt 25,41), seine Wohnung wird das ewige Feuer und die äußere Finsternis sein (Mt 22,13), und er wird sich in ewige Schande kleiden müssen (Ps 109,19-20; Dan 12,2). Der Mensch, der Gott nicht fürchtet, hat das aufgegeben, was ihn wirklich zum Menschen macht und damit über das Tier erhebt: die Erkenntnis und die Furcht Gottes. Er **»gleicht dem Vieh«**, **bəhêmôt** (Mehrzahl), und darum ist es auch recht, dass er wie das Vieh **»vertilgt wird«**. Sein Leib wird wie der Kadaver zu Dünger; aber sein Geist fährt auf zu Gott, der ihn gegeben hat (Pred 12,7), und Gott wird ihn, weil er ein Mensch ist, anders behandeln als ein Tier: Er wird ihn seiner gerechten Strafe zuführen; er wird ihn der ewigen Pein übergeben.

3. Das glückliche Teil des Gerechten und das jämmerliche Los des Mächtigen (V. 14-21)

In den drei ersten Versen wird das Elend der Diesseitsmenschen dem Glück der Glaubenden gegenübergestellt. Wer erkennt das Elend der Gottlosen, das ewig ist? Wer beschreibt das Glück der Erlösten, deren Hoffnung gewiss und gleichzeitig so herrlich ist, dass kein Mensch sie zu beschreiben und kein Engel sie zu begreifen vermag?

14 Dies ist ihr Weg, ihre Torheit,
die nach ihnen kommen haben Gefallen an ihren Worten (Sela).
15 Sie lagern im Totenreich wie Schafe,
der Tod weidet sie;
und am Morgen herrschen die Aufrechten über sie;
und ihre Gestalt vergeht,
das Totenreich ist ihre Wohnung.

»Dies«, nämlich das in Vers 13 Gesagte, ist **»ihr Weg«**, ihr Geschick, und **»ihre Torheit«**, **kêsæl**, das sowohl »Torheit« als auch »Zuversicht« bedeuten kann. Gemeint ist das grundlose Vertrauen der Toren. Der Sünder ist ein unerschütterlicher Geselle. Er sieht, wie die Reichen dahinfahren und ihren Reichtum zurücklassen müssen, aber er wird daraus nicht klug. Darum haben die Nachkommenden **»Gefallen«** an den kessen **»Worten«** der Gottlosen, was man daran erkennt, dass sie in ihrer Einbildung gleich daherreden wie ihre Vorgänger. Wo sind aber diese? **»Sie lagern im Totenreich wie Schafe.«** Das ist ein grimmiges Wort, ein ironisches Wort. Schafe lagern sich gewöhnlich auf der Weide, diese aber am Ort der Qual (Lk 16,23). Die Toren liegen da wie das Vieh, aber nicht der große Hirte (Ps 23,1), sondern **»der Tod weidet sie«**. Sie hatten ihr Leben lang zusammengerafft, was sie konnten, und verschlungen, was ihnen zwischen die Zähne kam. Nun verzehrt der Tod **»ihre Gestalt«**, **zîr**,[106] d. h. ihren Leib, den sie bewundert, ihre Schönheit, die sie angebetet hatten (vgl. Jes 5,14). Sie sind **»fern von ihrer Wohnung«** wie ein Heimatloser, der rastlos, ohne Haus und Bleibe, von Ort zu Ort irrt (1Mo 4,12; Offb 14,11). Dabei hatten sie gedacht, ihre Häuser blieben ewig und ihre Länder könnten sie ohne Ende weiden (V. 12)! Sie werden nicht mit Wonne, sondern mit Jammer gesättigt, nicht an den Quellen der lebendigen Wasser erquickt (Ps 23,2; Offb 7,17), sondern mit Glutwind und Schwefel gepeinigt (Ps 11,6; Offb 20,15). Während immerwährende Nacht die Gottlosen einhüllt, geht den Gerechten ein strahlender **»Morgen«** auf. Während jene unter der ehernen Rute des Todes schmachten, **»herrschen«** die Gerechten. Gott schuf den Menschen zur Herrschaft und zum Leben (1Mo 2,7, wo das gleiche Verb steht); der erlöste Mensch wird am Ende seine Bestimmung erreichen, während der Gott-

106 wie Jes 45,16, wo es für »Götzenbild«, »Skulptur« steht.

lose ewig ein Knecht und ewig im Tod bleiben wird. Während den Sorglosen die Sonne für immer erloschen ist, geht den Gerechten die Sonne der Gerechtigkeit und mit ihm ein Morgen ohne Wolken auf (2Sam 23,4; Mal 3,20). Sie herrschen jetzt schon im Leben (Röm 5,17)[107], und sie werden mit ihrem Retter und Erlöser über die Erde herrschen von Ewigkeit zu Ewigkeit (Offb 5,10; 22,5).

16 Gott aber wird meine Seele loskaufen
aus der Gewalt des Totenreichs;
ja, er wird mich aufnehmen (Sela).

Hier haben wir die abschließende und endgültige Antwort auf die in Vers 6 gestellt. Frage: »**Gott aber wird meine Seele loskaufen aus der Gewalt des Totenreichs.**« Weil der inspirierte Lehrer weiß, dass Gott ihn vom Tod erlösen wird, muss er keine Bedrängnis, die ihn im Diesseits befallen mag, fürchten. Und er sagt noch mehr. Gott wird ihn nicht allein von der Macht des Todes erlösen, sondern er »**wird mich aufnehmen**«. Das ist das schönste Teil des Erlösten; er wird bei Gott sein. Gibt es Höheres? Kann Glück größer sein? Das war es, was am Ende dem Asaf zum Trost wurde: *»Durch deinen Rat wirst du mich leiten, und nach der Herrlichkeit wirst du mich aufnehmen«* (Ps 73,24).

17 Fürchte dich nicht, wenn einer reich wird,
wenn sich mehrt die Herrlichkeit seines Hauses.
18 Denn bei seinem Tod nimmt er das alles nicht mit;
seine Herrlichkeit folgt ihm nicht hinab.
19 Er mag preisen seine Seele in seinem Leben,
– und man lobt dich, wo du dir Gutes tust –
20 sie geht ein zum Geschlecht seiner Väter;
ewig sehen sie das Licht nicht.

Oben hatte der Dichter gefragt, warum er sich fürchten solle. Nun kann er mit Bestimmtheit sagen: »**Fürchte dich nicht.**« Er begründet seine Aussage: Auch »**wenn ein Mann sich bereichert**« und in dieser Welt große »**Herrlichkeit**« besitzt, so wird er seine Herrlichkeit nicht mit-

107 In der Kraft des ewigen Lebens haben sie Sieg über die Sünde, sodass diese nicht mehr über sie herrscht (Röm 6,14).

nehmen können in jene andere Welt, und er wird erfahren, dass dort das Lob der Menschen (V. 19) nichts gilt. Zudem wird der Reiche **»das Licht«** nicht sehen (V. 20), und er wird einsehen müssen, dass er vor Gott so groß nicht ist, wie er sich wähnt, wie er sich gebärdet und wie er den Menschen erscheint. Nein, er ist ein bloßes Vieh, das vertilgt wird (V. 21). Die Mächtigen der Welt sind wie das Standbild, das Nebukadnezar im Traum sah: groß, glänzend und furchterregend (Dan 2,31), aber ein einziger Stein genügte, um es zu zertrümmern. So wird Christus die Reiche der Welt wegfegen, und sein Reich wird allein ewig bleiben (Dan 2,35.44). Was nützt es, dass einer **»seine Seele preist«**, weil er viel Besitz und damit viel Ansehen hat. Konnte der reiche Kornbauer seine vollen Scheunen ins Jenseits hinüberretten (Luk 12,20)? Was nützt es, dass die Leute **»dich loben«**, weil du ein tüchtiger Geschäftsmann warst, wenn dein Name einst verwest (Spr 10,7) oder im Land der Lebendigen als Fluchwort hinterlassen wird (Jes 65,15)? Bist du wirklich klug zu nennen, weil du dich jetzt im Glanz deiner Besitztümer sonnen kannst, aber bald abtreten musst und **»ewig das Licht nicht«** siehst? Wenn du in der äußeren Finsternis sitzest, gäbest du alles für einen einzigen Strahl der lieben Sonne, aber es ist zu spät. Die Sonne ist untergegangen und sie wird dir nie mehr aufgehen.

21 Der Mensch in Pracht,
hat er keine Einsicht,
gleicht er dem Vieh[108]**,**
das vertilgt wird.

Der Psalm endet mit dem Kehrvers dieses Liedes. Nur dieser Satz wird zweimal wiederholt. Wie schäbig ist alles Ansehen in dieser Welt! Willst du dem Vieh gleichen, das vertilgt wird? Der Stier hat sein letztes Mal gebrüllt, sackt zusammen, und sein muskulöser Leib wird bald zu Dünger. Kein Geist fährt auf zu Gott; kein ewiges Lied entströmt seinen Lippen. Soll das dein Leben, soll das alles gewesen sein? Gott bewahre uns davor, das zu glauben und entsprechend zu leben. Denn es ist nicht alles; es ist dem Menschen gesetzt, einmal zu sterben, und dann kommt das Gericht (Hebr 9,27). Ein unbestechlicher Richter hält Gericht und

108 Ps 73,22.

spricht das Urteil, und ein Allmächtiger vollstreckt den Richtspruch. Wer will entfliehen? Wohin will einer fliehen? Ewige Glückseligkeit streckt Gott den *»Völkern allen«* und *»allen Erdenbewohnern«* (V. 2) entgegen. Möchten wir alles drangeben, um dieses Glück zu erlangen! Besser unser Leben verlieren, um das wahre Leben zu finden! Oder wollen wir lieber die Welt gewinnen und die Seele verlieren (Mt 16,24)?

Lehrreiches und Denkwürdiges zu Psalm 49

»Dies ist ein Lehrpsalm wider den großen Gott der Welt, der da heißt Mammon, und straft die als große Narren, so auf Reichtum trotzen und nicht sehen, dass sie doch damit sich vom Tode nicht können retten. Darum ist es ja besser, auf Gott sich zu verlassen, der vom Tode erlöst und ewiges Leben gibt, während jene wie das Vieh hinsterben und alles hinter sich lassen müssen und nicht wissen, wer es kriegt« (Luther, *Summarien über die Psalmen*).

»Man findet oftmals, dass gottlose oder wenigstens in irdischen Vergnügungen aufgehende Menschen froh und glücklich dahinleben, während die Gottesfürchtigen vom Unglück heimgesucht werden oder unter ihrem Jammer ermüden. Um den Hochmut der einen zu dämpfen und der Verzweiflung der anderen zu wehren, lehrt der Verfasser: Wenn die gottlosen Leute auch mit allen Gütern, die sie nur wünschen können, reichlich versehen sind, so ist doch ihr schattenhaftes Glück, in dem sie sich selbst gefallen, das aber wie ein Traum vergeht, durchaus nicht begehrenswert. Auf die Guten jedoch richtet Gott seinen Blick trotz ihrer schmählichen Behandlung und trotz des mannigfachen Übels, das sie trifft, und endlich wird er sie auch befreien« (Calvin).

»Dieser Psalm sagt uns, wie nichtig es ist, auf Reichtümer zu vertrauen; wie sie nicht hinreichen, die Seele zu erlösen; welch kurze Zeit nur weltliche Ehren und weltlicher Besitz währen; wie gewiss hingegen der Tod ist und mit ihm die Auferstehung der Toten. Damit will er uns zeigen, wie groß die Torheit ist, sein Vertrauen auf die Ungewissheit des Reichtums zu setzen, und er will das Volk Gottes trösten, wenn es ihm an all diesem mangeln mag« (Gill).

»Was ist das Rätsel, das den Verfasser dieses Psalms beschäftigt? Diese Frage drängt sich auf, weil er selbst in seinem Vorspruch (V. 1-5) ankündigt, die *Lösung eines Rätsels* vorzutragen (V. 5) … Den Schlüssel zum Verständnis des Ganzen gibt uns V. 6f. in die Hand; hier wird das *Rätsel* genannt, dessen Lösung sodann in 2 Strophen vorgetragen wird. *›Was soll ich mich fürchten am bösen Tage, wenn mich umringt meiner Feinde Frevel, die auf ihre Schätze vertrauen und mit ihrem großen Reichtum sich brüsten?‹* So spricht ein Mann, dem das Drohen seiner Feinde, die sich mit ihrer Macht und ihrem Reichtum brüsten, keinen Eindruck mehr macht. Ohne Furcht und ohne Neid blickt er auf ihr vermessenes Gebaren. Mag sein, dass es eine Zeit in seinem Leben gab, in der ihm ihr hoffärtiges Prahlen mit ihren Schätzen und ihr kecker Griff nach der Macht zu einer persönlichen Anfechtung geworden ist. Aber der ganze Tonfall der Frage (V. 6) zeigt, dass er jedenfalls für seine Person diese Anfechtung überwunden hat. Weder das Drohen der Frevler noch der Reichtum, den sie aufhäufen, noch die Macht, die sie an sich reißen, erschüttern mehr seine furchtlose Gelassenheit. Wie hat er sich zu diesem Gleichmut durchgerungen, auf welche Weise kann ein Mensch zu solch einer inneren Freiheit gelangen? Das ist die eigentliche Rätselfrage, die in diesem Psalm beantwortet wird. Dies aber ist die *Lösung* des Rätsels: Der Psalmist ist ein Mensch, der zur *›Einsicht‹* (V. 21) kam, genauer gesagt, zu der Erkenntnis, dass weder Macht noch Reichtum wider die Gewalt des Todes schützen. Unentrinnbar und unerbittlich rafft der *Tod* die Frevler dahin, und wenn sie noch so viele Schätze zusammenraffen. Sie müssen sterben (V. 8-13), ihr Los ist Verderben (V. 14-21). Alle Menschenhoffart wird im Tod zuschanden« (Lamparter).

»Es fällt auf, dass die Korahiten in ihrer Psalmensammlung eine Anzahl Lieder haben, die ganz einzigartig sind. Einzigartig wie etwa der Psalm 45 ist auch dieser 49. In ihm geht es ähnlich wie in Psalm 37 und 73 um die alte Anfechtung des Hiob: Warum sind die Frevler in ihrem Reichtum so erfolgreich? Wo bleibt Gottes Gerechtigkeit? Die Antwort dieses Psalms erinnert an Jesu Erzählung vom reichen Bauern (Lk 12,16-21). In einer altlateinischen Übersetzung lautet die Überschrift zu Psalm 49: Die Stimme der Kirche über Lazarus und den purpurgekleideten Reichen« (Brandenburg).

Sprachliche Anmerkungen zu Psalm 49

V. 2 – **»Welt«**: **ḥælæd**, das zunächst »Dauer« bedeutet (Ps 17,14; 39,6; 89,48) und daran erinnert, dass diese Welt vergeht. Entsprechend hat Luther »Zeit«, und Buber »Weile«. Das, was vergeht, ist eben »Welt« (1Kor 7,31; 1Jo 2,17), weshalb ich es so übersetzt habe; ebenso Elb »Welt«, AV »world«, Segond »monde«. Da das Leben in Welt immer nur Leben in der Zeit und auf Zeit ist, ist der Sinn jedes Mal derselbe.

V. 3 – **»gemeine Leute und Herren«**: **bənê ᵓâdâm gam bənê ᵓîš**, wörtlich »Söhne Adams und Söhne vom Mann«. Die zweite Verszeile, die ebenfalls die beiden Pole der sozialen Skala nennt, stützt die von mir und vielen anderen gebotene Übersetzung. Luther: »gemeiner Mann und Herren«; AV »low and high«; Diodati: »plebei e nobili«; Segond: »petits et grands«; Buber: »Söhne der Leute, Söhne der Herren«. Aber vielleicht variiert der Dichter die Ausdrücke (wie in Ps 62,10), um mit verstärktem Nachdruck zu sagen, dass er alle und jeden meint. Hieronymus übersetzt daher: Tam filii Adam quam filii singulorum – Kinder Adams so gut wie Kinder eines jeden. NEB: »All mankind, every living man«; Elb: »Sowohl Menschensöhne als Männersöhne«.

V. 6 – **»böse Tage«**: **yəmê raᶜ**, wörtl. »Tage des Bösen«, aber das ist nicht Deutsch. Das hebräische Genitivverhältnis drückt genau das aus, was wir im Deutschen mit dem entsprechenden Adjektiv sagen. Luther: »in bösen Tagen«.

»meine Häscher«: **ᶜaqêbaj**, wörtlich ungefähr »meine Ferser«, nur kann man das auf Deutsch nicht sagen. Buber: »meine Fersenschleicher«; Elb: »die mir auf der Ferse sind«, Luther: »meine Untertreter«. Vom gleichen Verb ist der Eigenname Jakob gebildet, hebräisch **jaᶜaqôb**, »er ferst« (d. h. er macht irgendetwas mit der Ferse: er tritt mit der Ferse; oder: er trachtet nach der Ferse; oder: er hält die Ferse). In Psalm 41,10 hatten wir gelesen, dass ein Freund Davids die Ferse, **ᶜâqêb**, gegen ihn erhoben hatte. Das war ein Ausdruck der Treulosigkeit und Hinterlist.

V. 7 – Unübertrefflich Luther: »Die sich verlassen auf ihr Gut und trotzen auf ihren großen Reichtum.« Nur versteht heute nicht jeder Luthers

Gebrauch von »trotzen«. Darum hat Luther '84 stattdessen »pochen«, was aber den Sinn nicht so richtig trifft.

V. 8 – **»Nimmer erlöst«**: **lô' phâdôh jiphdæh**, wörtl. »ein Erlösen nicht erlöst«, die typische hebräische Paronomasie (Zusammenstellung gleichlautender Wörter). Ich habe den damit markierten Nachdruck durch »nimmer« wiedergegeben.

»sein Sühnegeld«: **kåphrô**, von **kôphær**, ein Wort anderer Wurzel als das im gleichen Vers verwendete »erlösen«, **phâdâh**, und das in V. 9 gebrauchte »Loskauf«, **phidjôn**.

V. 9 – **»der Seele«**: wörtl. »ihrer Seele«, das syntaktisch nicht zur vorhergehenden Aussage passt. LXX: την ψυχην αυτου, »seiner Seele«.

V. 11 – **»Narr«**: **kəsîl**, mit der Grundbedeutung »träge«, »unbeweglich«, wie Psalm 92,7 und 94,8 (dazu 49-mal in Sprüche und 18-mal in Prediger).

»Tölpel«: **ba'ar**, eigentlich »Vieh«, oder »der Viehische«, wie in 73,22; 92,7; 94,8 und Sprüche 12,1; 30,2; Jesaja 19,11; Jeremia 10,8.14.21; 51,17.

V. 12 – **»sie wähnen«**: **qirbâm**, wörtl. »ihr Inneres«. Luther: »Das ist ihr Herz, dass …« Schlachter 2000: »Ihr Trachten ist …« Elb: »Ihr Gedanke ist.« Ich habe das nominale **qirbâm** verbal übersetzt, um die Parallelität der beiden Verszeilen stärker hervorzuheben, damit noch deutlicher wird, dass wir gar keinen Grund haben, das masoretische **qirbâm** in **qibrâm**, »ihr Grab«, zu ändern, wie das LXX und in ihrem Gefolge Zürcher, Schlachter, Menge, Gute Nachricht und andere tun.

V. 15 – **»herrschen«**: **wajjirdû**, was eigentlich »und es herrschten« übersetzt werden müsste. Das passt aber syntaktisch schlecht, weshalb man **wejirdu**, »und es werden herrschen« vokalisieren sollte, das ganz genau identisch ist mit *»und sie sollen herrschen«* von 1Mo 1,26.

»ihre Wohnung«: **mizzəbûl lô**, das, wenn die masoretische Punktierung korrekt sein sollte, »von seiner Wohnung« bedeutet, das syntaktisch unschön ist. Daher ergänzt Elb ein Wort und übersetzt »fern von ihrer Wohnung«. Allerdings haben zahlreiche Manuskripte anders punktiert und vokalisiert, sodass ich es vorziehe, **mizbûl**, »Wohnung«, zu lesen. Das ist syntaktisch weniger problematisch und hat den Vorteil, dass man nichts ergänzen muss.

V. 19 – **»er mag preisen«**: **jəbârêk**, das in anderem Zusammenhang »er mag segnen« lauten müsste. Im Hebräischen (wie auch im Französischen und Englischen) kann man das Verb für »segnen« in beide Richtungen gebrauchen: Gott segnet den Menschen, der Mensch »segnet« Gott – so in Psalm 103,1 –, was man aber eben im Deutschen nicht sagen darf, weil dem deutschen Verb die Bedeutungskomponente der Richtung vom Größeren zum Geringeren innewohnt.

Psalm 50
Gott kommt und schweigt nicht

Wie der vorangegangene so ist auch dieser ein reiner Lehrpsalm, doch im Unterschied zu jenem spricht hier nicht der Sänger, sondern Gott selbst zum Volk. Hatte der Psalm 49 vom Ende der Toren gesprochen, die von keinem Gott und von keiner Ewigkeit wissen wollen, so behandelt dieser Psalm das Gericht Gottes über sein Volk, das – ob von Herzen oder bloß mit den Lippen – bekennt, an den Ewigen und an die Ewigkeit zu glauben (V. 5). Er zerfällt ganz organisch in vier Abschnitte:

1. **Gott kommt, um Gericht zu halten (V. 1-6)**
2. **Gottes Richtspruch an »mein Volk« (V. 7-15)**
3. **Gottes Richtspruch an »den Gottlosen« (V. 16-21)**
4. **Ruf zur Einkehr (V. 22-23)**

Ein Psalm; von Asaph.

Dies ist der erste von zwölf Psalmen Asaphs. Er steht hier ganz allein, während die übrigen elf zu einer Gruppe zusammengefasst sind (73 bis 83). Ein offensichtlich für Asaph typischer Satz ist der Vers 7, der in Psalm 81,9 fast wörtlich wiederkehrt. Asaph war von David eingesetzt worden, zusammen mit seinen Brüdern *»den HERRN zu preisen«* (1Chr 16,7). Er war gemäß 1. Chronik 25,2 ein Prophet und gemäß 2. Chronik 29,30 ein Seher, und vorliegender Psalm erinnert tatsächlich an die Sprache und an den Inhalt mancher prophetischer Bücher. Der HERR wird kommen und sein Volk richten. Im Lichte dieser Wahrheit erscheint erst die Größe der Sünde des Volkes. Sie dachten, ihr Gottesdienst müsse Gott doch gefallen, dabei bestand er nur noch in äußerlichen Formen (Ps 50,8-13; siehe Jes 1,10-17); und sie dachten, ihre Lobgesänge müssten ihn freuen, wo sie ihn nur mit ihren Lippen ehrten, aber ihr Herz von ihm entfremdet war (Jes 29,13).

1. Gott kommt, um Gericht zu halten (V. 1-6)

1 Der Mächtige, Gott, der HERR –
er hat geredet und hat die Erde gerufen
vom Aufgang der Sonne bis zu ihrem Niedergang.

»Der Mächtige«, **ᵓêl**, **»Gott«**, **ᵓælôhîm**, **»der HERR«**, **Jahwæh**, hat geredet. Drei Namen Gottes werden genannt. Dadurch, dass sie dem Verb vorangestellt sind (als sog. Casus pendens), sind sie besonders hervorgehoben, in der deutschen Übersetzung durch einen Gedankenstrich und das betonte Personalpronomen »er« angedeutet.

Es ist der Allmächtige, es ist der Schöpfer, es ist der Gott des Bundes, der **»die Erde gerufen«** hat. **»Gott«**, der Schöpfer, der die Sonne und die Erde und die Menschen auf ihr erschaffen hat, besteht als der Schöpfer aller Dinge darauf, dass ein jedes Geschöpf hört. Er, **»der Mächtige«**, hat die Macht, einen jeden, der nicht hört, zu richten. Er, der als der HERR im Bund seine Gnade bewiesen hat, fordert Bundestreue von allen, die in den Bund getreten sind. Wie sehr irrt der Mensch, wenn er wähnt, Gott werde nicht erscheinen; er werde nicht richten; er werde sich mit unserem formalen Bekenntnis begnügen (V. 7-13), und wir würden mit unseren Missetaten davonkommen (V. 17-21).

»Vom Aufgang der Sonne bis zu ihrem Niedergang« bedeutet von Osten bis Westen, das heißt die ganze Welt (wie in Ps 113,3 und Mal 1,11). Der Schöpfer und Herr aller Menschen ruft sie alle zur Verantwortung.

2 Aus Zion, der Vollendung der Schönheit, ist Gott hervorgestrahlt[109]**.**
3 Unser Gott kommt, und er schweigt nicht;
Feuer frisst vor ihm, und rings um ihn stürmt es sehr.

Gott »**ist hervorgestrahlt**«, **hôfîa**ᶜ (außer hier findet sich dieses Verb in den Psalmen nur noch in 80,2 und 94,1). Er ist erschienen, er hat sich selbst geoffenbart und hat damit den Menschen ins Licht gestellt, wie damals am Sinai (5Mo 33,2), so später »**aus Zion**«. Ja, erst in Zion ist er in »**Vollendung**«, **miklâl** (ein nur hier belegtes Wort), erschienen, dort erst ist seine »**Schönheit**«, **jôfî** (wie in Ps 45,12), ganz »**hervorgestrahlt**«.

In Zion erschien er im Tempel, wo er dem Schuldigen den Weg zeigte, auf dem er ihm aus seiner Verborgenheit entgegenkam. Dort offenbarte er seine Heiligkeit und seine Gnade. Das bedeutet, dass Gott nicht allein als Schöpfer (wie wir im V. 1 gesehen hatten) ein Anrecht auf den Gehorsam aller Geschöpfe hat, sondern dass er noch viel mehr als Erlöser ein Anrecht auf bereitwilligen und freudigen Dienst aller Menschen hat. Das Buch der Offenbarung zeigt uns, dass es der Zorn des *Lammes* ist, mithin der Zorn des Erlösers, der die Menschen am Ende der Zeit heimsuchen wird (Offb 6,16-17).

Am Ende der Tage hat Gott im Sohn geredet (Hebr 1,1-2); dort ist er in seiner ganzen Gnade und Wahrheit (Joh 1,17) »**hervorgestrahlt**«. Dort hat er Leben und Unverweslichkeit ans Licht gebracht (2Tim 2,10). Und danach ist er ist in der Predigt, in den Taten und in den Schriften der Apostel hervorgestrahlt. Damit hat er jeden Menschen erleuchtet (Joh 1,9) und den Völkern Licht gegeben (Apg 13,47). Dieses Licht ist Grund und Maß des Gerichts, wenn »**unser Gott kommt**«.

Es ist »**unser Gott**«, der kommt, und das ist einerseits Zuspruch, andererseits auch Warnung. Er hat sich im Bund mit seinem Volk verbunden (V. 5), und wohl dem, der ihn deshalb fürchtet und seinen Bund bewahrt. Der darf sein Haupt erheben und wissen, dass seine Erlösung naht (Lk 21,28). Wehe aber dem, der den Gott seines Bundes verachtet hat. Ihn wird die ganze Rache des Bundes treffen.

Wenn Gott kommt, »**schweigt er nicht**«: Gott hat immer wieder gesprochen, zuletzt im Sohn (Hebr 1,1). Und dann hat er lange zum Tun

109 Ps 80,2.

der Menschen geschwiegen (V. 21), aber erst geschwiegen, nachdem sie seine Worte hinter sich geworfen hatten (V. 17). Plötzlich wird er wieder reden; diesmal aber nicht in Gnade, sondern im Zorn: *»Dann wird er zu ihnen reden in seinem Zorn, und in seiner Zornglut wird er sie schrecken«* (Ps 2,5). Wer kann den Tag seines Kommens ertragen (Mal 3,2), wer kann bestehen bei ewigen Gluten (Jes 33,14)? Denn **»Feuer frisst vor ihm«**, sein Tag kommt *»brennend wie ein Ofen«* (Mal 4,1). **»Rings um ihn stürmt es«**, während er seine Tenne worfelt, um die Spreu aus dem Weizen auszuscheiden und mit unauslöschlichem Feuer zu verbrennen (Mt 3,12).

4 Er ruft dem Himmel droben zu
und der Erde,
um sein Volk zu richten:

»Er ruft … der Erde zu«: Sein Rufen wird dann unwiderstehlich sein. Wie oft hatte er umsonst gerufen, wie oft hatten die Menschen ihm ein taubes Ohr zugekehrt. Wie furchtbar wird dieser Tag sein, an dem sie hören müssen, wenn er ruft, und sie kommen müssen, auch wenn sie nicht wollen; denn sie wissen, dass er ruft, **»um sein Volk zu richten«**: Gott wird sein Volk richten (Hebr 10,30); das Gericht muss am Haus Gottes anfangen (Hes 9,6; 1Petr 4,17). Er wird alle richten, die mit ihrem Mund bekannt haben, Gott zu kennen und zu fürchten. Haben sie ihn gefürchtet, dann wohl ihnen (siehe V. 5)! Haben sie ihm hingegen nur mit den Lippen gedient, ihn aber in ihrem Herzen verachtet (Mt 15,7-9), dann wehe ihnen (siehe V. 16)!

5 »Versammelt mir meine Getreuen,
die meinen Bund schlossen beim Opfer!«
6 Und die Himmel verkünden seine Gerechtigkeit,
denn Gott ist es, der richtet (Sela).

»meine Getreuen, die meinen Bund schlossen beim Opfer«: Gottes Geliebte, Gottes Fromme, das sind die Seelen, die in Wahrheit geglaubt und sich damit an Gott und sein Opfer gebunden haben. Sie haben gesehen, wie Gott das Gericht auf einen Schuldlosen legte; sie haben im Opfer Gottes Gnade und Gottes Gerechtigkeit erkannt, sie haben das Blut des Bundes gesehen, wie es an den Altar gesprengt wurde, jenes Blut, das zu Gott spricht von vollbrachter Gerechtigkeit (siehe 2Mo 12,13; vgl. Hebr 12,24) und zu ihnen spricht von vollbrachter Erlösung; und das hat ihr Herz Gott zugeneigt. Gott will sie um sich scharen, Gott will sie vor aller Welt ehren.

»Die Himmel«, und alles, was in ihnen ist, **»verkünden seine Gerechtigkeit«**, Engel und Menschen werden bekennen, dass er gerecht ist, wenn er alle jene **»richtet«**, die sich nicht an ihn geschlossen haben im Opfer, sondern dieses verachtet haben.

2. Gottes Richtspruch an »mein Volk« (V. 7-15)

Wenn Asaph recht hat und Gott kommen und sein Volk richten wird, dann sehe ein jeder zu, dass er auf diesen Tag gerüstet ist: *»Schicke dich an, Israel, deinem Gott zu begegnen!«* (Am 4,12).

7 »Höre, mein Volk, und ich will reden,
Israel, ich will wider dich zeugen,[110]
ich, Gott, dein Gott.

»Höre, mein Volk«: Das ist der erste und grundlegende Befehl Gottes an seine Geschöpfe. Wir müssen zuerst hören, nicht dieses oder jenes tun. Nicht umsonst stand dieser Befehl als Einleitung zum israelitischen Glaubensbekenntnis: *»Höre Israel!«* Darauf erst folgte die sittliche Kardinalforderung: *»Du sollst den HERRN, deinen Gott, lieben«* (5Mo 6,5-6).

Gott hat ein hartes Wort an sein Volk. Er zeugt **»wider dich«**, dabei bekannten sie doch seinen Namen und brachten ihm alle vorgeschriebenen Opfer dar. Das weiß Gott auch: *»Deine Brandopfer sind stets vor mir«* (V. 8). Was sollen aber die Tieropfer, wenn man Gott das Opfer des Herzens nicht bringt (vgl. Ps 51,19)? Hat das Volk vergessen, wer sie aus Ägypten, dem Haus der Knechtschaft erlöst hatte? *»Ich bin der HERR, dein Gott«* (2Mo 20,2), hatte er damals gesagt, und damit war alles, was er in den *»Zehn Worten«* auf den zwei steinernen Tafeln (5Mo 4,13) von seinem Volk forderte, vollends begründet. Hier ruft er es dem Volk wieder in Erinnerung: **»Ich bin Gott, dein Gott«**. Diese

110 Ps 81,7.

doppelte Wahrheit stellt das Volk zweimal ins Licht. Ist er Gott, gehört alles ihm und muss alles ihm zu Willen sein (Offb 4,11). Ist er dazu noch **»dein Gott«**, der Gott, der sich in souveräner Gnade ein Volk erwählt und sich mit ihm verbunden hat (5Mo 7,6-8), dann ist das Volk doppelt schuldig, ihn zu lieben und zu fürchten, ihm zu gehorchen und ihm zu dienen. Er hatte wider sie (vgl. Offb 2,4.14.20), dass sie ihm die erste Liebe, die Hingabe des Herzens und des Leibes (5Mo 6,4-6) verweigerten. Sie hatten bei aller Wahrung der äußeren Form alle Gebote der ersten Tafel gebrochen.

8 Nicht wegen deiner Opfer rüge ich dich,
sind doch deine Brandopfer stets vor mir.
9 Ich mag keinen Jungstier aus deinem Haus nehmen
noch Böcke aus deinen Hürden.

Diese Worte Asaphs erinnern an Worte Davids (Ps 40,7-9), Samuels (1Sam 15,22) wie auch der Propheten (Jes 1,11-17; Am 5,21-24; Mi 6,6-8). Sie zeigen, wie die Gottesfürchtigen bereits in alttestamentlicher Zeit wussten, dass die Opfervorschriften nur etwas Vorläufiges sein konnten, dass kein Blut von Böcken und Stieren wirklich Sünden tilgen konnte (Hebr 9,9-10) und dass Gott nicht an einem nur äußerlich betriebenen Opferkult gelegen war.

10 Denn mein ist alles Getier des Waldes,
das Vieh auf tausend Bergen.
11 Ich kenne alle Vögel der Berge,
und das Gewimmel der Felder ist bei mir.
12 Wenn mich hungert,
ich sage es dir nicht,
denn mein ist der Erdkreis und seine Fülle.
13 Sollte ich das Fleisch von Stieren essen
und das Blut von Böcken trinken?

»Denn mein ist alles Getier«: Das bedeutet, dass wir Gott nichts geben können.

»Ich kenne alle Vögel«: Das bedeutet, dass wir Gott nicht informieren müssen.

»Sollte ich das Fleisch von Stieren essen«: Das bedeutet, dass Gott nichts fehlt.

Wenn wir meinen, Gott müsse froh sein, wenn wir ihm dienen, täuschen wir uns. Er hat uns nicht nötig, denn er ist der in sich vollkommen glückselige Gott (1Tim 1,11; 6,15).

Wir hingegen haben ihn nötig. Ohne ihn sind wir nicht; ohne seine Gnade sind wir verloren, und ohne seine Gaben sind wir ganz arm.

14 Opfere Gott Lob
und bezahle dem Höchsten deine Gelübde;
15 und rufe mich an am Tag der Not:[111]
ich will dich retten,
und du sollst mich verherrlichen!«

In den Versen 14 und 15 wird zusammengefasst, worin wahrer Gottesdienst besteht:

- Lob: **»Opfere Gott Lob.«**
- Gehorsam: **»Bezahle deine Gelübde.«**
- Gebet: **»Rufe mich an.«**

Diese Dinge sind es, die Gott gefallen. Die sollen wir tun, dann werden wir ihn »verherrlichen«. Wir beginnen Gott zu loben, wenn wir erkannt haben, dass alles von ihm kommt, auch die Opfer, die wir an Zeit, Kraft und Gaben ihm gebracht haben. *»Alles Vieh auf tausend Bergen«* ist ja sein. Er hat es erschaffen, Er hat es uns gegeben. Wenn wir verstanden haben, dass alles von ihm kommt, dann werden wir uns auch gerne seinem Willen unterwerfen; dann werden wir Gehorsam lernen, und auch das ist besser als alle Schlachtopfer (1Sam 15,22). Und wir werden erkennen, dass wir ohne ihn nichts vermögen und werden uns deshalb im Gebet von ihm ganz abhängig machen. Wir werden zu ihm rufen, weil wir empfinden, dass wir weit von Gottes Absichten entfernt sind, dass wir in großer **»Not«** sind. Ein Gebet, das aus einem gedemütigten Herzen aufsteigt, ehrt Gott; und wer Gottes Antwort empfangen und seine Hilfe erfahren hat, wird ihn **»verherrlichen«**.

111 Ps 81,8; 120,1.

3. Gottes Richtspruch an »den Gottlosen« (V. 16-21)

Verharrt das Volk in einem bloß formalen Bekenntnis, wird es unweigerlich im Bösen zunehmen:

»Das erste Übel des abergläubischen Formalismus erzeugte das tödlichere Übel der berechnenden Heuchelei« (Perowne).

Es ist Gott äußerst verhasst, wenn man seine Worte im Mund führt, aber nicht nach seinen Worten lebt. Das ist schlimmer Betrug, denn es ist Betrug am Höchsten. Gottes Wahrheit wird zum Deckmantel für das Böse. Sollte ein heiliger Gott das nicht richten? Hat er denn die Gebote der zweiten Tafel gegeben, damit wir uns ungestraft über sie hinwegsetzen? Und meinen wir, wir könnten einem allmächtigen Gott entfliehen?

16 Doch zum Gottlosen spricht Gott:
»Was hast du meine Satzungen aufzuzählen
und nimmst meinen Bund in den Mund?
17 Du hassest ja Zucht
und wirfst meine Worte hinter dich.
18 Siehst du einen Dieb,
hältst du zu ihm,
und mit Ehebrechern ist dein Teil.

Zu wem redet Gott hier? »**Zum Gottlosen.**« Die Angesprochenen werden sich selbst nicht so gesehen haben – wo sie doch zum Bundesvolk gehörten und seinen »**Bund in den Mund**« nahmen. Aber gerade das ist ihre größte Sünde: Sie reden heilig, aber sie leben unheilig. Sie waren auf den Bund verpflichtet, aber sie leugneten den Bund mit ihren Werken, hatten Gottes Bund also nicht wahrhaft geschlossen beim Opfer (V. 5). Wie kam das? Der Gottlose »**hasst die Zucht**«. Gott züchtigt sein Volk, damit es an seiner Heiligkeit teilhabe (Hebr 12,10); verwirft man seine Zucht, wird man nie an der Heiligkeit des Bundes teilhaben. Hält man aber trotzdem am frommen Bekenntnis fest, ist man ein Betrüger geworden; dann hat man Gottes Worte »**hinter sich**« geworfen. Das ist ein sicherer Grund und auch ein sicherer Vorbote kommenden Gerichts, wie Zwingli 1522 in einer berühmten Predigt über die Bedeutung des Wortes Gottes sagte:

»Und bedenke: Wenn dem Wort Gottes nicht geglaubt wird, ist das ein sicheres Anzeichen für die drohende Rache Gottes« (Die Klarheit und Gewissheit des Wortes Gottes).

19 Deinen Mund schickst du los zum Bösen,
und Trug flicht deine Zunge.
20 Du sitzt da,
redest gegen deinen Bruder,
gegen den Sohn deiner Mutter stößt du Schmähung aus.

Gottes Bund fordert von uns Heiligkeit und Liebe. Der Bund wurde *»beim Opfer geschlossen«* (V. 5). Man bedenke: Im Opfer richtete Gott die Sünde; denn er ist heilig. Er legte die Strafe aber nicht auf die Schuldigen, sondern auf das schuldlose Opfer; denn er ist Liebe. Sein Volk hat sich an beidem, an Gottes Heiligkeit und an Gottes Liebe, versündigt. Es hat Gottes Wort verachtet, und es verachtet die Brüder. Das Erste ergibt zwingend das Zweite.

»Deinen Mund lässt du los zum Bösen«: Sie haben die Zucht verworfen, und nun lassen sie alle Hemmungen fallen und überlassen ihre Zunge dem Drängen ihrer bösen Natur. **»Trug flicht«** ihre Zunge, das heißt, sie redet Lüge statt Wahrheit, und Lüge ist nie gerade, sondern verbogen, verhohlen und verflochten. Und die Zunge redet **»gegen deinen Bruder«**, das heißt, sie übt Hass statt Liebe. Dabei **»sitzt du da«** wie ein Richter auf seinem Thron. Wie übel ist das! Gott hatte den Fehlenden zurechtgewiesen und gezüchtigt, um ihn zum Selbstgericht zu bewegen; aber er hatte sich geweigert, sich unter Gottes Zucht zu beugen. So sitzt er nun auf dem *»Sitz der Spötter«* (Ps 1,1). Wider den Sohn der eigenen Mutter, wider den Bruder **»stößt du Schmähungen aus«**. Wer kann sagen, er liebe Gott, wenn er den nicht liebt, der aus Gott geboren ist (1Jo 5,1.2). Wie kann einer behaupten, er liebe die Brüder, wenn er über die Brüder böse redet? Nein, er hasst die Brüder, und wenn er die Brüder hasst, aber immer noch behauptet, er liebe Gott, ist er ein Lügner (1Jo 4,20). Sollte Gott einen Lügner nicht richten? *»Draußen sind die Hunde und die Zauberer und die Hurer und die Mörder und die Götzendiener und jeder, der die Lüge liebt und tut«* (Offb 22,15).

21 Das hast du getan,
und ich habe geschwiegen;
du wähnst, ich sei ganz wie du.
Ich will dich rügen
und es dir vor Augen stellen.

Haben wir Gottes Zucht oft und lange genug verworfen, wird Gott uns der Verhärtung unserer Herzen übergeben: **»Das hast du getan, und ich habe geschwiegen.«** Wehe uns, wenn Gott zu unseren Sünden schweigt! Dann werden wir ihn erst wieder hören, wenn er im Zorn kommt *»und nicht schweigt«* (V. 3). Weil Gott schweigt, denken wir, er sei ganz wie wir. Wir fürchten ihn nicht, bis er es uns im Gericht **»vor Augen stellt«**, aber dann ist es zu spät.

4. Ruf zur Einkehr (V. 22-23)

22 Versteht doch das,
die ihr Gott[112] vergesst,
damit ich nicht zerreiße,
und kein Erretter ist da!

Was soll Gott noch tun, wenn das Volk **»Gott vergisst«**? Er ruft es, er warnt es, damit er es **»nicht zerreiße«**. Wenn Gott uns nicht rettet, ist **»keiner Erretter da«**. Fruchtet alles nicht, wird geschehen, was Gott durch den Propheten Hosea spricht: *»Ich werde für Ephraim wie ein Löwe sein und für das Haus Juda wie ein junger Löwe. Ich, ich werde zerreißen und davongehen; ich werde wegtragen, und niemand wird erretten«* (Hos 5,14).

23 Wer Dank opfert, ehrt mich,
wer Weg bereitet, den lasse ich schauen Gottes Heil.«

Gott sendet seine Boten. Er hat kein Gefallen am Tod des Gottlosen Er will vielmehr, dass der Gottlose sich bekehrt und lebt. Er will nicht, dass

112 **ælôah**.

wir in die äußere Finsternis geworfen werden, wo man nur heult und mit den Zähnen knirscht. Vielmehr will er, dass der Mensch sich an seinem Licht freut und ihm **»Dank opfert«**. Es liegt an einem jeden von uns, dass er **»Weg bereitet«** dem Herrn und seinem Wort, dass er sich vor Gott beugt und Gott bittet, ihn vor der Versuchung zu bewahren, mit der Masse den breiten Weg des Verderbens zu gehen. Wohl dem, der einen gebahnten Weg im Herzen hat (Ps 84,6)! Bitten wir, so wird er uns geben (Mt 7,7). Er wird uns auf dem ewigen Weg führen (Ps 139,24), und so werden wir **»Gottes Heil«** sehen.

Lehrreiches und Denkwürdiges zu Psalm 50

»Dies ist ein Lehrpsalm, der erklärt, welches der rechte Gottesdienst samt Opfer sind, wider die falschen Heiligen, welche ihre Opfer und Verdienste so köstlich achten, als müsste Gott ihnen dafür danken und schuldig sein, so er doch das umkehrt und will seine Wohltat und Hilfe so köstlich geachtet haben, dass man ihm danken und schuldig sein solle. Und merke hier wohl, dass dieser Psalm mit hellen Worten schließt und lehrt, dass Gott in Nöten anrufen und ihm danken sei der rechte Gottesdienst, das liebste Opfer und der richtige Weg zur Seligkeit, wie der letzte Vers singt« (Luther, *Summarien über die Psalmen*).

»In der Gemeinde gab es stets Heuchler, die Gott ganz oberflächlich mit äußerlichen Zeremonien verehren wollten. Unter den Israeliten waren viele, die auf Kosten der Wahrhaftigkeit sich den gesetzlichen Formen unterwarfen, als ob Gott nur Opfer und andere Gebräuche forderte. Diesen groben Irrtum brandmarkt der Dichter und betont mit tiefem Ernst, der Name Gottes werde gelästert, wenn die Frömmigkeit allein in Zeremonien bestehe. Der rechte Gottesdienst, sagt er, ist geistlich. Seine wesentlichen Bestandteile sind Anbetung und Dank« (Calvin).

»Nach einer eindringlichen Einleitung, V. 1-6, tadelt der Dichter die Pervertierung und erläutert die wahre Bedeutung der ersten, V. 7-15, und dann der zweiten Tafel des Gesetzes, V. 18-21, und schließt mit einer ernsten Warnung und einer gnädigen Verheißung, V. 22-23« (Alexander).

»Wir haben hier wieder einen prophetischen Psalm. Ähnlich redete der HERR durch Amos oder Jesaja. Es überrascht uns, dass die modernen Erklärer die Entstehung dieses Psalms wieder mit dem Tempelkult in Verbindung bringen. Gewiss wurde die ganze Liedsammlung des Psalters bei den Tempelgottesdiensten benutzt. Aber auch Luthers ›Ein feste Burg‹ wird viel in unseren Gottesdiensten gesungen, ohne dass jemand behaupten könnte, das Lied sei im Gottesdienst entstanden. Alle Elemente dieses 50. Psalms sind prophetisch: Theophanie, Anrede des Volkes, Kritik der Opferfrömmigkeit und Bußpredigt. Es gibt hier kaum einen Vers, den wir nicht auch bei Jesaja oder Jeremia erwarten könnten« (Brandenburg).

V. 23 – Eingangschor zur Kantate »Wer Dank opfert, der preiset mich« von Bach (BWV 17).

Sprachliche Anmerkungen zu Psalm 50

V. 3 – **»er schweigt nicht«**: **ᵓal jæḥæraš**. Die Negation **ᵓal** steht zwar meist bei negierten Befehlen oder Wünschen (z. B. **ᵓal tîrâᵓ**, »fürchte dich nicht«), und das hat die Jerusalemer Bibel zur Übersetzung veranlasst: »Er möge kommen und er möge nicht schweigen.« Das geht aber gegen den Zusammenhang, denn der ganze Psalm ist ein Reden Gottes zu den Menschen, kein Reden der Menschen zu Gott, in dem er diesem seine Wünsche ausbreitet. Häufig wird im Hebräischen **ᵓal** auch zur Verneinung von Aussagesätzen gebraucht (z. B. auch in Ps 41,3), dann aber hebt es das subjektive Moment besonders stark hervor (ähnlich wie im Griechischen die Negation *mæ*), besagt also, dass etwas nicht geschehen könne (Ps 121,3). Daher übersetzt Buber: »Nimmer schweigt er!«

V. 14 – **»opfere«**: **zəbaḥ**, wörtl. »schlachte!«. Vom gleichen Verb ist das Wort **zæbaḥ**, *»Opfer«*, in V. 8 gebildet.

V. 16 – **»in den Mund«**: **ᶜalê pîkâ**, wörtl. »in deinen Mund« (Elb, Schlachter).

Psalm 51
Gott, schaffe in mir ein reines Herz!

Dies ist der vierte der sieben Bußpsalmen (Ps 6; 32; 38; 51; 102; 130; 143).

Es ist der sechste von insgesamt 15 Psalmen, die in der Überschrift den Anlass ihrer Entstehung nennen (Ps 3; 7; 9; 18; 30; 34; 51; 52; 54; 56; 57; 59; 60; 63; 142). Und es ist im zweiten Psalmbuch der erste Psalm, den David geschrieben hat. Bis zum Ende des Buches tragen nun außer vier alle seinen Namen.

Obwohl dieser Psalm nicht wie der vorangegangene von Asaph stammt, besteht doch eine ganz deutliche Verwandtschaft zum Psalm 50. Dort war von der Nichtigkeit eines bloß äußerlichen Gottesdienstes und der Bosheit einer nur formalen Rechtgläubigkeit gesprochen worden (V. 5-13). Hier nun bekennt David, dass Gott Lust hat an der Wahrheit im Innern (V. 8) und dass die rechten Opfer nicht die vom Gesetz geforderten Stiere und Böcke sind, sondern ein zerschlagenes Herz (V. 19). Dort hatte Gott gesagt, dass er keinen Gottesdienst von einem selbstzufriedenen Volk wünsche, sondern vielmehr wolle, dass es einsehe, wie hilflos und wie sündig es ist und aus Sündennot zu Gott um Errettung rufe (V. 15). Hier nun ruft der König dieses ganzen Volkes, von Sündennot überwältigt, zu Gott um Vergebung, Reinigung und Errettung von Schuld (V. 16). Das wird der Grund sein, warum der Psalm an dieser Stelle steht.

David hatte eine Frau verführt, dabei hatte er ihren Ehemann hintergangen. Dieser war zudem ein loyaler Knecht und Krieger Davids. Und als ob die Versündigung an ihm nicht schon gereicht hätte, ließ er ihn auf heimtückische Weise ermorden. Er gab damit den Feinden Gottes Anlass, den Gott Davids und Israels zu lästern, und damit nicht genug: Die Sünde Davids war der Ausgang weiterer Gewalttaten im Haus Davids. Und schließlich: David war König in Israel, war zu höherer Würde gerufen und mit höheren Vorrechten ausgestattet als jeder andere im ganzen Volk Gottes. Schuldete er als König nicht erstens seinem Gott Dank und zweitens seinem Volk einen vorbildlichen Wandel? Davids Sünde war groß, und sie drückte ihn beständig, solange er sie nicht bekennen wollte (Ps 32), aber wie schlimm sie war, erkannte er erst, nachdem Nathan ihn überführt und vor Gott gestellt hatte. Er lag ganze sieben Tage ausgestreckt vor dem Angesicht Gottes und aß nichts (2Sam 12,15-18). In

Gottes Licht sah er nun das Licht (Ps 36,10), sah wie groß seine Sünde gegen Gott, wie böse sein Herz, wie verderbt seine Natur war; sah, wie er unfähig war, seine Schuld zu tilgen, sein Herz zu reinigen und von der Macht der Sünde befreit zu werden. All das findet sich in diesem Bußgebet. Gleichzeitig ist dieser Psalm ein Beispiel dafür, dass Gottes Gnade größer ist als die Sünde des Menschen. Kein zweiter Psalm hat angefochtene und von der Sünde niedergedrückte Seelen so trösten und aufrichten können wie dieser Psalm. Das sollte Israel mehrere hundert Jahre nach David erfahren:

»Die beiden letzten Verse zeigen, dass die Nation in ihrer dunkelsten Stunde hier die Worte fand, in denen sie ihre eigene Sünde bekennen und an denen sie ihren Glauben neu finden und aufrichten konnte« (Derek Kidner).

Dem Volk Israel standen aber noch dunklere Stunden bevor, und es kommt noch die dunkelste von allen, der Tag der Drangsal Jakobs. Dann wird es sich an diesem Psalm erneut aufrichten können, nachdem es seine Schuld bekannt (Jes 53) und über seine Sünde geweint hat (Sach 12,10-12). Damit zeigt uns der Psalm, wie Gott aus der Sünde des Menschen einen Quell des Segens macht. Damit ist Davids Sünde nie entschuldigt, sondern David bleibt bei allem der Schuldige. Und Gott ist nie Urheber des Bösen, sondern er bleibt bei allem gerecht (V. 6). Wir tun Böses, und Gott macht daraus Gutes (1Mo 50,20). Das ist ein großes Wunder.

Der Psalm zerfällt grob in drei Teile: Zuerst fleht David um Reinigung von seiner Sünde (V. 3-11), dann bittet er um Wiederherstellung und Heiligung durch den Heiligen Geist (V. 12-14); schließlich betet er darum, dass er seine bittere Erfahrung anderen zum Wohl und Nutzen verwenden könne (V. 15-21).

1-2 Dem Vorsänger. Ein Psalm von David, als zu ihm hineinging der Prophet Nathan, so wie er eingegangen war zu Bathseba.

Zu »**Vorsänger**« siehe Psalm 4.

Zur Überschrift in diesem Psalm sagt der alte Ausleger Matthew Poole:

»Es sollte von ihm und von anderen geweihten Sängern öffentlich gesungen werden durch alle Zeitalter hindurch, damit Davids Buße so offen am Tag liege wie sein Verbrechen und Skandal.«

»Der Prophet Nathan« ging, von Gott gesandt, zu David hinein, um ihn seiner Sünde zu überführen (2Sam 12,1). Damit erwies sich Nathan als ein wahrer Prophet, denn der Dienst und die Aufgabe des Propheten besteht darin, von der Sünde zu überführen (Mi 3,8) und Verborgenes aufzudecken (1Kor 14,34).

Gott sandte jemanden, den David am allerwenigsten gewünscht hätte. Handelte Gott an uns nur nach dem, was wir begehren, wir wären verloren. Er fragte David nicht, ob er damit einverstanden sei, sondern er wählte für David das Gute, das dieser in seiner Finsternis weder sehen noch wählen konnte. Gott sei ewig Anbetung für seine Gnade an uns Sündern!

Statt »nachdem« (Elb, Rev. Elb) oder bloß »als« (Luther) sollte das hebräische **kaʾašær** mit **»so wie«** übersetzt werden. Wenn wir zudem wissen, dass im Hebräischen zweimal das gleiche Verb **bôʾ**, **»eingehen«**, steht, dann ergibt sich folgende Entsprechung: »als der Prophet Nathan zu ihm (hin)einging, wie er zu Bathseba eingegangen war«. Seiner Sünde entspricht Nathans Dienst. Oder noch deutlicher: So wie David sündigte, als er zu Bathseba einging, so tat ihm Gott Gutes, als er Nathan sandte, damit dieser zu David eingehe. So wie er in eine Frau eingedrungen war, so dringt Gottes Wort durch den Propheten ein in sein Herz und Gewissen.

1. David betet um Reinigung von seiner Sünde (V. 3-12)

3 Sei mir gnädig[113], o Gott,
nach deiner Güte[114];
nach deinem großen Erbarmen
tilge meine Übertretung!

In 2. Samuel 12,13 sagt Nathan auf das Bekenntnis Davids, dass er gegen den HERRN gesündigt habe: *»So hat auch der HERR deine Sünde weggenommen.«* Wir fragen uns, warum David danach so inständig um Gnade und um Reinigung von seiner Sünde beten musste. Er hatte doch gehört, dass Gott ihm vergeben hatte. Wir sehen an David, dass wir uns

113 Ps 4,2; 56,2.
114 Ps 52,3.

die Gewissheit der Vergebung nicht selbst geben können. Es hilft nicht, dass wir es bloß gehört haben, dass Gott vergibt; es hilft auch nicht, dass wir uns einreden, Gott habe uns vergeben. Die Ungewissheit plagt uns noch immer. Gott allein kann uns die Gewissheit geben, dass er vergeben hat. Sein Geist gibt uns das Zeugnis, dass Gott uns nicht verstößt, sondern als seine Kinder angenommen hat. Gott lässt uns zuweilen lange flehen und warten, damit wir unsere völlige Abhängigkeit von ihm erfahren und empfinden. Aber gerade darin liegt nachher unsere unerschütterliche Gewissheit: Gott selbst hat mir die Vergebung zugesprochen; ich habe es mir weder eingebildet noch selbst eingeredet. Darum kann mir nichts und niemand diese Gewissheit nehmen.

»**Sei mir gnädig**«: **ḥånnênî** (insgesamt 12-mal in den Psalmen; siehe 4,2). Das ist Davids erste Bitte, das ist ihm zuoberst auf dem Herzen und geht ihm als Erstes über die Lippen; denn, was braucht der Sünder so dringend wie einen gnädigen Gott? Was braucht der Heilige, der von Sünde überwältigt worden ist, dringender als Gnade von Gott? Denn nichts als Gottes Gnade kann ihn retten. Über Gottes Gnade hat er aber keinerlei Macht. Er kann Gott nicht dazu bewegen gnädig zu sein, wenn Gott nicht gnädig sein will. Er kann keine Gnade einfordern, denn Gott ist keineswegs verpflichtet, dem Sünder gnädig zu sein. Daher bittet David: »**Sei mir gnädig … nach deiner Güte!**« Er kann sich nicht auf seine Aufrichtigkeit als Grund für Gottes Gnade berufen, er kann nicht auf seine Tränen pochen, als müsse ihm Gott deswegen gnädig sein. Er kann nur an eine Eigenschaft Gottes appellieren; er kann nur auf seine Güte hoffen. Wir haben gesündigt, wir haben willentlich gesündigt, wir haben wissend gesündigt. Wir haben das Gericht verdient. Wir können uns jetzt nur Gott unterwerfen und uns seinem freien Wohlgefallen ausliefern.

»**nach deinem großen Erbarmen**«: So groß wie Davids Sünde ist, so groß, nein, größer muss Gottes Erbarmen sein. Gott wird die Sünden nicht tilgen, weil David so lange gefastet hat oder weil er so zerknirscht ist. Hinge das Maß der Vergebung am Maß unserer Zerknirschung, könnten wir nie so rein werden, dass wir für Gottes Gegenwart taugten. Nein, Gott muss die Sünde gemäß seiner Erkenntnis, gemäß seiner Heiligkeit und gemäß seinem Erbarmen tilgen. Wer findet Worte, es angemessen zu würdigen, dass Gottes Erbarmen größer ist als unsere Sünde und dass er Hilflosen barmherzig sein will?

»tilge meine Übertretung«: mâḥâh, »tilgen«, wie in 4. Mose 5,23. Dort wird eine Anklageschrift gelöscht. Ebenso tilgt Gott die Schuldschrift, die gegen David steht (vgl. Kol 2,14); und wie die Sonne einen Nebel auflöst, so tilgt Gott die Übertretung Davids (Jes 43,25; 44,22). David weiß, dass er seine Übertretung nicht ungeschehen und seine Schuld nicht gutmachen kann; er weiß, dass sie ihm wie mit eisernem Griffel aufs Herz geschrieben ist (Jer 17,1). Nur Gott kann sie tilgen.

In dieser ersten Bitte Davids finden sich die drei Begriffe **ḥên**, »Gnade«, **ḥæsæd**, »Bundes-Güte« oder »Liebe-Beständigkeit«, **ræḥæm**, »Barmherzigkeit«. Diese drei umreißen Gottes ganzes Handeln in Gnade mit dem Sünder. **ḥên**, Gnade, ist Gottes Handeln an Sündern, obwohl sie Sünder sind: Sie haben Zorn verdient, und Gott erweist ihnen Gutes. Das Wort kommt zum ersten Mal vor in 1. Mose 6,8. **ræḥæm**, Barmherzigkeit, ist Gottes Handeln an Sündern, weil sie Sünder sind: Sie sind unfähig zum Guten, und Gott befähigt sie, Gutes zu wollen und zu tun (Phil 2,13), nämliche ihre Sünde zu bekennen und an Gottes Vergebung zu glauben. **ḥæsæd** ist Gottes Bundestreue, ist Gottes Güte, wie sie sich im Bund erweist. Er steht zu David, obwohl David gefehlt hat. Er lässt David nicht fallen, obwohl David gesündigt hat, denn er hält den Bund und bewahrt die Güte, die er Abraham verheißen und die er David bestätigt hatte (2Sam 7,14-15; Ps 89,34; Jes 54,10). Gott vergibt, weil er seinem Sohn das ewige Leben für alle die verheißen hat (Tit 1,2), die er mit seinem Blut erkaufen würde. Gott bleibt gegenüber diesem Bund treu. Darum sind wir »sicher in Jesu Armen«.

4 Wasche mich ganz von meiner Missetat[115]
und reinige mich von meiner Sünde![116]

»Wasche mich ganz von meiner Missetat«: Zweimal betet David, dass Gott ihn wasche (nochmal in V. 9). Daraus lernen wir: Sünde ist Unreinheit, von der wir gewaschen werden müssen. In Vers 5 lernen wir: Sünde ist Übertretung, die Strafe nach sich zieht. In Vers 12 lernen wir: Sünde ist ein böses Prinzip, von dem wir freikommen müssen, und schließlich in Vers 16: Sünde ist Schuld, die bezahlt werden muss.

115 vgl. Offb 1,5.
116 4Mo 19,19; Hes 36,25.

Wer kann reinigen außer dem, in dessen Augen wir unrein sind? Wer kann uns von der Strafe befreien außer dem, dessen Gesetz wir übertreten haben? Wer kann die Schuld bezahlen außer Gott selbst, an dem wir schuldig geworden sind? Wer kann uns neu machen außer dem Schöpfer, gegen den wir uns erhoben haben? Wir sind vollständig auf Gottes Wohlgefallen angewiesen. Er muss uns reinigen, sonst bleiben wir unrein. Er muss die Strafe von uns abwenden, sonst müssen wir die Strafe tragen. Er muss uns die Schuld erlassen, sonst lastet die Schuld ewig auf uns. Er muss uns ein neues Herz geben, sonst werden wir bis an unser Lebensende nur Sünde produzieren.

»reinige mich«: **ṭaharênî**. Das Verb **ṭâhar** wird verwendet, wenn der Priester den Aussätzigen für rein erklärt (3Mo 13,6; 14,19-20). Sünde ist Unreinheit wie Aussatz (3Mo 13,45-46). Noch zweimal redet David von Reinigen und Reinheit (V. 9 und 12). In V. 6 sagt er, dass Gott rein ist. David begreift: Gott ist rein, und ich muss rein sein, sonst muss Gott mich verwerfen. Er ist zu rein von Augen, um Sünde zu sehen (Hab 1,13). Nur wer *»reinen Herzens«* ist, wird *»an seiner heiligen Stätte«* stehen (Ps 24,3.4), und nur *»die reinen Herzens sind ..., werden Gott schauen«* (Mt 5,8). Nichts Unreines wird in die Heilige Stadt eingehen (Offb 21,27). Das Teil der *»Mörder und Hurer ... ist in dem See, der mit Feuer und Schwefel brennt«* (Offb 21,8). Reinigte Gott den Sünder nicht von seiner Hurerei und von seinem Mord, wohin wollte er fliehen? Er könnte sich nirgends hinwenden als allein zu Gott, gegen den er gesündigt hatte – und er fand bei ihm Vergebung.

»von meiner Sünde«: Die Sünde ist die Unreinheit, von der wir gereinigt werden müssen, nicht von ästhetischen Makeln, nicht von Form- und Stilfehlern, nicht von Unpässlichkeiten. Die Sünde ist unser Verderben; das hat David verstanden, weshalb er in diesem Psalm siebenmal von Sünde und Sündern spricht:

»Reinige mich von meiner Sünde!« (V. 4).
»Meine Sünde ist beständig vor mir« (V. 5).
»Gegen dich allein habe ich gesündigt« (V. 6).
»In Sünde hat mich empfangen meine Mutter« (V. 7).
»Entsündige mich!« (V. 9).
»Verbirg dein Angesicht vor meinen Sünden!« (V. 11).
»Die Sünder werden zu dir umkehren« (V. 15).

5 Denn ich, ich erkenne meine Übertretung,
und meine Sünde ist immer vor mir.[117]

»Denn ich, ich erkenne meine Übertretung«: Wir müssen wie David unsere Sünde erkennen und bekennen. Ohne Erkenntnis der Sünde werde ich weder Gottes Heiligkeit noch Gnade je erkennen, und kenne ich diese nicht, wird meine Sünde an mir haften bleiben und ich werde verlorengehen. Dazu muss Gott uns Sündenerkenntnis geben, denn von selbst werden wir sie nie sehen und uns eingestehen. Gott überführte David seiner Sünde. David hatte alles getan, um seine Sünde zu verbergen, und zu gerne hätte er sie verdrängt, vergessen und auf immer im Dunkeln gelassen. Gott aber gab David nicht, was er wünschte. Er plagte ihn Tag für Tag über lange Zeit (Ps 32), und dann sandte er einen Propheten, dem er die Worte in den Mund legte, die Davids Gewissen ins Licht der Gegenwart Gottes stellten. So nötigte Gott (ja, nötigte, siehe Lk 14,23) David zum Bekenntnis: *»Ich habe gesündigt«* (2Sam 12,13; Ps 32,5). Gott handelte wie einst an Adam, den Gott nicht sich selbst überließ, sondern den er vor sich rief und durch sein Reden ins Licht stellte, sodass Adam nicht anders konnte und nicht anders wollte, als sein Sünde zu bekennen: *»Ich aß«* (1Mo 3,12). Sollten wir nicht jetzt sofort auf die Knie fallen und Gott dafür danken, dass er Adam und Adams Kinder nicht ihren Sünden überlassen, sondern bis heute immer wieder Sünder zu sich gerufen, überführt und zum Bekenntnis ihrer Sünden geführt hat?

»meine Sünde ist immer vor mir«: Das ist die Sprache des wirklich Bußfertigen. Es ist **»meine«**, nicht meines Nächsten oder gar Gottes Schuld; und es ist **»Sünde«**, nicht ein Versehen, ein Fehler, ein Ausrutscher. Es ist Böses gegen Gott. Und diese Sünde **»ist immer vor mir«**. Dem wahrhaft Bußfertigen ist immer bewusst, dass er schuldig ist, dass er böse ist und Böses getan hat.

6 An dir[118] **allein habe ich gesündigt,**
ich habe getan, was böse ist vor dir;
damit du gerecht seist, wenn du redest,
rein seist, wenn du richtest.[119]

117 Spr 6,33.
118 1Sam 2,25; Jer 3,25; 14,7; Lk 15,21.
119 Röm 3,4.

»An dir allein habe ich gesündigt«: David begreift, dass er mit seiner Sünde an Bathseba und an Urija gegen Gott gesündigt hat. Nachdem Nathan zu ihm geredet hatte, *»sprach David zu Nathan: Ich habe gegen den HERRN gesündigt«* (2Sam 12,13). Das macht seine Tat so schlimm. Gegen Gott, gegen den Urheber aller Dinge, gegen den Geber aller guten Gaben, gegen den, der ihm das Leben gegeben, ihn zum König gesalbt und ihm nur Gutes bereitet hat, hat David gesündigt. Wie böse ist das, wie unerträglich böse! Das ist es, was Sünde so böse macht. Nicht nur, dass sie uns verdirbt, nicht nur, dass sie den Nächsten schädigt, nein. Sie richtet sich gegen Gott, gegen den, der allein gut ist. Aus diesem Bösen fließt alles übrige Böse. Weil wir uns an Gott vergreifen, lässt Gott die Sünde uns selbst schädigen und lässt er uns in der Folge einander Gewalt antun, damit wir an uns zu spüren bekommen und lernen, wie schlimm Sünde ist.

David bekennt, dass er schuldig ist, **»damit du gerecht seist, wenn du redest«**. Indem David sich selbst anklagt, rechtfertigt er Gott, während umgekehrt ein jeder, der sich selbst rechtfertigt, Gott ins Unrecht setzt. Aber wie lange? Spätestens wenn er ins Verderben fährt, wird er die Augen aufschlagen und klar sehen (Lk 16,23). Erstens hat Gott recht, wenn er uns verurteilt, und zweitens ist es wichtiger, dass Gottes Gerechtigkeit geoffenbart wird als dass der Sünder davonkommt. Paulus zitiert diesen Vers in seiner Darlegung des Evangeliums im Römerbrief (Röm 3,4). Dort sagt er auch, dass das Evangelium zuallererst Gottes Gerechtigkeit offenbart (Röm 1,17); das ist wichtiger, als dass der Sünder einen Weg findet, auf dem er seine Schuld loswerden kann. Wir müssen nicht gerechtfertigt werden; das ist keine sittliche Notwendigkeit; Gott aber muss als gerecht erscheinen; das ist eine sittliche Notwendigkeit. Sittlich notwendig wäre allein, dass wir, die wir die Sünde gewählt und geliebt haben, gerichtet werden, dass Gott seine Gerechtigkeit an uns bestätigt, indem er uns verdammt. Dass Gott uns einen Weg zur Vergebung und Befreiung von der Schuld geöffnet hat, ist seine Herrlichkeit. Er hat das nicht unseretwegen, sondern seinetwegen getan. Er führt uns auf den Weg der Gerechtigkeit *»um seines Namens willen«* (Ps 23,3). Er vergibt Israel die Schuld seinetwegen (Hes 36,22-32). Er beruft, rechtfertigt und verherrlicht Schuldige, damit seine Herrlichkeit erscheine und gepriesen werde (Eph 1,6.12.14).

»rein seist«: **tizkæh**. Während **ṭâhar**, das in den Versen 4, 9 und 12 gebrauchte Verb, die levitische Reinheit bezeichnet, die eine Person für das Heiligtum und für die Gemeinschaft im Volk passend macht, betont **zâkâh** mehr die sittliche, die der Person selbst innewohnende Reinheit. Lästerer haben schon immer gelästert, es müsse ein ungerechter Gott sein, der dem Sünder die Sünde vergibt, ohne dass dieser etwas dafür geleistet hat. Gott wird jedem Lästerer den Mund stopfen und auf das stellvertretende Leiden seines Sohnes zeigen. Dort hat Gott die Sünde von Sündern gerichtet; dort wurde für die Schuld Seiner Erwählten bezahlt. Darum wird niemand weder Gott noch auch einen einzigen der Erwählten anklagen können (Röm 8,33).

7 Siehe, in Missetat bin ich geboren,
und in Sünde empfing meine Mutter.[120]

»Mit Missetat«: das gleiche Wort wie in Vers 4. Die Sünde Davids mit Bathseba war ein Ausbruch der Sünde, die in ihm wohnte von Geburt an.

»bin ich geboren«: Davids sündige Tat hat ihn seiner Sündhaftigkeit überführt. Er begreift nun, dass seine ganze Natur böse ist, von Empfängnis und Geburt an unverbesserlich (siehe 1Mo 8,21; Hi 14,4; Joh 3,6). Wir nennen das Erbsünde. David ist über seine Sünde mit Bathseba zur Erkenntnis seiner Sündhaftigkeit gekommen, und die Erkenntnis seiner Sündhaftigkeit demütigt ihn tief. Er begreift, dass nichts als Gottes Gnade ihn retten kann:

8 Siehe, du hast Gefallen an der Wahrheit im Innern,
und im Verborgenen willst du mich Weisheit lehren.

»Du hast Gefallen an der Wahrheit im Innern«: Im Innern seines Hauses hatte David gesündigt und es vor den Knechten im Hause versteckt und vor Urija geheuchelt. Wie verwerflich ist das! Gott gefällt Wahrheit im Innern. Er will, dass wir im Innern so sind, wie wir uns nach außen geben. Es ist ihm sehr verhasst, wenn Menschen sich vor den Menschen im weißen Gewand zeigen, während ihr Herz voller Unreinheit ist (Mt 23,27-28). Das Schlimme an der Sünde Ananias und Saphiras war nicht etwa ihre mangelnde Bereitschaft, ihren Besitz herzugeben. Sie hätten ihn gerne behalten dürfen. Das Schlimme war ihre Heuchelei. Sie

120 Ps 58,4; Jes 48,8; 1Mo 8,21.

wollten vor den Jüngern besser erscheinen, als sie waren. Damit belogen sie die Jünger und Gott (Apg 5).

»im Verborgenen willst du mich Weisheit lehren«: David hatte *»im Verborgenen«* gesündigt (2Sam 12,12); jetzt hatte er gelernt, wie nichtig und wie böse es war, im Geheimen zu sündigen und nach außen den guten Schein zu wahren. Darum hat er jetzt dieses Verlangen, im Verborgenen Weisheit zu lernen, da, wo kein Mensch ihn sieht, aber Gott beständig seine Augen über ihn offen hat. Das bedeutet nichts anderes als Furcht des Herrn, diese aber ist der Anfang ebenjener Weisheit (Spr 9,10), von der David hier spricht.

9 Entsündige mich mit Ysop,[121]
so werde ich rein;[122]
wasche mich,
so werde ich weißer als Schnee.[123]

»Entsündige mich«: David weiß, dass er gegen Gott allein gesündigt hat, und er weiß daher auch, dass Gott allein ihn von der Sünde freisprechen kann. In diesem ganzen Psalm wird vielleicht deutlicher als irgendwo das Herz des Mannes Gottes offenbar: Er bezieht alles auf Gott; er erwartet alles von Gott. Wen Gott in sein Licht gestellt hat, der weiß, dass Gott allein die Macht und auch das Recht hat, von Sünde zu reinigen: Erst wenn Gott mich entsündigt, »bin ich rein«; und erst, wenn er mich wäscht, **»werde ich weißer als Schnee«**. Der **»Ysop«** lässt uns an das Passah in Ägypten denken, bei dem man mit Ysop das Blut des Passahlammes an die Türpfosten strich (2Mo 12,22). David sucht Zuflucht vor Gottes gerechtem Gericht und erinnert sich daran, was es war, das seinen Vätern ebendiesen Schutz geboten hatte.

10 Lass mich hören Wonne und Freude,
so jauchzen die Gebeine[124]**, die du zermalmt hast.**

Wer vor Gott gedemütigt ist, weiß auch, dass er **»Wonne und Freude«** nur hören kann, wenn Gott zu ihm redet. Wie töricht ist es, mit gespielter

121 2Mo 12,22.
122 Mt 8,2.
123 Jes 1,18.
124 Ps 6,3; 42,11; 53,6.

oder selbstproduzierter Lustigkeit seinen Kummer vertreiben zu wollen! Er wird nicht weichen. Gott allein hat die Macht, unsere Herzen leicht zu machen. David bekennt in diesem ganzen Gebet auf die mannigfaltigste Weise das, was die christliche Theologie die »Alleinursächlichkeit Gottes« genannt hat. Das klingt so technisch; darum mögen wir diese Begriffe nicht besonders. Die lebendige Wahrheit aber ist die: David weiß, dass er die Sünde selbst verschuldet hat. Nicht Gott, sondern er, seine eigene Lust, ist die Ursache der Sünde. Er weiß aber auch, dass nur Gott wiederherstellen kann. Das beginnt damit, dass er anerkennt, dass es Gott war, der ihm seiner Sünde wegen **»die Gebeine … zermalmt«** hatte. Er, der ihn zerschlug, vermag auch als Einziger, ihn wieder zu heilen. Er wird an 5. Mose 32,39 gedacht haben:

»Seht nun, dass ich bin, der da ist, und kein Gott neben mir. Ich töte und mache lebendig, ich zerschlage und ich heile, und niemand ist, der aus meiner Hand rette.«

David kann sich selbst nicht reinigen, er kann sich selbst nicht bessern, er kann sich selbst nicht wieder froh machen, er kann seine zerschlagenen Gebeine nicht heilen. Alles kommt von Gott; er ist restlos auf Gottes Macht und Gottes Wohlgefallen angewiesen.

11 Verbirg dein Antlitz vor meinen Sünden,
und tilge alle meine Missetaten!

Hier bittet David um einen großartigen Tausch: Gott hatte sein Angesicht vor David verborgen. Ach, möchte er nun sein Angesicht vor Davids Sünden verbergen und stattdessen David wieder anschauen. Glückseliger David, du! Erstens, dass dir dein Gott gnädig ist und dich hört; und zweitens, dass dir dein Gott ein solches Herz gegeben hat, dem nichts größeren Kummer bereitet, als wenn Gott seine Sünden anschaut, und dem kein Unglück größer ist, als wenn Gott sein Gesicht vor ihm verbirgt (siehe V. 11).

2. David betet um Wiederherstellung durch den Heiligen Geist (V. 12-14)

12 Schaffe mir, Gott, ein reines Herz,[125]
einen festen Geist erneuere in meinem Innern!

»**Schaffe**«: **bərâʾ**, ein Imperativ jenes Verbums, das für Gottes schöpferisches Handeln reserviert ist (1Mo 1,1). David versteht, dass es einen Schöpfungsakt braucht wie am ersten Schöpfungsmorgen, wenn er »**ein reines Herz**« bekommen soll. Es ist auch eine neutestamentliche Lehre, dass die Erlösung und der Erlöste eine Neuschöpfung Gottes sind (2Kor 5,17; Eph 2,10). Ferner begreift David, dass sein Herz rein werden muss. Es genügt nicht, dass er von der Befleckung seiner Sünde gereinigt wird; es muss die Quelle, die beständig Sünde produziert, gestopft werden, und es muss eine neue Quelle, ein neue Triebfeder zu allem Handeln in ihm geöffnet werden.

Keiner der Menschen kennt sein Herz (Jer 17,9). Keiner erkennt von sich aus die Unreinheit des Herzens. Oder ist das zu viel behauptet? Bedenken wir: Die Jünger waren schon einige Zeit mit dem Herrn gewesen, und sie hatten noch immer nicht erkannt, dass das Herz die Quelle aller Unreinheit ist (Mt 15,16). Gott hat David seiner Bosheit überführt. David weiß, dass Gott etwas an ihm getan hat, was er von sich aus nie gewollt hätte; denn immerhin verbarg er seine Sünde mindestens ein Jahr lang, und Gott musste ihm einen Propheten senden, der ihm in Erinnerung rief, dass seine Sünde vor Gott offen lag. Gott war es, der David überführte, und Gott war es, der David lehrte, dass er ein neues Herz brauchte. Und David weiß auch, dass nur Gott ihm ein reines und damit neues Herz schaffen kann. Von Gott ist ihm der Wunsch ins Herz gelegt, den er jetzt an ihn richtet (siehe 1Jo 5,15): »**Einen festen Geist erneuere in meinem Innern.**« David kann nur erneuerte Festigkeit und Gewissheit finden, wenn Gott ihm vergibt und wenn Gott ihm ein Herz gibt, das Gott fürchtet, Gott liebt und an Gott hängt. Eigentlich bittet David um die Segnungen des Neuen Bundes, den erst mehrere Jahrhunderte später Jeremia und Hesekiel ankündigten (vgl. Jer 24,7;

125 Ps 73,1; Mt 5,8; Apg 15,9.

31,33; 32,39-40 und Hes 36,26) und den der Herr Jesus Christus durch sein Blut besiegelt hat (Mt 26,28).

13 Verwirf[126] mich nicht von deinem Antlitz,
und deinen Heiligen Geist nimm nicht von mir!

Der Gedanke, dass er nicht mehr Gottes Angesicht sollte schauen dürfen, ist dem Mann nach dem Herzen Gottes unerträglich. Darum fleht er zu Gott: »**Verwirf mich nicht von deinem Antlitz!**« Denn er versteht: Die eigentliche Hölle der Verdammten ist genau das: Von Gott selbst hinausgetan zu werden, für immer hinausgeworfen aus seiner Gegenwart. Weil der Mensch Mensch ist, ist das die schlimmste Pein, die ihm widerfahren kann.

»**Dein heiliger Geist**«, **rûaḥ qådšəkâ**, begegnet uns als Ausdruck hier zum ersten Mal im AT (er begegnet uns erst wieder in Jes 63,10-11). David hat auch das verstanden: Es ist Gottes Geist, der uns Gottes Angesicht schauen lässt, es ist Gottes Geist, der uns Gewissheit der Vergebung und Annahme bei Gott gibt, es ist Gottes Geist, der uns fest macht.

14 Gib mir wieder die Wonne deines Heils,
und mit einem willigen Geist stütze[127] mich!

Ein zweites Mal redet David von Freude (siehe V. 10). Er weiß, wie wir gesehen haben, dass sie von Gott abhängt; darum bittet er, dass Gott sie ihm wieder gebe. Hier nennt er sie »**die Wonne deines Heils**« und nennt damit die Substanz und Ursache der Wonne, **sâsôn** (das gleiche Wort wie in V. 10): Es ist das Heil Gottes. Das Heil Gottes befreit von der Sünde, die uns Gott entfremdet. Und es befähigt uns, vor Gott zu stehen und ihm zu dienen. Zur Wonne des Heils gehört nämlich ein »**williger Geist**«. Was hätte David gesagt, hätte er mit uns den Brief des Apostels Paulus an die Philipper lesen können? *»Gott ist es, der in euch wirkt sowohl das Wollen als auch das Wirken, nach seinem Wohlgefallen«* (Phil 2,13). Ich höre den Mann nach dem Herzen Gottes, wie er laut ruft: »Genau das brauchen wir! Gott muss uns den guten Willen geben und erhalten, sonst werden wir im bösen Wollen verharren.«

126 Ps 43,2; 44,10.
127 Ps 3,6.

3. David betet um die Errettung von Sündern und das Wohl Jerusalems (V. 15-21)

15 Lehren will ich die Übertreter deine Wege,
so kehren die Sünder um zu dir.

»Lehren will ich die Übertreter deine Wege«: Das ist ein wunderbares Ergebnis der Wiederherstellung Davids. Wie dankbar war David für die Treue, die Gott an ihm erwiesen hatte, indem er ihn nicht in Ruhe ließ mit seiner Schuld. Was David als Wohltat erfahren hatte, sollen fortan andere von ihm erfahren. Nicht allein sein eigenes Heil, sondern auch das Heil anderer wird ihm wichtig.

David ist wie nach ihm Paulus »ein Lehrer der Heiden«. Was können wir von ihnen lernen? Was sollen wir die Sünder lehren? Wer Gott und wer der Sünder, was Schöpfung und Sündenfall, was Sünde und Erlösung, was Gnade und Gericht, wer der Retter und Richter ist. Das Ergebnis:

»So kehren die Sünder um zu dir«: Die Sünder werden, von Gott gelehrt, zu Gott gezogen werden (Joh 6,44-45) und zu Gott umkehren. Sie werden sich nicht zu David kehren. Ist der Evangelist ein wahrer *»Lehrer der Nationen«* (2Tim 1,11), werden die Menschen nicht zum Evangelisten, sondern zu Gott gezogen.

16 Rette mich von Blutschuld, Gott, du Gott meines Heils,
meine Zunge soll rühmen deine Gerechtigkeit.

»meine Zunge soll rühmen«: Nachdem David erkannt hat, wie groß seine Schuld ist und nachdem er sie bekannt hat, kann er von Herzen Gott rühmen. Das Gleiche wird Israel dann erfahren, wenn es sich wieder zu Gott bekehrt hat (Hos 14,3).

»deine Gerechtigkeit«: Wir hätten erwartet, dass hier nicht »Gerechtigkeit«, sondern »Gnade« stünde. Ist es denn nicht seine Gnade, die wir preisen, wenn wir Errettung erfahren haben? Gewiss, aber es ist mehr noch Gottes Gerechtigkeit, die wir bewundern und die wir nicht anders als rühmen können, wenn wir erkennen, dass der gerechte Gott retten, vergeben und rechtfertigen konnte, ohne seine Gerechtigkeit zu verleugnen (Röm 3,23-26). Er ist Gott, er allein, ein gerechter Gott und ein Retter (Jes 45,21). Das ist ebendie Herrlichkeit und gleichzeitig die Kraft des Evangeliums: Es offenbart Gottes Gerechtigkeit (Röm 1,17). Daher sagt auch Johannes: *»Wenn wir unsere Sünden bekennen, so ist er treu und gerecht, dass er uns die Sünden vergibt und uns reinigt von aller Ungerechtigkeit«* (1Jo 1,9).

17 Herr, tu meine Lippen auf,
und mein Mund soll künden dein Lob.

»Herr, tu meine Lippen auf«: Nachdem wir in Sünde gefallen sind, können wir nicht, wenn wir der Sünde wahrhaft überführt worden sind, leichtfertig wiederum den Mund zum Lob Gottes öffnen. David scheut sich, hurtig von Gottes vergebender Gnade zu singen, und betet vielmehr, Gott möge ihm den Mund öffnen. Hat er ihn geöffnet, dann singt er mit ebenso großer Freimütigkeit wie Freude das Lob seines Gottes.

Zu fluchen, zu lügen und zu lästern muss uns niemand helfen, den Mund aufzutun. Von selbst sprudelt aus ihm aller Unflat (Mt 12,34; 15,9). Damit aber aus unserem Mund Reines und Wahres und Erbauliches komme, muss uns der Schöpfer und Erlöser den Mund auftun. Das muss Paulus auch gewusst haben, denn sonst hätte er nicht um Fürbitte ersucht, damit Gott ihm Rede verleihe, den Mund für das Evangelium aufzutun (Eph 6,19).

18 Denn du hast kein Gefallen an Schlachtopfern,[128]
sonst wollte ich sie geben;
Brandopfer gefallen dir nicht.
19 Die Opfer für Gott sind ein zerbrochener Geist;
ein zerbrochenes und zerschlagenes Herz[129] **wirst du, Gott, nicht verachten.**[130]

Dass Gott **»kein Gefallen an Schlachtopfern«** hat, hat er bereits in seinem 40. Psalm bekannt. Gott hat Lust an der Wahrheit (51,8), nicht an der Form, an der inneren Reinheit (51,12), nicht am äußerlichen Gottesdienst. Er *»will Barmherzigkeit, nicht Opfer«* (Hos 6,6). Das wusste

128 Ps 40,7; 50,9.
129 Jes 57,15; 66,2.
130 Ps 22,25; 69,34.

David, während tausend Jahre nach ihm die Obersten der Juden das noch nicht verstanden hatten (Mt 12,7). Auch Asaph, der Tempelsänger, wusste es (Ps 50,7). So nehmen diese alttestamentlichen Diener des HERRN das Verständnis des ganzen neutestamentlichen Gottesdienstes vorweg, der keinerlei Vorschriften über äußere Form und Ablauf der Handlungen kennt.

Gott verachtet **»ein zerschlagenes Herz«** nicht. Dieses Bekenntnis Davids hat, wie wir alle empfinden, etwas ungemein Bezwingendes. Entsprechend hat es große Wirkung gehabt. Zweihundert Jahre nach ihm ruft Joel: *»Zerreißt euer Herz, nicht euer Gewand«* (2,13). Dreihundert Jahre nach David hören wir aus dem Mund Jesajas: *»Ich wohne in der Höhe und im Heiligtum und bei dem, der zerschlagenen und gebeugten Geistes ist, um zu beleben den Geist der Gebeugten und zu beleben das Herz der Zerschlagenen«* (Jes 57,15). Vierhundert Jahre nach David ruft Jeremia: *»Beschneidet euch für den HERRN und tut weg die Vorhaut eures Herzens«* (Jer 4,4). Der göttliche Lehrer und Sohn Davids bestätigt David und die Propheten, wenn er tausend Jahre später die Jünger lehrt, dass das Herz des Menschen nur Sünde produziert (Mt 15,19). Wenn das stimmt, dann kann nur ein zerbrochenes Herz Gott gefallen, und dann kann nur der glückselig heißen, der ein reines Herz bekommen hat (Mt 5,8).

20 Tu Zion[131] Gutes in deiner Gunst,
baue[132] die Mauern Jerusalems!
21 Dann hast du Gefallen an rechten Opfern,[133]
an Brandopfern und Ganzopfern;
dann wird man Stiere opfern auf deinem Altar.

Wie schön, wenn unser Straucheln und unsere Wiederherstellung unser Herz für das Wohl Zions weitet. David hatte aus seiner Sünde und aus der gefundenen Vergebung nicht nur persönlichen Trost gefunden, sondern gleichzeitig war ihm der Sinn für das Heil des ganzen Volkes Gottes weit geworden. So lässt Gott unser Böses doch zu Gutem ausschlagen. Werden wir ihn je für seine Weisheit genug rühmen können? Warum aber

131 Ps 2,6.
132 Ps 69,36; 102,17; 147,2.
133 vgl. Ps 40,7-9; 50,23; 69,31.32.

bittet David, dass der Herr **»die Mauern Jerusalems«** bauen möchte? Standen sie denn zur Zeit Davids nicht längst? Dieser Vers ist vielen ein Anlass gewesen, den Psalm in die Zeit nach dem Exil zu verlegen. Aber damit widersprechen sie den Angaben in der Überschrift. Nein, David begriff, dass er mit seiner Sünde den Feinden des Volkes und der Stadt Gottes Anlass zum Lästern (2Sam 12,14) und ihnen damit gleichsam eine Bresche in der Mauer geöffnet hatte. Und er erkennt auch, dass das ganze Volk über Gottes Heiligkeit und Gnade, über ihre Sünde und Gottes Vergebung all das lernen musste, was er gelernt hatte, denn dann erst würde Gott wirklich **»Lust haben an Opfern der Gerechtigkeit, an Brandopfern und Ganzopfern«**.

Lehrreiches und Denkwürdiges zu Psalm 51

»Dies ist einer der vornehmsten Lehrpsalmen, darin David uns recht lehrt, was Sünde sei, wo sie herkomme, was sie schadet und wie man sie los wird. Denn in diesem Psalm und sonst nirgends wird klar angezeigt, dass sie ein Erbfall und uns angeboren sei, dawider kein Werk, sondern allein Gottes Gnade hilft. Er muss uns durch seinen Geist neu schaffen und zum neuen Wesen und Kreatur gebären, sonst ist sie so mächtig, dass sie auch die Gebeine (spricht er) zerschmettert mit Schrecken und Verzagen, bis uns seine Gnade tröste. Darnach, wenn wir aus Gnaden und Geist neu geworden sind, kann man recht lehren, loben, danken, predigen, ja, auch leiden und Kreuz tragen. Dies alles nennt er auch die rechten Opfer und verwirft die anderen Opfer alle, so ohne solche Opfer von den tollen Heiligen geschehen. Und er bittet am Ende, dass er zu solchem Opfer und Gottesdienst die Stadt Jerusalem bauen und erhalten wolle« (Luther, *Summarien über die Psalmen*).

»Der Psalm ist gedichtet worden, als David das überaus schwere Verbrechen begangen und in todesähnlicher Erschlaffung dagelegen hatte. Der Tadel Nathans hatte ihn aufgerüttelt, und da missfiel er nicht bloß sich selbst und demütigte sich vor Gott, er wollte vielmehr auch vor aller Welt seine Buße kundtun und das Gedächtnis daran noch den späteren Geschlechtern erhalten« (Calvin).

»Obwohl David diesen Psalm aus einem ganz bestimmten Anlass schrieb, ist er doch von so allgemeiner Anwendung wie jeglicher andere der Psalmen Davids. Es ist der hervorragendste von allen Bußpsalmen, indem er am innigsten die Sorgen und Wünsche eines bußfertigen Sünders zum Ausdruck bringt. Es ist ein Jammer, dass wir in unserem Umgang mit Gott irgendetwas anderes zu sagen haben sollten als Lob Gottes, denn das ist das Werk des Himmels. Aber wir schaffen uns selbst Arbeit mit unseren eigenen Sünden und Torheiten: Wir müssen zum Thron der Gnade kommen in der Haltung von Büßern und unsere Sünden bekennen und Gott um Gnade anflehen. Wenn wir angemessene Worte dafür suchen, dann finden wir nirgends passendere als in diesem Psalm« (Matthew Henry).

»Mit rückhaltloser Offenheit stellt sich der Psalmist in diesem Bußpsalm vor Gott und Menschen als Sünder dar und greift zugleich mit völliger Gewissheit nach der Gnade Gottes und erfleht Tilgung seiner Schuld. Die Tiefe der Sündenerkenntnis, der Ernst und die Aufrichtigkeit der Reue, die Sehnsucht nach einer inwendigen Erneuerung und der Lobpreis des göttlichen Erbarmens – das alles gibt diesem Psalm unter den sieben Bußpsalmen ein ganz besonderes Gewicht. Nicht umsonst hat z.B. Martin Luther diesen *Bußpsalm* besonders hochgeschätzt und immer wieder ausgelegt« (Lamparter).

»Dieser sogenannte vierte Bußpsalm nach altkirchlicher Zählung ähnelt dem 32. Psalm insofern, als die Vergebung der Sünde im Mittelpunkt des Gebetsanliegens steht. Dort aber ist die Vergebung schon erlebt und erfahren, hier jedoch wird sie noch gesucht« (Brandenburg).

»Die Geschichte von Davids Sünde wird uns in 2. Samuel 11 und 12 mitgeteilt. Zwischen dem David dieses Psalms und dem zynischen Taktiker von 2. Samuel 11 steht Nathan, der Prophet. Die Macht des Wortes Gottes wird nirgends eindrücklicher demonstriert als in dieser Veränderung« (D. Kidner).

Prophetischer Ausblick: »Dieser Psalm weist in die Zeit der nationalen Buße und Wiederherstellung Israels … Dass die Buße national und gleichzeitig eminent persönlich sein wird, zeigen Stellen wir

Sacharja 12,10-14. So sehen wir, wie der Heilige Geist die Erfahrung Davids verwendet, um all die Gewissensnöte zum Ausdruck zu bringen, die der gottesfürchtige Überrest durchmachen wird, ehe er in die Ruhe des Tausendjährigen Reiches eingehen kann. Es ist bemerkenswert, dass nach einigen jüdischen Liturgien dieser Psalm gelesen wird am Großen Versöhnungstag, der eine Vorwegnahme eines kommenden großen Tages ist, an dem Israel verstehen und bekennen wird, dass der Gekreuzigte das Lamm war, das Gott ihnen ersehen hatte, und das mit seinem ein für allemal gewirkten Opfer den Grund ihrer nationalen Wiederherstellung legte« (Clarke).

V. 3 – »›**Gott, sei mir gnädig nach deiner Güte**‹: Einem wahrhaftig reuigen Herzen liegt nichts vor Augen denn seine Sünden und Elend im Gewissen. Darum mag der aus gründlichem Ernst diese Worte nicht sprechen, der noch etwas Rats oder Tats in sich findet, weil er noch nicht ganz elend ist, sondern ein Tröstlein fühlt in sich selbst außer Gottes Barmherzigkeit. Der Sinn ist nun dieser: Ach Gott, kein Mensch noch Kreatur mag mir helfen noch trösten, so groß ist mein Elend; denn nicht leiblich noch zeitlich ist mein Schade. Darum kannst allein du, der du Gott bist und ewig, mir helfen. Erbarme dich mein, denn ohne dein Erbarmen sind mir alle Dinge schrecklich und bitter« (Luther, *Auslegung über den vierten Bußpsalm*).

V. 4 – »›**Und tilge meine Übertretung nach deiner großen Barmherzigkeit**‹: Das sind alles Worte einer gründlichen Reue, die da groß macht und viel die Gnade Gottes, indem sie groß und viel macht die Sünde, wie der Apostel sagt: ›Wo die Sünden groß sind, da ist die Gnade auch groß.‹ Darum schmeckt die Gnade den Hoffärtigen nicht; denn ihnen schmecken die Sünden noch nicht übel« (Luther, *Auslegung über den vierten Bußpsalm*).

V. 6 – »Keine Sünde gegen Gott kann klein sein, weil sie gegen den großen Gott des Himmels und der Erde geschieht. Sollte der Sünder einen kleinen Gott ausfindig machen können, dann kann er vielleicht kleine Sünden ausfindig machen« (John Bunyan).

V. 7 – »David bekennt, er sei in Sünden geboren und von seiner Mutter in

Sünden empfangen. Damit will er nicht etwa Vergehen seines Vaters oder seiner Mutter tadeln, sondern er legt, um Gottes Güte gegen ihn umso besser herauszustreichen, ein Bekenntnis seiner eigenen Verderbtheit ab, die er seit seiner Geburt zu haben behauptet« (Calvin, *Institutio, II, 1, 5*).

V. 12 – »›**Und erneuere in mir einen willigen Geist**‹: Ein krummer Geist ist des Fleisches und Adams Geist, der in allen Dingen sich in sich selbst beugt und das Seine sucht. Der ist uns angeboren. Der aufrichtige Geist, der gute Wille, der stracks zu Gott gerichtet ist, allein Gott suchend, der muss von neuem gemacht und von Gott eingegossen werden in das Innerste unseres Herzens, dass nicht Trug sei in unserem Geist, sondern aus ganzem Grund Gottes Willen geliebt werde« (Luther, *Auslegung über den vierten Bußpsalm*).

»›**Schaffe in mir**‹, usw.: Bisher hatte David um Vergebung seiner Sünden gebeten. Jetzt bittet er – was von dieser ersten Bitte wohl zu unterscheiden ist –, dass Gott ihm die Gnadengabe des Heiligen Geistes, die er verloren oder wenigstens zu verlieren verdient hatte, wiederschenken möge. David hatte erkannt, dass er keine Gabe des Geistes verdient, ja, er spürt es, dass er fast keine mehr besitzt. Darum verlangt ihn jetzt mit Recht nach dem einstigen Zustand. Dass aber Gott in ihm ein neues Leben ›schaffen‹ soll, lässt ersehen, dass er sich als einen unnützen Klotz einschätzt – bis ihn Gottes Kraft auf wunderbare Weise erneuert … Wenn Gott neue Kreaturen ›schaffen‹ muss, so ist die Erneuerung des Menschen eben sein herrliches und unvergleichliches Werk. Alles, was in uns recht und gut ist, ist ein freies Geschenk der göttlichen Gnade, mögen wir dabei an die grundlegende Erneuerung oder an die Wiederaufrichtung nach einem Fall denken. Bei David handelt es sich um die Letztere: Er bittet um einen ›neuen Geist‹. Die Meinung ist aber nicht etwa, dass Gott sein schwaches Herz unterstützen und seinen gebrechlichen Geist stärken möge; er gesteht vielmehr, dass in seinem Herzen sich nichts Rechtes und Reines finde, wenn es ihm nicht von außen gegeben werde. Daraus folgt: Das ganze Menschenherz in seiner natürlichen Beschaffenheit ist verkehrt und verdreht. Wäre von Natur auch nur eine Spur von Reinheit und Geradheit darin, so würde David das eine ganz gewiss nicht eine Gabe des Heiligen Geiste, das andere eine Schöpfung Gottes nennen« (Calvin).

Sprachliche Anmerkungen zu Psalm 51

V. 1 – **»als [Nathan] … hineinging«**: **bəbô'**, das gleiche Verb, das in Vers 2 für »eingegangen«, **bâ'**, steht. Ich habe bewusst so übersetzt, dass man auch im Deutschen das hebräische Wortspiel heraushört.

V. 3 – **»meine Übertretung«**: M hat die vier Konsonanten **pšᶜj** mit **pəšâᶜâj**, »meine Übertretungen«, vokalisiert, was ziemlich sicher falsch ist, da es David in seinem Bußgebet um die besondere Sünde mit Bathseba geht, wie die Überschrift anzeigt. Daher vokalisieren wir besser **pišᶜî**, »meine Übertretung«, wie es sowohl LXX wie auch V verstanden haben, die einen unvokalisierten Text übersetzten.

V. 4 – **»wasche mich völlig«**: **hæræb kabbəsênî**, wörtlich »mache groß, wasche mich«, gemeint ist: mache eine Großwäsche, d.h. wasche mich durch ein Vollbad. Wir werden an die Worte des Herrn erinnert: *»Wer gebadet ist, hat nicht nötig, sich zu waschen, ausgenommen die Füße, sondern ist ganz rein«* (Joh 13,10). Auch in Vers 9 steht für »waschen« das Verb **kabbês**, waschen durch Treten, Kneten und Schlagen (2Mo 19,10), während das synonyme **râḥaṣ** waschen durch Abspülen bedeutet (z.B. 1Mo 18,4; 2Mo 30,19; 3Mo 16,17).

V. 9 – **»Wollest mich entsündigen«**: **təḥaṭṭə'ênî**, die Bitte wird mit einem Jussiv ausgedrückt, d.h. sie ist zurückhaltender, weniger fordernd als ein Imperativ – **ḥaṭṭə'ênî** – gewesen wäre.

»… und dann werde ich doch wohl rein sein«: **'æṭhâr**, ein Zustandsverb verwendet entgegen der Regel Imperfekt statt Perfekt. Das ist in einem Bußgebet äußerst passend: Der Beter, der sich seiner Schuld bewusst ist, wagt nicht zu fordern, Gott müsse ihm vergeben, und dann werde er rein sein. Er überlässt alles Gott; darum lässt er das Ergebnis seiner Bitte offen.

V. 16 – **»soll rühmen«**: **tərannên**, eigentlich »soll jubeln«. Elb: »jubelnd preisen«. Buber: »Mein Mund wird deinen Preis melden.«

V. 21 – **»opfern«**: **jaᶜalû**, ungefähr: »aufsteigen lassen«. Es ist das Verb, das im Hauptwort **ᶜôlâh**, »Brandopfer«, steckt, das wörtlich »ein Aufsteigendes« bedeutet.

Psalm 52
Gott, der Verderber der Gottlosen und Bewahrer der Gerechten

Dies ist der siebte von insgesamt 14 Psalmen, die in der Überschrift den Anlass ihrer Entstehung nennen (Ps 3; 7; 18; 30; 34; 51; 52; 54; 56; 57; 59; 60; 63; 142). Er ist der zweite der neun Psalmen, die laut Überschrift entstanden, während David vor Saul auf der Flucht war (Ps 7; 34; 52; 54; 56; 57; 59; 63; 142).

Wie die beiden Psalmen 51 und 52 zusammenhängen, zeigt das Wort Güte, das in beiden gleich zu Beginn vorkommt. In Psalm 51 hatte Davids eröffnende Bitte gelautet: *»Sei mir gnädig, o Gott, nach deiner Güte!«* Im Psalm 52 beginnt er mit dem Bekenntnis: *»Die Güte Gottes währt den ganzen Tag.«* In Psalm 51,17 bittet David Gott, dass er ihm den Mund öffne, damit er ihn loben könne. In Psalm 52,9 sehen wir, wie die Bitte erhört worden ist: *»Ich werde dich loben in Ewigkeit.«*

David hatte aus dem Mund des Propheten die Zusage bekommen, dass Gott ihm seine Sünden vergeben habe und er nicht sterben werde (2Sam 12,3), und Gottes Geist hatte seinem Geist Zeugnis gegeben, dass Gott ihn, ein Kind des ewigen Bundes, nicht verwerfen werde (2Sam 7,14-15; Ps 89,34-35). Davon handelte der 51. Psalm. Im vorliegenden Psalm tritt der Verkläger der Brüder auf den Plan. Wie oft geht es den Heiligen genau so. Gott hat zu ihnen geredet und ihre Herzen gestillt, dann kommt der Versucher und stellt Gottes Wort und Treue infrage. Wie eng die beiden Psalmen zusammenhängen, zeigt die auffällige Ähnlichkeit der beiden Überschriften. In Psalm 51,1 heißt es: *»Als Nathan, der Prophet, einging«*, hier: *»Als Doeg, der Edomiter, einging«*; dort heißt es weiter: *»so wie David zu Bathseba eingegangen war«*, hier: *»David ist ins Haus Ahimelechs eingegangen.«* Das eine Mal stellt der Prophet den Schuldigen in den Lichtkegel Gottes, um ihm zu helfen; das andere Mal stellt ihn ein Verleumder in den Lichtkegel der Verfolger, um ihn zu verderben. Im Psalm 51 lesen wir von einem bußfertigen Sünder, den Gott rettet (V. 16), im Psalm 52 von einem unbußfertigen Sünder, den Gott verdirbt (V. 7).

Der direkte Anlass des Psalms war die Verleumdung Davids durch Doeg. Wir lesen davon in 1. Samuel 21,1-8 und 22,6-23. Da ist also nicht allein ein Saul, der David zu ermorden sucht, sondern da ist auch ein Schauspieler und Einschmeichler, der ihn ans Messer liefert. Menschenmord und Lüge, das sind die beiden Eigenschaften, die den Teufel zum Teufel machen; und in einer Welt der Sünde und Sünder sind Menschen, die ihm dienen, oft mächtiger und erfolgreicher als die Heiligen. In unserem Psalm lehrt uns David, dass wir das Gericht und die Rache Gott überlassen müssen, so groß die Versuchung auch werden mag, uns selbst zu rächen. Harren wir auf Gott (V. 11b), werden wir am Ende Gott rühmen und uns nicht mit Selbstvorwürfen quälen müssen (vgl. 1Sam 25,32-33): *»Ich will dich ewig preisen, weil du es gewirkt hast«* (V. 11a).

Wir können den Psalm in vier Teile gliedern und diesen folgende Überschriften geben:

1. **Das kurzlebige Rühmen der Verleumder (V. 1-5)**
2. **Der sichere Untergang der Verleumder (V. 6-7)**
3. **Das Lachen der Gerechten über die Verleumder (V. 8-9)**
4. **Die bleibende Wohlfahrt der Gerechten (V. 10-11)**

Der puritanische Bibelausleger David Dickson hat den Inhalt des Psalms knapp und gut zusammengefasst:

»Der Psalmist will zeigen, dass Doeg keine Ursache hat, sich der Gunst des Hofes zu rühmen, die er sich mit seinen Verleumdungen gegen ihn und die Priester des Herrn erworben hatte. Er beweist das anhand von vier Ursachen: erstens, weil Gottes Güte durch Doegs Verleumdungen nicht weggefegt werden kann (V. 3); zweitens, weil Gott Doeg seiner gottlosen Verleumdungen wegen aus dem Land der Lebendigen ausreißen wird (V. 4-7); drittens, weil Gott dafür sorgen wird, dass die Heiligen über Doeg lachen werden (V. 8-9), viertens, weil David trotz Doegs Bosheit als ein an Gott Glaubender und als ein wahrer Anbeter Gottes gesegnet werden wird (V. 10). Darauf beschließt er seinen Psalm mit Lobpreis Gottes (V. 11).«

1. Das kurzlebige Rühmen der Verleumder (V. 1-5)

1 Dem Vorsänger. Ein Maskil von David,
2 als Doeg, der Edomiter, kam und Saul berichtete und ihm sagte: David ist in das Haus Abimelechs gekommen.

Zu »**Vorsänger**« siehe Psalm 4.

»**Maskil**«: Dies ist das fünfte von insgesamt 13 Liedern, die *Maskil* heißen (zur Bedeutung des Wortes siehe die Erklärung zur Überschrift von Psalm 32). Dieser Name besagt, dass David das, was er durch Doegs Verleumdung erfuhr, zur Unterweisung des ganzen Volkes niederschrieb.

Durch diesen Verrat war das ganze Geschlecht der Priester umgebracht worden außer Abjathar, der fliehen konnte und David alles berichtete (1Sam 21,7; 22,8-10.18-21). Können wir ein wenig ahnen, welche leidenschaftlichen Wallungen den Mann erschütterten, als er das vernahm? Er war es gewesen, der den Priester Ahimelech überredet hatte, ihm etwas zu essen zu geben. *»Ich bin schuldig an allen Seelen des Hauses deines Vaters!«* (1Sam 22,22). Nach dieser ersten heftigen Reaktion entstand als Frucht wohl längeren Nachdenkens unser Psalm. Ja, Doeg war jetzt groß geworden in den Augen des Königs. Aber wie nichtig war sein kurze Freude! Er würde sich nicht lange seiner bösen Tat – der Verleumdung und des Mordes an den Priestern – freuen. Mit seiner Zunge hatte er Gottes Knechte vertilgt; Gott würde ihn deshalb vertilgen. Und dann würden die Gerechten über ihn lachen und sich Gottes rühmen.

»**als Doeg, der Edomiter, kam**«: Als Nathan zu David kam, redete Gott zum Gewissen des Königs (2Sam 12,1-15); als David vernahm, wie Doeg zu Saul gekommen war, war das ihm ebenfalls ein Reden Gottes. Dort war es ihm ein Appell, betend Vergebung bei Gott zu suchen; hier war es ein Apell, im Gebet alle Hilfe bei Gott zu suchen. So vernimmt der Heilige nicht nur in der Stimme der Propheten, sondern auch in den vielen Stimmen der Feinde Gottes Reden.

Doeg war ein »**Edomiter**«, ein Nachfahre Esaus, der erstens das Erstgeburtsrecht verachtete, zweitens den Segen trotzdem begehrte und drittens den Erwählten Gottes hasste[134]. Darum heißt er *»ein Ungöttlicher«* (Hebr 12,16). Esau ist wie Ismael, der aus dem Fleisch

134 Siehe 1Mo 28.

Geborene, der den aus dem Geist Geborenen verfolgt (Gal 4,29). Auch Herodes, der Kindermörder, war ein Edomiter.

3 Was rühmst du dich des Bösen, du Held?
Die Güte Gottes währt den ganzen Tag.

»du Held«: Das ist Ironie. Doeg stand auf der Seite dessen, der die Macht in der Hand hatte. Das machte ihn stark. Er rühmt sich des Bösen, das er getan hat, denn es hat ihn größer gemacht als er ist; er hat sich damit die Gunst des Mächtigsten im Land erworben. Aber sein Rühmen klingt hohl, denn seine Freude wird nicht lange währen. Sein Rühmen ist töricht, denn er rühmt sich einer schändlichen Sache. Seine Ehre ist in seiner Schande, und sein Ende wird daher Verderben sein (Phil 3,19).

Der Teufel rühmt sich des Bösen; er ist des Erfolges seiner bösen Anschläge so gewiss, dass er sich seiner finsteren Pläne rühmt. Wie sollte er auch anders? Er kennt keine Gerechtigkeit und keine Treue. Er weiß nur, dass die Menschen Sünder sind, und so wie er von Gott fiel und nie zu Gott zurückkehren wollte, so müsse, meint er, jeder Sünder der Lüge immer verfallen bleiben und ihr dienen wollen. Wie wenig ahnt der Böse von der Gnade und Treue Gottes, die Sünder zu Heiligen macht! Wie ferne ist ihm der Gedanke, dass es Heilige geben sollte, die Lust haben an Treue![135] Darum täuscht er sich sehr. Er und sein ganzer Anhang werden beschämt werden und fallen.

»Die Güte Gottes währt den ganzen Tag«: David hatte gebetet, dass Gott ihm gemäß *»deiner Güte«*, **ḥasdəkâ**, vergeben möchte (51,3). Nun kann er bekennen, Gottes Güte, **ḥæsæd**, währe beständig. Das hebräische Wort **ḥæsæd** bezeichnet die beständige, den Bund bewahrende Güte Gottes gegenüber den Kindern seines Bundes. Man könnte statt »Güte« auch »Bundestreue« sagen. Diese hält David der Treulosigkeit Doegs entgegen. Der hatte sich mit seiner bösen Zunge bei Saul Gunst verschafft; der Heilige sucht Zuflucht bei Gott und seiner Wahrheit; denn Gottes Gunst währt den ganzen Tag, und darum vertraut er *»auf die Güte Gottes immer und ewig«* (V. 10). Und wenn Verleumder uns verleumden und der Verkläger der Brüder uns verklagt, fragen wir mit Paulus: *»Wer wird wider Gottes Auserwählte Anklage erheben? Gott ist es, der*

135 Der Satan konnte darum nicht glauben, dass Hiob wirklich gerecht war und Gott über alles liebte (Hi 1,8-9).

rechtfertigt; wer ist, der verdamme? Christus ist es, der gestorben, ja noch mehr, der auch auferweckt, der auch zur Rechten Gottes ist, der auch für uns eintritt« (Röm 8,33-34).

4 Verderben[136] sinnt deine Zunge,
wie ein geschärftes Schermesser[137] übt sie Trug.

»**Verderben sinnt deine Zunge**«: Der Böse sinnt auf Verderben. Gewiss konnte Doeg behaupten, er habe nichts als die Wahrheit gesagt. David sei zu Ahimelech gekommen, und Ahimelech habe ihn mit Proviant und Waffen versorgt. Wie schäbig sind solche Vorwände. Seine Zunge mag nur Wahres gesagt haben, aber sie sann auf Verderben, und sie übte bei allen vordergründig wahren Worten »**Trug**«. Denn Doeg wusste, dass Ahimelech ganz arglos gehandelt hatte, und er wusste zudem, was seine Worte bei Saul auslösen mussten. Darum ist sein Gericht gerecht. Doeg liebte das Verderben, das er über Ahimelech und seine ganze Familie brachte. Doegs Zunge war »**wie ein geschärftes Schermesser**«. Sie wurde buchstäblich zum scharfen Messer, zum Schwert, das die Priester Gottes aus dem Land der Lebenden vertilgte. Zuerst verleumdete er die Priester und lieferte sie damit dem todbringenden Zorn Sauls aus. Am Ende legte Doeg selbst Hand an die Priester und stieß sie mit dem Schwert nieder (1Sam 22,8).

Ein scharfes Messer trennt Seile durch. Die Lüge zerschneidet die Bande, die uns an Gott binden und seine Heiligen zusammenhalten. Sie zerfetzt das fein geknüpfte Netz des Lebens. Wie furchtbar ist eine Zunge des Truges! Sie trennt, was Gott zusammengefügt hat. Sie zersetzt, was Gott zueinander gesetzt hat. Sie verbreitet Tod, wo Gott Leben gegeben hat. Gott wird dieses Böse furchtbar rächen. Er wird dem Verleumder das Leben entreißen, und er wird ihn dem zweiten, dem ewigen Tod übergeben.

5 Du liebst das Böse mehr als das Gute[138],
die Lüge mehr als gerechte Rede (Sela).

136 Ps 5,10; 38,13; 55,12; 57,2; 94,20.
137 Ps 55,22; 57,5; 59,8.
138 Ps 4,3; Mi 3,2; Joh 3,19.

Gott hatte David erwählt und zum Herrscher über Israel eingesetzt; an ihm wurden die Herzen der Menschen immer wieder offenbar wie hier Doegs Herz: Er liebte **»das Böse mehr als das Gute«**. Als Gott den Sohn Davids, den wahren König und Herrscher, in die Welt sandte, wurden die Herzen der Menschen vollends offenbar. Sie liebten die Lüge mehr als die Wahrheit (Joh 3,19).

Doeg liebte **»die Lüge mehr als gerechte Rede«**. Er folgte lieber dem König, der sich gegen Gottes Gesalbten erhob, als dem von Gott erwählten König. Die Menschen der letzten Zeit werden dem falschen Messias, dem Antichristus, folgen, weil sie Wohlgefallen haben an der Lüge und nicht an der Wahrheit:

»Und deshalb sendet ihnen Gott eine wirksame Kraft des Irrwahns, dass sie der Lüge glauben, auf dass alle gerichtet werden, die der Wahrheit nicht geglaubt, sondern Wohlgefallen gefunden haben an der Ungerechtigkeit« (2Thes 2,11-12).

2. Der sichere Untergang der Verleumder (V. 6-7)

6 Du liebst alle zerstörenden Worte,
du täuschende Zunge![139]
7 Gott wird dich auch stürzen[140] **für immer,**
dich holen und dich reißen aus dem Zelt
und entwurzeln aus dem Land der Lebendigen[141] **(Sela).**

Doeg liebte **»alle zerstörenden Worte«**. Mit innerer Genugtuung flüsterte er König Saul Worte ins Ohr, die zur Vertilgung der Heiligen führten. So eng sind Lüge und Mord miteinander verknüpft, so groß ist die mörderische Kraft der Verleumdung. Dass wir es bedächten und uns fortan weigerten, Worte gegen die Heiligen Gottes zu reden! Denn es sind »Vertilgungsworte«. Meinen wir, Gott werde zu solchen Worten immer schweigen? Nein, er wird die vertilgen, die mit ihren Worten seine Heiligen vertilgt haben. Er wird einen jeden, der die Lüge geliebt hat, auf immer von seiner heiligen Stadt ausschließen (Offb 22,5).

139 Ps 50,19; 109,2; 120,2-3.
140 Ps 28,5.
141 Ps 12,4; 37,22.35-36; Spr 2,22.

Doeg scheute sich nicht, sich mit einem finsteren Herzen in der Wohnstätte Gottes aufzuhalten. Nachher scheute er sich nicht, aus der Finsternis seines Herzens mit seiner **»täuschenden Zunge«** gegen die Diener Gottes zu reden. Ein Doeg mag die Heiligen töten (vgl. Offb 11,7), Gott aber wird am Ende seine Heiligen zu sich erhöhen (vgl. Offb 11,11-12) und einen Doeg für seine Bosheit **»stürzen für immer«**. Er wird ihn **»entwurzeln aus dem Land der Lebendigen«**. Wie der unfruchtbare Feigenbaum im Garten stand und das Land nur unnütz machte (Lk 13,7), drängte sich Doeg unter die Heiligen und ging mit ihnen ins Haus Gottes (1Sam 21,7). Inmitten der Lebendigen verbreitete seine böse Zunge Tod. Gott wird diesen Mann mitsamt seiner Zunge aus der Mitte der Lebendigen auswurzeln. So wie Doeg durch seine Arglist Lebensbande zerschnitt, wird Gott ihn abschneiden von der Quelle des Lebens: Er wird ihn entwurzeln wie einen unnützen Baum (Lk 13,9). Der ausgerissene Baum verdorrt, und ist er verdorrt, wird er ins Feuer geworfen (Mt 3,10; Joh 15,6). Feuer war auf Doegs Lippen gewesen (Spr 16,27), und wie feurige Geschosse (Eph 6,16) brannten seine verleumderischen Worte in der Seele Davids. Feuer wird in seiner Seele brennen und ihn ohne Ende peinigen; denn Gott ist gerecht.

3. Das Lachen der Gerechten über die Verleumder (V. 8-9)

8 Die Gerechten werden es sehen und sich fürchten[142]
und über ihn lachen[143]**:**

Die Gerechten sehen, wie Gott den Verleumder und Verfolger richtet, und

1. sie fürchten sich
2. sie lachen über ihn.

Der Heilige lernt an Gottes gerechten Gerichten Gott zu fürchten (Ps 64,10; Apg 5,11) und das Böse zu hassen. Zudem verliert er die Furcht vor dem Bösen, dessen Macht und Worte er vorher gefürchtet haben mag. Er sieht sein Ende und lacht jetzt über ihn. Er stimmt ein in

142 Ps 64,10.
143 Ps 58,11.

das Lachen Gottes über alle Anläufe der Gottlosen (Ps 2,4; 37,13). Es ist ein heiteres, ein frohes Lachen; es ist ein Lachen, das Gott bereitet hat (vgl. 1Mo 21,6). Es ist ein Jubel, zu dem der Himmel selbst die Heiligen auffordert (vgl. Offb 18,20). Den Ohren des Gottlosen ist dieses Lachen unerträglich. Wie reizt es seinen Stolz! Aber umsonst knirscht er mit den Zähnen (Ps 112,10). Er hat den Fluch geliebt, also komme er über ihn; er hatte kein Gefallen an Segen, so sei er fern von ihm! (Ps 109,17).

9 Seht den Mann:
Er machte Gott nicht zu seiner Stärke
und vertraute auf seinen großen Reichtum[144]
und war stark durch sein Freveln.

»Seht den Mann«: Gott gibt den Verleumder der Heiligen dem Hohn preis. Er muss sich ewig mit der Schande kleiden, die er liebte, während die Heiligen mit der göttlichen Herrlichkeit bekleidet werden, die sie mehr liebten als ihre eigene Ehre und Wohlfahrt (Dan 12,2-3). Er muss zu seinem immerwährenden Verdruss hören, was seine Torheit war: **»Er machte Gott nicht zu seiner Stärke.«** Nie endende Selbstvorwürfe werden an den Verdammten nagen wie ein Wurm, der nicht stirbt (Mk 9,44-45.48).

4. Die bleibende Wohlfahrt der Gerechten (V. 10-11)

10 Ich aber bin wie ein grüner Ölbaum[145] **in Gottes Haus**[146]**,**
ich vertraue auf Gottes Güte immer und ewig.

»Ich aber«: Damit stellt David sich selbst als Gegensatz zu Doeg dar. »Nicht, dass er sich selbst seiner untadeligen Frömmigkeit rühmen wollte. Sein Anliegen ist, den Gewinn und Segen der Gottesfurcht aufzuzeigen, damit doch die Frommen sich durch das hochfahrende Gebaren dieses Emporkömmlings nicht einschüchtern oder verwirren lassen« (Lamparter). Man beachte die Kontraste: Während der Verleumder nur

144 Ps 49,7; 62,11; Spr 10,15; 18,11.
145 Ps 128,3; Hos 14,7.
146 Ps 92,14; Mt 15,13.

für kurze Zeit bleibt, ist David **»wie ein grüner Ölbaum«**. Bekanntlich stehen und grünen Ölbäume länger als alle anderen Bäume in der ganzen Schöpfung. Während der Gottlose ausgewurzelt wird, ist David in Gottes Verheißungen so fest verwurzelt (vgl. Eph 3,17) wie der Ölbaum, der von allen Bäumen die längsten Wurzeln treibt. Während Doeg nur ein Gast im Heiligtum war (1Sam 21,8), weiß David, dass er für immer **»in Gottes Haus«** sein wird (vgl. Ps 23,6); und während der Böse auf seine Bosheit und auf seinen Reichtum vertraute, vertraut der Gerechte **»auf Gottes Güte«**. Während der Gottlose anderen das Leben nimmt, ist der Gerechte voller Leben und gibt, dem Ölbaum gleich, anderen Freude und Fettigkeit (Ri 9,9). Was willst du lieber sein? Jemand, der anderen Leben gibt, oder jemand, der anderen das Leben verdirbt?

Und noch ein Gegensatz: Anders als Doeg, der sich mit seinem finsteren Herzen auf einem eigenen Weg (vgl. Joh 10,1) ins Haus Gottes gestohlen hatte, steht der Gerechte **»im Haus Gottes«**, von Gott selbst gepflanzt (Mt 15,13), und darum bleibt er ewig. Wer will den ausreißen, den Gott gepflanzt hat? Wer will dem das Leben rauben, den Gott selbst zum Leben gerufen hat?

11 Ich will dich ewig preisen,
weil du es wirkst[147]**;**
und auf deinen Namen[148] **harren**[149]
– denn er ist gut –
vor deinen Getreuen.

»Ich will dich ewig preisen«: Das ist die schöne Frucht der göttlichen Bewahrung der Heiligen und des göttlichen Gerichts über die Bedränger. Die Heiligen können **»auf deinen Namen harren«**, die Zeit abwarten, in der Gott eingreift, und die Art und das Maß der Strafe ihm, dem gerechten Richter, überlassen. Weil sie nicht sich selbst gerächt haben (Röm 12,9), können sie nun mit leichtem Herzen Gott preisen und müssen sich nicht selbst vorwerfen, sie hätten sich mit ihrer eigenen Hand Hilfe geschafft (1Sam 25,32-33). Der Name des Herrn ist wahrlich **»gut«**, denn Jesus bedeutet »der Herr rettet« (siehe Mt 1,21).

147 Ps 22,32; 37,5; Jes 38,15.
148 Ps 8,2; 23,3; 48,11.
149 Ps 37,7; 38,16; 39,8; 40,2.

»weil du es wirkst«: Das ist der einzige Grund, den David für die Erniedrigung der Gottlosen und die Bewahrung der Heiligen finden kann. Gott hat es getan. Ihm verdanken wir alles. Handelte er nicht, würden die Gottlosen nie erniedrigt, denn sie erniedrigen sich nie selbst. Und bewahrte er die Heiligen nicht, würden sie nie bewahrt; denn sie vermögen sich selbst nicht zu bewahren.

Lehrreiches und Denkwürdiges zu Psalm 52

»Ahimelech und die übrigen Priester waren ermordet (1Sam 22,9-19). Das Volk war überall von Schrecken erfasst. Niemand wagte, David beizustehen. Doeg triumphierte, weil sein gottloser Verrat geglückt war. Aber David, der heilige Mann, richtete sich trotz alledem in seinem Glauben auf und dichtete diesen Psalm. Er beklagt sich über die grausame Treulosigkeit des gottlosen Verräters und ermuntert zur Hoffnung auf Gott, der als gerechter Richter im Himmel sitzt. Er tröstet sich seiner Hilfe, die er allen widerfahren lässt, die ihr ganzes Vertrauen auf ihn werfen. Endlich gedenkt er jener Zeit, da die von der Strafe getroffen werden, die Gott verachten und sich alles nach Herzenslust erlauben« (Calvin).

»Dieser Psalm ist nicht ein Gebet oder eine an Gott gerichtete Klage … sondern es ist eine kühne Herausforderung, ein heiliger Trotz ganz im Geist Davids, als er auszog gegen Goliath. Die ruhige Tapferkeit des Glaubens atmet aus jedem Wort. Da ist keine Angst, kein Zittern, kein Zweifeln daran, was das Ende des Gewalttäters sein werde. Wie nichtig ist sein Rühmen angesichts der Güte Gottes, die sein Volk bewahrt, und in der Gegenwart der Macht Gottes, die den Bedrücker mit den Wurzeln ausreißen wird!« (Perowne).

»Wir besitzen zwei Aussprüche Davids zur Verleumdung Doegs. Einer ist sein Aufschrei, als Abjathar, Ahimelechs Sohn, zu ihm kam: *›Ich bin schuldig an allen Seelen des Hauses deines Vaters. Bleibe bei mir ... denn bei mir bist du wohl bewahrt‹* (1Sam 22,22-23). Der andere ist dieser Psalm, in welchem er zuerst nachdenkt über die Sorte Mensch, die Doeg ist, der sich eine Karriere baut durch Verleumdung und Intrige. Aber dann denkt er darüber nach, wie kurzlebig ein solcher Erfolg ist.

Schließlich erneuert er sein Vertrauen zu Gott, der so gewiss zu ihm steht, wie er, David, versprochen hat, zu Abjathar zu stehen« (Kidner).

»Dieser Psalm handelt nicht nur vom damaligen Geschehen, sondern von der Zukunft, indem Doeg ein Typus des Antichrists, des Menschen der Sünde, ist; und zwar in seinem Namen, der *ängstlich besorgt* bedeutet; denn genau so war er bestrebt, die Gunst des Königs zu erlangen samt Reichtum und Ansehen. Ebenso wird der Antichrist alle Macht an sich reißen, die weltliche wie die kirchliche, und Reichtum und Ehre gewinnen; ferner im Land seiner Herkunft, Edom, denn man kann leicht feststellen, dass Edom bei den Juden die übliche Bezeichnung für das Römische Reich ist, in welchem der Antichrist seinen Sitz und seine Macht haben wird; ferner in seiner Religion als Proselyt der Juden, der gerade bei einer gottesdienstlichen Handlung im Haus des Herrn zugegen war, als er sah und hörte, was David und Ahimelech miteinander verhandelten. Ebenso trägt der Antichrist die Maske der Religion, ersteht aus der Kirche und setzt sich in den Tempel Gottes und stellt sich selbst als Gott dar; ferner in seinem Amt, da Doeg der Oberhirte der Hirten Sauls war, wie der Antichrist sich selbst *princeps pastorum*, *Fürst der Hirten*, nennt, womit er sich den Titel zulegt, der Christus allein gehört, dem Oberhirten und Aufseher der Seelen; und schließlich, indem er die Priester des Herrn erschlägt. Bekanntlich vergießt und trinkt der Antichrist das Blut der Heiligen, der treuen Zeugen Jesu Christi« (Gill).

»Die Psalmen 52 bis 55 heißen *Maskil* ... Sie enthalten Anweisungen bezüglich des Menschen der Sünde, des falschen Königs und Messias im endzeitlichen Israel, also ebenjenes Gegenstandes, den die Leute mit Verstand und Weisheit – eben die *Maskilim*, die *Verständigen*, unter den Menschen – gemäß Offenbarung 13,18 beachten sollen. Die Identifizierung des Menschen der Sünde ist mithin das Hauptthema dieser Gruppe von Psalmen« (Grant).

»Prophetische Bedeutung: Ein Maskil verweist auf besondere Unterweisung für die letzten Tage. Hinter dem historischen Doeg sehen wir die unheimliche Gestalt des Antichristus, dessen Charakter in diesen Psalmen (52 und 53) enthüllt wird; vgl. Daniel 11,36; Jesaja 30,33; 57,9; Offenbarung 13« (Clarke).

»Doeg, der Edomiter, war ein übler, gottloser Charakter, der damit den Charakter des großen endzeitlichen Lügners und Verführers vorschattet, der mit Zeichen und Wundern der Lüge auftreten wird (1Jo 2,22; 2Thes 2,1-11)« (Gaebelein).

V. 3 – »Nur wenige Psalmen beginnen nicht mit einer Anrede an Gott. Hier wird als Erstes ein gottloser Mensch angesprochen« (Harman).

»Umsonst rühmte sich Doeg, der Edomiter, seiner Bluttat, da doch die Güte Gottes, die unveränderlich ist, die Bewahrung Davids verordnet hatte. Ebenso rühmte sich Herodes, der Idumäer oder Edomiter, umsonst seiner Mordtat an den Kindern von Bethlehem, denn der Himmel hatte verordnet, dass das Kind Jesus nicht zu ihnen gehören sollte. Eine Verfolgung kann Märtyrer erzeugen, aber die Pforten der Hölle werden die Gemeinde nie überwinden« (Horne).

»Böses zu tun, ist verwerflich. Sich dessen gar zu rühmen, ist ein Zeichen der Verstocktheit (Röm 1,32)« (Brandenburg).

V. 7 – »Verben, die Gewalt bezeichnen, reihen sich in diesem Vers mit steigernder Wirkung aneinander: Wenn es schlimm ist, gefällt zu werden (7a), so ist es noch schlimmer, aus seiner Wohnung herausgerissen zu werden, wie David nur zu gut wusste (7b), aber das Schlimmste ist der endgültige Untergang, der noch folgt (7c)« (Kidner).

V. 8 – »Sein Ende löst bei den Gerechten beides, Lachen und Schaudern, aus: ein Triumphieren über Gottes Gerechtigkeit, die dem Aufrührer den Meister zeigt, und zugleich ein Erschrecken über Gottes vernichtende Gewalt, das dem Lachen seine Grenzen setzt und es vor dem Abgleiten in die allzu menschliche Schadenfreude schützt« (Lamparter).

V. 10.11 – »Plötzlich stellt der Sänger seinen Stand als Kontrast neben das Ende des Verleumders … Anstatt entwurzelt zu werden, ist er wie ein Baum im Haus Gottes. Anstatt auf Reichtümer zu vertrauen, vertraut er auf die Güte Gottes. Die Gegensätze zwischen den beiden offenbart die bleibende Wahrheit, dass Gott sich nicht verändert. Alles unterschiedliche Handeln an den Menschen ist begründet in deren unterschiedlicher Haltung zu ihm« (Morgan).

Sprachliche Anmerkungen zu Psalm 52

V. 3 – **»Held«**: **gibbôr**. Weil das Wort ironisch, oder eher sogar sarkastisch gemeint ist, übersetzt Marx »Un-Held«.

V. 5 – **»du liebst«**: **ᵓâhabtâ**, ein sog. »Perfekt«, das laut Schulbuch mit deutscher Vergangenheit zu übersetzen ist (entsprechend auch Elb und Rev. Elb). Es lässt sich an Hunderten von Belegen allein in den Psalmen zeigen, dass Perfekta häufig präsentische Bedeutung haben (z. B. weiter unten der V. 10: *»ich vertraue«*; 53,2: *»spricht«* etc.), gerade auch Wörter der Art wie lieben oder hassen (die man »Affektverben« nennen kann, wenn man so will). Im vorliegenden Zusammenhang wird der Verleumder so beschrieben, wie er ist: Er liebt die Lüge.

V. 6 – **»zerstörende Worte«**: **dibrê bâlaᶜ**, wörtlich: »Worte des Verschlingens«, d. h. Worte, welche die anderen verschlingen oder verderben.

»täuschende Zunge«: **ləšôn mirmâh**, wörtlich »Zunge der Täuschung/des Truges«. In Daniel 8,25 steht das gleiche Wort für »Trug«: *»Durch seine Klugheit wird der* ***Trug*** *in seiner Hand gelingen; und er wird in seinem Herzen großtun ... und gegen den Fürsten der Fürsten wird er sich auflehnen.«* Der hier beschriebene Antiochos IV. ist einer der vielen Vorläufer des Antichristen. Es ist bemerkenswert, dass er mit dem gleichen Wort »Trug« charakterisiert wird wie Doeg, der uns ebenfalls an den Antichristus erinnert.

V. 7 – **»wird dich stürzen«**: **jittaṣəkâ**. Das Verb **nâtaṣ** bedeutet auch »niederreißen« wie in Richter 8,9 und Hesekiel 26,9.

»dich holen«: **jaḥtəkâ**. Das Verb steht in Jesaja 30,14 für Feuer vom Herd holen. Darum übersetzt Buber »hervorscharren«, Elb »fassen«, Zürcher »packen«, Schlachter »wegraffen«; LXX *ektillō*, »ausrupfen«; V *evello*, »herausreißen«. Man kann, ohne am Konsonantentext etwas zu ändern, das Verb statt von **ḥth** auch von **ḥtt** herleiten und vokalisieren; dann bedeutete es »niederschlagen«, »zerschlagen« (so Luther 84; Rev. Elb).

Buber hat den Vers mit den vier Verben wie folgt übersetzt: »So wird Gott auch … dich **stürzen**, dich **hervorscharren**, aus dem Zelte dich **reißen**, dich **entwurzeln** aus dem Lande des Lebens.«

V. 9 – »**der Mann**«: **gæbær**, eigentlich der starke Mann; das Wort ist gleichen Stammes wie das in Vers 3 verwendete **gibbôr**, »Held«.

»**war stark**«: **jâᶜôz**, ein Verb, das stammverwandt ist mit dem im gleichen Vers verwendeten Wort **mâᶜôz**, das ich deshalb mit »Stärke« übersetzt habe (wie Elb). Zürcher: »Zuflucht«, Buber: »Trutzwehr«, JPS: »refuge«. **jâᶜôz** ist offenkundig durch Haplographie (versehentliche Einfachschreibung) des auslautenden w im vorhergehenden Wort **ᶜåsrô**, »sein Reichtum«, entstanden, müsste also **wayyâᶜôz** gelesen werden. Deshalb habe ich übersetzt »und (er) war stark«.

V. 11 – »**wirkst**«: **ᶜâsîtâ**, wieder ein »Perfekt«, das mit Präsens zu übersetzen ist. Das mit dem Verb Ausgesagte ist gleichzeitig zu den anderen Aussagen im Vers: Weil und während Gott alles in diesem Psalm Gesagte gewirkt hat und *noch* wirkt, lobe ich ihn und hoffe auf ihn, und zwar heute, morgen und für immer.

Psalm 53
Gott, der Prüfer der Menschen

Dieser Psalm findet sich in nahezu buchstäblich gleicher Gestalt im ersten Psalmbuch (Ps 14). Es haben einige dieses Phänomen so erklärt, dass der Mann, der die Psalmen in der uns vorliegenden Form und in diesem Umfang zusammenstellte, zwei geringfügig voneinander abweichende Varianten des gleichen Psalms vorgefunden und keiner der beiden den Vorzug habe geben wollen, weshalb er beide in seine Sammlung aufgenommen habe.[150] Diese Erklärung kann nicht befriedigen, weshalb wir als Bibelleser vielmehr fragen: Warum sollte David nicht seinen eigenen Psalm ein zweites Mal unter etwas verschiedenen Umständen neu schreiben und geringfügig verändern dürfen?[151] Und was änderte er, und warum tat er das?

---

150 Delitzsch hat sich hier leider den fragwürdigen Kommentar geleistet: *»Übrigens haben wir hier ein handgreifliches Beispiel, dass auch Psalmen, die aus davidischen umgedichtet oder solchen nachgedichtet sind, ohne Bedenken **lədavîd** (von David) überschrieben wurden.«*

151 Wer einen Band mit Gedichten Goethes zur Hand nimmt, wird zahlreiche Beispiele für Gedichte finden, die der Meister in verschiedenen Versionen hinterlassen hat.

Es ist die Wichtigkeit des Gegenstandes, der die Wiederholung erklärt; eine Wiederholung, die indes mehr als eine bloße Rekapitulation des bereits Gesagten ist: Dem dortigen Zusammenhang entsprechend, will der Psalm 14 die Tatsache illustrieren, dass der Menschen gefallen ist. Hier soll er zeigen, wie sehr der gefallene Mensch zu seiner Errettung auf Gottes Gnade angewiesen ist. Das ist der doppelte Sinn, in dem Paulus ihn in Römer 3 zitiert: Der Mensch ist verdorben, und zwar so hoffnungslos, dass es ohne Gottes Eingreifen in Gnade keine Rettung geben kann.

Sodann setzt der Psalm das in 52 behandelte Thema fort: Das, was Doeg als Einzelnen kennzeichnet – er liebt das Böse mehr als das Gute –, ist der Zustand aller; darum ist Doegs Ende nur ein Beispiel für das Ende, das alle teilen werden, die in der Torheit der Sünde verharren.

Der Psalm hängt aber nicht nur mit dem vorhergehenden zusammen, sondern auch mit dem besonderen Thema des ganzen zweiten Psalmbuches: In Vers 6 steht der Satz: *»Gott hat die Gebeine dessen zerstreut, der dich belagerte«* (V. 6), der in Psalm 14 fehlt. Damit ist der vorliegende Psalm eben in den Zusammenhang des zweiten Psalmbuches gestellt, in dem die Bedrängnis des Heiligen durch die Gottlosen ein wichtiges Thema ist, wie die Psalmen 42; 43; 44; 46; 48 besonders deutlich gezeigt haben. Man beachte, wie Psalm 46 und 48 ebenfalls von der Belagerung der Heiligen und ihrer Stadt handeln. An der vorliegenden Stelle fügt sich der Psalm auch wunderbar in den Zusammenhang des vorangehenden und nachfolgenden Psalms. Der Psalm 52 erinnert uns an die Bosheit Doegs und der Psalm 54 an die Niederträchtigkeit der Siphiter. Wo soll der Gerechte, der unter solchen Menschen zu leben hat, Hilfe erwarten, als von Gott (V. 6), dies umso mehr, als er selbst der Sünde verfallen ist, wie der Psalm 51 gezeigt hat?

Und beachten wir noch zum Schluss: Der 52. Psalm behandelt Erfahrungen Davids, die in 1. Samuel 21 und 22 verzeichnet sind; der 54. Psalm geht auf 1. Samuel 26 zurück. Der vorliegende Psalm spricht vom Toren, hebräisch **nabal**. In 1. Samuel 25 haben wir die Geschichte Nabals und seiner Torheit.

Man kann den Psalm in folgender Weise gliedern:

1. **Die Herkunft der Sünde und der sündigen Taten (V. 2)**
2. **Der Beurteiler des Menschen und seiner Sünde (V. 3)**

3. **Die Universalität der Sünde (V. 4)**
4. **Die Größe und Torheit der Sünde (V. 5)**
5. **Das Gericht über die Sünder (V. 6)**
6. **Die Herkunft der Rettung (V. 7)**

1 Dem Vorsänger, nach Machalat. Ein Maskil von David.

Zu »**Vorsänger**« siehe Psalm 4.

»**Machalat**«: Dieser Ausdruck kommt außer hier nur noch in der Überschrift des 88. Psalms vor. Es ist möglicherweise vom Verbum **ḥâlâh**, »krank sein«, abgeleitet; in 2. Mose 15,26 steht für *»Krankheit«* **maḥalâh**. Der Psalm wäre dann ein Lied auf die Krankheit derer, von denen der Psalm handelt: Die Menschen sind allzumal Sünder (Röm 3,23). Dieser Psalm ist einer der eindrücklichsten Texte zur totalen Verdorbenheit des Menschen, die sich im ganzen Alten Testament findet, weshalb es kein Zufall ist, dass der Apostel gerade diese Stelle zitiert, wo er von allen Seiten die Sündhaftigkeit des Menschen ausleuchtet, um zu begründen, warum dieser gerechterweise unter Gottes Zorn steht (Röm 3,12).

»**Maskil**«: Dies ist der sechste von 13 Psalmen, die in der Überschrift Maskil genannt werden (zur Erklärung des Ausdrucks siehe Ps 32).

1. Die Herkunft der Sünde und der sündigen Taten (V. 2)

2 In seinem Herzen spricht der Tor:
Es ist kein Gott!
Sie begehen verderbliches, gräuliches Unrecht;
keiner ist, der Gutes tut.

»**In seinem Herzen spricht der Tor**«: Hier haben wir erstens den Sitz und die Quelle aller nachher beschriebenen Sünden: Das Herz des Menschen. Das Böse geht nicht von Gott aus; es geht ausschließlich vom Menschen aus. Und es sind nicht allein verwerfliche Taten, die den Menschen besudeln, sondern er hat ein böses Inneres, das Bosheiten produziert. Sodann lehrt uns der heilige Lehrer die Unreinheit der Sünde:

»Es ist kein Gott«: Hier haben wir, zweitens, die Substanz aller Torheit, und es ist gleichzeitig die Höhe aller Torheit. Es sei kein Gott! Der Mensch kann sich zu keiner größeren Torheit hinreißen lassen, als Gott zu leugnen. Das ist das eigentliche Wesen der Torheit, so wie es Grund und Wesen der Weisheit ist, Gott zu fürchten (Spr 1,7; 9,10). Diese Torheit ist auch Bosheit, und wer findet die Worte, die Bosheit angemessen zu umschreiben? Keine Vergleiche reichen aus. Erst wenn Gott selbst im Gericht redet, wird die Größe dieser furchtbaren Bosheit angemessen in Worte gefasst werden. Er wird es verstehen, so zu reden, dass die Gottlosen mit Schrecken einsehen und zugeben müssen, was sie mit ihrem gottlosen Sinnen und Reden wirklich getan haben. Sein Wort wird sie wie ein Schwert treffen (Offb 19,15); es wird sie wie Feuer brennen; es wird sie wie ein Hammer zermalmen (Jer 23,29).

»Sie begehen verderbliches, gräuliches Unrecht.« Sünde ist »gräulich«, dem Himmel unerträglich, dem Menschen eine Schande, nein, *die* Schande. Es ist das Übel der Übel des Menschen; es ist jenes Ding, das den Menschen als Menschen verdirbt, das ihn zum Tier erniedrigt (siehe Ps 49,21). Alles und jedes verdorbene Handeln hat hier seine Wurzel. Wer sagt, es sei kein Gott, lebt ohne Gott. Was will aus ihm anderes als Böses kommen, da er den alleinigen Quell alles Guten verlassen hat (Jer 17,13). Außer ihm ist kein Gutes (Mt 19,17); außer ihm ist kein Guter (Mk 10,18).

2. Der Beurteiler des Menschen und seiner Sünde (V. 3)

3 Gott schaut vom Himmel auf die Menschenkinder,
zu sehen, ob ein Verständiger sei,
einer, der Gott suche.

»Gott schaut vom Himmel.« Das gibt uns den Bezugspunkt, von dem aus wir uns messen müssen. Verglichen mit meinem Nachbarn mag mein Tun und Trachten ganz passabel sein; aber von oben gesehen ist es unrein, töricht und böse; nichts als unrein, nur böse und nur töricht, und zwar den ganzen Tag, und das mein Leben lang (1Mo 6,5).

»ein Verständiger ..., der Gott suche«: Gott zu suchen, ist das Verständigste, das ein Mensch tun kann, weil er eben Mensch ist. Gott nicht zu suchen, ist der größte Unverstand und die verhängnisvollste Unterlassung, die man sich denken kann.

3. Die Universalität der Sünde (V. 4)

4 Sie alle sind abtrünnig[152]**,**
alle sind verderbt;
keiner ist, der Gutes tut,
auch nicht einer.

»**Alle sind abtrünnig**«, und alle sind »**verderbt**«, ohne Ausnahme. Was heißt »abtrünnig« oder »abgewichen« anders als verkommen? Wir können auch sagen entartet. Darum produzieren wir nur Böses. Aber damit nicht genug; wir sind auch unfähig zu jedem Guten, und zwar wir alle, ohne Ausnahme: »**Keiner ist, der Gutes tut.**« In welchem Sinn tut keiner Gutes? Im Sinne des vorliegenden Zusammenhangs: Keiner sucht Gott, keiner liebt Gott, keiner fürchtet Gott; jeder versucht sich selbst zu verwirklichen. Dem kranken Nachbarn den Rasen mähen oder Erdbebenopfern Geld spenden ist sicher gut; solches Gute tun die Menschen auch. Aber sie tun nichts Gutes in Bezug auf Gott.

4. Die Größe und Torheit der Sünde (V. 5)

5 Wissen sie's nicht, die Frevler,
die mein Volk fressen[153]**, wie man Brot isst?**
Gott rufen sie nicht an.

»**Wissen sie's nicht, die Frevler?**«: Wir groß ist die Torheit der Sünde! Segond übersetzt: »Ceux qui commettent l'iniquité, ont ils perdu le sens – Haben sie den Verstand verloren?« Der Sünder hat wahrhaft den Verstand verloren, dass er sich gegen Gott wendet. Eigentlich müssten die Sünder es merken, wenn sie das Volk Gottes »**fressen, wie man Brot isst**«. Sie zeigen damit, dass sie nicht allein Tiere, sondern Raubtiere

152 Ps 58,4.
153 Ps 57,5; 79,7; 124,3; Mi 3,3.

sind. Ist das eine angemessene Speise, die sie da begehren und herunterschlingen? Was ist mit ihnen los, dass sie die Heiligen Gottes fressen? Woher kommt dieser Hass auf die Söhne des Lichts? Ist es nicht Wahnsinn, was sie tun?

»Gott rufen sie nicht an«: Sie sind gottlos, darum sind sie gebetslos. Sie verschmähen Gottes Hilfe, denn ihr eigenes Vermögen ist in ihrer Einbildung eine starke Mauer (Spr 18,11). Sie kennen den Schrecken des Herrn nicht (vgl. 2Kor 5,11), darum schrecken sie vor nichts zurück.

Aber sie werden den Schrecken des Herrn noch kennenlernen (V. 6):

5. Das Gericht über die Sünder (V. 6)

6 Da schreckte sie ein Schrecken,
wo kein Schrecken war[154]**;**
denn Gott hat zerstreut die Gebeine deines Belagerers[155]**.**
Du machst sie zuschanden,
denn Gott hat sie verworfen.

Plötzlich wird sie **»ein Schrecken«** überfallen, **»wo kein Schrecken war«**, d. h. wo sie vorher gar keinen Schrecken sahen und keine Ursache sehen konnten, warum sie sich fürchten sollten. Er kommt unverhofft und unwillkommen, wie eben ein Schrecken immer unwillkommen und ein Überfall immer unverhofft ist. Der Gerechte hingegen sieht den Tag des Schreckens, der über alle Gottlosen kommen wird, voraus (2Kor 5,11; Spr 22,3). David hat diesen Tag kommen sehen, sonst hätte er nicht vom ihm gesprochen. An jenem Tag werden die Gottlosen, die ohne Skrupel Gottes Heilige bedrängt haben, niedergeworfen und die Gerechten befreit werden. Die hebräische Wendung (siehe sprachliche Anmerkungen) wird von Petrus in 1. Petrus 3,14 aufgegriffen, wo er den Geschwistern sagt: »Erschreckt nicht ihren Schrecken.« Sie haben keine Ursache, vor denen zu erschrecken, die Gott erschrecken wird (siehe Jes 8,12). Wir sollen die nicht fürchten, die den Leib zwar töten, aber die Seele nicht töten können. *»Fürchtet aber den«*, lehrt uns der Meister, *»der die Macht hat, sowohl Seele als Leib in der Hölle zu verderben«* (Mt 10,28)! Da haben

154 Spr 28,1.
155 Ps 27,3; 48,5; Sach 14,2.

wir das Geheimnis der Gerechten. Wilhelm Busch erzählte in einer Predigt, wie er in der NS-Zeit die Angst vor der Geheimen Staatspolizei verlor: Er lernte eine größere Angst kennen: den Schrecken vor Gott.[156]

»Gott hat zerstreut die Gebeine deines Belagerers«: Manche Ausleger sehen in der Belagerung Jerusalems durch den Assyrerkönig Sanherib und der wunderbaren göttliche Befreiung den Anlass zur Wiederholung dieses Psalms und seiner Anpassung an die gegebenen Umstände (2Kö 19,35-36). Denn es ist gerade dieser Satz, der sich in Psalm 14 nicht findet. Wir können den Psalm aber nicht Hiskia zuschreiben, sondern bestehen darauf, dass David ihn geschrieben hat, weil er als Autor genannt wird. So ist das göttliche Gericht über die Assyrer eher eine der sich wiederholenden Bestätigungen für Gottes Eingreifen zur Beschämung der Gottlosen. Die letzte Bestätigung findet sich in Sacharja 14 und Offenbarung 19.

»Du machst sie zuschanden«: Wer sich gegen Gott erhebt und seine Heiligen anfeindet, bekommt Gott zum Feind. Sein Angesicht ist gegen alle, die Böses tun (Ps 34,17; Jer 44,11; Hes 15,7; Am 9,8). Wenn Gott gegen uns ist, wer will uns dann retten?

»Gott hat sie verworfen«: Das ist das äußerste Ergebnis der Gottlosigkeit. Die Gottlosen haben Gott verworfen; darum verwirft sie Gott (Röm 1,28). Wie wenig bedenkt der Sünder, was das heißt! Gott unser Feind, Gott wirft uns hinaus, Gott verstößt uns für immer! Es gibt keinen Jammer, der größer, keine Pein, die schlimmer, keine Verzweiflung, die schwärzer, kein Dunkel, das dichter, keinen Schmerz, der brennender ist. Nie werden die Schmerzen gelindert, nie wird das Dunkel ein wenig lichter, nie ruht die Verzweiflung.

Beachten wir einmal mehr: Gott verwirft die Gottlosen, weil er gerecht ist. Er verwirft sie nicht, weil er allmächtig ist und daher alles tun kann, was ihm gefällt (Ps 115,3). Die Verdammnis ist nicht eine Funktion von Gottes Unumschränktheit, sondern von Gottes Gerechtigkeit.

156 Wilhelm Busch, *Freiheit aus dem Evangelium. Meine Erfahrungen mit der Geheimen Staatspolizei.*

6. Die Herkunft der Rettung (V. 7)

**7 Gebe Gott, dass aus Zion die Rettungen Israels kämen!
Wenn Gott die Gefangenschaft seines Volkes wendet[157],
soll Jakob jubeln, Israel sich freuen.**

»**Gebe Gott, dass aus Zion die Rettungen Israels kämen!**«: Der Gerechte hofft auf keinen Menschen; denn er hat es an sich und in all seiner Bedrängnis lernen müssen, dass unter den Menschen kein Guter ist, auch keiner, der die Macht hätte, vom Bösen zu befreien. Es kann nur Gott sein Retter sein. Rettung kann ihm nur von Zion her werden, von Gottes heiliger Wohnstätte her. Wie sehnt sich der Heilige nach dem Tag, an dem »**Gott die Gefangenschaft seines Volkes wendet**«! Gott, nicht ein Mensch wird Jakobs Gefangenschaft wenden. Und er wird es gewiss tun. An wem wird er es tun? An Jakob, das heißt, an seinen Erwählten. Und woran erkennt man Jakob? Daran, dass er unter seiner Gefangenschaft seufzt; daran, dass er seiner Sünde wegen bekümmert ist (Ps 38,18); daran, dass er sich als einen Sünder erkennt (Lk 18,13-14). Erkennt er das, dann erkennt er auch den Mann, den Gott dazu verordnet und in die Welt gesandt hat, *»sein Volk von seinen Sünden zu retten«* (Mt 1,21). Er ist es, der gekommen ist, Sünder selig zu machen (Mt 9,13; 1Tim 1,15). Wenn Jakob ihn kommen sieht, wird »**Jakob jubeln, Israel sich freuen**«. Dann, wenn Gott eingreift, wird Freude sein; aber erst dann. Jetzt ist noch Kummer, denn jetzt ist noch der Tag des Menschen. Aber Gottes Tag kommt, und darüber freut sich der Gerechte. Abraham sah den Tag des Herrn, und er freute sich (Joh 8,56). Auch an dieser Freude am Kommen des Retters erkennt man alle Kinder Abrahams.

Lehrreiches und Denkwürdiges zu Psalm 53

»Dieser Psalm ist, abgesehen von wenigen Ausdrücken, dem 14. ganz gleich … Er wird zum einen wiederholt, weil er einen so wichtigen Stoff behandelt, und zum anderen, weil sich ein neuer Anlass dazu ergab, sodass David ihn ein zweites Mal mit kleineren Veränderun-

157 Ps 126,1; Joe 4,1; Am 9,14; Zeph 2,7.

gen anstimmte. Der Kompilator oder die Kompilatoren der Psalmen Davids hielten diesen in so großen Ehren, da sie wussten, dass er von Gott inspiriert war, dass sie keine seiner hinterlassenen Lieder fallen ließen und darum den Psalm überlieferten mit den Variationen, die dieser gemacht hatte« (Matthew Poole).

»Vergleichen wir diesen Psalm mit dem 14. … sehen wir, dass die Gerechten mehr als einmal in gleiche Nöte geraten … Dabei konnten und sollten sie die gleichen Tröstungen in Anspruch nehmen und zu diesem Zweck sich auch die gleichen Lehren in Erinnerung rufen, wozu auch die Kirche angeleitet wird im Psalm 14 und im vorliegenden Psalm« (Dickson).

»Gott spricht einmal, ja, zweimal, und es wäre gut, würden wir dann wenigstens aufmerken. Gott spricht in diesem Psalm ein zweites Mal, denn er ist dem 14. Psalm fast wörtlich gleich. Er will uns von unserer Sündhaftigkeit überzeugen und uns zur Scham und zur Gottesfurcht bewegen. Weil wir uns dazu nur unwillig bewegen lassen, muss die gleiche Wahrheit wiederholt werden. Das überführende Wort gleicht dem Hammer, mit dem man viele Male schlagen muss« (Henry).

»Derselbe Psalm, den wir in Psalm 14 schon einmal gehört haben, begegnet uns hier mit einer einzigen wesentlichen, sonst nur mit wenigen Abweichungen zum zweiten Mal … es verallgemeinert sich da die Schilderung sittlichen Verderbens und die Verkündigung göttlichen Fluchs, welche den Inhalt des 52. Psalms in Beziehung auf Davids Verfolger bildeten, zu Klage und Rache über das Menschengeschlecht überhaupt« (Dächsel).

»In beiden Psalmen (dem 14. und dem 53.) kommt der Gottesname siebenmal vor … Das jeweils siebenmalige Benennen Gottes angesichts der überhandnehmenden Sünde ist nicht ohne Bedeutung« (Grant).

»Viermal wird das in Psalm 14 verwendete *Jahwe* durch *Gott* ersetzt. Durch die Veränderung sollte Gott als der wunderwirkende Gott gepriesen werden. Alles, was bezüglich Jahwes Kenntnis der Menschen gilt (Ps 14), gilt auch bezüglich der Haltung des wunderwirkenden Gottes gegenüber den Menschen. Er schaut nicht nur als der Helfer, sondern auch als der Allerhöchste auf die Menschen herab. So verkennen die Gottlosen ihn nicht lediglich als den Helfer der Menschen, sondern sie rufen ihn auch nicht an als den mächtigen Gott« (Morgan).

V. 1 – »Dem Vorsänger: Wenn dem Vorsänger das Vorrecht gewährt wird, immer wieder das *Jubilate* der göttlichen Gnade zu singen, so darf er den Gesang des *Miserere* der menschlichen Verdorbenheit nicht verschmähen« (Spurgeon).

V. 2 – »Prophetische Bedeutung: Obwohl die Menschen im Herzen gottlos sind, bekennen sie einen politischen Gott, der ihren Zwecken dienen soll: 2. Thessalonicher 2,4; Daniel 11,36-38; Offenbarung 13,15« (Clarke).

Sprachliche Anmerkungen zu Psalm 53

V. 1 – »**Machalat**«: Aquila, Symmachus und Theodotion haben die hebr. Konsonanten als **məḥôlôt** aufgefasst und entsprechend χορεια, übersetzt: »im Reigen«; Luther 84 ist ihnen gefolgt: »zum Reigentanz«. LXX hat das Hebräische transkribiert υπερ μαελεθ, V *per chorum*, Luther 12 entsprechend: »im Chor«. Einzig Buber hat: nach »die Krankheit«.

*»Das Wort **machalath** wird nur hier und in Psalm 88 verwendet. Einige sehen es mit Aben Ezra als das erste Wort eines Liedes an, nach dessen Melodie dieser Psalm gesungen wurde … Es kann sich aber auch auf den Inhalt des Psalms beziehen und **Krankheit und Schwäche betreffend** übersetzt werden. Jarchi vermerkt, einige verstehen es als **die Krankheit und Schwäche Israels betreffend**, als der Tempel zerstört war. Am besten versteht man es als einen Psalm bezüglich der Krankheit der Sünde und der Schwachheit, die aus ihr folgt, der Krankheit also, die alle Menschen befallen hat; denn der Psalm behandelt offenkundig die allgemeine Verdorbenheit und Sündhaftigkeit des Menschen«* (Gill).

V. 2 – »**Tor**«: **nâbâl**, wie der Eigenname Nabal in 1. Samuel 25.

V. 3 – »**schaut**«: **hišqîph**. Dieses Verb wird verwendet für den, der aus einem Haus durchs Fenster schaut wie Abimelech (1Mo 26,8). Es ist also, allgemein gesprochen, ein Schauen, bei dem der Betrachter von dem Betrachteten nicht wahrgenommen wird. Ebenso schaut Gott aus seiner himmlischen Wohnung und sieht die Menschen, während diese ihn nicht sehen.

V. 6 – **»da schreckte sie ein Schrecken«**: **paḥâdû paḥad**, wörtl. »sie erschraken einen Schrecken«, eine typisch semitische Ausdrucksweise (Paronomasie). Elb und Rev. Elb hat das Hebräische gut getroffen: »Da überfiel sie ein Schrecken.« Buber hält sich näher ans Hebräische: »Dort, sie schrecken zusammen mit Schreck.« Luthers »da fürchten sie sich« fängt die Dramatik des Augenblicks nicht ein; Schlachter ist (wie so häufig) weder elegant noch exakt: »Werden sie es dann nicht mit Schrecken erfahren?«

V. 7 – **»Gebe Gott«**: **mî jittên lî**, wörtlich: »Wer wird mir geben?« (so auch in Ps 55,7). Wer wird geben, wer wird dafür sorgen, dass die Rettung Israels kommt? Marx: »O gäb's doch von Zion für Jisrael Hilfe!« Buber übersetzt ganz wörtlich: »Wer gibt von Zion her Befreiungen Jisraels!« Auch er zeigt, dass man die Frage eigentlich als Wunsch verstehen muss, indem er nicht ein Fragezeichen, sondern ein Ausrufungszeichen setzt.

Psalm 54
Gott, der Helfer der Bedrückten

Dies ist der achte von insgesamt 14 Psalmen, die in der Überschrift den Anlass ihrer Entstehung nennen: Psalm 3; 7; 18; 30; 34; 51; 52; 54; 56; 57; 59; 60; 63; 142. Er ist einer der neun Psalmen, die gemäß Überschrift entstanden, als David vor Saul auf der Flucht war. Wie die beiden vorangegangenen ist er ein *Maskil.*

Im letzten Vers des vorhergehenden Liedes hatte David geseufzt in seiner Sehnsucht nach Gottes rettendem Eingreifen (53,7). Hier beschreibt er dieses Eingreifen. Der Tor von Psalm 53,2 findet sich wieder in Psalm 54,5: Er hat Gott nicht vor Augen. David hatte geklagt, die Gottlosen wollten die Gerechten fressen wie Brot (53,5); hier heißt es, Gewalttätige trachten nach Davids Leben (54,5). Der Torheit der

Gottlosen hält David hier den Glauben der Gerechten entgegen. Jene rufen Gott nicht an (53,5), er aber betet um Gottes Beistand und Gottes Eingreifen (54,3.4.7). Jene sagen, es sei kein Gott, er aber weiß und erfährt: Gott lebt (siehe Ps 18,47), denn erstens hilft er den Heiligen (V. 6) und zweitens schlägt er ihre Feinde (V. 7). Wie der Psalm 53 mit dem Jubel der befreiten Gerechten endet, endet Psalm 54 mit Davids Lob.

1. **David ruft zu Gott um Rettung (V. 3-4)**
2. **David wird von Gewalttätigen bedroht (V. 5)**
3. **David weiß, dass Gott ihm helfen wird (V. 6-7)**
4. **David opfert Gott und preist ihn für sein Eingreifen (V. 8-9)**

Zunächst betet David direkt zu Gott, dass er retten möchte (V. 3-4). Dann erklärt er, warum er zu Gott betet: Fremde sind gegen ihn aufgestanden (V. 5). Nach dem Sela, das die erste Strophe schließt, spricht David von Gott als seinem Helfer (V. 6) und von dessen Rache an den Feinden (V. 7a). Das ist eben Gottes rettendes Eingreifen. David beschließt die zweite Strophe mit einer zweiten Bitte an Gott (V. 7b). Das Lied mündet ein in das Versprechen Davids, er wolle Gott für seine Errettung preisen, weil ihm dieses Lob zusteht (V. 8-9).

1 Dem Vorsänger, mit Saitenspiel. Ein Maskil von David,
2 als die Siphiter kamen und zu Saul sprachen: Hält David sich nicht bei uns verborgen?

Zu »**Vorsänger**« siehe Psalm 4.

»**Maskil**«: Dies ist der siebte von insgesamt 13 Psalmen, die in der Überschrift so genannt werden (zur Bedeutung des Ausdrucks, siehe Ps 32).

»**als die Siphiter kamen und zu Saul sprachen …**«: Wir lesen zweimal von den Siphitern, wie sie David an Saul verrieten (1Sam 23,19; 26,1). Das war aus zweifachem Grund besonders niederträchtig: Erstens gehörten sie zum gleichen Stamm wie David, und zweitens hatte David eine ihrer Grenzstädte vor den Philistern gerettet (1Sam 23,1-5). Wie ohnmächtig ist der Verratene, wie schnöde ist der Verräter! Wie freut sich der Gerechte, dass ein treuer Gott ist, der die Seinen nicht an ihre

Feinde verrät, und dass ein gerechter Gott ist, der alle Treulosigkeit der Menschen richten wird!

1. David ruft zu Gott um Rettung (V. 3-4)

Der Tücke und der Stärke der Feinde hält David vier Dinge entgegen: 1. Gott; 2. Gottes Willen zu retten; 3. Gottes Macht; 4. Gottes Gerechtigkeit. So sieht er alles Treiben der Feinde im rechten Licht (siehe 36,10).

3 Gott, durch deinen Namen[158] **rette mich,**
und schaffe mir Recht[159] **durch deine Macht!**

David betet um Errettung

1. durch Gottes Namen
2. durch Gottes Macht

Gott rettet und richtet in seiner Macht; wer will ihm wehren? Dennoch rettet und richtet er immer nach Recht – *»nach deiner Wahrheit vertilge sie!«* (V. 7) –, denn Gott ist Licht. Das hat David verstanden. Darum betet er, dass Gott **»durch seinen Namen«** rette. Gottes Name zeugt von Gottes Wesen. In seinem Namen sind alle seine Eigenschaften zusammengefasst. Gott ist Liebe: Darum rettet er. Gott ist Licht: Darum rettet er nach Recht. Gott ist allmächtig: Darum rettet er unwiderstehlich; Gott ist treu: Darum rettet er die Seinen gewiss und unwiderruflich.

»Gott, durch deinen Namen rette mich«: Dem Hass Sauls und der Treulosigkeit der Siphiter hält David den Namen entgegen, der für Treue verbürgt. Die Siphiter waren Opportunisten, die ihre Fahne nach dem Wind richteten. Gott bleibt seinen Verheißungen treu. Er hat verheißen, seine Erwählten zu bewahren bis ans Ende. Dem Heiligen ist der Name Gottes nie teurer als in der Drangsal. Gott ist ein Retter-Gott; sein Name heißt *Jesus*, denn er rettet sein Volk (vgl. Mt 1,21). Der Name der Siphiter, der Verräter Davids, wird verwesen (Spr 10,6); der Name Sauls erinnert alle nachfolgenden Geschlechter an seine große Sünde, den Gesalbten

158 Ps 20,2; 52,11; Spr 18,10; Apg 4,12.
159 Ps 43,1.

des Herrn mit mörderischem Hass verfolgt zu haben. Der Name des Gottes Davids bleibt, und mit ihm der Name aller, die auf ihn vertraut haben. Wo wollen wir, dass unser Name stehen? Bei denen, die um eines gegenwärtigen Vorteils willen den Heiligen an den Mächtigen ausliefern? Bei denen, die jetzt die Macht haben, die Elenden zu bedrücken? Oder bei den Elenden, deren Namen jetzt belächelt oder verwünscht werden, die aber in den Himmeln angeschrieben sind (Lk 10,20)?

»schaffe mir Recht durch deine Macht«: Gott schafft Recht durch seine Macht. Er hat die Macht, das Recht durchzusetzen. Er wird dabei aber nie das Recht beugen, weder um den Seinigen zu helfen noch um die Bedränger niederzuwerfen (siehe V. 5). Unter den Menschen ist hingegen das Recht immer auf der Seite der Mächtigen. *Might is right* (die Macht hat recht), wie man auf Englisch sagt.

4 Gott, höre mein Gebet[160],
gib Gehör den Reden meines Mundes!

»Gott, höre mein Gebet«: Der von Gott Geliebte darf zu dem rufen, der das Universum regiert und bald alle Welt richten wird. Und er ruft nicht nur, sondern er wird erhört. Bedenken wir: Der Allerhöchste, der Lenker aller Dinge, der Urheber allen Seins – er hört auf das Rufen kleiner Menschen! Wenn Not sein muss, damit wir das ein wenig klarer sehen und mit ein wenig größerem Ernst beten, dann ist Not unser Freund; dann haben wir Ursache, Gott zu danken für die Siphiter, die uns verraten, und für einen Saul, der uns nachsetzt. Denn dann hat Not, die leicht und vergänglich ist, uns etwas beschert, das ewiges Gewicht hat und nie vergeht (vgl. 2Kor 4,18).

2. David wird von Gewalttätigen bedroht (V. 5)

David schildert Gott seine Not: Feinde stellen ihm nach, sie sind gewalttätig und sie fürchten Gott nicht. Weiß Gott das alles denn nicht? Müssen wir ihn ins Bild setzen? Sicher nicht. Gott kennt unsere Not, lange bevor wir selbst sie merken und ihm klagen (Mt 6,8). Aus dieser Tatsache hat

160 Ps 4,2; 17,1; 84,9; 143,1.

aber unser Herr nicht gefolgert, wir müssten deshalb nicht beten (siehe Mt 6,9ff.), sondern wir sollten daraus lernen, recht zu beten, wir müssen mit Glauben beten. Indem wir vor Gott aussprechen, wer er ist (V. 3), und ihm sagen, was unsere Not ist (V. 5), bekennen wir unseren Glauben. Ohne Glauben aber können wir im Gebet nichts erlangen (Jak 1,6-7).

5 Denn Fremde stehen auf gegen mich[161]**,**
Gewalttäter trachten mir nach dem Leben[162]**;**
sie stellen Gott nicht vor sich[163] **(Sela).**

»Fremde«, **zârîm**, stehen hier für Menschen, die kein Mitgefühl kennen, während sie zerstören, rauben und verschlingen (wie in Ps 109,11; Spr 5,11; Jes 1,7; Jer 30,8; 51,51; Hes 11,9; 28,7; Hos 8,7; Ob 11). Ohne Hemmungen trachten sie David **»nach dem Leben«**. So ist eben der Mensch; er kennt nur Rücksicht, wo es um seine eigenen Leute geht (Mt 6,46-47), sonst ist er erbarmungslos (2Sam 24,14); darum warnt der Prophet seine Zeitgenossen (Mi 7,4-5) und der Herr die Jünger vor den Menschen (Mt 10,17).

»sie stellen Gott nicht vor sich«: Die Feinde sind furchtbar, weil sie Gott nicht fürchten und sich darum vor keiner Bosheit scheuen. Sie bedenken nur nicht, wie sehr sie sich vertan haben. Sie rechnen nicht mit Gottes Heiligkeit, die ihre Bosheit wägen, sie rechnen nicht mit Gottes Macht, die sie niederwerfen wird, und sie rechnen nicht mit Gottes Liebe, die seine Heiligen schützt und vor jedem Feind verteidigt.

3. David weiß, dass Gott ihm helfen wird (V. 6-7)

6 Siehe, Gott ist mein Helfer[164]**;**
der Herr ist Bewahrer meiner Seele.

»Siehe, Gott ist mein Helfer«: Wir haben gesehen, wie Gott rettet: nach seiner Macht, nach seinem Recht und nach seiner Liebe. Hier werden wir daran erinnert, dass es Gott allein ist, der rettet. Wenn Feinde uns

161 Ps 3,2; 59,4; 86,14.
162 Ps 124,1-3.
163 Ps 36,2.
164 Ps 121,2; 124,8.

bedrängen, sind wir in Gefahr, unsere Sache selbst in die Hand nehmen zu wollen, statt auf Gottes Rettung zu warten. Der Feind provoziert uns durch seine willigen Werkzeuge; lassen wir uns provozieren und rächen uns selbst, dann haben wir uns vom Bösen überwinden lassen. Der Feind hat seine Absicht erreicht, wir sind zu Toren geworden, und Gottes Name ist nicht geheiligt worden.

»der Herr ist Bewahrer meiner Seele«: David hatte seine sechshundert Mann, die treu zu ihm standen und ihm Leib und Leben schützten. David wusste, dass sie lediglich Werkzeuge waren, denn die Gegenwart Gottes unter ihnen war ihr wirklicher Schutz. Gott war also ihr Helfer und Bewahrer, nicht Joab und nicht Abisai, nicht Benaja noch sonst einer der Helden Davids.

7 Er lenke das Böse zurück auf meine Feinde!
In deiner Treue vertilge sie[165]!

»Er lenke das Böse zurück auf meine Feinde«: Es ist nicht unser Geschäft, uns zu rächen, vielmehr befiehlt uns Gott: *»Rächt nicht euch selbst, Geliebte, sondern gebt Raum dem Zorn; denn es steht geschrieben: Mein ist die Rache; ich will vergelten, spricht der Herr«* (Röm 12,9). Das Gebet Davids ist darum nicht anstößig, denn er tut damit das, was Paulus befiehlt. Er überlässt die Rache Gott. Allerdings darf der Christ noch einen Schritt weiter gehen und für seine Feinde Fürbitte tun – wie der Herr am Kreuz und wie nach ihm Stephanus (Lk 23,34; Apg 7,60; siehe auch Röm 12,14; 1Petr 3,9).

»In deiner Treue vertilge sie«: Gott ist treu, darum hält er den Bund. Er hatte Abraham verheißen, er werde die anfeinden, die ihn anfeinden, und die verfluchen, die ihn verfluchen (1Mo 12). Gott wird mithin die Feinde vertilgen, aber er wird auch dabei sich selbst treu bleiben. Er wird seine Macht nicht missbrauchen, um seine Sache durchzusetzen, sondern er wird auch gegenüber den Feinden nach der Wahrheit handeln. Denn Gott ist ein Fels, alle seine Wege sind recht. Er ist ein Gott der Wahrheit und ohne Trug, gerecht und gerade ist er (5Mo 32,4).

165 Ps 143,12.

4. David opfert Gott und preist ihn für sein Eingreifen (V. 8-9)

8 Willig[166] will ich dir opfern[167],
deinen Namen will ich preisen, HERR,
denn er ist gut.

In Psalm 50 hatte Gott die formalen Opfer Israels gerügt, in Psalm 51 hatte David gesagt, dass ein zerbrochenes Herz das Opfer ist, das Gott gefällt. Hier opfert er Gott »**willig**«, d.h. nicht, weil eine formale Vorschrift es verlangt, sondern er opfert aus einem Herzen, das sich in der Not an Gott gewandt hat und das nun von Dank erfüllt ist, weil Gott geholfen hat. Es ist ein Opfer, das Gott gefällt. Gottes Name hat David gerettet (V. 3), seinen »**Namen**« will David daher »**preisen**«.

9 Denn aus aller Not hat er mich gerettet,
und mein Auge schaut herab auf meine Feinde[168].

»**Denn …**«: Es ist gut, sich beim Preisen an die Gründe zu erinnern, weshalb wir Gott preisen wollen. Erstens geben wir damit dem die Ehre, dem sie zusteht, zweitens wächst dabei unsere Dankbarkeit. David nennt zwei Gründe: Gott hat ihn »**aus aller Not gerettet**«. Wenn das kein Grund zum Lob ist! Und dann: Davids Auge »**schaut herab**« auf seine Feinde. Tatsächlich: David ist oben, sie sind unten, sie, die sich so bedrohlich vor ihm aufgetürmt hatten. Er ist Gott unendlich dankbar, dass er ihn seinen Feinden nicht überlassen hat. Er braucht sich nun auch nicht an ihnen zu rächen. Gott tut das.

Lehrreiches und Denkwürdiges zu Psalm 54

»Der Psalm enthält ein Gebet Davids, das er an Gott richtete, als er sich von den Bewohnern der Wüste Siph verraten und sein letztes Stündlein gekommen sah. Aber eben in dieser Not zeigt er die unüberwindliche

166 Ps 119,108.
167 Ps 56,13.
168 Ps 59,11; 92,12; 112,8; 118,7.

Stärke seines Glaubens dadurch, dass er, den Tod vor Augen, dennoch nicht aufhört, Gott anzurufen« (Calvin).

»Die Anwendung auf Christus und auf die Christen ist offenkundig und mühelos, weshalb unsere Kirche (die Anglikanische, B. P.) verordnet hat, dass dieser Psalm an Karfreitag gelesen werde« (Horne).

V. 1 – »Ein Maskil. Wir sollen lernen und lehren durch unseren Gesang. Die Erbauung darf vom Lobgesang nicht geschieden werden« (Spurgeon).

V. 2 – »Aus der heiligen Geschichte ist bekannt, dass David des Öfteren in dem Teil der Wüste, der an Siph grenzt, Unterschlupf fand. Wir erfahren, dass er zweimal von den Einwohnern dieser Gegend verraten wurde (1Sam 23,19; 26,1). Die Notiz, dass unser Psalm gerade unter diesen Umständen gedichtet wurde, stellt uns anschaulich vor Augen, wie kein Übel den David gänzlich zerbrechen noch seine Hoffnung auf Gott lähmen konnte« (Calvin).

»Aus der Überschrift wollen wir lernen: Besondere Nöte und besondere Rettungen sollten wir besonders erwähnen« (Dickson).

V. 3-5 – »Davids Bitte um Hilfe und Errettung aus der Gewalt seiner boshaften und gottvergessenen Feinde, womit er uns lehrt, dass man auch in der höchsten Gefahr keine unerlaubten Mittel suchen, noch verzagen, sondern Gottes Namen anrufen und ihm als dem höchsten Richter seine Sache befehlen soll« (Dächsel).

»Der Hilferuf ist bemerkenswert knapp im Vergleich zu anderen Psalmen, die eine ähnliche Situation voraussetzen. Darin spiegelt sich die akute Gefährdung des Beters, die ihm keine Zeit lässt, viele Worte zu machen« (Lamparter).

V. 3 – »Auf dem Hintergrund von Verrat bekommt die Anrufung des *Namens* Gottes und die Bitte darum, dass er ihm Recht schaffe, besonderes Gewicht. Die Leute, die David verraten hatten, waren Opportunisten, kannte keine Prinzipien, sondern richteten ihre Fahne stets nach dem Wind. Gott hingegen hat sich und seine Absichten bezeugt, an die er sich hält, und er handelt in Übereinstimmung mit seinem Namen (z.B. Ps 23,3; 48,11 etc.). Und David seinerseits ist nicht nur auf seine Sicherheit, sondern auch auf Gerechtigkeit bedacht. *Recht schaffen* ist ein Begriff aus der Rechtsprechung« (Kidner).

V. 5 – »Obwohl die Siphiter Landsleute Davids waren, benahmen sie sich wie Fremde, als sie ihn einem ungerechten und grausamen Feind ausliefern wollten. Genau gleich handelte die ganze jüdische Nation mit ihrem gesalbten Fürsten und Heiland, als sie ihn der römischen Macht auslieferte« (Horne).

V. 6.7 – »Als schön und von großem Gewicht erscheinen die beiden letzten Verse, wenn wir sie gleichsam aus dem Mund unseres Herrn nach seiner Auferstehung hören« (Horne).

Sprachliche Anmerkungen zu Psalm 54

V. 3 – **»durch deinen Namen«**: **bəšimkâ**, das man auch »in deinem Namen« übersetzen könnte. Das lässt uns an Apostelgeschichte 4,12 denken: Es gibt nur *einen* Namen, in dem wir errettet werden können.

V. 5 – **»trachten mir nach dem Leben«**: **biqqəšû naphšî**, wörtlich »suchen meine Seele«.

V. 6 – **»mein Helfer«**: **ᶜôzêr lî**, wörtlich »ein Helfer mir«.

V. 7 – **»er lenke«**: **jâšîb**. So lautet die von den Masoreten vorgeschlagene Lesart (Qere). Als Konsonanten sind überliefert (Ketib): **jâšûb**, »es wird/ soll umkehren«. Dann wäre es nicht eine Bitte, sondern eine Aussage: Das Böse wird auf meine Bedränger zurückkehren.

V. 8 – **»willig«**: **bindâbâh**, wörtl. »mit Willigkeit«. Das Nomen **nədâbâh** ist in den Psalmen noch in 68,10; 110,3; 119,108 belegt. Es wird in 2. Mose 35,29 mit »freiwillige Gabe« übersetzt. Es ist der übliche Begriff für die freiwilligen Opfer (3Mo 7,16; 22,23; 4Mo 15,3).

V. 9 – »**hast du mich gerettet**«: **hiṣṣîlanî**, eigentlich »hast du mich herausgerissen«, wie u.a. in Psalm 7,2; 18,1.18.49; 33,16; 39,9; 50,22; 51,16; 69,15; 79,9; auch in Amos 3,12. Eine Erörterung der vier hebräischen Synonyme für »retten« findet sich in der Auslegung zu Psalm 18.

Psalm 55
Gott, der starke Helfer der Verratenen

Der Psalm trägt die gleiche Überschrift wie der vorhergehende und setzt mit einer ähnlichen Bitte an Gott ein (V. 2; 54,3). Hören wir dort von Gewalttätigen, die David nach dem Leben trachten (54,4), so hier von Gottlosen, die Unheil auf ihn wälzen (55,4). Im letzten Vers von Psalm 54 kann David auf seine Feinde herabschauen, in 55,4 stöhnt er über die Stimme des Feindes. Einiges an ihm erinnert auch an Psalm 41, wo David ebenfalls die Treulosigkeit eines Freundes beklagt.

Es ist bereits der vierte Psalm in Folge, in dem David über seine Drangsal klagt, die böse Menschen ihm bereiten. Ein Doppeltes macht seine Not übermäßig groß: Gott hält sich ihm verborgen (V. 2), und der Bedränger ist nicht ein Feind, sondern ein ehemaliger Freund (V. 13-15). Zahlreiche Ausleger halten den Aufstand Absaloms und den Verrat des Ahitophel für den Anlass dieses Psalms, und vieles spricht auch dafür. Es scheint zwar zunächst, David sei noch in der Stadt, als er vom Verrat des namentlich nicht genannten Freundes spricht (V. 13-15), während 2. Samuel 15 uns zeigt, dass David vor dem heranziehenden Absalom bereits aus der Stadt geflohen war, als man ihm berichtete, Ahitophel habe ihn verraten (2Sam 15,31). Aber der Psalm hält ja Rückschau; darum spricht nichts dagegen, dass David zuerst von seiner Angst spricht, die er hatte, als er in der Stadt war und von Absaloms Verschwörung hörte, und dann vom Gebet, das er betete, als er schon auf der Flucht war. Vieles erinnert an den Verrat Ahitophels (zu V. 7-8 siehe 2Sam 15,14; zu V. 14-15 siehe 2Sam 15,31; zu V. 19b siehe 2Sam 15,12b). Dieser wiederum ist in Worte gefasst, die an die Weissagung vom Verrat des Judas erinnern (Ps 41,10). Judas seinerseits ist als »Sohn des Verderbens« ein Vorläufer des Antichristen (Joh 17,12; 2Thes 2,3), und in der Tat ist dieser Psalm eine Weissagung von den Empfindungen des Herrn über seinen Verräter. Er ist auch eine Weissagung von den Gerechten in Israel, die unter dem Trug des Antichristen leiden.

David trug dem Vorsänger auf, diesen Niederschlag seiner persönlichen Erfahrung vor dem Volk zu singen, damit das ganze Volk Gottes zu allen Zeiten Zuversicht lernen könne an Davids Not und Hilfe.

Der Psalm ist wenig strukturiert; die abrupten Wechsel sind ein Abbild der leidenschaftlichen Wallungen im Innern Davids. Klage und Angst wechseln ab mit brennendem Zorn. Die Umstände erklären das gut: Feinde bedrohen ihn, sodass er am Leben verzweifelt (vgl. 2Kor 1,8.9) und in großer Angst zu Gott schreit (V. 2-9). Aber ein feiger Verräter hat ihn den Blutmenschen ausgeliefert, und das erregt seinen Zorn und lässt ihn zu Gott um Gericht rufen über den mörderischen Einschmeichler (V. 10-16). Die Angst und der Grimm weichen jedoch am Ende ruhiger Zuversicht. David kann dreimal des Tages seufzen und beten und findet die Gewissheit, der HERR werde *»nicht zulassen, dass der Gerechte wanke«*, und er werde die Feinde *»versenken in die Grube des Verderbens«*, während David auf ihn *»vertrauen«* werde (V. 17-24). So kann man doch eine deutliche Entwicklung von Angst über Zorn zu ruhiger Gewissheit erkennen. Eine Gliederung könnte so aussehen:

1. **Davids Angst (V. 2-9)**
2. **Davids Grimm (V. 10-16)**
3. **Davids Zuversicht (V. 17-24)**

»Der Psalm ist eigentlich eine Offenbarung darüber, wie die Gemeinschaft mit Gott zum Sieg des Glaubens führt ... Angst weckt nur das Verlangen zur Flucht. Zorn verschärft nur das Empfinden von Unrecht. Glaube allein schafft Mut« (G. C. Morgan).

1 Dem Vorsänger, mit Saitenspiel. Ein Maskil von David.

Zu »**Vorsänger**« siehe Psalm 4.

»**Maskil**«: Dies ist der achte von insgesamt 13 Psalmen, die in der Überschrift so genannt werden (zur Bedeutung des Ausdrucks siehe Ps 32). In diesem Maskil lehrt uns David anhand seiner Bedrängnis Wahrheiten, die sich am ganzen Volk Davids bewahrheiten werden. Ganz Israel (eigentlich: nur der gläubige Überrest) wird in ein große Drangsal kommen, aus der es aber errettet werden wird (Jer 30,7). Das Volk wird wie ein Vogel in die Wüste fliegen (V. 7-8; Offb 12,4; Mt 24,15-16). Zuvor wird das Volk in der Stadt Gott in seinem wieder aufgebauten Tempel angebetet haben (V. 15; Offb 11,1), aber dann wird der Bund gebrochen werden, der ihnen für eine Zeit Frieden und Sicherheit geboten und die Wiedereinrichtung des Tempeldienstes erlaubt hatte (V. 21; Dan 9,27). Gott aber wird auf das beständige Flehen seines Volkes hören (V. 17-18; Offb 8,4-5); er wird kommen und die Verführer und Verderber seines Volkes, den Antichristen und das Tier, ins Verderben stürzen (V. 24; Offb 19,20).

1. Davids Angst (V. 2-9)

2 Vernimm, o Gott, mein Gebet,[169]
und verbirg dich nicht vor meinem Flehen[170]**!**

»Vernimm, o Gott, mein Gebet«: David bittet, dass Gott seine Ohren auf sein Rufen richte. Er wagte nie so zu beten, wüsste er nicht, dass die Augen des Herrn gerichtet sind auf die Gerechten und seine Ohren auf ihr Schreien (Ps 34,15).

»verbirg dich nicht vor meinem Flehen«: Wenn Gott sich vor uns verbergen sollte, wüssten wir nicht wohin. David weiß, dass Gottes Gegenwart alles ist. Ist er da, kann kein Feind ihm schaden; ist er nicht da, ist es um ihn geschehen. Dann verschlingen ihn die Feinde, dann übereilt ihn die Sünde, dann umfängt ihn der Tod. Das hebräische Verb **hitᵉallêm** kommt auch in 5. Mose 22,3 vor, wo das Gesetz dem Israeliten verbot, vor einem Schaden seines Nächsten die Augen zu verschließen: *»Du sollst dich ihm nicht entziehen.« »Diese Anspielung macht das Gebet Davids gleichzeitig zu einem Appell an Gottes Treue sich selbst gegenüber und an sein Erbarmen«* (D. Kidner).

3 Merke auf mich und antworte mir!
Ich irre umher in meiner Klage und muss stöhnen

169 Ps 54,4.
170 Kla 3,56.

»Merke auf mich und antworte mir!«: Gott möchte weder die Augen vor seiner Not noch die Ohren vor seinem Schreien verschließen. Das ist die dritte Bitte, die David mit nicht nachlassender Dringlichkeit an den Herrn richtet. Wir können uns über die Kühnheit nicht genug verwundern, dass einer Gott so zu bedrängen wagt; aber wir dürfen das, der Herr selbst hat uns sogar aufgefordert, so zudringlich zu beten (Lk 11; 18).

> **4 vor der Stimme des Feindes,**
> **vor der Bedrückung des Gottlosen;**
> **denn sie wälzen Unheil auf mich**[171]
> **und befeinden mich im Zorn.**

Die **»Stimme des Feindes«** mag bedrohlich, und der Feind mag mächtig sein, aber wir haben auch eine Stimme. Die mag schwach und in den Ohren der Feinde verächtlich sein. Aber Gott hört sie, und das ändert alles. Er wird aller **»Bedrückung des Gottlosen«** ein Ende machen, und er wird jedes **»Unheil«** von uns auf unsere Feinde **»wälzen«**. Er wird die befeinden, die uns **»befeinden«**.

> **5 Mein Herz bebt in meiner Brust,**
> **und Todesschrecken**[172] **befallen mich.**
> **6 Furcht und Zittern kommt mich an,**
> **und Grauen bedeckt mich.**

Was tut einer, wenn sein **»Herz bebt«**? Wie viel Macht haben wir über unser Herz? Mit welchem Zauber wollen wir **»Todesschrecken«** vertreiben? Wir haben keine Macht über uns, wir sind machtlos gegen **»Furcht und Zittern … und Grauen«**. Darin gleichen wir allen Menschen, allen Adamskindern. Gehören wir aber zur erwählten Schar wie König David, dann wissen wir, wer Macht hat über Angst und damit auch über unser geängstetes Herz. Das weiß auch David, obwohl er zuerst Hilfe in der Flucht sucht:

171 Ps 54,5.
172 Ps 18,5-6; Mt 26,37-38.

7 Da sagte ich:
Hätte ich nur Flügel wie die Taube![173]
Ich wollte fliegen[174] **und ruhen,**
8 ja, fernhin wollte ich fliehen,
weilen in der Wüste (Sela).

»fernhin wollte ich fliehen«: Bei anderer Gelegenheit hatte David jeden Rat, aus der Stadt zu fliehen, energisch abgewiesen (Ps 11,1; vgl. Neh 6,10-11). Diesmal aber ist seine Angst so groß, dass er fliehen will, so wie ein Mose vor der Nachstellung des Pharao (2Mo 2,15) und ein Elia vor dem Drohen eines gottlosen Weibes (1Kö 19,2-3) flohen. Und auch ein Jeremia wünschte zuweilen, sich aus der sündigen Stadt in die Wüste absetzen zu können (Jer 9,1). Im Gegensatz zu ihnen wies der Herr selbst die Jünger an, vor Verfolgern in eine nächste Stadt zu fliehen (Mt 10,23) und aus Jerusalem zu fliehen, sobald sie die Stadt von Feinden umzingelt sehen würden (Lk 21,20-21). Und auch den Heiligen der Drangsalszeit wird das gleiche befohlen (Mt 24,16-20). Vom Drachen verfolgt, werden sie in die Wüste fliehen an die von Gott bereitete Stätte. Gott wird ihnen dann die Flügel geben, die David sich gewünscht hätte (Offb 12,3-14).

9 Ich wollte eilends entrinnen
vor dem reißenden Wind, vor dem Sturm.

David will **»dem Sturm«**, **sa^c^ar**, entrinnen. Das lässt uns an Hiob denken, der im Sturm ausharren musste, um schließlich gerade *»im Sturm«*, **sə^c^arâh** (das gleiche Wort, nur hat es dazu noch die weibliche Endung **-ah**) Gottes Reden zu vernehmen (Hi 38,1). Sein Reden, das ist es, was wir mehr als alles andere nötig haben, wenn alles um uns bricht und die Angst uns überfallen will.

173 vgl. Jer 48,28.
174 Ps 124,7.

2. Davids Grimm (V. 10-16)

Davids Grimm entlädt sich in einem Gebet um Gottes gerechtes Gericht über die Gottlosen. Dabei weicht sein persönlicher Kummer der Sorge um Größeres. Seine Bitten finden Anlass und Leitbild in Gottes Handeln in der Geschichte (das Gericht über Babel, V. 10; das Gericht über Korah und seine Rotte, V. 16) und im Wissen um die hohe Bestimmung und Berufung der Stadt, die Gott zu seinem Wohnort erwählt hat. Damit stellt er seine Bitten auf festen Grund.

10 Verwirre, Herr,
spalte ihre Zunge!
Denn ich sehe Gewalt[175] **und Hader in der Stadt.**

»Verwirre, Herr, spalte ihre Zunge!«: Dies ist die erste Bitte um Gericht. Die bedrängten Heiligen beten um Gericht über ihre Bedränger; sie taten es in den Tagen Davids, sie werden es wieder tun, in den Tagen, die dem zweiten Kommen des Sohnes Davids vorausgesehen (Offb 8,4-5). Dieses Gebet ist ziemlich sicher vom Bericht über den Turmbau von Babel inspiriert. Gott erniedrigte eine hochmütige und gottlose Stadt, indem er ihre Zunge spaltete, d.h. ihre Sprache in zahlreiche Einzelsprachen aufteilte, oder *»verwirrte«*, wie es der biblische Bericht sagt (1Mo 11,7). Als David hörte, sein Vertrauter und Ratgeber Ahitophel habe sich auf die Seite Absaloms geschlagen, rief er, Gott möchte seinen Rat verwirren (2Sam 15,31).

»Ich sehe Hader in der Stadt«: Dabei ist es nicht irgendeine Stadt, sondern jene Stadt, von der David an anderer Stelle sagt, sie sei *»fest in sich geschlossen«* (Ps 122,3), sie sei gesetzt zur *»Freude der ganzen Erde«* (48,3), und *»Friede ... und sichere Ruhe«* müssten in ihr herrschen (122,7). Ähnlich wie David klagte Jahrhunderte später der Prophet Habakuk darüber, dass er in der heiligen Stadt Streit und Hader sehen musste (Hab 1,2). Und der Sohn Davids musste, als er durch die Gassen Jerusalems ging, klagen, sie sei eine Stadt, die die Propheten tötet und die steinigt, die zu ihr gesandt sind (Mt 23,37), und sie könne nicht erkennen, was zu ihrem Frieden dient (Lk 19,42).

175 Jer 6,7; Hab 1,3.

11 Sie umkreisen[176] sie Tag und Nacht auf ihren Mauern
und Unheil und Mühsal sind in ihrem Innern.
12 Verderben ist in ihrem Innern,
und Unheil und Trug[177] weichen nicht von ihrer Gasse.

»auf ihren Mauern«, ausgerechnet! Wo doch die Mauern gedacht waren als die besondere Zierde der Stadt, als Schutz und Zuversicht ihrer Bewohner (48,13-14). Und jetzt dienen sie als Paraderoute für Aufständische und Gottlose! Diesen Skandal kann David nicht ruhig mit ansehen.

»Unheil und Mühsal ... und Trug« sind die Werke der Gottlosen, denn die wollen die Begierden ihres Vaters, des Teufels, tun, der ein Menschenmörder und ein Lügner ist (Joh 8,44; siehe V. 23). Sie haben in den Gassen der heiligen Stadt keinen Platz (siehe 144,14), darum sind sie dem König gerade in dieser Stadt unerträglich. Psalm 101gibt uns einen Eindruck davon, wie verhasst dem David jede Form und Äußerung der Lüge war. David wollte im **»Innern«** seines Hauses nur Lauterkeit dulden (Ps 101,2), und er war entschlossen, Treulosigkeit und Verleumdung aus seiner Gegenwart zu verbannen (101,4-5) und aus der Stadt des Herrn auszurotten, die Frevel tun (101,8).

13 Denn nicht ein Feind höhnt mich,
das wollte ich tragen;
nicht mein Hasser tut groß gegen mich,
vor ihm wollte ich mich verbergen.
14 Doch du, ein Mensch meinesgleichen,
mein Freund und Vertrauter[178];
15 die wir süßen Rat zusammen hielten,
zum Haus Gottes gingen im Gedränge[179].

Die Bosheit eines Feindes kann man **»tragen«**, und vor dem Hasser kann man sich **»verbergen«**. Aber was tut man, und wohin will man sich wenden, wenn **»mein Freund und Vertrauter«** mich verraten hat? Der Mann, dem David sein Herz offengelegt und dem er sein nie hinter-

176 Ps 59,6.
177 Ps 52,4.
178 Ps 41,10.
179 Ps 42,5.

fragtes Vertrauen gegeben hatte, hatte ihm den Dolch in den Rücken gestoßen. Diese Verse erinnern an Psalm 41,9 und damit an den Verrat des Judas am Herrn. Dieser hatte ihm, als sie gemeinsam zu Tische lagen, *»mit dem Fuß ins Gesicht getreten«* (Ps 41,10). Während der Herr auf die Treulosigkeit seines Gefährten und die Bosheit seiner Feinde mit dem Gebet antwortete: *»Vater vergib ihnen, denn sie wissen nicht, was sie tun«* (Lk 23,34), betet David um Gericht über seine treulosen Freunde. Davids Gebet ist gerecht, Davids Gebet ist vollkommen angemessen; wir verstehen, dass er *»erbitterten Gemütes«* ist (2Sam 17,8). Auch die Heiligen in der Drangsalszeit werden sich verraten vorkommen und so beten (Offb 8,4.5), und Gott wird sie erhören. Aber wie anders betete der Herr! Wie unbegreiflich, wie unerwartet ist seine Gnade!

»die wir … zum Haus Gottes gingen im Gedränge«: Das Haus Gottes in der Stadt machte diese zur herrlichsten Stadt auf dem Erdenrund. Eine Wohnung Gottes auf Erden gab es nur in Jerusalem. Dort wohnten Menschen, die immer wieder in hellen Scharen zum Haus Gottes drängten. Und jetzt war ein Großteil von ihnen gegen den von Gott über Stadt und Volk eingesetzten König aufgestanden! Welche Verachtung des Willens des Gottes, den man in seinem Haus anzubeten pflegte! Wir verstehen darum die Bitte des Königs:

16 Der Tod überfalle sie,
lebendig sollen sie ins Totenreich fahren!
Denn Bosheit ist in ihrer Wohnung,
in ihrem Innern.

»Der Tod überfalle sie«: Das ist Davids zweite Bitte um Gericht über die Treulosen. Er wünscht, sie möchten **»lebendig ins Totenreich fahren«**. Auch diese Bitte ist durch ein historisches Gericht inspiriert (vgl. oben V. 10). David wurde bei der Rebellion gegen ihn an die Rebellion von Korah und seiner Rotte gegen Mose erinnert (4Mo 16). Damals hatte sich der Erdboden geöffnet und die Rebellen waren lebendig in den Scheol gefahren. In Offenbarung 19,20 lesen wir, wie das Tier und der falsche Prophet ebenfalls lebendig ins Verderben fahren.

»Denn«: Die Bitte um Gottes Strafe wird begründet. Wir müssen beim Beten gewiss sein, dass unsere Bitten gerechten Grund haben.

Das Gericht ist verdient; es ist gerecht. Dieses Wissen gibt David Freimütigkeit zu beten. Das Böse **»ist in ihrer Wohnung«**, nicht lediglich als Gast vorübergehend bei ihnen. Es hat sich bei ihnen niedergelassen. Es ist zudem **»in ihrem Innern«**. Es regiert ihr Herz (siehe 1Mo 6,8; Mt 15,19). Es lenkt ihren Willen, steuert ihre Schritte und bestimmt ihre Worte. Es ist ihr ureigenes Wollen; es wird ihnen nicht von außen aufgenötigt. Darum ist ihr Gericht gerecht.

3. Davids Zuversicht (V. 17-24)

Im beharrlichen und wiederholten Rufen zu Gott (V. 17-18) findet Davids Seele Ruhe. Nicht einmal die Verlogenheit des Verräters (V. 21-22) kann sie mehr stören, im Gegenteil: Er kann sogar jedem, der bedrängt oder niedergedrückt sein sollte, mit aller Gewissheit versprechen, dass Gott auch ihn tragen wird, wenn er seine Sache nur auf ihn wirft (V. 23). Die Bedränger und Bedrücker der Heiligen werden hingegen von Gott selbst ins Verderben gestürzt werden (V. 24a). Dort mögen sie sich ihre Zungen zerbeißen und lästern; Unheil werden sie nicht mehr stiften können. Der Glaubende hingegen bleibt in Gott geborgen (V. 24b).

> **17 Ich aber rufe zu Gott,**
> **und der HERR rettet[180] mich.**

»Ich aber rufe zu Gott«, das ist die Antwort des Glaubens auf alle Feindschaft der Bedränger und auf allen Verrat falscher Freunde. Drängt die Bosheit der Feinde uns im Gebet zu Gott, dann ist die Bedrängnis für uns gut und für die Feinde katastrophal gewesen, denn mit diesem Gebet wendet sich alles. Gott ist für seinen Knecht und mit seinem Knecht:

180 Ps 34,5.

Ist Gott für mich, so trete
Gleich alles wider mich.
So oft ich ruf und bete,
Weicht alles hinter sich.
Hab ich das Haupt zum Freunde
Und bin geliebt bei Gott,
Was kann mir tun der Feinde
Und Widersacher Rott?
(Paul Gerhardt)

18 Abends und morgens und mittags[181]
will ich klagen und stöhnen,
und er hört meine Stimme.

Dreimal des Tages, »**abends und morgens und mittags**«, sucht David Gottes Angesicht, wie vierhundert Jahre später Daniel (Dan 6,11), der an diesem Psalm inmitten von Anfeindung lernen konnte, wie der Heilige in Gott eine sichere Zuflucht und einen mächtigen Helfer hat. Diese alttestamentlichen Heiligen mögen auch dem Apostel die Vorbilder gewesen sein, die ihn lehrten, ohne Unterlass zu beten (1Thes 5,17).

19 Er erlöst meine Seele in Frieden
vom Streit gegen mich;
denn ihrer sind viele[182] **gegen mich.**

Es mögen »**ihrer viele**« sein, die gegen uns anrennen, und mit uns würden sie auch bald fertigwerden, aber Gott ist ihnen zu mächtig. »**Erlöst**« er, bin ich erlöst (siehe Jer 17,14), und gibt er meiner Seele »**Frieden**«, dann habe ich Frieden: *»Schafft er Ruhe, wer will beunruhigen?«* (Hi 34,29).

181 Ps 22,3; 86,3.
182 Ps 3,2.

20 Hören wird Gott[183]
und ihnen vergelten,
er, der thront[184] seit je (Sela),
denn sie ändern sich nicht
und Gott fürchten sie nicht.

Er wird »**hören ... und ihnen vergelten**«. Unser Geschäft ist es nicht, uns selbst zu verteidigen. Unser Geschäft ist es, uns bei Gott zu bergen und ihn handeln zu lassen. Dann wird er das tun, was kein Mensch kann, wie ein Hiob verstehen lernte (Hi 40,10-14) und wie ein Nebukadnezar bekennen musste (Dan 4,34). Dann wird Gott »**ihnen vergelten**«, ihnen also geben, was sie verdienen. Wir lassen besser Gott bestimmen, was sie verdienen, und ihn zuteilen, was ihnen zusteht (Röm 12,19).

»**Er thront seit je**«: Das ist der Trost der Heiligen. Die Empörer mögen toben, sie können vielleicht David für eine Zeit vom Thron verjagen (wie es ja auch geschah), Gott können sie nicht vom Thron stoßen. In all ihrer Rebellion sind sie noch immer in seiner Hand, und ohne dass sie es wollen, und ohne dass sie es wissen, können sie nur das tun, was Gott sie tun lässt, und darum müssen sie mit all ihrem Toben trotz allem Gottes guten Absichten dienen. Denn auch der Grimm des Menschen muss ihn preisen, und den Rest des Grimmes dämmt er ein (Ps 76,11).

»**Gott fürchten sie nicht**«: Das ist das Maß ihrer Torheit, und es erklärt gleichzeitig ihr freches Tun. Weil sie *»keine Furcht Gottes vor ihren Augen«* haben (Ps 36,2), kennen sie keine Scheu vor der Sünde und keine Hemmung vor der Gewalt, sondern sind ebendamit den Tieren gleich geworden (2Petr 2,12), die natürlich keine Gottesfurcht kennen, oder den Hunden (Phil 3,2; Offb 22,15), wie David in Psalm 59,7 in ganz ähnlichem Zusammenhang klagt.

183 **êl**.
184 Ps 93,2.

21 Er legt Hand an seine Gefährten,
entweiht seinen Bund[185].
22 Glatt[186] ist sein Mund[187] wie Butter,
doch Krieg[188] ist sein Herz[189];
weicher als Öl sind seine Worte ,
doch sind sie gezückte Schwerter.[190]

Ein ehemaliger Verbündeter **»entweiht seinen Bund«**, denn Menschen sind treulos. Sie lieben sich selbst und den Gewinn mehr als Gott und den Nächsten. Und weil er Gott nicht fürchtet (siehe V. 20), kümmert er sich nicht darum, dass er den Bund vor Gott geschlossen und mit einem Eid besiegelt hat. Darauf verweist die Wahl des Verbums **ḥillel**, »entweihen«[191] (statt lediglich **šâbar**, »brechen«).Wie froh macht es die Erwählten, dass ihr Gott treu ist und seinen Bund nie entweiht (siehe Ps 89,35, wo das gleiche Verb steht). Musste die Treulosigkeit sein, damit Gottes Erwählte das lernten? Der Antichrist wird sich unverhofft gegen die Leute wenden, die ihm noch vertraut hatten, er wird im Gefolge des Tieres *»zur Hälfte der Woche«* den feierlich geschlossenen Bund entweihen (Dan 9,27) und die Heiligen verfolgen. Der Freund wird zum Feind, der Friede ist dahin, und auf die vermeintliche Sicherheit folgen Angst und Flucht – zunächst. Aber die Drangsal Jakobs lehrt Jakob, alles Vertrauen allein auf den Gott Jakobs zu setzen. So wird Jakob aus der Drangsal errettet werden (Jer 30,7). So wird bitteres Leid zu heilsamem Leid (Jes 38,17).

»Glatt ist sein Mund«: So war der verräterische Mund des Judas, als er den Meister zum Verrat küsste.

»doch Krieg ist sein Herz«: Während Ahitophel mit David noch trauten Umgang pflegte und sanfte Worte sprach, plante sein Herz schon den Bürgerkrieg.

»gezückte Schwerter«: So waren die Worte Ahitophels, als er Absalom einen Plan vorlegte, wie man König David allein töten könne (2Sam 17,1-2).

185 Jes 33,8; Dan 9,27.
186 Ps 5,10; 12,3.
187 Spr 26,25.
188 Ps 120,7; 140,3.
189 Ps 28,3; 62,5; Jer 9,7.
190 Ps 57,5; 59,8; 64,4; Spr 30,14.
191 Das gleiche Verb findet sich auch in Stellen wie Ps 89,32; Mal 2,10; 2Mo 31,14; 3Mo 18,21; 21,12.

23 Wirf deine Last auf den HERRN[192],
und er wird dich erhalten;
er lässt den Gerechten ewig nicht wanken[193].

In Psalm 37,5 riet David seinen Mitglaubenden, ihren Weg auf den Herrn zu *»wälzen«*; hier sagt er, sie sollen ihre Bürde auf ihn **»werfen«**. Das zeigt, dass es eine Willensanstrengung braucht. Sie dürfen sich nicht gehen lassen, sondern sollen sich aufraffen und ihre **»Last auf den HERRN«** werfen. Dann wird er sie mit aller Sicherheit **»erhalten«**. Das weiß David; er hat es erfahren, und seine Erfahrung hat ihn gelehrt: Gott **»lässt den Gerechten ewig nicht wanken«**. Das ist wirklich ein Wandel; die leidenschaftlichsten Wallungen hatten David bald dahin, bald dorthin geworfen. Im Widerstreit seiner Gefühle wollte er einmal fliehen, dann wieder bleiben und sehen, wie seine Feinde niedergeworfen würden. Bald schrie er zu Gott, bald seufzte er nur noch. Doch jetzt schweigt der Sturm, und die Wellen haben sich gelegt. Die 2. Strophe aus Paul Gerhardts christlichem Trost- und Freudenlied lautet:

Nun weiß und glaub ich feste,
Ich rühm's auch ohne Scheu,
Dass Gott, der Höchst und Beste,
Mein Freund und Vater sei,
Und dass in allen Fällen
Er mir zur Rechten steh
Und dämpfe Sturm und Wellen
Und was mir bringet Weh.

24 Und du, Gott, wirst sie versenken
in den Schlund der Grube[194];
die Männer von Blut und Trug
erreichen nicht die Hälfte[195] ihrer Tage.
Ich aber will auf dich vertrauen.

192 1Petr 5,7.
193 Ps 56,14; 62,3.7.
194 Ps 57,7.
195 Ps 102,25; 109,8.

Gott wird **»sie versenken«, tôrîdêm**, wörtlich: »machen, dass sie herabsteigen«. Weil David das weiß, kann er ruhig den Tag Gottes abwarten. Er glaubt und braucht jetzt nicht mehr ängstlich zu eilen (V. 7; Jes 28,16). Die Heiligen der Drangsalszeit werden durch Gottes Wort und Gottes Geist wissen, dass ihr Herr kommen wird und alle Heiligen mit ihm (Sach 14,5). Sie warten im Glauben, bis er erscheint, das Tier und den falschen Propheten ergreift und sie lebendig in den Feuersee wirft (Offb 19,20). Sie, die Heiligen, werden ihre Tage erfüllen (siehe Dan 12,2.13), während **»die Männer von Blut und Trug«**, die echten Söhne des Drachen (Joh 8,44), **»nicht die Hälfte ihrer Tage«** erreichen. So erging es auch Ahitophel und Judas. Beide setzten durch Selbstmord ihrem Leben ein frühzeitiges Ende (2Sam 17,23; Mt 27,5).[196]

»Ich aber will auf dich vertrauen«: David vertraute dem Herrn nicht umsonst. Der bewahrte ihn, trug und führte ihn, sodass er Gott während seiner Generation dienen (Apg 13,36), seinen Lauf vollenden (vgl. Apg 20,24; 2Tim 4,7) und sein Lebenswerk erfüllen konnte (nämlich den Wohnort Gottes zu finden: 2Sam 24; siehe dazu Ps 132,1-5).

Lehrreiches und Denkwürdiges zu Psalm 55

»Es ist ein Betpsalm; und wiewohl er möchte in der Person Christi geredet werden wider seinen Verräter Judas (im 13. und 14. Vers), so lass ich ihn doch bleiben ein gemein Gebet wider die welsche Kunst; das sind die bösen Katzen, die vorne lecken und hinten kratzen« (Luther, *Summarien über die Psalmen*).

»Viele Ausleger beziehen diesen Psalm auf die Verschwörung Absaloms, welche David veranlasste, die Königsburg zu verlassen und sich in die Wüste zu flüchten. Mir scheint es wahrscheinlicher, dass er auf die Nöte hinweist, die in Saul ihren Ursprung haben, dass er nämlich eine Klage vor dem Angesicht Gottes über Sauls ungerechtfertigtes Wüten ist. Es ist eine bewegende Bitte voll heißer Leidenschaft. David führt alles an, was Gottes Erbarmen hervorrufen könnte. Er äußert seine Wünsche, lässt sei-

196 *»Die Juden sagen, dass Doeg 34 Jahre alt wurde, Ahitophel 33, und wahrscheinlich war auch Judas ungefähr so alt«* (Gill). So interessant diese Vermutung ist, so ist sie doch auf Ahitophel nicht anwendbar, denn es ist natürlich unmöglich, dass ein 33-jähriger Ahitophel eine Enkelin haben kann, die Jahre vorher mit David Ehebruch treibt.

nem Schmerz freien Lauf und ringt sich dann durch zur Hoffnung auf Befreiung. Zum Schluss preist er Gottes Gnade, als sähe er schon seinen Wunsch erfüllt« (Calvin).

»Der treulose Busenfreund, bei welchem die Klage über tückische Feinde hier in Psalm 41 mit besonderer Wehmut verweilt … hat an Judas Iskariot sein geschichtliches Gegenbild im Leben und Leiden eines anderen David. Dieser alttestamentliche Judas ist niemand anders als Ahitophel, die rechte Hand Absaloms. Psalm 55 gehört wie Psalm 44 in die vier Jahre des Werdens der absalomischen Empörung, nur in eine etwas spätere Zeit, wo die Partei Absaloms ihrer Sache schon so sicher war, dass sie kein Hehl daraus zu machen brauchte« (Delitzsch).

»Von David geschrieben, wahrscheinlich während der Rebellion Absaloms, 2. Samuel 15-17. Ahitophel ist zweifelsohne der falsche Freund, den David nennt. Er war die Hauptstütze des Aufstands. Es ist lehrreich, den Beweggrund zu Ahitophels Verrat aufzuspüren, denn der biblische Bericht zeigt, dass er mit den bösen Früchten von Davids großer Sünde zusammenhängt; siehe 1. Chronik 3,5; 2. Samuel 11,3 und 23,34.39. Eliam (oder Ammiel), der Vater Bathsebas, war ein Sohn Ahitophels, und Urijas Bruder gehörte zur Leibwache des Königs. Ahitophel muss einen Groll gehegt haben über das Unrecht, das David seiner Enkelin und ihrem Ehemann Urija angetan hatte. Damit hatte David seinen Feinden eine mächtige Waffe in die Hände gegeben. Seine einzige Sicherheit konnte er im Gebet finden, indem er seine Sache einem treuen und barmherzigen Gott anheimstellte, 2. Samuel 15,31 … Dieser Psalm ist auch eine Vorschattung von unserem Herrn, der in seinem Erdenleben die Tiefen menschlicher Tücke, Grausamkeit und Undankbarkeit in einem Maß erfahren musste, wie vor ihm und nach ihm kein Zweiter. Judas, der Abtrünnige, gleicht in seinen wichtigsten Zügen dem Antichristen, dem kommenden Lügner und Verführer« (Clarke).

»Mit dem 55. Psalm haben wir das Ende dieser Reihe von Maskil-Psalmen (Ps 52–55) erreicht, und wir finden in ihm die letzten Mitteilungen über den Menschen der Sünde … Hier sehen wir, wie er alle Fesseln abgelegt und das Joch des Allerhöchsten abgeworfen hat. Einst hielt er sich zu den Gottesfürchtigen und wandelte mit der Menge zum

Haus Gottes (V. 15), doch jetzt ist er ein Verfolger der Gerechten geworden, ein Entweiher des Bundes (V. 21). Sein religiöses Bekenntnis hat sich als List und verräterische Gottlosigkeit erwiesen« (Grant).

»Ein Schrei wie dieser trägt dazu bei, den Psalter zu einem Buch für extreme wic gewöhnliche Erfahrungen zu machen. Wer zur Verzweiflung getrieben worden ist, findet im Psalmisten einen Leidensgenossen; wir Übrigen können hier einen Leitfaden für die Fürbitte finden, damit wir für unsere Brüder beten können, als seien wir selbst Mitgefangene (Hebr 13,3). Die herzzerreißenden Abschnitte über den Verrat (V. 13ff., 20f.) geben uns Einblick in die Leiden Christi und lassen uns gleichzeitig seine durch nichts zu erschütternde Erlöserliebe erkennen in einer Situation, die David allen Anlass bot, um Gottes Strafgericht zu beten« (Kidner).

»Von David, dem Mann häufig wechselnder Umstände, viel geprüft und viel geliebt, verfolgt, aber befreit und erhöht, der durch seine Erfahrung befähigt war, solch kostbaren Verse zu schreiben, in denen er nicht lediglich die Nöte gemeiner Pilger beschreibt, sondern die Leiden des Herrn des Pilgerweges selbst …« (Spurgeon).

V. 2.3 – »In der Person Davids … sehen wir hier unseren wunderbaren Erlöser, der am Tag seiner Drangsal mit Ernst betete und im Garten Gethsemane seine Bitten wiederholte angesichts der Fluten des Jammers, die seine geängstete Seele überfluteten. In all unserer Bedrängnis war er bedrängt« (Horne).

V. 17-24 – »Nun ruft der Bedrängte zu Gott, und sogleich kann er bekennen, er sei befreit. Das Unrecht der Gottlosen besteht zwar noch immer, aber ruhig und im Licht Gottes ausgesprochen, ist es zu einer Last geworden, die man auf ihn werfen darf, und damit entsteht die Gewissheit der Befreiung. Angst lässt nur den Wunsch nach Flucht entstehen, Zorn unterstreicht nur das Bewusstsein vom Unrecht. Es ist einzig der Glaube, der Mut erzeugt« (Morgan).

V. 17.18 – »David tröstet sich mit der Entschlossenheit, sich beständig auf Gott zu verlassen, und mit der Zuversicht, dass er Zugang hat im Gebet. Daraus wollen wir lernen: 1. Der rechte Gebrauch von Gottes

Gerichten über die Gottlosen ihrer Gottlosigkeit wegen, ist das Hinzutreten zu Gott, um ihn zu preisen und sich von ihm abhängig zu machen, wie David sich vornahm: *Ich aber, ich rufe zu Gott.* 2. Wer Gott sucht, kann der Errettung gewiss sein, was auch das Teil der Gottlosen sein mag: *Ich rufe zu Gott, und der HERR rettet mich.* 3. Wer sich entschlossen hat, von Gottes Güte und Freigebigkeit zu leben, und wer darauf vertraut, dass er am Ende errettet sein wird, muss sich auch vornehmen, in seinem täglichen Gebet beständig, inbrünstig und zudringlich zu sein: *Abends und morgens und mittags will ich klagen und stöhnen.* 4. Da es notwendig ist, allezeit zu wachen im Gebet und in einer Gebetshaltung zu verharren, so ist es passend, dass wir uns diesem Werk mit besonderem Ernst widmen, indem wir jeden Tag feste Zeiten zum Gebet einhalten wie *abends und morgens und mittags*, wie Davids Vorbild uns hier lehrt« (Dickson).

Sprachliche Anmerkungen zu Psalm 55

V. 2 – »**vernimm**«: **haᵓazînâh**, wörtl. »be-ohre«, von **ᵓôzæn**, »Ohr«, d. h. mit den Ohren hinhören.

V. 3 – »**merke auf mich**«: **haqšîbâh lî**, vom Verb **qâšab**, das in Psalm 5,3; 17,1; 61,1; 66,19 und 142,7 verwendet wird; in Psalm 132,2 steht das vom gleichen Wortstamm gebildete **qaššûb**, »aufmerksam«.

»**ich irre umher**«: **ᵓârîd**, von **rwd**, das nur noch in 1. Mose 27,40; Jeremia 2,31; Hosea 12,1 vorkommt. Andere übersetzen: »ich bin unruhig« (Schlachter), »ich streife umher« (Buber), »I am tossed about« (JPS), »humiliatus sum« (V), ελυπηθην (LXX).

V. 5 – »**bebt**«: **yâḥîl**, eigentlich »sich winden« (unter Geburtsschmerzen).

V. 6 – »**Zittern**«: **raᶜad**, nur noch in 2. Mose 15,15.

»**Grauen**«: **pallâṣût**, nur noch in Hiob 21,6; Jesaja 21,4; Hesekiel 17,3. Andere übersetzen »Schauder« (Schlachter; Buber).

V. 7 – **»hätte ich nur«**: **mî jittên lî**, wörtlich: »wer gibt mir«, wie in Psalm 53,7 (siehe dortige Anmerkung).

V. 9 – **»ich wollte eilends entrinnen«**: **ʾaḥîšâh miflâṭ lî**, wörtl. »ich wollte eilen mir ein Entrinnen«. Buber übersetzt fast wörtlich: »Ich ereilte mir ein Entrinnen.«

V. 10 – **»verwirre«**: **ballaᶜ**, Luther: »mache uneins«; JPS: »confound«; so, wenn man das Verb als Nebenform von **bll**, »verwirren« (1Mo 11,9), ansieht; sonst: »vertilge« (Schlachter).

V. 12 – **»ihre Gasse«**: **rəḥôbâh**, d. h. die Gasse der Stadt oder der »Platz« der Stadt, ital. Piazza.

V. 15 – **»Getümmel«**: **rægæš**, das nur hier belegt ist. Das entsprechende Verb **râgaš** begegnet uns in Psalm 2,1 und wird dort mit »toben«, »lärmen«, »in Unruhe sein« übersetzt.

V. 19 – **»in Frieden«**: **bəsâlôm**, das auch »in Unversehrtheit« bedeuten kann: »unharmed« (JPS).

»Streit«: **qârôb**, wörtl. »das Nahesein«, und zwar im feindlichen Sinn (auch in V. 22).

V. 20 – **»und ihnen vergelten«**: **wejaᶜanêm**, wörtlich »er wird ihnen antworten«. Die meisten übersetzen »demütigen« (Zürcher, Elb, Luther, AV). Buber »Hören wird der Gottherr und antworten ihnen.« Das Verb kann zwar im Grundstamm auch »niedrig sein« bedeuten, aber »erniedrigen« müsste im Faktitivstamm stehen. So fasst man das Verb am besten als »antworten« im Grundstamm auf.

»denn sie ändern sich nicht«: JPS hat den hebr. Text in einer zunächst attraktiv scheinenden Weise gedeutet: »who (d. h. Gott) will have no successor«. Nur passt dazu die Mehrzahl **lâmô**, »für sie / ihnen« nicht. Rein morphologisch könnte man zwar die Mehrzahl beziehen auf **ʾælôhîm**, das formal auch plural ist. Indes: Die Mehrzahl **ʾælôhîm** wird syntaktisch immer als eine Einzahl behandelt.

V. 21 – **»seine Gefährten«**: **šəlômâjw**, wörtl. »seine Frieden Habenden / Haltenden«, d.h. die Leute, die aufgrund des genannten Bundes mit ihm Frieden hatten / hielten. Buber: »die ihm Befriedeten«; Luther: »seine Friedsamen«; Elb: »die mit ihm in Frieden waren«; JPS: »his ally«.

V. 23 – **»deine Last«**: **jehåbkâ**, ein nur hier belegtes, unerklärtes Wort. Der Talmud erklärt es als »Last«. LXX übersetzt μεριμνα, *merimna*, »Sorge«. Petrus hat diesen Vers nach dessen Wortlaut zitiert: *»Alle eure Sorge* – μεριμνα – *werft auf ihn«* (1Petr 5,6). Wir zitieren den Vers aus unserem Psalm meist nach Luther: »Wirf dein Anliegen auf den Herrn.«

V. 24 – »**du wirst sie versenken**«: **tôrîdêm**, wörtlich: »machen, dass sie herabsteigen«; d.h. sie gehen unter, wissend, dass sie ihren Untergang verdient und sich selbst bereitet haben.

»Schlund«: **bəʾêr**, das meist mit »Brunnen« zu übersetzen ist. Weil das aber im Deutschen nur gute, nämlich lebensspendende Vorstellungen hervorruft, habe ich es entsprechend übersetzt. Luther: »in die tiefe Grube«; Buber: »in die Brunnentiefe der Grube«; JPS: »the nethermost pit«.

Psalm 56
Gott, der treue Freund der Bedrückten

Dies ist der neunte von insgesamt 14 Psalmen, die in der Überschrift den Anlass ihrer Entstehung nennen: Psalm 3; 7; 18; 30; 34; 51; 52; 54; 56; 57; 59; 60; 63; 142.

»Die Taube« in der Überschrift lässt uns an Psalm 55,7 denken und verknüpft diese beiden Psalmen miteinander; und wie dort *»viele gegen«* ihn sind (55,19), so muss er auch hier klagen, dass viele ihn befehden (V. 3). Im letzten Vers von Psalm 55 bezeugte David, dass Gott die Feinde *»hinabstürzen«* werde (V. 24), und hier betet er, dass Gott die Völker stürzen wolle (V. 8). Wie David dort daran denkt, wie eine Taube fliehen zu können, war er einst vor dem ihm nachstellenden Saul geflohen, aber nicht zu Gott, sondern zu Fernen, oder Fremden, nämlich zu den Philistern. Dort hatte er gemerkt, wie fremd er unter ihnen war.

Aber zurück konnte er auch nicht, denn dort warteten Sauls Knechte auf ihn. Die Taube erinnert uns auch an die Worte des Herrn an die Jünger, dass diese wie arglose Tauben inmitten von Gottlosen sind (Mt 10,16). Die Brutalität, die Unreinheit und die Bosheit dieser Welt setzen dem Heiligen häufig zu, doch Gottes Geist steht dem Bedrängten bei und füllt ihn mit so großem Trost, dass er aus der Bedrängnis **»ein Gedicht«** machen kann, Hebräisch **miktâm**, das in den Psalmen 16 und 56 bis 60 in der Überschrift steht.

Die Bedeutung des Wortes **miktâm** ist ungewiss. John Gill leitet es her von **kætæm**, »Gold« = »ein Goldenes«, daher Luther: »Ein gülden Kleinod«. Die alten jüdischen Gelehrten hielten das Wort für einen Namen des Instruments, zu dem das Lied gesungen wurde, oder für die Melodie, in der man es sang.

In Psalm 55,14 klagte David, dass *»ein Mensch«* ihm nachgestellt habe, hier fragt er voller Zuversicht, was denn *»ein Mensch«* ihm antun könne (V. 12). In Psalm 55,23 hatte David bezeugt, dass Gott den Gerechten nicht wanken lasse; hier bestätigt er, dass Gott seine Füße vom Stürzen bewahrt hat (V. 14).

Der zweimalige Refrain (V. 5 und 11-12) teilt den Psalm in zwei Strophen, auf die als dritter Teil ein Anhang folgt:

1. **David bittet um gnädige Bewahrung vor den Feinden (V. 2-5)**
   Er beruft sich dabei auf Gottes Gnade.
2. **David bittet um göttliches Gericht über die Feinde (V. 6-12)**
   Er beruft sich dabei auf Gottes Gerechtigkeit.
3. **David dankt Gott für seine Hilfe (V. 13-14)**

1 Dem Vorsänger, nach: ›Die stumme Taube der Ferne‹. Von David, ein Gedicht, als die Philister ihn griffen in Gat.

Zu **»Vorsänger«** siehe Psalm 4.

Die Angabe **»die stumme Taube der Ferne«** ist einmalig, sie ist auch nicht ganz leicht zu verstehen. JPS lässt das Hebräische unübersetzt. **jônat ᵓêlæm rəḥôqîm** lässt sich wörtlich deuten als »Taube des Verstummens der Fernen« = Taube, die unter den Fernen, d.h. den Fremden, verstummt. So hat es Luther verstanden: »Von der stummen

Taube unter den Fremden«; ähnlich auch Svenska Folkbibeln: »Den stumma duvan i fjärran«, Buber ebenfalls: »Verstummte Taube unter Fernen«. Elb hat die Vokalisierung abgeändert, um auf ihre Deutung zu kommen: »Die Taube der fernen Terebinthen«; Segond übersetzt ebenfalls »Colombe des térébinthes lointains«.

Wie **»die Philister ihn griffen in Gat«**, wird in 1. Samuel 21,11-16 geschildert. Wir ahnen kaum, welcher Kummer David auf seinem Weg nach Gat begleitet haben muss; denn wäre er ausgerechnet zu den großen Feinden des Volkes Gottes gegangen, hätte die Not ihn nicht dazu gezwungen? Wie wenig muss er im eigenen Land gegolten haben, dass er sich im Philisterland noch sicherer wähnte als in der Heimat! Aber wie bestürzt muss er dann gewesen sein, als er von seinen vermeintlichen Helfern gegriffen wurde und damit einsehen musste, dass er von allen Seiten umstellt war (siehe V. 6 und 7). Wie aus seinen Ängsten ein Lob wurde, davon singt er im vorliegenden Psalm. Aus diesem gleichen Anlass entstand auch der Psalm 34 (wie die Überschrift zeigt), der hingegen ein reines Loblied nach erfahrener Befreiung ist.

Der Kehrreim der Verse 5 und 11-12 wird im Hebräerbrief zitiert (Hebr 13,6). Was ein Heiliger wie David durch sein Vertrauen auf Gott und sein Wort erfuhr, sollte die Erfahrung auch der angefeindeten und teils aus ihren Häusern vertriebenen Hebräerchristen sein, sofern sie wie damals David ihr Vertrauen weiterhin auf Gott und sein Wort setzten (siehe Hebr 10,34-35).

1. David bittet um gnädige Bewahrung vor den Feinden (V. 2-5)

2 Sei mir gnädig[197]**, o Gott!**
Denn der Mensch schnappt nach mir;
den ganzen Tag streitet er,
bedrückt er mich.

Das Erste, was David von Gott erflehte, als er von Menschen bedroht wurde, war Gottes Gnade. Das ist ein bewegender Zug an ihm. Er weiß,

197 Ps 57,2.

dass er Gottes Hilfe nicht verdient hat; er weiß, dass er nicht würdiger ist als seine Bedränger, ja, er weiß, dass er seine gegenwärtige Not selbst verschuldet hat (denn warum hatte er sich bei den Philistern in Sicherheit bringen wollen?). Es gibt moralisch nichts Abstoßenderes als den Pharisäer, so wie es moralisch nichts Anziehenderes gibt als den Zöllner, der zu Gott sagt: *»Sei mir Sünder gnädig!«* David sah die Bedrohung durch den Menschen im Licht seiner eigenen Sünden. Nicht weniger als 16-mal findet sich in Davids Gebeten die Bitte *»sei mir gnädig«* (6,3; 9,14; 25,16; 26,11; 27,7; 30,11; 31,10; 41,5.11; 51,3; 56,2; 57,2; 86,3.16; 119,58.132).

»Der Mensch schnappt nach mir«, wie der Wolf mit seinen Fängen nach einem einsamen Schaf. Wer vermag uns vor dem Menschen zu retten außer Gott? Und wer ist dem Heiligen ein so furchtbarer Feind wie der Mensch? David sagte zu einem späteren Zeitpunkt in seinem Leben:

»Mir ist sehr angst! Mögen wir doch in die Hand Jahwes fallen, denn seine Erbarmungen sind groß; aber in die Hand der Menschen lass mich nicht fallen!« (2Sam 24,14).

Auch da sieht er seine Hilfsbedürftigkeit und Unwürdigkeit; denn er hofft auf Gottes Erbarmungen. Der Herr Jesus sagte den Jüngern, als er ihnen den Auftrag gab, hinzugehen und das Evangelium des Reiches zu verkündigen: *»Hütet euch vor den Menschen«* (Mt 10,17).

Die Feindschaft durch Menschen lehrt uns, dass wir uns nicht auf Menschen verlassen dürfen (Ps 146,3-5), auf keinen Menschen, auch nicht auf uns selbst. Manche misstrauen allen anderen, verlassen sich aber auf sich selbst. Das ist große Torheit. Darum wollen wir lernen, wie David um Gottes Gnade zu bitten.

3 Meine Feinde schnauben[198] den ganzen Tag;
ja, viele[199] streiten in Hochmut gegen mich.

»den ganzen Tag«: Zum zweiten Mal schon sagt er es. Es ist die Beständigkeit, das Nicht-Nachlassenwollen der Anfeindung, die sie erst unerträglich macht. Wie schlimm muss es sein, ohne Unterlass, vom frühen Morgen an den ganzen Tag hindurch bis in die Nacht, beständig den heißen Atem der Bluthunde Satans im Nacken zu spüren. Wir fragen uns,

198 Apg 9,1.
199 Ps 3,2; 55,19.

wie denn das zur kurzen Episode in Gat passe. David war, als er nach Gat floh, zwischen Hammer und Amboss geraten, oder, wie Calvin sagt: *»wie ein einziges Schäflein zwischen zwei Wolfsherden«*. Entkommt er den Philistern, hat er wieder Saul und dessen Leute auf den Fersen.

4 Am Tag, da ich mich ängste,
vertraue ich auf dich.[200]

»Am Tag, da ich mich ängste«: Es ist ein böser Tag, es ist *»ein Tag der Bedrängnis und der Züchtigung und der Schmähung«* (Jes 37,3). David bekennt seine Schwachheit, indem er bekennt, dass er Angst hat; aber dieses Bekenntnis ist nur der erste Schritt zum nächsten Bekenntnis: **»Ich traue auf dich.«** Das Einzige, das dem bedrängten und gezüchtigten Heiligen bleibt, ist Gott. Es bleibt ihm kein anderer Helfer, es steht ihm kein anderer Ausweg offen. Er ist rings umstellt von Feinden, die zahlreicher und mächtiger sind als er. Er ist eingeschlossen auf Gott hin[201]. Es bleibt David nichts anderes, als Gott zu vertrauen. Das heißt aber zu vertrauen, dass Gott Gott ist, dass er alles lenkt, dass nichts geschieht ohne ihn, dass er die Feinde gesandt hat, die ihn bedrohen – obwohl die Feinde das nicht wissen, und obwohl sie ganz anderes im Sinn haben als Gott (vgl. Jes 10,5-7).

5 Auf Gott – ich will rühmen sein Wort –,
auf Gott vertraue ich,
ich ängste mich nicht;
was will Fleisch mir tun?[202]

Das Vertrauen auf Gott und das Vertrauen auf sein Wort sind tatsächlich so eng miteinander verflochten, wie diese Aussagen ineinander verflochten sind. Ich kann nicht anders auf Gott vertrauen, als dass ich auf sein Wort vertraue; und vertraue ich auf Gottes Wort, dann vertraue ich auf Gott selbst. Darum müssen wir sein Wort kennen. Es gibt kein lebendiges und wahres Vertrauen ohne Kenntnis der Gedanken und Absichten Gottes, wie sie in der Bibel niedergeschrieben sind.

200 Ps 55,24.
201 vgl. Hi 3,23.
202 Ps 27,1; 118,6; 2Chr 32,8; Jes 12,2; 51,12; Hebr 13,6.

»Ich will rühmen sein Wort«: Rühmen ist stärker als vertrauen; oder wir können sagen: Es ist der Triumph des Glaubens über allen Schein. So groß ist die Gewissheit, dass Gott helfen und befreien werde, dass David sich der Befreiung rühmt, als sei sie schon geschehen. Der Christ wird im Glauben an Gottes Verheißungen seiner Errettung so gewiss, dass er sich jetzt schon der kommenden Herrlichkeit und damit der vollständigen und endgültigen Befreiung von jeder Macht des Bösen rühmt (Röm 5,2).

»Ich ängste mich nicht«, denn der Glaube treibt die Angst so gewiss aus, wie es die vollkommene Liebe tut (1Jo 4,18). Der Glaube lässt mich Gott erkennen, und was sind die mächtigen und zahlreichen Feinde vor ihm anderes als **»Fleisch«**, nichts als Menschen, von Gott geschaffen und ganz in seiner Hand?

2. David bittet um gerechtes Gericht über seine Feinde (V. 6-12)

Zuerst hatte David um Gnade gebeten, mit allem, was das heißt. Jetzt kann er um Gerechtigkeit bitten, nämlich gerechtes Gericht (siehe V. 8) über die Hasser Gottes und der Heiligen. Das ist die Reihenfolge.

6 Meine Worte verdrehen sie den ganzen Tag,
ihr ganzes Sinnen geht auf meinen Schaden.

»Meine Worte verdrehen sie«: Der Feind ist nicht nur gewalttätig, er ist auch ein Verleumder. Allem, was David sagte, gaben sie eine böse Deutung und quälten ihn damit. Man kann zudem hier wie so oft die »Worte«, **dəbârîm**, als »Angelegenheiten«, »Geschäfte« verstehen.[203] Alles, was David tat, stellten sie in ein schlechtes Licht. Wo findet der Gerechte Trost? Im Wissen, dass Gott weiß: *»Ein Gott des Wissens ist der HERR«* (1Sam 2,3), und in den Zusagen Gottes an seine Heiligen: *»Keiner Waffe, die wider dich gebildet wird, soll es gelingen; und jede Zunge, die vor Gericht wider dich aufsteht, wirst du schuldig sprechen. Das ist das Erbteil der Knechte des HERRN und ihre Gerechtigkeit von mir aus, spricht der HERR«* (Jes 54,17).

203 JPS: »All day long they cause me grief in my affairs.«

»den ganzen Tag«: bereits zum dritten Mal hören wir es in diesem Psalm, dass David den ganzen Tag bedrängt wird.

7 Sie greifen an[204]**,**
sie lauern[205]**,**
beobachten meine Fersen,
weil sie auf meinen Tod hoffen.

Die Feinde sind entschlossen: **»Sie greifen an.«** Sie sind mehr als David und sein kleiner Haufe (so war es auch, als er vor Absalom fliehen musste, Ps 3,1-2). Dabei sind sie zahlreicher, als wir zu sehen bekommen; denn **»sie lauern«**: Die Feinde operieren im Dunkel, mit List und mit Tücke. Sie scheuen das Licht, denn sie *»sind Feinde des Lichts«* (Hi 24,13). Aus dem gleichen Grund verhielten sie sich auch gegenüber dem Sohn Davids so (Lk 11,53-54). Sie legen Fallen, die niemand sieht (Ps 140,6), niemand außer Gott. Darum birgt sich der Heilige bei Gott: *»Bewahre mich vor der Schlinge, die sie mir gelegt haben, und vor den Fallstricken derer, die Frevel tun!«* (Ps 141,9). Er erfährt, dass Gott ihn an den verborgenen Schlingen vorbeigehen lässt (Ps 141,10), und sollte sein Fuß einmal doch gefangen sein, wendet er seinen Blick zu seinem Retter und wird gerettet: *»Meine Augen sind stets auf den HERRN gerichtet; denn er wird meine Füße herausführen aus dem Netz«* (Ps 25,15; siehe auch Ps 124,7-8).

Die Feinde **»beobachten meine Fersen«**, weil sie nur auf die Gelegenheit warten, da sie zustoßen können. Sie haben das Schlimmste im Sinn: **»Sie hoffen auf meinen Tod.«** Wir verstehen, dass David nur noch zu Gott schreien kann:

8 Auf den Frevel soll Rettung für sie folgen?
Im Zorn stürze[206] **die Völker, o Gott!**

Ehe David betet, besinnt er sich auf Gottes Gerechtigkeit und begreift, dass der Sieg der Gottlosen kurzlebig ist. Wie konnte er das so sicher wissen? Er hatte es aus Gottes Gesetz gelernt; Sünde gebiert den Tod; **»auf Frevel«** folgt keine **»Rettung«** (siehe Spr 10,2). Was er über Gott

204 Ps 59,4.
205 Lk 11,54.
206 Ps 55,24; 59,12; 73,18.

gelernt hatte, bittet er nun Gott zu tun: **»Im Zorn stürze die Völker!«** Warum »die Völker«, wo er es doch nur mit einem Volk, den Philistern, zu tun hatte? Wie so oft weitet sich Davids Blick vom Einzelnen zum Allgemeinen, von seinem persönlichen Ergehen zum Ergehen aller Menschen und Völker (siehe Ps 7,9; 59,6).

Gottes Zorn ist Gottes Antwort auf die Sünde der Menschen; denn er ist gerecht. Er stürzt die Völker, denn er hat die Macht dazu. Wer die Macht und wer das Recht habe, Gericht zu üben, wird als einleitende Frage gestellt zu allen göttlichen Gerichten, die am Ende der Zeit über die Erde kommen müssen[207].

David betete nicht umsonst, denn die Philister, die ihn eben gegriffen hatten, wurden einige Jahre später von Gott niedergeworfen (2Sam 5,17ff.; 8,1). Das zeigt, dass David mit Glauben betete; und dass er mit Glauben beten konnte, zeigt, dass er nach Gottes Willen betete; denn nur solche Gebete werden erhört (Jak 1,6-8; 1Jo 5,14).

9 Zähle mein Umherirren[208],
lege in deinen Schlauch meine Tränen[209];
sind sie nicht in deinem Buch[210]?

»Zähle mein Umherirren«: David schrieb diesen Psalm, als er auf der Flucht war vor Saul. Er irrte von Wüste zu Wüste und von Wald zu Wald, während Saul ihm auf den Fersen war. Einen jeden Schritt, den er mit hämmernden Schläfen und pochendem Herzen tat, zählte sein Gott. Das ist dem Heiligen Trost genug: Gott weiß um unser Umherirren, Gott kennt unser Leid, er vermag Mitleid zu haben, denn Christus hat selbst alles erlitten, was irgend wir erleiden können (Hebr 4,15). Er weiß auch, wie viel wir leiden; er zählt unsere Schritte und sammelt sogar unsere **»Tränen«** in seinen **»Schlauch«**. Keinen Schritt zu viel wird er von uns verlangen, und keine Träne zu viel wird er uns weinen lassen.

»Sind sie nicht in deinem Buch?«: Gott hat ein Merkbuch bei sich, in dem alles Seufzen der Treuen vermerkt ist (Mal 3,16), und nicht allein das, sondern alle Tage unseres Lebens sind *»in dein Buch ein-*

207 Die Frage lautet: *»Wer ist würdig?«* (Offb 5,2). Würdig ist, wer beides, das Recht und die Macht hat, die Menschen zu richten.
208 Hi 31,4.
209 Jes 38,5.
210 Ps 139,16; vgl. Hi 19,23.

geschrieben ..., als nicht einer von ihnen war« (Ps 139,16). Das bedeutet, dass keine Träne ohne Bedeutung für das Ziel ist, das uns Gott gesetzt hat, ehe wir geboren wurden.

Du zählst, wie oft ein Christe wein
und was sein Kummer sei;
kein Zähr- und Tränlein ist so klein,
du hebst und legst es bei.
(Paul Gerhardt, *Ich singe dir mit Herz und Mund*)

10 Dann müssen meine Feinde weichen,
am Tag, da ich rufe;
das weiß ich: Gott ist für mich[211]!

»Am Tag, da ich rufe« ist gleich konstruiert wie *»am Tag, da ich mich ängste«* (V. 4). Das wollen wir von David lernen: Er macht den Tag der Angst zu einem Tag des Rufens (wie in 20,2; und wie Asaph: 77,2). Und was geschah? Da mussten seine **»Feinde weichen«**. Wenn wir rufen, werden sie weichen, aber nicht eher. Wann werden wir's endlich glauben?

»Das weiß ich«: Wir dürfen wissen, dass Gott für uns ist. Wir müssen es sogar wissen; sonst wird die Drangsal uns überwältigen und der Schmerz uns verschlingen. Gott war die ganze Zeit für Hiob, aber so lange er meinte, Gott sei gegen ihn, war ihm sein Leiden unerträglich. Erst als er sich vertrauensvoll an Gott wandte und sich ihm ergab, legte sich der Friede Gottes wie kühlender Balsam auf seine brennende Seele. Jetzt *wusste* er, dass Gott sein Freund war; jetzt konnte er bekennen: *»Mein Auge hat dich gesehen«* (Hi 42,5).

»Gott ist für mich«: Das ist der Siegesruf des Glaubenden, das ist das Rühmen des Erwählten, Berufenen, Gerechtfertigten und Verherrlichten: *»Ist Gott für uns, wer mag wider uns sein?«* (Röm 8,30). Die Feinde – die anders als bei David nicht Menschen aus Fleisch und Blut, sondern geistliche Mächte der Bosheit sind (Eph 6,12) – mögen schnauben, aber sie vermögen nichts. Wenn ich in diesem Vertrauen zu Gott rufe, »müssen meine Feinde weichen«. Was bewegt sie plötzlich zur Umkehr?

211 Röm 8,31.

Gottes Hand hält sie zurück, Gottes Hand wendet sie; denn auch sie sind in seiner Hand.

11 Auf Gott – ich will rühmen das Wort –,
auf den HERRN – ich will rühmen das Wort –,
12 auf Gott vertraue ich;
ich ängste mich nicht.[212]
Was wollen Menschen mir tun?[213]

In Vers 4 hatte David zweimal angesetzt, hier tut er es sogar dreimal: **»Auf Gott – ich will rühmen das Wort –, auf den HERRN – ich will rühmen das Wort –, auf Gott vertraue ich …«** David rühmt das Wort, so groß ist seine Gewissheit. Gottes Wort ist wahr; keine seiner Verheißungen fällt. *»Gerade ist das Wort des Herrn, und all sein Werk in Wahrheit«* (Ps 33,4). Er tut nichts Verkehrtes, auch dann nicht, wenn er uns schlägt oder den Anläufen der Feinde aussetzt. Diese große Gewissheit finden wir in Gott und seinem Wort, nicht in uns, noch auch in den Umständen. In *Christus* kann ich mich freuen allezeit, wie die Umstände auch sein mögen (Phil 4,4).

»auf den HERRN (Jahwe) …«: Diese ist eine der wenigen Stellen im 2. Psalmbuch, wo der Name des Bundesgottes vorkommt. Das hebt diesen Namen und seine Bedeutung umso stärker hervor. Gott, der Schöpfer, ist der Gott seiner Erlösten. Er ist Davids Gott, der Gott, der später sogar mit David persönlich einen Bund schließen wird (2Sam 7).

»Auf Gott vertraue ich«: Zum dritten Mal nach Vers 4 und 5 bekennt David, dass er auf Gott vertraut. Er hatte nicht auf Gott vertraut, als er sich zu den Philistern nach Gat begab (1Sam 21,10-11). Gott aber hatte ihn entrinnen lassen, und er wird sich seines Unglaubens geschämt haben (siehe Hes 36,31-32). Es ist sehr böse, Gott nicht zu vertrauen. Mit unserem Unglauben sagen wir, Gott sei unseres Vertrauens unwürdig. Nun aber hat David sich vor Gott gedemütigt, die Sünde seines Vertrauens auf Fleisch bekannt, und Gott hat in seinem Herzen wieder den Glauben geweckt. Danach konnte Davids Vertrauen in vielen Drangsalen erprobt werden, und es wurde dabei nur stärker. Darum ist Drangsal gut; darum freuen wir uns in allerlei Versuchungen (Jak 1,2)

212 Ps 27,3.
213 Ps 118,6; Röm 8,31.

und haben *»Wohlgefallen an Schwachheiten, an Schmähungen, an Nöten, an Verfolgungen, an Ängsten für Christus«* (2Kor 12,10).

3. David dankt Gott für seine Hilfe (V. 13-14)

13 Ich schulde dir, Gott, meine Gelübde[214],
ich will dir mit Dank[215] vergelten.

David will nach geschehener Errettung dem Herrn bezahlen, was er ihm in der Bedrängnis gelobt hatte (siehe 66,13-14). Ist Davids Glaube gestärkt worden, ist auch seine Liebe zu Gott größer geworden. Ist seine Liebe größer geworden, ist auch sein Verlangen gewachsen, alles, was er ist und hat, Gott auszuliefern. Welche schönen Früchte hat die Bedrängnis wachsen lassen! Sollten wir uns dann aber nicht wirklich freuen, wenn wir in allerlei Prüfungen geraten (Jak 1,2), wo wir doch wissen, dass sie uns nur befallen, weil und so lange als *»es nötig ist ... damit die Bewährung eures Glaubens viel köstlicher als die des Goldes, das vergeht, aber durch Feuer erprobt wird, erfunden werde zu Lob und Herrlichkeit und Ehre in der Offenbarung Jesu Christi«* (1Petr 1,6-7).

»mit Dank vergelten«: Wer Dank opfert, preist Gott (Ps 50,23). Warum danksagen wir *»in allem«* (1Thes 5,18)? Weil wir ihm vertrauen, dass er alles in Treue, in Weisheit und in Gerechtigkeit tut, dass alles ein Ausfluss seiner unveränderten Liebe ist. Wir glauben wider allen Schein, dass Gott für uns ist. Diese Art von Glauben ehrt Gott. Abraham glaubte wider Hoffnung auf Hoffnung und wurde gestärkt im Glauben und gab damit Gott Ehre (Röm 4,20).

14 Denn du hast mein Leben vom Tod gerettet,
ja, meine Füße vom Sturz[216],
dass ich wandle vor Gott[217]
im Licht des Lebens.

214 Ps 22,26; 50,14.
215 Ps 50,14; 54,8.
216 Ps 55,23; 116,8.
217 1Mo 17,1; Ps 89,16; 140,14; Hos 6,2.

»Denn du hast mein Leben vom Tod gerettet«: Wäre Gott nicht für David gewesen, wäre er dem Tod verfallen. Womit aber hatte er verdient, dass Gott für ihn war? Womit haben wir es verdient? Er hätte uns uns selbst überlassen können, und wir wären in der Finsternis und im Tod geblieben, die wir mehr liebten als das Licht und das Leben (Joh 3,19-20). Wir können ihm nie genug danken dafür, dass er uns seine Gnade zugewandt hat.

»ja, meine Füße vom Sturz«: Gott hat meine Füße vom Sturz bewahrt, sonst wäre ich ausgeglitten und in die Tiefe gestürzt. Er hielt David die ganze Zeit. Seine Hand stützte ihn und trug ihn. Weil David ein Sünder war, irrten seine Schritte und zog es ihn ins Philisterland. Weil wir Sünder sind, gehen unsere Füße falsche Wege. Aber Gott ließ David nicht dort bleiben, wo er hingegangen war. Zu Israel sagt Gott durch den Propheten Hosea, dass er ihm den Weg der Sünde mit Dornen versperrt und mit Mauern verbaut, sodass er ihn nicht zu Ende gehen kann (Hos 2,8). Das ist eben Gnade. Dass unsere Füße vom Weg des Todes, den wir alle gewählt hatten (Spr 14,12), auf den *»Weg des Friedens«* gelenkt werden (Lk 1,79), verdanken wir alle Gott, und Gott allein. Darum ist es recht, dass wir ihm dafür danken.

»dass ich wandle vor Gott«: Dazu hat Gott uns bewahrt und befreit. Wir sollen vor seinem Angesicht wandeln. Er hat keinen von uns befreit, damit wir unsere eigenen Wege gehen. Was wäre denn das für eine Freiheit? Die Freiheit, das Eigene zu tun, ist Knechtschaft, Knechtschaft an den Eigenwillen, Knechtschaft an unsere eigenen Lüste, Knechtschaft der Sünde (Joh 8,34). Freiheit heißt, dass wir von unserem Eigenwillen befreit sind und an Gottes Willen zuerst die Lust finden und dann dazu die Kraft, ihn zu tun. Freigemacht von der Sünde, sind wir Sklaven der Gerechtigkeit geworden (Röm 6,18). Gott rief Abraham aus Ur in Chaldäa, damit er nicht mehr seinem eigenen Herzen folge und den Götzen nachwandle, sondern vor Gottes Angesicht wandle (1Mo 17,1). Aus Ägypten befreit, sind die Erlösten zu Gott gebracht worden: *»Ihr habt gesehen, was ich an den Ägyptern getan habe, wie ich euch getragen auf Adlers Flügeln und euch zu mir gebracht habe«* (2Mo 19,4).

»im Licht des Lebens«: Dieser Ausdruck kommt im AT nur noch in Hiob 33,30 vor, aber er ist uns aus dem Mund des Herrn vertraut. Er sagt, er selbst sei *»das Licht des Lebens«*, το φως της ζωης (Joh 8,12). In diesem Licht durfte schon David wandeln.

Lehrreiches und Denkwürdiges zu Psalm 56

»Ist ein Betpsalm, darin David klagt über Saul und die Seinen, dass er vor ihnen fliehen musste aus dem Lande zu den Philistern. So hart stellten sie ihm nach, dass er nirgend sicher konnte sein. Er tröstet sich aber, dass er Gottes Wort und Verheißung und Recht zum Königtum habe, wiewohl sie es täglich anfochten und verkehrten oder auch verleugneten, dass er nicht sollte König sein, sondern Saul und seine Erben. Wir mögen den Psalm beten wider unsere Tyrannen, die ohne Aufhören Gottes Wort und uns verfolgen und nirgend keinen Frieden lassen; aber wir trösten uns auch, dass wir Gottes Wort für uns haben, ob sie wohl dasselbige uns täglich verkehren, anfechten und absprechen, dass wir Ketzer und sie allein die rechte Kirche sein sollen« (Luther, *Summarien über die Psalmen*).

»So verwandt dieser Psalm mit dem vorhergehenden ist, was die Situation betrifft – hier wie dort ist der Beter von Feinden bedrängt, die ihm nach dem Leben stellen – so verschieden ist die ganze Grundstimmung und Glaubenshaltung. Während der Psalmist in Psalm 55 von Angst und Bitterkeit überwältigt wird und am liebsten dahin fliehen möchte, wo ihn kein Mensch mehr findet und er selbst keinen Menschen mehr sehen muss, hat dieser Psalm einen sieghaften, trotzigen Klang. In kühnem Gottvertrauen überwindet der Beter die Menschenfurcht. Wer Gott an seiner Seite hat, ist in jedem Fall in der Übermacht, und wenn noch so viele Feinde sich zusammenrotten« (Lamparter).

V. 1 – »In den Worten **›von der stummen Taube‹** sehen einige den Anfang eines geläufigen Liedes, andere erblicken darin eine bildliche Bezeichnung für David, was in der Tat trefflich zu der gegebenen Situation passen würde. **›Unter den Fremden‹** heißt es, weil er auf der Flucht vor der Wut seiner Feinde in fremdem Land sich beklagte, dass er so fern von der Heimat in wüster Einöde weilen müsse« (Calvin).

V. 2 – »Gott und Mensch sind Gegensätze: Gott, dem Majestätischen, gegenüber sind die Menschen machtlose Wesen. Ihre Auflehnung wider Gottes Ratschluss ist erfolglose Tollheit. Hat der Dichter Gottes Huld für sich, so steht er diesen riesig sich gebärdenden Zwergen, die ihn hochher fahrend … bekriegen, in der unüberwindlichen Macht Gottes entgegen« (Delitzsch).

»Des geängsteten David erster Gebetsschrei nun ist nicht ein Hilferuf, sondern ein Flehen zu dem HERRN um Gnade. So ist es recht und in der Ordnung: Erst muss ich der Gnade Gottes gewiss sein, ehe ich mich seiner Hilfe trösten kann« (Dächsel).

V. 5 – »David kann dem sterblichen Menschen (hebräisch: ›**Fleisch**‹) eine Herausforderung ins Gesicht schleudern. Menschenmacht ist nichts verglichen mit Gottes Macht, wie König Hiskia seinen Beamten sagte, als König Sanherib Jerusalem belagerte (2Chr 32,8)« (Harman).

V. 14 – »Für den Gerechten bleibt nur ein Wandel vor Gott (siehe Ps 1). Der Wandel im Licht ist es, den Jesus von den Seinen erwartet (Joh 8,12; 11,9f.; 12,35). Es geht ein starker Gegensatz durch den Psalm. Auf der einen Seite: Feindschaft mächtiger Feinde, quälende Furcht und Todesangst, Heimatlosigkeit, Tränen. Auf der anderen Seite: Vertrauen auf Gott, Lobpreis seines machtvollen Wortes, das Wissen um seine Barmherzigkeit, aber auch um sein Gericht über die Feinde. Dort der Mensch in all seiner Hinfälligkeit als Fleisch und Adamskind; hier Gott, der rettet und neues Leben schenkt. Solche Gegensätze sollten uns nicht unbekannt sein. Wohl uns, wenn wir uns selbst erkennen *›als die Armen, die viele reich machen; als die nichts haben und doch alles haben‹* (2Kor 6,10)! Zu solcher Erkenntnis kommen wir um dessentwillen, der uns gerettet hat und selig macht: Jesus Christus, das Licht der Welt« (Brandenburg).

Sprachliche Anmerkungen zu Psalm 56

V. 2 – »**der Mensch**«: David verwendet hier für Mensch nicht das übliche **ʾâdâm**, sondern das etwas weniger gebräuchliche **ʾænôš**, das ist der schwache, der hinfällige Mensch. Es ist vom Verbalstamm **ʾânaš**, »krank sein«, abgeleitet.

V. 3 – »**in Hochmut**« ist die Übersetzung des syntaktisch unverbundenen **mârôm**, das wörtlich »Höhe« bedeutet. Man kann es als einen adverbialen Akkusativ auffassen und wie auch Elb nominal »in Hochmut« oder adverbial (»hochmütig«, »stolz«) übersetzen. Vielleicht liegt aber Haplografie des anlautenden Mem vor, sodass zu lesen wäre: **mimmârôm**, »aus der Höhe«, »von oben« (Rev. Elb). Die englische AV und JPS fasst es als eine Umschreibung für Gott in der Höhe auf und bietet entsprechend »O thou most High«.

V. 6 – **»verdrehen sie«**: **yəᶜaṣṣêbû**, das der Grundbedeutung nach »Schmerz zufügen«, »Mühsal bereiten« bedeutet. Die Wörterbücher bieten »kränken«, »betrüben«, was aber zum Objekt nicht so recht passt (muss man doch beim Erheben der Bedeutung eines Wortes und bei dessen Gebrauch nicht nur die Konnotationen, sondern auch die Kollokationen berücksichtigen). AV: »wrest«; Luther und Zürcher: »anfechten«; Diodati: »far doloroso«, Schlachter: »verdrehen«; Buber: »trüben«; Marx: »verdunkeln«.

V. 7 – **»sie lauern«**: **jiṣpônû**, ein Verb, das meist mit »sich verbergen«, »sich versteckt halten« zu übersetzen ist, was im deutschen »lauern« ja enthalten ist.

»meinen Tod«: **nafšî**, eigentlich »meine Seele«. Bleibt man bei »Seele«, muss man ein anderes Verb für **qiwwâh**, »hoffen«, wählen, wie es die meisten Übersetzungen tun. **qiwwâh** bezeichnet eigentlich das gespannte Warten (von **qaw**, das Seil, das man zum Messen spannt; vgl. arab. *quwwâh*, die [Spann]kraft). Mit ungeduldiger Gier warten die Feinde Davids auf den Moment, da sie ihn endlich umbringen können. Luthers »sie lauern …, wie sie meine Seele erhaschen« hat diese boshafte Anspannung, die auf den Moment giert, bis sie sich endlich löst, am besten festgehalten. Zürcher: »Ihr ganzes Sinnen geht auf mein Verderben.« JPS: »… hoping for my death«.

V. 8 – **»Auf den Frevel soll Rettung für sie folgen?«**: **ᶜal-ʾâwæn pallæṭlâmô**, Wort für Wort: »Auf Unrecht Entrinnen für sie.« Buber: »Zum Arg ein Entrinnen ihnen!« Das Hebräische ist in seiner Knappheit (für uns) mehrdeutig; es ist nicht sicher, ob es als Frage oder als Aussage zu verstehen ist. Die meisten deutschen Übersetzungen verstehen den Satz als eine rhetorische Frage. Luther: »Sollten sie mit ihrer Bosheit entrinnen?« Elb: »Sollte bei ihrem Frevel Rettung für sie sein?«

»Völker«: **ᶜammîm**, das meistens so zu übersetzen ist, aber es kann auch »Leute« bedeuten. Luther: »Gott, stoße solche Leute ohne alle Gnade hinunter!« Buber fasst die beiden ersten Wörter im Psalm als eine Genitivverbindung auf und übersetzt: »In den Völkerzorn lass sie sinken!«

V. 9 – **»Zähle«**: **sâfartâ**, das formal ein Indikativ ist. Aber hier wie so oft hat die 2. Person Singular Perfekt imperativische Bedeutung. Überraschenderweise hat auch Luther es so übersetzt (was ich auf seine übersetzerische Intuition zurückführe, denn zu seiner Zeit, als die Hebraistik noch ganz in den Anfängen stand, wird man diesen Gebrauch des Perfekts kaum gekannt haben).

»in deinem Buch«: Buber übersetzt: »Sind sie nicht in deiner Zählung?« Das hebräische **sifrâtækâ** kann man als das Abstraktum »deine Zählung« auffassen; denn »Buch« heißt hebräisch sonst immer **sêfær**, auch im Munde Davids. In Psalm 139,16 nennt er *»dein Buch«* **sifrəkâ**. Zudem können wir bei Bubers Version auch im Deutschen das schöne hebräische Wortspiel nachempfinden: »zählen« heißt **sâfar**, und davon ist das Hauptwort **sifrâh** gebildet.

V. 13 – **»meine Gelübde«**: **nədârækâ**, wörtlich »deine Gelübde«. Gemeint sind die Gelübde, die David Gott gelobt hatte. Elb, Rev. Elb (auch KJV und Buber) haben das zu wörtlich übersetzt; denn in der deutschen Sprache bedeutet »deine Gelübde« so viel wie »die Gelübde, die du abgelegt hast«. Luther: »Ich habe dir, Gott, gelobt, dass ich dir danken will.«

»ich will dir bezahlen«: **ᵓašallêm**, was im Grunde bedeutet: Ich will das sittliche Gleichgewicht herstellen. Schuld stört das Gleichgewicht im sittlichen Universum; erstatte ich, **šillem**, die Schuld, ist das Gleichgewicht, **šâlôm**, wiederhergestellt.

V. 14 – **»ja«**: **lôᵓ**, was natürlich »nicht« bedeutet. Es ist hier Fragepartikel, etwa: »Nicht wahr?« So übersetzt etwas sehr akkurat Buber: »Du rettest meine Seele vom Tod, nicht wahr? Meine Füße vom Anstoß.«

»Licht des Lebens«: **ᵓôr haḫajjîm**, das man auch »Licht der Lebendigen« übersetzen kann (Elb, Luther). Buber (wie auch Zürcher und Schlachter), den man ganz sicher nicht eines prochristlichen Vorurteils verdächtigen kann, übersetzt »Licht des Lebens«, sodass wir hier an den Messias denken müssen (Joh 8,12).

Psalm 57
Gott, der Helfer der Verfolgten

Dies ist der zehnte von insgesamt 14 Psalmen, die in der Überschrift den Anlass ihrer Entstehung nennen: Psalm 3; 7; 18; 30; 34; 51; 52; 54; 56; 57; 59; 60; 63; 142.

Das Lied behandelt das gleiche Thema wie das vorangegangene, und es heißt wie jenes *»ein Gedicht«*, **miktâm**. Beide beginnen mit einem Gebet um Gottes Erbarmen, beide entstanden unter großer Bedrängnis und Gefahr (56,2-3.6-7; 57,5-7), beide zeugen von der gleichen Dankbarkeit und Gewissheit der Befreiung (56,11-14; 57,8-12). Beide verwenden den gleichen Ausdruck für die gierigen Nachstellungen der Feinde (»schnappen«: 56,2-3; 57,4). Er ist sogar gleich aufgebaut: Ein doppelter Kehrvers gliedert beide Lieder in zwei Teile (56,5-12; 57,6.12). Dennoch ist die Tonlage hier eine andere. Dort war es die Bedrohung der Feinde gewesen, die den Schrei zu Gott ausgelöst hatte (56,1-2). Hier ist es die Gewissheit, dass Gott Davids Helfer ist, die ihn zum Beten bewegt. Wir werden auch an Psalm 55 erinnert und sehen daran, dass Davids Glaube gewachsen ist, während er betete. Dort hatte er sich Flügel gewünscht, um sich in Sicherheit zu bringen (55,7-8); hier genügt ihm das Wissen um die Flügel Gottes (V. 2), sodass er gar nicht daran denkt, fliehen zu wollen.

Das Lied enthält zwei Teile, die durch einen Kehrvers abgeschlossen werden (V. 6.12). Im ersten Vers birgt sich David bei Gott und ruft zu ihm um Hilfe; im zweiten singt er Gottes Lob für seine Treue, seine Macht und seine Errettung. Die Drangsal hat David nicht allein beten gelehrt, sondern in ihm das Verlangen wachsen lassen, dass er zweimal bezeugt: *»Über der ganzen Erde sei deine Herrlichkeit!«* Mögliche Gliederung:

1. **Der einzige Retter (V. 2-4)**
2. **Gewissheit und Errettung (V. 5-7)**
3. **Das Triumphlied der Errettung (V. 8-12)**

1 Dem Vorsänger. ›Verdirb nicht!‹ Von David, ein Gedicht, als er vor Saul in die Höhle floh.

Zu **»Vorsänger«** siehe Psalm 4.

Dieses Lied heißt **»Verdirb nicht«**; denn David hatte diese eine große Bitte in seinem Herzen, als Saul ihn jagte und er vor ihm in eine Höhle floh. Ob damit die Höhle Adullam (1Sam 22) oder die Höhle En-Gedi (1Sam 24) gemeint sei, lässt sich nicht mit Sicherheit sagen. Auf alle Fälle hauste David seines Glaubens wegen immer wieder in Höhlen (Hebr 11,38). Der Befehl *»Verdirb nicht!«* findet sich wörtlich in 1. Samuel 26,9. Als sich die Verhältnisse in der Höhle En-Gedi ganz unerwartet so wandten, dass mit einem Mal Saul dem David ans Schwert geliefert wurde, erinnerte er sich daran, dass er nur wenige Augenblicke vorher nichts so sehnlich erhofft hatte, wie von Saul verschont zu werden. Auch darum[218] verdirbt David seinerseits seinen Feind nicht.[219] Das mag die moralische Summe dieses kurzen Psalms sein: David wird in Bedrängnis geführt, damit er in der Bedrängnis lerne, wie kostbar Gottes Hilfe ist. Hat er Gottes gnädige Hilfe erfahren, wird sein Herz von der erfahrenen Gnade geformt: Er ist fortan seinen Feinden gnädig.

Der Psalm heißt **»ein Gedicht«, miktâm**. Zur Bedeutung des Wortes, das in den Psalmen 16 und 56 bis 60 in der Überschrift steht, siehe die Erklärung zu Psalm 16.

1. Der einzige Retter (V. 2-4)

2 Sei mir gnädig[220], o Gott, sei mir gnädig!
Denn bei dir birgt sich meine Seele,
ich will mich bergen im Schatten deiner Flügel[221],
bis das Verderben vorüber ist.

»Sei mir gnädig«: Die Bitte wird zweimal ausgesprochen wie in Psalm 123,3. Das ist ein Zeichen von Dringlichkeit. Wenn wir einmal um

218 Als Hauptgrund nennt er selbst die Tatsache, dass Saul der Gesalbte des Herrn ist.
219 Delitzsch verneint jeden Zusammenhang zwischen der Psalmenüberschrift und der Episode von 1Sam 26: *»Eine Beziehung der Worte auf 5Mo 9,26 oder 1Sam 26,9 (warum nicht auch auf Jes 65,8?) ist nicht vorhanden.«*
220 Ps 56,1.
221 Ps 36,8.

eine Sache gebeten haben, dann antwortet Gott nicht immer alsbald. Er will sehen, ob wir ihm wirklich vertrauen. Wenn wir glauben, lassen wir nicht locker, bis wir eine Antwort haben.

»bei dir birgt sich meine Seele«: David betete dieses Gebet, als er vor Saul in eine Höhle floh. Er wusste, dass keine Höhle ihn vor dessen mörderischem Hass schützen kann, wenn Gott ihn nicht beschützt; denn eine Höhle kann auch zur Falle werden. So nimmt er nicht Zuflucht zu Mauern und Bergfesten, sondern zu Gott. Wie ein Wanderer sich unter einen Felsvorsprung birgt, bis ein Gewitter sich verzogen hat, so birgt sich David bei Gott, **»bis das Verderben vorüber ist«** (siehe auch Jes 25,4). Dabei weiß er, dass Gott ihm keine Hilfe schuldet, weshalb er bittet: **»Sei mir gnädig!«** Wenn Gott hilft, dann ist das ein Beweis seiner Gnade, und Gnade ist definitionsgemäß immer unverdient, sonst ist es keine Gnade mehr (vgl. Röm 11,6). Verglichen mit Felsen scheinen **»Flügel«** ganz schwach. Aber es sind Gottes Flügel, und unter ihnen ist er sicher. Sie sind ausgebreitet für alle, die unter ihnen Schutz suchen, wie lange vor David schon seine Urgroßmutter Ruth (Rt 2,12). Das Volk Israel als Ganzes verschmähte indes diesen Schutz (siehe Mt 23,37).

3 Zu Gott, dem Höchsten, will ich rufen,
zu Gott, der meine Sache hinausführt.

»Zu Gott, dem Höchsten, will ich rufen«: Das Gebet lebt vom Glauben, der Glaube wiederum lebt von seinem Gegenüber. David glaubt und erkennt, dass sein Gott höher ist als jeder Feind; er ist der Höchste. Während der Mächtigste im Land ihn verfolgt, ruft er zu dem, der über allen Mächtigen auf Erden steht. Im Neuen Testament heißt er *»Fürst über die Könige der Erde«* (Offb 1,5). Das Wunderbare ist, dass dieser Mächtige nicht so erhaben ist, dass er uns ewig fern bliebe und sich um unser Ergehen nicht kümmerte. Schon Elihu hatte Gott deswegen bewundert, weil er mächtig ist und dennoch niemanden verachtet (Hi 36,5). So folgt denn auf die erste die zweite Zeile, in der David weiß, dass der Allerhöchste seine **»Sache hinausführt«**. *»Gottes Erhabenheit macht ihn nicht unerreichbar, sondern im Helfen nur unbehindert«* (D. Kidner). Habe ich Zuflucht gefunden bei ihm, was will der Mensch mir tun?

4 Er wird senden vom Himmel und mich retten,
zum Hohn machen den, der nach mir schnappt[222] (Sela).
Senden wird Gott seine Güte und Treue.

»Er wird senden vom Himmel und mich retten«: Der Glaubende kennt eine Hilfe, mit der die Menschen dieses Zeitlaufs nicht rechnen. Sie denken, wer die stärksten Waffen und die meisten Leute auf seiner Seite habe, müsse obsiegen. Die Heiligen kennen aber eine Hilfe, die nicht von dieser Welt und nicht auf die Mittel dieser Welt beschränkt ist. Die Mächtigen mögen die armseligen Heiligen höhnen (Ps 123,3-4). Wenn Gott aber eingreift, dann **»macht er zum Hohn«** die Höhnenden.

Der Feind **»schnappt«** nach David; zu diesem Verb passt die Tatsache, dass des Feindes Zähne wie Spieße und dessen Zunge wie ein Schwert sind (V. 5).

Gott sendet **»seine Güte und Treue«**: In seiner Gnade rettet er jeden, der ihm vertraut; in seiner Wahrheit richtet er jeden, der sich über ihn erhebt und seine Heiligen bedrängt.

2. Gewissheit und Errettung (V. 5-7)

5 Inmitten von Löwen ist meine Seele,
ich liege bei Lodernden,
Menschenkindern;
ihre Zähne[223] sind Spieße und Pfeile,
ein scharfes Schwert ihre Zunge[224].

David liegt wie nach ihm Daniel **»mitten unter Löwen«**. Es ist anzunehmen, dass Daniel diesen Psalm kannte, und als er in die Löwengrube geworfen wurde (Dan 6,17), wird er sich an den großen König und Sänger Israels erinnert haben. Dem Heiligen, der harmlos ist wie ein Schaf, sind die Gottlosen wie Raubtiere (Ps 74,19). David nennt sie Löwen, der Herr nennt sie Wölfe (Mt 10,16).

222 Ps 52,2.
223 Ps 3,8; Spr 30,14.
224 Ps 55,22; 59,8; 64,4; Spr 30,14.

»ich liege«: Im Hebräischen steht hier der Kohortativ, die Selbstaufforderung »lass mich lagern!/ich will lagern!«. Etwas pointierter hieße das: »Dann lass mich halt unter Löwen lagern!« Das ist eine wunderbare Frucht des Vertrauens Davids, ein nachgerade trotziger Glaube im Angesicht der Verfolger. Sie sollen ihm nur nachstellen, er legt sich nieder und schläft, denn der HERR stützt ihn. Was er hier gelernt hatte, half ihm später, als Absalom ihn verfolgte und ihn umbringen wollte (Ps 3,6).

6 Erhebe dich, Gott, über den Himmel,
über die ganze Erde deine Herrlichkeit!

Weil Gott der Höchste ist, ist er nicht nur der einzige wirkliche Helfer Davids, sondern David weiß auch, dass er deshalb von allen erkannt und geehrt werden sollte. Darum diese Bitte. Sie erstaunt uns sehr. Wir hätten gedacht, David habe genug Kummer um seine eigene Sicherheit; aber der Heilige ist ein Heiliger, ein Mann des Wunders (Sach 3,8), und zu den Wundern, die er tut, gehört auch das: Er ist mehr als alles darum besorgt, dass Gottes Ehre sichtbar werde. Er soll bekannt werden; die Heiden sollen seine Herrlichkeit leuchten sehen.

David erlebte es nicht, wie diese Bitte erfüllt wurde; mit den anderen Heiligen des Alten Testaments sah er die Verheißung von ferne (Hebr 11,13.39). Auch wir warten mit David noch auf den Tag, da die Herrlichkeit des Herrn erscheinen (1Jo 2,28) und alles erfüllen wird (Eph 4,10b). Dann wird David zusammen mit uns, den Gläubigen des Neuen Testaments, vollendet sein (Hebr 11,40). Dann wird auch er zusammen mit Christus, unserem und seinem Herrn (Ps 110,1), in Herrlichkeit erscheinen (Kol 3,4).

7 Ein Netz haben sie meinen Schritten gelegt,
gebeugt ist meine Seele;
eine Grube haben sie vor mir gegraben,
sie sind mitten hineingefallen (Sela).

David hat nicht sich selbst gerächt. Er hat bei Gott, dem Höchsten, seine Zuflucht gesucht und gefunden. Nun hat Gott ihn gerächt. Wie so oft tut er es, indem er die Bösen ihre selbst gesäte Saat ernten lässt.

Die Verfolger sind in die Grube gefallen, die sie eigenhändig gegraben hatten (siehe 7,16). David hatte gebetet, dass Gottes Herrlichkeit sich zeige. Der HERR wird im Gericht dadurch bekannt, dass *»er den Gottlosen verstrickt im Werk seiner Hände«* (Ps 9,17). Seine Gerechtigkeit wird offenbar, indem die Verfolger von dem Gericht ereilt werden, das sie den Heiligen zugedacht hatten. Pharao wollte die ganze männliche Nachkommenschaft in Israel im Nil ertränken; er selbst ertrank in den Fluten des Schilfmeeres (2Mo 1 und 14). Daniels Feinde heckten einen Plan aus, der Daniel in die Löwengrube brachte; am Ende wurden sie selber in die Löwengrube geworfen und von den Löwen zerrissen (Dan 6,25). Haman wollte den gerechten Mordokai am Galgen erhängen, und wurde selbst dort erhängt mitsamt seinen Söhnen (Est 9,25).

3. Das Triumphlied der Errettung (V. 8-12)

Diese Verse finden sich wieder als die erste Hälfte des 108. Psalms. David ist noch nicht König, und seine Nöte haben mit der Befreiung aus der Höhle von En-Gedi nicht aufgehört. Der Glaube macht auch uns nicht aller Nöte ledig, aber er befähigt uns, über die Nöte zu triumphieren und in allem Gott, unseren Retter, zu erheben. So erhebt denn David einen Triumphgesang auf seinen Gott.

8 Fest ist mein Herz[225], o Gott, fest ist mein Herz!
Ich will singen und spielen.

Nicht mehr ist Davids Seele *»gebeugt«* (V. 7); nun ist sein Herz **»fest«**, und er sagt es Gott, denn er weiß wohl, dass Gott es fest gemacht hat. Wir selbst haben nicht die Macht über dieses zappelige Ding. Im Hebräischen findet sich in den Versen 7 und 8 ein Wortspiel, das man im Deutschen wie folgt nachahmen könnte: »Ein Netz haben sie *festgemacht*«, **hêkînu**, aber »mein Herz *ist fest*«, **nakôn**. Beide Male steht im Hebräischen das gleiche Verb **kûn**, einmal ist es transitiv (Hifil), das andere Mal intransitiv (Qal). Ist erst das Herz einmal fest, kann David **»singen**

225 Ps 112,7; vgl. Ps 78,8.37.

und spielen«. Wie schön, dass der zuerst Bedrängte und nun endlich Befreite nicht vergisst, Gott den Höchsten zu loben, zu dem er in der Not um Hilfe gerufen hatte.

> **9 Wache auf, meine Seele!**
> **Wacht auf, Harfe und Leier!**
> **Ich will wecken das Frührot.**

Zuerst hat David seine Seele aufgeweckt, dann seine Harfe; nun kann er **»wecken das Frührot«**, als wäre es ein Mensch. Üblicherweise ist es das Frührot, das die schlafenden Menschen weckt; nun aber will David ihm zuvorkommen. Dies ist nichts anderes als die poetische Weise zu sagen: »Ich will aufstehen, bevor es tagt.« Das wollen wir vom lieblichen Sänger Israels lernen: Wir wollen uns immer wieder einen Stoß geben, uns aufmachen und Gott mit Herz und Mund preisen.

> **10 Ich will dich preisen, Herr, unter den Völkern,**
> **will dir Psalmen singen unter den Nationen.**

Diese Worte (oder die fast gleichlautenden aus Ps 18,50) zitiert Paulus in Römer 15,9 und zeigt damit, dass er sie als eine Weissagung auf die messianische Zeit sah: Mit dessen Kommen sollten die Nationen den Sohn und Herrn Davids kennenlernen. Es überrascht uns immer wieder, wie Davids Blick weit über sein eigenes Ergehen oder das seines Volkes hinausging und die ganze Welt erfasste. Das lässt sich nicht anders erklären, als dass David ein Prophet war (Apg 2,30), dem Gottes Geist die Augen geöffnet hatte.

> **11 Denn groß bis zum Himmel ist deine Güte,**
> **und bis zu den Wolken deine Treue.**

Diese Worte kennen wir aus Psalm 36,6. David muss sie wiederholt ausgesprochen haben. Während er Gottes Himmel betrachtet (Ps 8 und 19), ging ihm die Wahrheit auf, dass Gottes Güte genauso grenzenlos und auch genauso unentrinnbar ist wie das Himmelsgewölbe über uns. So wenig wir irgendwohin fliehen könnten, wo sich der Himmel nicht mehr über uns spannt, so wenig können wir irgendwo Gottes Güte entkommen[226] – vorausgesetzt, wir sind seine Heiligen und Geliebten, wie David es war. Gottes Gnadenwerke sind genauso umfassend und ganz buchstäblich über-wältigend wie seine Schöpfungswerke.

12 Erhebe dich, Gott, über den Himmel,
über die ganze Erde deine Herrlichkeit!

Zum Schluss wiederholt David sein Begehren, dass Gottes Herrlichkeit über der ganzen Erde aufgehen möchte. Beim ersten Mal hatte er trotz seiner Bedrängnis so gebetet (V. 6); jetzt betet er es aus Freude über die Befreiung und aus Bewunderung über Gottes Gnade und Macht. Denn so weit sich der Himmel über alle Menschen spannt (V. 11), ist die ganze Erde voll der Güte des Herrn. Das sollen alle Menschen sehen. Die Seraphim um Gottes Thron sehen es jetzt schon (Jes 6,3). Es kommt der Tag, an dem die Herrlichkeit des Herrn alle Schöpfung erfüllen wird wie die Wasser alle Meere (Jes 11,9). Wir als Christen wissen, dass es Christus, unser Herr, ist, der dann alles erfüllen wird (Eph 4,10) und den alle erkennen und bekennen werden (Phil 2,9-11).

David wird beim Beten von den gleichen Wahrheiten geführt wie wir als neutestamentlich Gläubige. Der Herr hat auch uns zu beten gelehrt, dass der Name Gottes, des Vaters, geheiligt werden solle (Mt 6,9), denn sein ist das Reich und die Macht und Herrlichkeit (6,13).

Lehrreiches und Denkwürdiges zu Psalm 57

»Ist ein Betpsalm, darin David abermals klagt über Saul und sein Hofgesinde, vor welchen er in die Höhle kroch … und ist uns zu brauchen wider die Tyrannen und ihre giftigen Räte und Ohrenbläser, die uns das Wort Gottes verkehren, und haben zu solchem Werk Zähne und Zungen, die sind Spieße, Pfeile und scharfe Schwerter. Aber Gott sei Dank, der uns nicht lässt, und stürzt sie in die Grube, die sie uns bereiten, und ihr Ratschlag geht zuletzt über ihren eigenen Kopf« (Luther, *Summarien über die Psalmen*).

226 Darum sagt David in Ps 23,6, dass Gottes Güte und Erbarmen ihn verfolgen, nicht lediglich ihm folgen (siehe meine Übersetzung samt Kommentar zur Stelle).

V. 1 – »Aus der Überschrift lerne: Der Gerechte kann in Todesgefahr kommen (wie David, als er vor Saul in die Höhle floh), und dabei doch nicht umkommen. David war wie ein Mensch, der lebendig begraben werden soll; denn die Höhle war ein Grab, und das Heer Sauls vor dem Eingang der Höhle war der Grabstein. Sauls Heer muss nur wissen, dass David in der Höhle ist und ihn drinnen lassen, und es ist um ihn geschehen. Gott aber blendete sie, und er brachte David aus der Falle« (Dickson).

V. 2 – »Der Schatten der Flügel Gottes ist Davids Zuflucht. David vertraut sich völlig dem Schutz Gottes an … Wenn Gott uns nämlich vertraulich einlädt, so vergleicht er sich mit einer Henne oder einem anderen Vogel, der seine Flügel ausbreitet, die Jungen zu wärmen. So haben wir denn gar keine Möglichkeit mehr, unsere Undankbarkeit und Schlechtigkeit zu entschuldigen, die sich darin äußert, dass wir der freundlichen Einladung nicht auf der Stelle Folge leisten« (Calvin).

V. 2-6 – »David wendet sich in seiner äußerst bedrängten Lage an den Herrn, ist aber auch … voll guter Zuversicht, dass der Allerhöchste, unter dessen schirmende Flügel er sich geborgen hat, sein Werk an ihm vollenden und seine Rettungsengel ihm senden werde; ja, er ist überzeugt, dass Gott, wenn es sein müsste, Himmel und Erde für ihn in Bewegung setzen würde, weil seines Namens Ehre im Himmel und auf Erden davon abhängt, dass er die Seinen schütze gegen die furchtbare Macht, welche die Gottlosen wider sie aufbieten« (Dächsel).

V. 6 – »Der Psalmist hat die dunkle Höhle des Kummers und der Angst hinter sich gelassen. Seine Glaubenshaltung erinnert an das schöne Wort von Zinzendorf: ›Um mich habe ich mich ausbekümmert.‹ Von der ängstlichen Sorge um sich selbst befreit, sorgt er sich um Gottes Ehre und macht aus dieser Sorge ein stürmisch gen Himmel dringendes Gebet« (Lamparter).

V. 12 – »Der Glaube erhebt uns über den bloß persönlich empfundenen Schmerz und schafft eine Leidenschaft für die Erhöhung Gottes unter den Heiden. Das Herz, das von sich selbst zur Ruhe gekommen ist, ist immer auch das in Gott befestigte Herz« (Morgan).

Sprachliche Anmerkungen zu Psalm 57

V. 2 – »**birgt sich**«: **ḥâsâjâh**, das als Perfekt nicht etwa als Vergangenheit aufzufassen ist, denn David spricht aus, was jetzt gilt, nicht was einst galt; was er jetzt tut, nicht was er einst tat. Perfekta der sog. Affektverben und noch allgemeiner von transitiven oder reflexiven Verben sind (aufs Deutsche bezogen) der Bedeutung nach präsentisch. Ganz falsch ist, was Delitzsch zu den beiden verschiedenen Zeitformen des Verbums in diesem Vers sagt: *»Durch die zwei unterschiedlichen Tempusformen bezeugt der Dichter seine Glaubenszuflucht zu Gott als eine einmal geschehene ... und doch ... immerfort und zumal jetzt sich erneuernde.«* Das stimmte, wenn David Griechisch und nicht Hebräisch gedichtet hätte. Das sog. »Perfekt« (qatal) und das sog. »Imperfekt« (yiqtol) bilden hier wie so oft nicht temporale, sondern modale Opposition. Ersteres bezeichnet die Tatsache: »Ich berge mich«, Letzteres die Absicht: »Ich will mich bergen.«

V. 4 – »**Er wird ... zum Hohn machen**«: **ḥêrêph**, eigentlich: »Er macht zum Hohn.« So hat LXX übersetzt. Elb: »Er macht zum Hohn«, so auch Diodati und NASV. Das Verb **ḥêrêph** kommt in historischen wie poetischen Büchern recht häufig vor. Das Subjekt ist in allen belegten Stellen immer der Mensch, das Objekt immer der Arme, der Gerechte, das Volk Gottes oder Gott selbst. Es wird nie von Gott gesagt, dass er höhne. Wahrscheinlich haben die Übersetzer deshalb versucht, die an sich geradlinige Syntax des Hebräischen anders zu deuten: »Mag auch höhnen, der nach mir schnappt« (Buber; Marx); »Lästert auch, der mich anschnaubt« (Zunz); »gehöhnt hat, der mir nachstellt« (Rev. Elb); oder sie haben wie Zürcher das Verb durch **mikkaph**, »aus der Hand« ersetzt. Eine solche Konjektur ist nicht nur unnötig, sondern unstatthaft. Wir dürfen nichts am überlieferten Konsonantentext ändern. Immerhin sagt Psalm 2, dass Gott der Gottlosen spottet, und Psalm 79,12 sagt, dass Gott den Hohn, mit dem die Gottlosen gehöhnt haben, auf sie zurückbringen wird. Das kommt der von LXX, Elb und auch mir gebotenen Übersetzung des vorliegenden Verses schon sehr nahe.

In diesem Vers findet sich eine Reihe von drei Imperfekten (yiqtol), dazwischen steht ein Perfekt (qatal): **ḥêrêph**, »du mach(te)st zum Hohn«. Das muss indes als Haplographie des auslautenden j im vorausgehenden

wəjôšîᶜênî, »er wird mich retten«, verstanden werden. David spricht von lauter möglichen und noch ausstehenden Dingen; daher passt hier nur die Form **jəḥârêph**.

V. 5 – »**kann ich lagern**«: **ʾæškəbâh**, ein Kohortativ, d.h. Selbstaufforderung: »Ich will lagern.«

V. 7 – »**gebeugt**«: **kâphûph**. Ich habe die Konsonanten **kpp** nicht wie M als ein Perfekt, sondern als ein Passivpartizip vokalisiert. Dazu braucht man am überlieferten Text nichts zu ändern.

V. 9 – »**meine Seele**«: **kəbôdî**, wörtlich »meine Ehre« (so Luther). Die Erklärung des Begriffs findet sich im Kommentar zu Psalm 7,6 und 16,9.

Psalm 58
Gott ist Richter auf Erden

David behandelt hier das gleiche Thema wie Asaph im 82. Psalm. Der Sammler und Ordner der Psalmen hat ihn an dieser Stelle eingefügt, weil er wie die Psalmen 56, 57 und 59 in der Überschrift die Anweisung »Verdirb nicht« enthält und weil er wie jene *»ein Gedicht«*, **miktâm**, heißt. Er verbindet sich durch die Verwandtschaft der Verse 57,5 und 58,7 mit dem Vorhergehenden und leitet mit den beiden letzten Versen zum Thema des 59. Psalms über.

Der Psalm beginnt mit der Anklage an die menschlichen Richter, dass sie ungerecht richten, und er endet mit der Gewissheit, dass am Ende Gott ein gerechtes Gericht auf der Erde üben wird (V. 11). Dazwischen steht ein Gebet, dass Gott die ungerechten Richter richten möchte. David betet aber nicht, weil er über persönliches Unrecht empört ist, sondern weil die öffentlich bestallten Richter das Recht verdrehen, und das im Volk Gottes. Damit hindern sie Gottes Recht, und sie geben dazu vor dem Volk ein verzerrtes Bild von Gottes Gerechtigkeit. Das ist schlimm, so schlimm, dass David zu Gott ruft, er möchte diesem Skandal ein Ende bereiten.

Als die Richter Unrecht sanktionierten und die Gerechten straften, beriefen sie sich natürlich auf die Autorität des Königs Saul, dem man Gehorsam leisten müsse. Wie oft hat sich dieses unwürdige Schauspiel wiederholt! Weil der König es befohlen hatte, quälten die Richter im Frankreich unter Ludwig XIV. die Hugenotten. Und weil der Führer es befohlen hatte, verurteilte der nationalsozialistische Volksgerichthof »im Namen des Volkes« Menschen, die gerechter waren als die Richter. Und weil die Stimmbürger es befohlen haben, verurteilen heute Richter die gerechten Seelen, die den Mord an den Wehrlosesten, den Ungeborenen, verweigern. Dieser Psalm ist einer der biblischen Texte, die den Christen daran erinnern, dass man Gott immer mehr gehorchen muss als den Menschen.

In vier Schritten führt uns der inspirierte Dichter an sein Ziel: Zuerst klagt David die ungerechten Richter an (V. 2-3), als Zweites erklärt er, warum Gottes Gericht gewiss über die Richter kommen muss (V. 4-6), dann betet er um Gottes Gericht (V. 7-10), um mit den Auswirkungen des Gerichts zu schließen (V. 11-12).

1. **David fordert die ungerechten Richter heraus (V. 2-3)**
2. **David erklärt, warum die ungerechten Richter gerichtet werden müssen (V. 4-6)**
3. **David betet, dass Gott die ungerechten Richter richte (V. 7-10)**
4. **David freut sich über die Auswirkungen des Gerichts (V. 11-12)**

1 Dem Vorsänger. ›Verdirb nicht!‹ Von David, ein Gedicht.

Zu »**Vorsänger**« siehe Psalm 4.

»**Verdirb nicht**«: Neben Psalm 57 und 59 der zweite Psalm in der Reihe von drei Psalmen Davids mit dieser Überschrift (zur Erklärung des Ausdrucks siehe Psalm 57).

»**ein Gedicht**«: **miktâm**. Zur Bedeutung des Wortes, das in den Psalmen 16 und 56 bis 60 in der Überschrift steht, siehe die Erklärung zu Psalm 16.

1. David fordert die ungerechten Richter heraus (V. 2-3)

2 Könnt ihr wirklich Recht sprechen und schweigen?
Richtet ihr recht, ihr Menschenkinder?
3 Im Herzen übt ihr Unrecht,
eure Hände schaffen Bahn
der Gewalt im Land[227]**.**

Dass die Überschrift sich im vorhergehenden und nachfolgenden Psalm ebenfalls findet, zeigt, dass er in die gleiche Zeit gehört: David wird von Saul und seinen Leuten verfolgt. Die Worte der eröffnenden Verse richten sich also an die ungerechten Beamten Sauls. Sie dachten, sie könnten sich mit »**schweigen**« angesichts der Gewalttaten Sauls schuldlos halten; aber durch ihr Schweigen machten sie sich mitschuldig am unschuldigen Blut, das Saul vergoss (vgl. Ps 52, der entstand, nachdem Saul die Ermordung der Priester des HERRN befohlen hatte). Das Wort Gottes befiehlt den Gewalthabern, den Elenden Recht zu schaffen und für die Armen den Mund aufzutun (5Mo 1,16-17; Spr 31,8-9), und er droht uns mit gerechter Strafe, wenn wir unsere Ohren vor dem Schreien der Bedrängten verstopfen (Spr 21,13). Jakobus sagt: *»Wer nun weiß, Gutes zu tun, und tut es nicht, dem ist es Sünde«* (Jak 4,17). Dass Unterlassungssünden und Tatsünden Hand in Hand gehen, zeigt der 2. Vers. Das Unrecht »**im Herzen**« zeigte sich im schamwürdigen Schweigen zu Sauls Gewalttaten, und es führte zu weiterer »**Gewalt**«, der die Richter »**Bahn schaffen im Land**«.

227 Ps 82,2.

2. David erklärt, warum die ungerechten Richter gerichtet werden müssen (V. 4-6)

4 Abtrünnig[228] sind die Gottlosen
von Mutterschoß an,
von Mutterleib an[229]
irren die Lügenredner[230].

»Abtrünnig sind die Gottlosen von Mutterschoß an«: Hier wird die Wurzel des Versagens der Richter genannt. David weiß, dass auch er in Sünden geboren ist (Ps 51,7). Darum weiß er, dass die **»Lügenredner«**, die ihm zusetzen, nichts als natürliche Menschen sind, die den Geist nicht haben (vgl. Jud 19). Ihre Natur ist Sünde, und darum irren die Sünder von Mutterleib an und hinfort – es sei denn, Gottes Gnade sonderte sie von Mutterleib an für sein Heil aus (Gal 1,15). David weiß, dass er keine Ursache hat, sich zu rühmen; dass er ohne Gottes unbegreifliche Gnade genau so verkehrt richten und verdreht reden würde. An dieser Einsicht Davids hängt der ganze Unterschied zwischen der unheiligen Entrüstung des Sünders über die Sünde anderer (Röm 2,1-2) und den Gemütsregungen des Heiligen, wenn er von Sündern bedrängt wird. Es ist der Unterschied zwischen dem Selbstgerechten und dem Gerechten, dem Pharisäer und dem Zöllner (Lk 18,9-14).

5 Gift haben sie gleich Schlangengift[231],
wie eine taube Otter, die ihr Ohr verschließt,

Die Otter ist taub, nichts geht durch ihr Ohr ein; dafür ist ihr Mund voll Gift. Genau so ist der Sünder. Er hört Gottes Stimme nicht, seit er das Gift der alten Schlange in sich aufgenommen hat, und darum ist sein Mund voll Fluchens und Bitterkeit (Ps 10,7; Röm 3,14) gegen Gott und gegen den Nächsten. Man sagt, gehörlose Menschen seien sehr misstrauische Menschen. Sie hören nicht, was andere reden; daher misstrauen sie allen, was ja auch verständlich genug ist. Ob es sich mit den Gehörlosen wirklich so verhält oder nicht, auf alle Fälle ist der Sünder vor Gott genau

228 Ps 53,4.
229 Ps 51,7.
230 Ps 63,12.
231 Ps 140,4.

so. Er hört nicht, was Gott redet; darum ist sein Herz voller Misstrauen zu Gott und sein Mund redet trotzig gegen ihn. Weil er Gottes Stimme nie gehört hat, ist er von der ihm angeborenen Lüge beherrscht. Er kann und will nicht anders als sündigen; er kann nicht anders als lügen. Er ist wie sein Vater, der Teufel, der, wenn er lügt, aus seinem Eigenen redet (Joh 8,44).

6 die nicht hört auf die Stimme der Beschwörer,
des Bannfluchers, kundig im Bannen.

»die nicht hört auf die Stimme der Beschwörer«: Der Sünder ist nicht allein taub für Gott, er ist auch taub für die Stimme anderer. Er will sein eigener Herr sein, keiner fremden Stimme will er gehorchen. Jede Stimme, die zu seinen Neigungen und Zielen quersteht, ist ihm lästig, so auch die Stimme des Gewissens. Er unterdrückt sie und schweigt daher, wo er seinen Mund auftun sollte (siehe oben V. 2).

3. David betet, dass Gott die ungerechten Richter richte (V. 7-10)

Ist es falsch, dass David um Rache betet? Bedenken wir zwei Dinge: Erstens zeigt David mit seinem Gebet, dass er die Rache Gott überlässt. Damit folgt er einem göttlichen Ausspruch, der besagt, dass es Gottes Sache ist zu richten (5Mo 32,35; Hebr 10,30). Beachten wir, dass das auch eine neutestamentliche Anweisung ist (Röm 12,19). Zweitens wird Gott nur das Gebet des Gerechten erhören. Auch das ist eine neutestamentliche Wahrheit (Jak 5,16). Hätte David nicht das vor Gott Wohlgefällige getan (1Jo 3,22), hätte er nicht nach Gottes Willen (1Jo 5,14) und hätte er mit unlauteren Absichten gebetet, *»so hätte der HERR nicht gehört«* (Ps 66,18; siehe auch Jak 4,3). So muss also das Gebet um Gottes gerechte Rache über die ungerechten Richter gerecht sein. Es ist ein gutes Gebet, es ist ein *»Gebet des Glaubens«* (Jak 5,15), es ist ein Gebet, das Gott ehrt, denn es steigt aus einem Herzen auf, das Gott fürchtet und das Volk Gottes liebt.

7 Gott!
Zerbrich ihnen die Zähne[232] im Maul!
HERR!
Zermalme das Gebiss der Junglöwen!

David müsste nicht so beten, hätten die Sünder nicht scharfe Zähne. Welch furchtbares Gebilde ist der Sünder! Er ist taub für Gottes Wort und hat Gift unter seiner Zunge und er hat Zähne wie Schwerter (57,5). Er ist wie ein Tier (Ps 49,21), ja, ein Raubtier, wie ein **»Junglöwe«**. Er hat seinen Mund mitsamt den Zähnen von Gott bekommen, aber er dankt Gott nie dafür, dass er ihm das Leben gegeben hat und ihm jeden Tag den Mund füllt. Er leugnet ihn und stößt Schmähungen aus gegen seinen Nächsten, und mit seinen Zähnen sucht er ihn zu verschlingen, *»als äße er Brot«* (53,5). Gott wird ihm den Kiefer zerschlagen (Ps 3,8) und ihm die Zähne ausbrechen.

8 Lass sie zergehen
wie Wasser[233], die zerrinnen!
Richtet er auch seine Pfeile,
wie gekappt sollen sie sein!

»Wie Wasser« wird Gott die Gottlosen zerrinnen lassen, das heißt, er wird sie ihrem eigenen Gewicht und ihrer eigenen Natur überlassen, und die zieht sie nur abwärts, wie eben Wasser nur abwärts fließt, bis es den tiefsten Punkt erreicht hat. Die Grube, aus der es kein Zurück gibt, wird ihre Endstation sein. Der Gottlose **»richtet … seine Pfeile«**, als ob sein Gift und seine Hauer nicht verderblich genug wären. Nein, er muss auch auf die Leute schießen, an die er nicht nahe genug herankommt, um sie mit seinen Zähnen zu zerfetzen. Sollte das Gericht über ihn nicht gerecht sein? Ist es nicht Gnade, dass Gott ihn überhaupt so lange getragen hat (Röm 9,22), der keine Silbe des Dankes für ihn übrig hat und der seine Geliebten gehasst und beharrlich bedrängt hat? Gott wird die Seinen zwar für eine Zeit, *»wenn* (und so lange) *es nötig ist«* (1Petr 1,6) seinem Hass aussetzen, aber er wird sie nicht seiner Gewalt übergeben. Seine

232 Ps 57,5.
233 vgl. Ps 22,15.

Pfeile werden »**wie gekappt**« sein, ihre Spitzen werden abbrechen und nichts ausrichten.

9 Wie die Schnecke
soll er zerfließend dahingehen,
wie die Fehlgeburt der Frau
die Sonne nie schauen!
10 Bevor eure Töpfe den Dornstrauch merken,
lebendig und im Zorn
soll er ihn wegstürmen!

Die Verfolger werden letztlich so wirkungslos sein wie »**die Schnecke**« und »**zerfließend dahingehen**«. Sie müssen auf dem Bauch kriechen wie der Lügner und Verführer, dem sie gefolgt sind (1Mo 3,14). Sie werden verschwinden und nichts hinterlassen (Ps 69,26); ihre Werke werden verbrennen und ihr Name wird verwesen (Ps 69,29; Spr 10,7). Gott wird sie »**wegstürmen**«: Sie haben lange genug gebrannt, nun werden sie ausgeblasen, wie man ein Dornenfeuer ausbläst (Ps 118,12). Kurz währte ihr Wüten, wie das Geknister des Dornenfeuers unter dem Topf (Pred 7,6); nun ist es verstummt.

4. David freut sich über die Auswirkungen des Gerichts (V. 11-12)

11 Der Gerechte wird sich freuen[234]**,**
dass er Rache[235] **schaut**[236]**,**
wird waschen seine Tritte im Blut[237] **des Gottlosen.**

Der Gerechte wird sich »**freuen**« können, »**dass er Rache schaut**«. Hätte er sich selbst gerächt, hätte er dabei gesündigt, und Sünde ist der wirksamste Freudenvertilger, den es gibt. David hatte lange warten müssen, bis ihm Gott Recht verschaffte. Mehr als einmal hatte er Gelegenheit gehabt, sich eigenhändig an seinem großen Feind zu rächen (1Sam 24

234 Ps 5,12; 68,4; Hi 22,19-20; Offb 18,20.
235 Ps 18,48; 79,10; 94,1; 149,7.
236 Ps 37,34; 91,8.
237 Ps 68,24; Offb 14,20.

und 26), aber Gott stand ihm bei, und er konnte sich seiner Rachsucht enthalten. Einmal war er entschlossen, sich selbst zu rächen, und er hätte es auch getan, hätte Gott sich nicht seiner erbarmt und es verhindert: Er sandte ihm eine kluge Frau in den Weg, die ihn zur Besinnung brachte (1Sam 25).

12 Und man wird sagen:
Doch! Lohn[238] wird dem Gerechten.
Doch! Da ist ein Gott, der richtet auf Erden.[239]

Haben wir gewartet und Gott handeln lassen, werden andere erkennen **»da ist ein Gott, der richtet auf Erden«**. Hätten wir selbst gehandelt, hätte keine Mensch Gott und sein Handeln erkannt. Das ist nicht der einzige Grund, warum wir uns nicht selbst rächen sollen (Röm 12,19); ein anderer ist der, dass es **»Lohn für den Gerechten«** gibt. Diesen Lohn verscherzen wir uns, wenn wir nicht Gottes Stunde abwarten. Wenn wir das Gericht selbst in die Hand nehmen, werden wir uns immer vertun. Wir werden uns über Leute und Sachen empören, wo entweder gar kein Anlass dazu besteht, oder wir werden uns im Maß vertun und übermäßig zürnen und ungerecht strafen.

Alles, was David in den Jahren der Nachstellungen durch Saul erfuhr, machte ihn zum späteren Königtum tauglich. Als er König war, hatte er die Macht, den Bedrängten zur Hilfe zu kommen und gegen Übeltäter Strafen zu verhängen. Er musste vorher lernen, wie bitter es ist, wenn die Leute, die den Bedrängten beistehen sollten, schweigen (V. 2). Das lehrte ihn, sich der Sache der Armen anzunehmen und für die Elenden den Mund aufzutun (Spr 31,8-9). Der Messias wird das tun, wenn er endlich auf Erden herrscht (Ps 72,2.4; Jes 11,4). David musste auch lernen, dass das Gericht die Sache Gottes ist, denn es ist ein schlimmes Übel, wenn Machthabende ihre Macht missbrauchen, um sich selbst Recht zu verschaffen. Durch Gottes Schule und durch Gottes Gnade wurde David zum Regenten, von dem der inspirierte Historiker sagen konnte: *»Und David regierte über ganz Israel; und David übte Recht und Gerechtigkeit an seinem ganzen Volk«* (2Sam 8,15).

238 Jes 40,10; Mt 16,27; Offb 22,12.
239 Ps 62,13.

Lehrreiches und Denkwürdiges zu Psalm 58

»Es ist ein Trostpsalm wider die halsstarrigen Lehrer, so ihren Irrtum mit dem Kopf hindurch führen, stopfen die Ohren zu und lassen sich nicht weisen, sondern dräuen noch dazu und wollen die Frommen auffressen. Aber der Beter tröstet sich mit fünf Gleichnissen, dass sie es nicht sollen ausführen, ja, nicht zur Hälfte bringen, nämlich: Es kommt zuweilen ein groß Wasser und rauscht sehr, als wollte es alles umreißen, aber es schießt vorüber und tut nichts. Eine Armbrust dräuet sehr, aber wenn beide, Pfeil, Sehne und Bogen zerbrechen, so tut sie nichts. Eine Schnecke reckt ihre Hörner aus, aber ehe sie stößt, ist sie verschmachtet oder zieht sie ein. Ein unzeitig Kind macht der Mutter Leib groß, als wollte etwas werden, aber es stirbt, ehe es ans Licht kommt. Ein Dornbusch schlägt aus mit viel Stacheln und gibt Stechen und Kratzen vor, aber ehe sie hart und reif werden, kommt ein zornig Beil über sie und heißt sie in den Ofen kriechen und Asche werden. Ebenso haben es auch diese groß im Sinn, und ihr Ding soll fortgehen, aber es wird doch nichts daraus« (Luther, *Summarien über die Psalmen*).

»Der Psalmist wird durch die Verleumdungen der Beamten und Richter am Hof Sauls bedrängt, dabei wäre es deren Aufgabe gewesen, die Untertanen vor Bedrückung und Bedrückern zu schützen. Aus dieser Erfahrung des Propheten können wir ablesen, welch starker Widerstand sich dem Gerechten in den Weg stellen kann und wie notwendig es ist, dass wir dann unser Vertrauen auf Gott setzen und ihn über alle feindlichen Kräfte erheben, damit er uns durchtrage und wir im Herrn Trost und Sieg finden« (David Dickson).

»Mit seiner Leidenschaft für Gerechtigkeit duldet der Psalter nicht, dass wir uns mit dem Skandal der Ungerechtigkeit bei hochgestellten Persönlichkeiten abfinden. Davids Protest gegen die menschlichen Despoten findet ihre Entsprechung in Asaphs Worten gegen die Fürstentümer in Psalm 82. Die beiden Bereiche werden in Jesaja 24,21 beide vor Gottes gerechtes Gericht gestellt: *›Es wird geschehen an jenem Tag, da wird der HERR heimsuchen die Heerschar der Höhe in der Höhe und die Könige der Erde auf der Erde‹*« (Kidner).

V. 2 – »David zeigt durch die Herausforderung seiner Feinde – so ist die Frage aufzufassen – wie groß sein Vertrauen auf seine gute Sache ist. Denn wenn wir es wagen, von unseren Gegnern ein Zeugnis zu verlangen, zeigen wir, dass wir unserer Sache gewiss sind« (Calvin).

V. 11.12 – »Der Gerechte soll sich freuen, dass Gott richtet, dass die Gottlosen vertilgt werden und dass Gottes Recht sich durchsetzt. Es ist eine kranke Sentimentalität und eine gottlose Weichheit, mehr Verständnis zu haben für die Bösen und die schamlosen Bedrücker als für Gottes Zorn« (Morgan).

Sprachliche Anmerkungen zu Psalm 58

V. 2 – **»und schweigen«** ist die etwas freie Übersetzung des syntaktisch unverbundenen **ᵓêlæm**, »das Stummsein«, »das Schweigen«, das hier am besten als adverbialer Akkusativ aufgefasst wird. Luther: »Seid ihr denn stumm, dass ihr nicht reden wollt?«; Elb: »Redet ihr wirklich Gerechtigkeit durch Verstummen?«; Zunz: »Redet ihr wirklich verstummend Wahrheit?«; Marx: »Ist ganz denn verstummt, da ihr Spruch tut, der Rechtssinn?«; Schlachter: »Seid ihr denn wirklich stumm, wo ihr Recht sprechen solltet?«; Segond: »Est-ce donc en vous taisant que vous rendez la justice?«; Svenska Folkbibeln: »För ni verkligen rättfärdighetens talan, när ni tiger?« Gewiss könnte man die Konsonanten auch als **ᵓêlîm**, »Götter« = »Richter«, lesen. Aber ich halte mich auch hier an die Regel, nur dann anders als M zu vokalisieren, wenn er keinen oder keinen guten Sinn ergibt.

V. 3 – **»schaffen Bahn«**: **təpalləsûn**, das »wägen« (von **pælæs**, »Waage«, Jes 40,12; Spr 16,11) aber auch »Bahn machen«, »einen Weg aufwerfen« (Ps 78,50; Spr 4,26; Jes 26,7) bedeuten kann. Entsprechend lauten die Übersetzungen verschieden. Für Letzteres haben sich entschieden Luther: »Ihr geht stracks durch mit euren Händen zu freveln«; Rev. Elb »Der Gewalttat eurer Hände brecht ihr Bahn«; für Ersteres Buber: »Im Land wägt ihr die Unbill eurer Hände dar«; Elb: »Die Gewalttat eurer Hände wägt ihr ab im Land«; Zunz: »Im Lande wägt ihr die Gewalttat eurer Hände dar«. Elb erklärt ihre Übersetzung in der Anmerkung: »D. h. ihr bezahlt durch Gewalttat.«

V. 6 – »**Beschwörer**«: **məlaḥašîm**, ein Partizip des Verbums **lâḥaš**, »murmeln«, »wispern«, wie in Psalm 41,8. Es wird aber hier für beschwörendes Murmeln verwendet. Buber und Luther: »Zauberer«.

»**Bannflucher**«: **ḥobêr**, ein Partizip des Verbums **ḥâbar**, »binden«, hier: durch einen Bann binden.

V. 9 – Ich habe das syntaktisch nicht ganz stringente Hebräische ad sensum übersetzt.

V. 10 – Diesen Vers verstehen wir kaum, weil wir so wenig Hebräisch können. Entsprechend sind die Übersetzungen sehr verschieden. Luther: »Ehe eure Dornen reif werden am Dornstrauch, wird sie ein Zorn so frisch wegreißen.« Elb: »Bevor eure Töpfe den Dorn merken, möge er ihn, frisch oder brennend, hinwegstürmen!« KJV: »Before your pots can feel the thorns, he shall take them away as with a whirlwind, both living, and in *his* wrath.« Segond: »Avant que vos chaudières sentent l'épine, verte ou enflammée, le tourbillon l'emportera.« Buber: »Ehe sie's merken, eure Stacheln des Wegdorns: ob er lebensfrisch ob ausgedörrt ist, schon hat's ihn weggestürmt.«

Wir müssen versuchen, mit den uns verfügbaren Mitteln und unserem begrenzten Wissen den Worten einen Sinn abzugewinnen.

»**Dornstrauch**«: **ᵓâṭâd**, wie in Richter 9,14-15. Im Zusammenhang mit den Töpfen ist anzunehmen, dass der Dornstrauch hier als Brennmaterial verstanden wird. Es fällt auf, wie häufig im AT im Zusammenhang mit Dornen von Feuer gesprochen wird. So in der erwähnten Stelle in Richter 9, auch in 2. Mose 3,2; ferner 2. Samuel 23,6-7; Psalm 118,12; Prediger 7,6.

»**lebendig und im Zorn**«: **kəmô ḥaj kəmô ḥârôn**, das wörtlich »wie lebendig, wie (Zorn-)Glut« bedeutet. Gemeint ist vielleicht, dass das von David erbetene Gericht über die gottlosen Richter sich so erfüllt, dass Gott sie mitten im Leben im Zorn wegrafft.

V. 11 – »**ein Gott, der richtet**«: **ᵓælôhîm šôfəṭîm**. Die zu **ᵓælôhîm** gehörige Apposition steht auffälligerweise im Plural, während der formale Plural **ᵓælôhîm** im Alten Testament sonst stets syntaktisch wie ein Singular konstruiert wird. Aus diesem Grund hat Zürcher »Gott« mit »göttlich«, Buber mit »Gottheit« übersetzt. Es ist einer der recht zahlreichen

Stellen im Alten Testament, wo eine Verbform oder ein Adjektiv zeigt, dass der eine Gott eine Mehrzahl ist (wie auch 1Mo 1,26).

Psalm 59
Gott, eine hohe Feste der Verfolgten

Dies ist der elfte von insgesamt 14 Psalmen, die in der Überschrift den Anlass ihrer Entstehung nennen: Psalm 3; 7; 18; 30; 34; 51; 52; 54; 56; 57; 59; 60; 63; 142.

Die Aussagen vom gerechten Gericht über die gottlosen Richter in den zwei letzten Versen von Psalm 58 leiten zum Thema dieses Psalms über. Wie in 58,11 so freut sich David in 59,11 darüber, dass Gott die Feinde richten wird. Es ist zudem durch die beiden Angaben *»Verdirb nicht«* und *»ein Gedicht«*, **miktâm**, mit dem vorhergehenden Lied verbunden.

Der Psalm entstand, als Saul zum ersten Mal Männer sandte, um David zu greifen und zu töten (1Sam 19,11). Über Nacht war er vom Liebling der ganzen Nation und vom bewunderten Anführer der Männer Sauls (siehe 1Sam 18,5) zum Gejagten geworden. Sein Fall aus den sonnigen Höhen kam nicht nur plötzlich, sondern er war auch unverschuldet (Ps 59,4-5). Das machte den Schmerz doppelt groß. In seiner Bedrängnis lernt David sein Vertrauen auf Gott allein zu setzen (V. 2.10.11.17.18); und noch etwas: Die Not öffnet ihm die Augen dafür, dass er die unbegründeten Nachstellungen nur erleidet, weil die Welt eine böse Welt ist, und dass erst das Eingreifen Gottes im weltweiten Gericht (V. 6.14) dem Bösen ein Ende machen wird. So wird David in der Not zum Propheten[240], der von den Wegen Gottes mit seinem Volk bis ans Ende der Tage und vom Kommen des Messias und seines weltweiten Reiches spricht.

Die von mir gewählte Überschrift beruht auf der Tatsache, dass David in diesem Psalm dreimal Gott eine *»hohe Feste«* nennt (V. 10.17.18); dazu bittet er gleich zu Beginn, dass Gott ihn *»hochrücken«* möchte (V. 2b), wie man das wörtlich übersetzen müsste. Vor den Verfolgern flüchtet er sich zu Gott, der wie ein starker Turm ist (Ps 61,4; Spr 18,10), an dem die Anläufe der Feinde zerschellen und von dem aus er tatsächlich

240 Apg 2,30.

auf sie herabschauen kann (V. 11), aber nicht nur das: Von erhöhter Warte sieht er weiter als die Feinde, weiter als er selber zuerst gesehen haben mag: Es kommt ein Tag, an dem Gott *»alle Nationen heimsuchen«* wird (V. 6.9), um auf der ganzen Erde seine Gerechtigkeit zum Sieg zu führen.

In Vers 10 und in den Versen 17 und 18 steht das Bekenntnis *»Gott ist meine hohe Feste«*. Danach kann man den Psalm in zwei Hälften gliedern, die wiederum je zwei Teile enthalten. Der Inhalt ließe sich zusammenfassend folgendermaßen gliedern:

1a David schreit zu Gott um Befreiung von seinen Feinden und bittet Gott, dass er die Feinde mitsamt allen Nationen richten möchte (Sela) (V. 2-6).
1b Die Feinde heulen wie Hunde (V. 7); David frohlockt in der Gewissheit, dass Gott ihn bewahrt (V. 7-10).
2a Im Vertrauen auf Gottes Güte (V. 11) betet David um Gottes Gericht über seine Feinde (Sela) (V. 11-14).
2b Die Feinde heulen wie Hunde (V. 15); David preist Gottes Güte, die ihn bewahrt und errettet (V. 15-18).

Zweimal betet David, dass Gott seine Verfolger richten möge. Wir lernen daran zweierlei: Erstens, dass David seine Sache Gott anheimstellt, denn nur Gott hat das Recht und die Macht, Gericht zu üben.[241] Zweitens, dass die Befreiung von der Bedrohung nicht lediglich eine Machtfrage ist, sondern noch viel mehr eine moralische Frage. Die Verfolger sind Lügner, darum sollen sie untergehen (V. 13). Es geht nicht darum, wer stärker ist, David oder Saul; es geht um Gottes Wahrheit und Heiligkeit und Gerechtigkeit. Diese sollen, ja, diese müssen obsiegen.

1 Dem Vorsänger. ›Verdirb nicht!‹ Von David, ein Gedicht, als Saul sandte, und sie sein Haus bewachten, um ihn zu töten.

Zu »**Vorsänger**« siehe Psalm 4.

»**Verdirb nicht!**«: Das ist nach 57 und 58 der dritte der drei Psalmen Davids, die diese Überschrift tragen. (Zur Bedeutung dieses Titels siehe

241 Entsprechend wird, bevor die endzeitlichen Gerichte fallen, im Himmel die Frage gestellt, wer würdig sei zu richten (Offb 5,2). Das ist genau die Frage danach, wer die Macht und wer das Recht hat, es zu tun. Die Antwort ist dort: Der Löwe von Juda (Offb 5,5), mithin der Sohn des Menschen (Joh 5,26-27).

die Erläuterungen zu Ps 57.) Der Psalm ist **»ein Gedicht«**, **miktâm**. Zur Bedeutung des Wortes, das in den Psalmen 16 und 56 bis 60 in der Überschrift steht, siehe die Erklärung zu Psalm 56 und 16. Das Gedicht entstand **»als Saul sandte, und sie sein Haus bewachten, um ihn zu töten«**. Davon berichtet 1. Samuel 19,9-18. In seinem persönlichen Leben erfährt David hier, was den Bewohnern von ganz Jerusalem in den letzten Tagen widerfahren wird: Alle Nationen werden sich gegen sie versammeln zum Krieg (Sach 14,2).

1. Davids erste Bitte um Befreiung und Gericht (V. 2-6)

2 Entreiße mich meinen Feinden, mein Gott!
Rücke mich[242] hoch vor denen, die gegen mich aufstehen![243]

Wenn wir keinen Ausweg sehen (2Kor 4,8), dann ist immer ein Ausweg bei Gott (1Kor 10,13). Wenn wir keine Mittel in der Hand haben, uns zu helfen, dann wissen wir, wer alle Mittel in der Hand hat. Glückselig, wer dem Gott Jakobs vertraut, und glückselig, wer sich in der Not an ihn wendet. Im Gebet haben wir ein Tür, von der die Feinde nichts wissen. Hier haben wir einen Durchlass, den die stärksten Waffen und dichtesten Reihen von Feinden nicht verbauen können. So ruft denn David zu Gott, dass er ihn seinen Feinden **»entreiße«**.

»Man beachte, wie David den Titel ***›mein Gott‹*** *dem Wort* ***›meine Feinde‹*** *gegenüberstellt. Das ist die rechte Methode, um die feurigen Pfeile des Feindes mit dem Schild des Glaubens abzufangen und auszulöschen. Gott ist unser Gott, darum sind unser auch Bewahrung und Befreiung«* (C. H. Spurgeon).

»Rücke mich hoch«: David verwendet hier das Wort **sâgab**, »hochrücken«, das im dreimal verwendeten Wort **misgâb**, *»hohe Feste«* (V. 10.17.18; wie in Ps 18,3), steckt. Das zeigt, dass er seine Errettung nur aus *einer* Richtung erwartet: von oben. Und er weiß, dass es nur in *eine* Richtung einen Ausweg aus der Umstellung gibt: nach oben.

Michal hatte David davon unterrichtet, dass die Männer Sauls sein Haus umstellt hatten, um ihn zu töten, sobald er am Morgen aus dem

242 Ps 20,2.
243 Ps 3,2.

Haus gehen würde (1Sam 19,11), und sie half David, sich in Sicherheit zu bringen. So hatte David zwei Helfer im Haus seines Todfeindes: Sauls Sohn Jonathan und Sauls Tochter Michal. Gott hat Mittel und Wege der Errettung, wo wir sie weder sehen noch ahnen. Es ist auch nicht nötig, dass wir sie sehen, denn wir können uns an den wenden, der alles sieht und über alle Mittel verfügt.

3 Entreiße mich den Frevlern,
rette mich von den Blutmännern[244]!
4 Denn da! sie lauern[245] auf meine Seele;
Starke streiten gegen mich[246]
ohne meine Missetat und Sünde, HERR!
5 Sie laufen und bereiten sich ohne meine Schuld[247];
wache auf, mir entgegen, und sieh!

Die David umstellten, waren erstens **»Frevler«**, d. h. sie fürchteten Gott nicht. Bei Menschen, die Gott nicht fürchten, ist man vor keiner Untat sicher. Die fressen andere Menschen, als äßen sie Brot (53,5). Zweitens waren sie **»Blutmänner«**, d. h. sie waren entschlossen, Sauls Befehl zu befolgen und David, wenn es sein musste, auch tot vor Saul zu bringen. Sie **»lauern auf meine Seele«**, wie der Löwe im Versteck, der seine starken Klauen ins Fleisch des Opfers hauen will (vgl. Ps 10,10). Drittens sind es **»Starke«**, und das heißt gemäß hebräischem Sprachgebrauch, dass sie für David zu stark sind. Er vermag nichts gegen sie.

»Ohne meine Missetat«: Nachdem David entronnen ist, fragt er seinen Freund Jonathan: *»Was habe ich getan? Was ist meine Ungerechtigkeit und was meine Sünde vor deinem Vater, dass er nach meinem Leben trachtet?«* (1Sam 20,1). Saul sah in David einen Rivalen zum Thron und er verdächtigte David umstürzlerischer Pläne. Solches hatte David nie im Sinn, und in dieser Sache war er ohne Schuld; selbstverständlich war er nicht als Mensch vor Gott ohne Schuld, denn auch er war, wie er gut wusste, in Sünden geboren (Ps 51,7). Aber in dieser Sache hatte er ein gutes Gewissen vor Gott, und das gab ihm große Freimütigkeit, Gott um sein Eingreifen anzurufen.

244 Ps 26,9; 139,19; Spr 29,10.
245 Ps 56,7.
246 Ps 56,7.
247 Ps 69,5.

David sollte dem Sohn Davids immer ähnlicher werden, dessen Leiden ausschließlich unschuldiges Leiden war. Das ist das Vorrecht aller, die dem Herrn Jesus gehören (Mt 5,11-12). Uns ist es geschenkt, nicht allein an ihn zu glauben, sondern auch um seinetwillen zu leiden (Phil 1,29). Darum trachten wir mit Paulus danach, die Gemeinschaft der Leiden Christi zu erkennen (Phil 3,10), und darum begehren wir, allezeit ein Gewissen ohne Anstoß vor Gott und den Menschen zu haben (Apg 24,16). Wer leidet, sehe zu, dass er nicht als Übeltäter leidet, sondern als Christ; denn dann muss er sich nicht schämen (1Petr 4,15-16).

6 Bist du,
HERR, Gott der Heerscharen,
doch Israels Gott.
Erwache[248], suche heim alle Nationen!
Sei keinem von denen gnädig,
die treulos freveln! (Sela)

»HERR, Gott der Heerscharen«: Diese Zusammenstellung von göttlichen Namen findet sich im Psalter noch in Psalm 8,5.20; 84,9; 89,9 (siehe auch 2Sam 5,10; 7,27; 1Kö 19,10). David häuft die Titel Gottes; denn wenn die Not groß ist, besinnen wir uns darauf, dass wir einen großen Gott haben (vgl. V. 10). Er ist Jahwe, der ewig treue Gott des Bundes, der seine Erwählten bewahrt. Er ist der starke Gott der Kriegsheere, der alle Feinde niederwerfen wird. Er ist der Gott Israels, der die Sache seines Volkes hinausführt. Welchen Trost findet der Heilige in allen Namen seines Gottes! Es ist, wie Salomo sagte:

»Der Name des HERRN ist ein starker Turm; der Gerechte läuft dahin und ist in Sicherheit« (Spr 18,10).

»suche heim alle Nationen«: Wir fragen uns, wie David, der von Israeliten bedrängte Israelit, in einer judäischen Stadt dazu kommt, aus seiner Not auf Gottes Gericht über alle Nationen zu schließen. Vielleicht unterschätzen wir die Tatsache, dass David ein Prophet war, und vielleicht unterschätzen wir auch das Gewicht, das die Geschichte Israels für das Selbstverständnis Israels und damit eines jeden Israeliten hatte

248 Ps 44,24.

und hat. Die ganze Entstehung des Volkes geschah unter Widerstreit mit einer heidnischen Nation, mit Ägypten; sie empfingen ihr Erbe in einem jahrzehntelangen Krieg gegen gottlose Nationen. Sollten sie da nicht etwas gelernt haben über Gottes Regiment und etwas verstanden haben über seine Absichten mit den Nationen?

Die Bitte, »**keinem von denen, die treulos freveln**« gnädig zu sein, ist dem Christen schwer nachzubeten. Matthew Henry sagt zu den Bitten dieses Psalms:

»Dass David sich beklagt ist natürlich und kann noch hingenommen werden; seine Gebete und Weissagungen sprechen von Christus und von den Feinden seines Reiches und dürfen daher nicht als Präzedenzfall auf unsere Umstände übertragen werden; die Bekenntnisse der Zuversicht und des Trostes entspringen der Gnade Gottes und dem Glauben Davids, und das sollen wir alle nachahmen.«

2. David findet ein erstes Mal Gewissheit in Gott (V. 7-10)

7 Am Abend kehren sie wieder,
heulen wie Hunde[249]
und umkreisen[250] **die Stadt.**
8 Siehe, den Mund lassen sie sprudeln,
Schwerter[251] **sind auf ihren Lippen,**
denn: ›Wer hört's?‹[252]

Die Feinde sind »**wie Hunde**«, denn sie fürchten Gott nicht. Auch die Söhne Korahs, Asaph und Salomo vergleichen den Gottlosen mit einem Tier (Ps 49,12.20; 73,27; Pred 3,19), der Herr und seine Apostel ebenfalls (Mt 7,6; Lk 13,32; Phil 3,2). Was den Menschen zum Menschen macht, ist ja nicht in erster Linie die Ratio, sondern die Gottesfurcht. Dass die Feinde Davids Gott nicht fürchten, beweist ihr törichter Spruch: »**Wer hört's?**« Weil sie Gottes Stimme nicht hören (wie der vorhergehende Psalm in V. 5 sagt, denken sie, Gott höre sie auch nicht. Von ihrer eigenen Dumpfheit schließen sie auf Gott. Ihr Gedanke ist,

249 Ps 22,17; Mt 7,6; Phil 3,2; Offb 22,15.
250 Ps 55,11.
251 Ps 55,21; 57,5.
252 Ps 10,4.11; 64,6.

dass kein Gott sei, der gerecht richtet (53,2; siehe auch 10,4). Darum scheuen sie sich nicht, zu lügen und zu morden, oder anders gesagt: die vom Teufel, ihrem Vater, ererbten Eigenschaften (Joh 8,44) ohne Hemmungen auszuleben.

9 Doch du, HERR, wirst ihrer lachen[253]**,**
aller Nationen spotten.
10 Er ist stark!
Auf dich will ich achten!
Denn Gott ist meine hohe Feste.

»Doch du, HERR«, das ist die Sprache des Glaubens. Sobald wir Gott auf dem Thron sehen, rückt alles ins rechte Licht. Gott lacht der Anläufe der Gottlosen (Ps 2,4). Er spottet **»aller Nationen«**, und am Ende wird er *»alle Nationen«* heimsuchen (V. 6). David weissagt hier vom weltweiten Gericht, das der von Gott verordnete Richter am bestimmten Tag üben wird (Apg 17,31). Das Rühmen der Starken ist Trug. Sie haben keine eigene Stärke; sie verdanken sie Gott. Gott wird ihnen alle Stärke nehmen am festgesetzten Tag.

Während die Gottlosen Gott leugnen und den Gerechten verachten, sagt David von Gott: **»Er ist stark.«** Und das bedeutet für hebräisches Denken: Er ist stärker als die Feinde; er ist stark genug, um David vor jedem Feind und vor allen Feinden zu schützen.

»Auf dich will ich achten«: David hat seine Augen auf Gott fixiert. Er konnte sehen, dass er es gewesen war, der David in diese Lage geführt hatte. Er sah aber auch, dass ihm nichts blieb als die Zuflucht zu Gott. Wir sind so töricht, dass uns diese Ausschließlichkeit gar nicht willkommen ist; wir wollen lieber noch eine oder zwei Krücken haben, die uns halten sollen, falls Gott uns nicht halten sollte. Das ist ganz große Torheit und ebenso große Sünde. Es geht uns nicht anders als Hiob. Er fand es schlimm, von allen Seiten eingeschlossen zu sein (Hi 3,23). Uns gefällt es gar nicht, keinen Ausweg zu sehen (2Kor 4,8). Aber in der Not öffnet uns Gott früher oder später die Augen, wie er es bei Hiob und wie er es bei David tat. Auch bei Paulus, denn der konnte fortfahren und sagen: Wir sind nicht ohne Ausweg, auch wenn

253 Ps 2,4; Spr 1,26.

wir ihn nicht sehen. Und er wusste aus Erfahrung, dass uns Gott in jeder Versuchung eine Tür bereithält, durch die wir der drohenden Gefahr entkommen können (1Kor 10,13). Wenn wir wie David von allen Seiten umstellt sind und uns nur *ein* Ausgang bleibt, sind wir versucht, ihn einen Notausgang zu nennen – dabei ist das der einzige wirkliche Ausgang, den es überhaupt geben kann; alle anderen sind nur scheinbare Auswege. Der Herr Jesus, der Hirte Davids und unser Hirte, ist die Tür. Wer durch ihn ein- und ausgeht, findet Weide und findet das Leben (Joh 10,9).

3. Davids zweite Bitte um Gericht (V. 11-14)

11 Mein Gott – seine Güte ist mir zuvor;
Gott lässt mich auf meine Feinde herabsehen[254].

Gottes »**Güte**« ist David »**zuvor**«. Er erkennt, dass Gott nicht nur vor ihm war, sondern auch mit seiner Güte bereits an ihn dachte, ehe er einen Gedanken an Gott hatte.[255] Wäre Gott in seiner Güte dem David nicht zuvorgekommen, wo wäre er gewesen? Hätte seine Gnade ihn nicht gelehrt, Gott zu fürchten und Gott zu vertrauen, woher hätte er Glauben gehabt? Hätte Gott sich dem Volk Israel im Allgemeinen und David im Besonderen nicht geoffenbart, zu wem hätte David beten wollen?

»**Gott lässt mich auf meine Feinde herabsehen**«: Dies ist die einzige Art und dies ist der einzige Ort, von dem wir auf andere herabsehen können, ohne zu sündigen. Hat Gott uns gerettet und sind wir bei ihm, sehen wir die Menschen so wie er sie sieht, also richtig.

254 Ps 58,11.
255 In seinen Bekenntnissen verwendet Augustinus folgenden schönen Vergleich: *»Et circumvolabat super me fidelis a longe misericordia tua – Von ferne zog dein treues Erbarmen seine Kreise über mich«* (Confessiones, III, 3). Wie der Adler die Beute längst gesehen hat, ehe diese auch nur ahnt, dass ein Adler am Himmel ist, zog Gott seine Kreise um uns, um am bestimmten Tag auf uns herniederzufahren, uns zu greifen und an sich zu nehmen.

12 Töte sie nicht, dass mein Volk es nicht vergesse[256];
lass sie umherirren[257] durch deine Macht,
lass sie untergehen, Herr, unser Schild[258]!
13 Das Wort ihrer Lippen ist eitel Sünde.
Sie sollen sich verfangen[259] in ihrem Hochmut,
weil sie Fluch[260] und Lüge[261] reden!

David kann sein Volk nicht vergessen, denn er ist der rechte Hirte seines Volkes. Darum bittet er, Gott möchte seine Feinde nicht töten, **»damit mein Volk es nicht vergesse«**. Er weiß nur zu gut, wie bald die Heiligen vergessen, wer sie sind und wie nötig sie Gottes Heil, Gottes Gnade und Gottes Beistand haben. So sollen die Bedränger dazu dienen, das Volk wach zu halten. Die sollen **»umherirren«** wie einst Kain (in 1Mo 4,12 steht das gleiche Verb), den Gott nicht sofort der verdienten Todesstrafe übergeben wollte, damit er durch sein Umherirren eine lebendige Warnung vor der Sünde sei.[262]

»Lass sie untergehen«: Sie sollen nicht vom Herrn vertilgt werden, sondern vielmehr durch ihre eigene Sünde immer tiefer sinken und selbstverschuldet untergehen.

Der Herr, **ᵓadônaj**, ist Davids Schild, der alle Angriffe der Feinde abfängt und all ihre Worte, die wie Schwerter hauen (V. 7), auf sie selbst zurückfallen lässt. Sie werden **»sich verfangen …, weil sie … Lüge reden«**. In **»ihrem Hochmut«** sind sie immer höher hinaufgestiegen und haben sich selbst die Fallhöhe bestimmt, aus der sie stürzen und zerschmettert werden, wie später Haman, der selbst verordnet hatte, wie hoch der Galgen sein sollte, an dem er nachher hing (Est 7,10).

256 5Mo 8,11; Ri 2,22-23.
257 1Mo 4,12; 4Mo 32,13.
258 Ps 3,4; 7,11; 28,7; 33,20; 84,10; 89,19; Spr 2,7; 30,5.
259 Ps 9,16-17.
260 Ps 10,7.
261 Ps 52,5.
262 Dächsels Anmerkung zu dieser Stelle ist wohl typisch für das 19. Jahrhundert. Sie weckt in uns ein nicht geringes Unbehagen, denn zu sehr klingt sie wie die von der Christenheit über Jahrhunderte bemühte Rechtfertigung dafür, dass sie die Juden unterdrückte: *»Die christliche Auslegung hat von jeher darauf aufmerksam gemacht, dass der Inhalt von V. 12 wie der von V. 7 und 15f. an den Juden in Erfüllung gegangen sei: Sie sind in alle Lande zerstreut und müssen allen Christen vor ihren Augen stehen und gehen, zum lebendigen Zeugnis, dass sie den wahren Messias und Heiland der Welt gekreuzigt haben; darum, wenn ihr einen Juden seht, so gedenkt an diesen Spruch.«*

14 Verzehre sie im Grimm,
verzehre sie,
dass sie nicht mehr sind
und dass sie wissen[263], dass Gott in Jakob herrscht
bis an die Enden der Erde[264]! (Sela)

Was will Davids Bitte um Gericht? Alle sollen erkennen, **»dass Gott in Jakob herrscht bis an die Enden der Erde«**. Oben haben wir gelernt, dass Gott unsere einzige Hilfe ist. Hier lernen wir, dass Gottes Ehre wichtiger ist als unsere Befreiung. Als Gott die Ägypter im Schilfmeer richtete, sollten die Ägypter erkennen, wer Jahwe ist (2Mo 14,4). David soll König werden in Jakob. Sein Königtum soll aber demonstrieren, dass nicht David, sondern dass der Gott Davids König ist in Israel. Die Drangsal Davids erzieht ihn, immer entschiedener nur noch dieses eine zu begehren. Dieses Verlangen hatte David schon in seiner Jugend in sich getragen (1Sam 17,45-46). Durch die verschiedenen Nöte, die er durchmachte, wurde es nur größer. Die Bitte wird dann in Erfüllung gehen, wenn der Sohn Davids, der Messias Israels, herrscht *»bis an die Enden der Erde«* (Ps 72,8). Zwar herrscht der Gott Israels jetzt schon über alles, aber die Nationen erkennen es nicht; erst dann werden sie es sehen, denn dann wird die ganze Erde nicht allein von Gottes Herrlichkeit erfüllt sein (wie sie jetzt schon ist und wie die Engel im Himmel wohl sehen: Jes 6,3), sondern auch von der *Erkenntnis* des HERRN (Jes 11,9) und seiner Herrlichkeit (Hab 2,14).

Die Drangsal lehrt David zudem, dass er hilflos ist. Wie dankbar ist er, dass Gott sein Helfer ist. Nach erfahrener Hilfe begehrt er, dass sein Gott und Helfer sich als der Herr und Herrscher über ganz Israel erweise. Das gleiche hatte Israel nach der wunderbaren Befreiung am Roten Meer empfunden und daher gesungen: *»Der HERR ist König immer und ewig«* (2Mo 15,18).

263 2Mo 14,4; 1Sam 17,45-46; Hes 6,7.10.13.
264 Ps 72,8.

4. David findet ein zweites Mal Gewissheit in Gott (V. 15-18)

15 Und am Abend kehren sie wieder,
heulen wie Hunde
und umkreisen die Stadt.
16 Sie irren umher nach Fraß[265]
und knurren, wenn sie nicht satt sind[266]**.**

Wie nach dem ersten Sela schließt sich auch hier der Vergleich mit den heulenden Hunden an. Die **»schweifen umher«**, während der Gerechte stille hält[267], denn Gott ist sein Bewahrer und Versorger. Und wenn sie **»nicht satt sind«**, dann knurren und murren sie. In den Versen 7 und 8 beschreibt David die Gottlosen: Sie sind wie Hunde, und aus ihrem Mund kommt Böses. In den Versen 15 und 16 vergleicht David die Gottlosen wieder mit Hunden, und wiederum sagt er, dass aus ihrem Mund Böses kommt: Sie murren, wenn sie nicht bekommen, was sie begehren.

17 Doch ich will singen von deiner Macht,
am Morgen[268] **jubeln über deine Güte;**
denn du bist mir eine hohe Feste
und eine Zuflucht am Tag meiner Not.
18 Dir, meine Stärke, will ich lobsingen;
denn Gott ist meine hohe Feste,
mein gütiger Gott.

Welch wunderbarer Abschluss eines Liedes, in dem David zuerst gefleht hatte, dass Gott ihn seinen Feinden entrücken möchte! Gott hat ihn gehört, er hat ihn entrückt. Darum dankt er ihm jetzt und bekennt zweimal, dass Gott tatsächlich seine **»hohe Feste«** ist.

»Doch ich will singen«: »Die Hunde knurren am Abend; aber der Sohn Isais singt am Morgen« (W. MacDonald).

»meine Stärke«: David hat erkannt, dass Gott seine Stärke ist (V. 9). Von ihr will er singen. Alle sollen es erfahren, dass nicht Davids Gewitztheit, sondern Gottes Stärke ihn gerettet hatte. Gott erzieht sei-

265 Hi 15,23; 27,14.
266 Ps 34,11.
267 2Mo 14,14.
268 1Sam 1,19; 1Chr 16,14.

ne Knechte nicht allein für ihre ewige Bestimmung – d.h. für den neutestamentlich Gläubigen für das Königtum und das Priestertum –, sondern auch für das irdische Leben. Es war bei einer späteren Erfahrung Davids Rettung, dass er sich, nachdem er schwer versagt hatte, wieder darauf besinnen konnte, was er Jahre zuvor gelernt hatte. Gott war seine Stärke, darum konnte sich David in seinem Gott stärken (1Sam 30,6).

»Gott meiner Güte«: Davids abschließender und krönender Gedanke gilt nicht Gottes Macht, sondern Gottes Güte, wir können auch sagen: seiner Liebe. Dass ein Gott mächtig sein muss, dass wissen wohl auch die Heiden. Aber dass Gott gütig, freundlich, gnädig und voller Liebe ist, das können nur die Menschen wirklich rühmen, die Gottes Liebe erfahren haben.

Lehrreiches und Denkwürdiges zu Psalm 59

»Hier haben wir wieder ein Lied, das inmitten von Gefahr entstanden ist. Der Sänger ist der Gegenstand von entschlossener, heimlicher und bösartiger Nachstellung. Es zerfällt in zwei Teile, die beide mit dem Bekenntnis schließen: *›Gott ist meine hohe Festung.‹* Der erste Teil (V. 1-10) beschreibt die Gefahr … David aber bezeugt seine Entschlossenheit, auf Gottes Stärke zu harren und bezeugt, dass Gott seine hohe Festung sei. Der zweite Teil (V. 11-18) ist ein Gebet, dass Gott seine Feinde niederwerfen möchte; nicht, dass sie getötet, sondern vielmehr durch ihr eigenes Sündigen verzehrt werden sollten. Dann bezeugt David seine Entschlossenheit, Gott, seiner Stärke, zu lobsingen … Gott ist seine hohe Festung! Es gibt vielleicht keine schönere Umschreibung dessen, was Gott seinem bedrängten Volk ist. Eine hohe Festung lässt an Stärke und gleichzeitig an Frieden denken. Gegen eine hohe Festung werfen sich die Feinde umsonst. Eine hohe Festung gibt Zuflucht und erhöht die Seele hoch über allen Kriegslärm und gibt ihr von erhöhtem Posten einen Blick für die Sinnlosigkeit aller feindlichen Anläufe angesichts des sicheren Sieges der Sache Gottes« (Campbell).

»Die abenteuerliche Flucht Davids und das daraus entstandene Lied wächst zu etwas Größerem: *›Alle Nationen‹* und *›die Enden der Erde‹* (V. 9.14) treten ins Blickfeld des Psalms, der darum wohl erst nach der

Thronbesteigung fertiggestellt wurde. Denn David kann *›mein Volk‹* sagen (V. 12) und davon sprechen, wie die Niederlage seiner Feinde Wellen schlägt bis an die Enden der Erde (V. 14). Der Psalm hat manches gemein mit dem 2. Psalm, indem David, der Verfolgte, bereits an David, den gesalbten König denken lässt« (Kidner).

V. 1 – »›**Verdirb nicht!**‹: Wen Gott bewahrt, den kann Satan nicht verderben. Der Herr kann das Leben seiner Propheten sogar durch Raben erhalten, die doch sonst ihre Augen aushacken möchten. David fand immer einen Freund, der ihm half, wenn die Gefahr besonders groß war, und der Freund gehörte zu den Hausgenossen des Feindes. Diesmal war es Michal, Sauls Tochter, so wie es bei einer früheren Gelegenheit Jonathan, Sauls Sohn, gewesen war« (Spurgeon).

V. 2 – »In diesen Worten hören wir die Stimme Davids, als er ein Gefangener in seinem eigenen Haus war; die Stimme Christi, als er von seinen erbarmungslosen Feinden umstellt war; die Stimme der Kirche, wenn sie von der Welt unterdrückt wird; die Stimme des Christen, wenn er versucht, bedrängt und verfolgt wird« (Horne).

V. 2.3 – »Aus diesem Gebet lerne: 1. Welche Mittel Gott zur Flucht auch bereiten wird, ist Gebet unsere beste Waffe gegen die Feinde und soll daher als erste eingesetzt werden, damit wir befreit werden: *›Befreie mich von meinen Feinden!‹* 2. Zeiten der Not nötigen die Gläubigen, ihre Zuflucht im Gnadenbund zu suchen und auf Gottes Freundschaft und Macht zu bauen: *›Mein Gott, setze mich in Sicherheit!‹* 3. Wenn gottlose, mächtige und blutrünstige Menschen zu Verfolgern der Gerechten werden, ist nirgends Hilfe zu finden als bei Gott: *›Befreie mich von denen, die Frevel tun und rette mich von den Blutmenschen!‹*« (Dickson).

»Wie oft lesen wir ähnliche Hilferufe in den Psalmen! Es mag uns beschämen, dass unser Gebet in der Stunde der Not heißer ist als in Zeiten der Freude. Bedrohen uns auch keine äußeren Feinde, so bleibt doch ›der altböse Feind‹ unser Leben lang unser Gegner. Paulus mahnt, dass *wir nicht mit Fleisch und Blut zu kämpfen haben* (Eph 6,12). Für diesen verordneten Kampf des Glaubens geben uns die Psalmen die rechten Gebetsworte« (Brandenburg).

Sprachliche Anmerkungen zu Psalm 59

V. 2 – »**entreiße mich**«: **haṣîlêni**, vom Verb **nâṣal**, das eines der fünf im AT verwendeten Verben des Sinnbezirkes (oder Wortfeldes) »retten« ist. Weitere Belege finden sich in Psalm 7,2-3; 18,1.18.49; 33,16; 39,9; 50,22; 51,16; 69,15; 79,9; Amos 3,12.

V. 3 – »**rette mich**«: **hôšîᶜêni**, von **jâšaᶜ**, dem allgemeinsten und häufigsten der fünf verschiedenen Verben des Wortfeldes »Errettung«.

V. 4 – »**sie lauern**«: **ʾârəbû**, das wir, obwohl es ein sog. Perfekt ist, mit Präsens übersetzen müssen. Hunderte von Belegen in den Psalmen zeigen, dass die gängige Auffassung, das hebr. Perfekt sei eine Vergangenheit (so wie das im Neuhebräischen der Fall ist), verkehrt ist.

V. 10 – »**Er ist stark**«: **ᶜuzzô**, wörtlich: »seine Stärke«. Einige haben das in »meine Stärke« abgeändert (sogar Elb und Buber), weil es in Vers 18 so steht. Aber wir wollen bei M bleiben. In dieser dreizeiligen Strophe spricht David zuerst von Gott in der 3. Person, dann wendet er sich an ihn in der 2. Person, um in der dritten Zeile wiederum in die 3. Person zurückzufallen. Das ist in den Psalmen recht häufig.

V. 11 – »**Mein Gott … seine Güte**«: Die Masoreten haben das Ketib so überliefert, am Rand als Qere vermerkt , »meine Güte«, weshalb einige übersetzen: »Der Gott meiner Güte« (KJV).

V. 12 – »**lass sie untergehen**«: **hôrîdêmô**, oder: »gib, dass sie untergehen / absteigen«. Buber: »Lass sie sinken!« »Stoße sie hinunter« (Luther), oder »Bring them down!« (KJV), oder »Stürze sie nieder« (Elb) trifft den Sinn des tolerativen Hifil nicht.

»**unser Schild**«: **maginnênû**, der kleine, in der Hand geführte Rundschild, **mâgên** (wie Ps 3,4; 84,12 und andere).

V. 13 – »**Das Wort ihrer Lippen ist eitel Sünde**«: **ḥaṭṭat-pîmô dəbar-səphatêmô**, wörtlich: »Sünde ihres Mundes (ist) das Wort ihrer Lippen« (Elb). Gemeint ist genau das, was die Übersetzung zum Ausdruck bringt. Segond: »Leur bouche pèche à chaque parole de leurs lèvres.«

»Lüge«: kaḥaš. Damit meint man das Lügen im Sinne von heucheln, etwas vormachen oder vortäuschen (wie in Ps 18,45; 66,3). Synonyme, die sich weitgehend mit dem Gebrauch des deutschen »Lüge« decken, sind **kâzâb** (z.B. Ps 4,3; 5,7; Spr 6,19) und **šæqær** (z.B. Ps 52,5; Spr 17,4).

V. 14 – **»Verzehre«: kallêh**, wörtlich: »alle machen«, und die Bitte entspricht auch ganz dem umgangssprachlichen »Mach sie alle!«, oder: »Mach sie fertig!« Buber übersetzt: »Vollzieh's!«, Luther, Zürcher und Zunz: »Vertilge sie!«, Elb: »Mache ein Ende!«

V. 16 – **»und knurren«**: Die Masoreten haben die überlieferten Konsonanten **wjljnw** so vokalisiert: **wayyâlînû**, »und sie übernachten« (Elb; Segond). Man kann aber auch anders vokalisieren: **wəjallînû**, »und sie knurren«. So hat es LXX übersetzt: *kai gongysousi.* Das passt besser, wie erstens die Parallele zu den Versen 6 und 7 und zweitens der Zusammenhang mit dem nachfolgenden Vers zeigt.

V. 18 – **»Gott meiner Güte«: ᵓælôhê ḥasdî**, Luther übersetzt wie meistens weniger wörtlich »mein gnädiger Gott«.

Psalm 60
Gott, die alleinige Hilfe seines Volkes

Dies ist der zwölfte von insgesamt 14 Psalmen, die in der Überschrift den Anlass ihrer Entstehung nennen: Psalm 3; 7; 18; 30; 34; 51; 52; 54; 56; 57; 59; 60; 63; 142.

Der Psalm steht an dieser Stelle, weil er wie die Psalmen 56–59 *»ein Gedicht«*, **miktâm**, heißt. An letzter Stelle der fünf **miktâmîm** steht er auch etwas gesondert da, weil er wie der erste von ihnen (56) nicht die Angabe *»verdirb nicht«* enthält.

Dieser Psalm hat zwei Besonderheiten, eine inhaltliche und eine formale: Obwohl er nach großen Siegen Davids auf dem Schlachtfeld entstand, ist er kein Triumphlied, sondern ein Bekenntnis schmerzhafter Rückschläge (V. 3-5) und der eigenen Hilflosigkeit (V. 6-14); und die zweite Hälfte des Psalms – das sind die Verse 7 bis 14 – findet sich buchstäblich in Psalm 108,7-14 wieder.

Der Anlass seiner Entstehung muss folgender sein: Während David gegen die Syrer Krieg führte (2Sam 8), müssen die Edomiter in Juda eingefallen sein und Verheerung angerichtet haben (V. 3-5). Als David diese schlimme Nachricht erreichte, wird er Joab mit einem Teil seiner Armee zurückgesandt haben, und dieser konnte die Edomiter in einer Schlacht im Salztal tatsächlich schlagen, wie die Überschrift sagt.

Es ist diese zwiespältige Situation: Triumphe auf dem Feld und eine Katastrophe im eigenen Land, die dem Psalm seine besondere Stimmung gibt. David erweist sich hierin als Prophet, indem er beides, Siege und Rückschläge, unmittelbar auf Gottes Hand und Willen zurückführt. Er hat verworfen, darum hatten die Feinde ihre Erfolge; er hat die Bedränger niedergetreten, darum siegte David über die Feinde. Das Lied lässt sich in drei Teile gliedern:

1. **David klagt, dass Gott sein Volk geschlagen hat (V. 3-6)**
2. **David ruft zu Gott, und Gott antwortet ihm (V. 7-10)**
3. **David vertraut allein auf Gott und auf seine Stärke (V. 11-14)**

1 Dem Vorsänger; nach Schuschan, ein Zeugnis, ein Miktam von David, zum Lehren,
2 als er stritt mit den Syrern von Mesopotamien und mit den Syrern von Zoba; da kehrte Joab zurück und schlug die Edomiter im Salztal, zwölftausend Mann.

Zu »**Vorsänger**« siehe Psalm 4.

»**Schuschan**«, **šušân**, ist die Einzahl des Wortes **šôsannîm**, »Lilien«, das in der Überschrift der Psalmen 45; 69 und 80 steht. Es handelt sich um »**ein Zeugnis … zum Lehren**«. Der Prophet und Hirte des Volkes ist auch ein Lehrer des Volkes. Was er von Gott gelernt hat, will er immer wieder dem ganzen Volk zum Nutzen weiterreichen. Es ist unser Vorrecht, von den Erfahrungen der Glaubensväter zu lernen. Ob wir das Vorrecht auch nutzen, ist eine andere Frage.

Zur Bedeutung des Wortes »**miktam**«, das in den Psalmen 16 und 56 bis 60 in der Überschrift steht, siehe die Erklärung zu Psalm 16.

Während David **»stritt mit den Syrern von Mesopotamien«** und mit den ihnen verbündeten **»Syrern von Zoba«**, waren die Edomiter in den Süden des Landes eingefallen, weshalb **»Joab«** aus dem Zweitstromland schnell **»zurückkehrte und die Edomiter im Salztal schlug«**. Die Edomiter hatten einen fürchterlichen Raub- und Verwüstungszug durch Juda gemacht und waren daran, mit ihrer Beute heimzukehren, als Joab und Abisai (siehe 1Chr 18,12) sie im Salztal stellten und vernichtend schlugen.

1. David klagt, dass Gott sein Volk geschlagen hat (V. 3-6)

3 Gott, du hast uns verworfen[269]**,**
hast uns zerstreut[270]**,**
bist zornig gewesen;
wollest uns zurückführen!
4 Du hast das Land erschüttert,
aufgerissen.
Heile seine Risse,
denn es wankt!

Feinde Israels nutzten die Gelegenheit, während David mit dem Heer gegen die Syrer zog, ins Land einzufallen, und sie haben das Land **»erschüttert«** und **»aufgerissen«**. Wenn es auch die Edomiter waren, weiß er doch, dass nichts ohne Gottes Willen geschieht. Darum sagt er, dass **»Gott … uns verworfen«** hat, dass **»Du«** das Land erschüttert und zerrissen hast.

5 Dein Volk hast du Hartes sehen lassen,
hast uns getränkt mit Taumelwein[271]**.**

Das Volk hat **»Hartes sehen«** müssen; sie waren vor den einfallenden Feinden überrumpelt worden und hatten getaumelt wie Trunkene. Es war der HERR gewesen, der sie **»mit Taumelwein«** getränkt hatte. *»Geschieht ein Unglück in der Stadt, und der HERR hätte es nicht*

269 Ps 44,10.
270 3Mo 26,33.
271 Jes 28,7; Jer 25,15-16.

bewirkt?« (Am 3,6). David weiß, dass er und sein Volk Gottes Gnade alles verdanken, dass sie keine Ursache zu Selbstgefälligkeit haben. Er hatte ihm Sieg im Feld gegeben, er hatte das Volk zu Hause geschlagen. Brauchen wir nicht nach unseren Siegen Rückschläge, damit wir nicht vergessen, wer wir sind, was wir sind und wie wir noch immer in allem auf Gott angewiesen sind?

6 Denen, die dich fürchten,
hast du ein Banner[272] gegeben,
dass es sich erhebe
um der Wahrheit[273] willen (Sela).

Aus diesen buchstäblich erschütternden Erfahrungen lernt David drei Dinge, und die wollen wir mit ihm lernen: Erstens lernt er den HERRN zu fürchten (V. 6a); zweitens lernt er, im Gebet alles von Gott zu erwarten (V. 6b), und drittens lernt er, darauf zu warten, bis Gott redet (V. 8). David hat aufgezählt, was Gott getan und wie er sein Volk gedemütigt hatte; nun aber erinnert er sich: »**Du hast ein Banner gegeben.**« Er hat auch alle Mittel zum Sieg gegeben. Wir wollen sie in der rechten Weise nutzen. Gott hat »**denen, die dich fürchten**« dieses Siegeszeichen gegeben, nicht den Selbstsicheren. Nicht im Vertrauen auf vorherige Siege, nicht im Vertrauen auf die bisherigen Erfahrungen, nicht im Vertrauen auf die Tapferkeit der Generäle und Krieger, sondern einzig im Vertrauen auf Gott kann das Volk Gottes siegreich sein. Wir müssen lernen, Gott zu fürchten, und wir müssen in der Gottesfurcht verharren. Das ist die »**Wahrheit**«, und um dieser »**Wahrheit willen**« erhebt sich das Siegeszeichen. Wahrheit ist, dass Gott ein Volk erwählt, erlöst und zu einem herrlichen Ende zuvorbestimmt hat (5Mo 7,7-8; 30,3; Jes 46,9-11; 55,10-12; Jer 29,11-14; Röm 8,29-30). Wahrheit ist, dass kein Feind das verhindern kann. Und Wahrheit ist, dass Gott alles vermag und dass wir ohne ihn nichts vermögen (Joh 15,5; Phil 4,13), dass Gottes Name und Gottes Ehre alles ist, und dass sich vor ihm kein Fleisch rühmen darf (1Kor 1,29).

272 Ps 20,6; 2Mo 17,15; Jes 3,9.
273 Ps 61,8.

2. David ruft zu Gott, und Gott antwortet ihm (V. 7-10)

7 Damit befreit werden deine Geliebten,
rette durch deine Rechte und erhöre uns!

»Deine Geliebten«: Auf die in Vers 6 erwähnte Gottesfurcht folgt hier ein Hinweis auf Gottes Liebe. David hat verstanden, dass Gott zu fürchten ist. Die Furcht des Herrn hat ihn gelehrt, dass Gott sein Volk liebt (5Mo 7,7-8). Er muss es geliebt haben, sonst hätte er es nie erwählt. Hier gewinnt Davids Glaube den Mut zu beten: **»rette durch deine Rechte und erhöre uns!«** Es sind seine »Geliebten«, die niedergetreten worden sind. Gott wird seine Freunde nicht liegen lassen. Er wird sie aufrichten, Er wird sie zurückführen (V. 3). Er wird durch seine **»Rechte«** eingreifen; *»der Arm Jahwes«* (Jes 53,1) wird Rettung schaffen. Hier weissagt David, der Prophet, vom Sohn Davids, dem Messias.

8 Gott hat geredet[274] in seiner Heiligkeit:
Frohlocken will ich,
will Sichem verteilen
und das Tal Sukkot vermessen.
9 Mein ist Gilead, und mein Manasse,
Ephraim ist Helm meines Hauptes,
Juda mein Herrscherstab.

»Gott hat geredet«: Es ist, als ob in den Waffenlärm und das Kampfgeschrei der um das Land ringenden Heere Gottes Stimme einbräche. Gottes Reden wendet die Stimmung in diesem Psalm. Gottes Reden wendet auch unseren Gang von der Finsternis ins Licht. Darum kann David **»frohlocken«**. Gottes Reden ist Leben; Gottes Reden beugt Davids Willen unter Gottes Willen und macht so all seinen Gedanken des Zweifelns und Zürnens ein Ende. Nun findet die Seele Ruhe, nun werden die Sorgen durch Frieden und die nagenden Fragen durch göttliche Gewissheit vertrieben. David weiß, dass Gott seinem Volk das Land gegeben hat. Seine Stimme macht allen Rivalenkämpfen um das Land ein Ende. Denn Gott hat geredet **»in seiner Heiligkeit«**: Er kann nicht lügen (4Mo 23,19;

274 Ps 62,12.

Tit 1,2), er kann seine eigenen Verheißungen nicht aufheben, denn er kann sich selbst nicht verleugnen (2Tim 2,13). Er ist gerecht, ein Fels, der nicht wankt, ohne Fehl und ohne Trug (5Mo 32,4). Darum findet der Glaubende Ruhe in seinen Zusagen.

»Sichem« und **»das Tal Sukkot«** westlich des Jordan werden den rechtmäßigen Besitzern zugeteilt, auch **»Gilead«** und **»Manasse«** östlich des Jordan gehören David und seinem Volk. **»Ephraim«** im Norden wird fortan feststehen und das Land schützen wie ein **»Helm«** das Haupt schützt, während **»Juda mein Herrscherstab«** ist, **məḥôqəqî**, wörtl. »mein Herrschender«, denn aus Juda soll laut 1. Mose 49,10 der *»Herrschende«*, **məḥôqêq**, jenes Volkes kommen, das von Gott zur Herrschaft berufen ist, nicht allein über das Land Israel, sondern über die ganze Erde. Das Land wird nicht mehr von Feinden verwüstet werden, und es wird nicht mehr zerrissen sein. Das Volk Gottes wird in seinem Erbe leben, und es wird unter der Regierung eines einzigen Königs geeint sein. Wohl erfüllte sich das zur Zeit Davids und Salomos schon, aber nur unvollkommen und nur für eine kurze Zeit. Erst wenn der Messias kommt, wird Israel ewig in dieser Weise gesegnet sein. Dann werden Israels Feinde auf immer vor ihm gebeugt werden.

10 Moab ist Waschbecken mir,
auf Edom pflanze ich meinen Schuh.
Jauchze mir zu, Philisterland!

»Moab« wird wie ein **»Waschbecken«** sein, mit dem der Hausdiener gebeugt seinem Meister die Füße waschen muss; auf **»Edom«** wird ein von Gott gesegnetes und siegreiches Volk seinen **»Schuh«** pflanzen. Damit bekommen zwei Völker, die für ihren Hochmut berüchtigt waren (Jes 16,6; Ob 3), ihren verdienten Platz. Und das **»Philisterland«** muss als besiegtes den Siegern zujauchzen. Die Philister hatten während der ganzen Regierungszeit Sauls Israel gedrückt und teilweise beherrscht. Erst unter Davids Regierung wurden sie besiegt (2Sam 5), sodass sie Israel nicht mehr gefährlich werden konnten.

3. David vertraut allein auf Gott und auf seine Stärke (V. 11-14)

11 Wer führt[275] mich in die feste Stadt,
geleitet mich nach Edom?
12 Hast du uns nicht verworfen, Gott?
Du ziehst, o Gott, nicht aus mit unseren Scharen.
13 Schaffe uns Hilfe aus der Not!
Wahn ist Menschenrettung.
14 Mit Gott wollen wir Tüchtiges tun;
er wird unsere Bedränger zertreten[276].

»Wer führt mich …?«: Davids Frage bezieht sich auf den Feldzug gegen **»Edom«** (1Chr 18,12). Wer wird ihn und seine Krieger sicher führen? Die Frage beantwortet sich von selbst: **»Gott«**, und zwar der Gott, **»der uns verworfen«** hat. Das ist eine weitreichende Erkenntnis; denn sie besagt, dass wir nicht selektiv glauben können. Das ist so unmöglich, wie blind sehen oder taub hören; es gibt es so wenig wie trockenes Wasser und kaltes Feuer. Glauben heißt, sich Gott in allem anbefehlen; und sich Gott anbefehlen kann nie etwas anderes heißen, als sich seinem Fügen zu unterwerfen. Sich nur das auszusuchen, was uns zu glauben behagt, ist genau das Gegenteil von glauben. Glauben wir, dass Gott uns retten kann, dann glauben wir auch, dass Gott uns verwerfen kann; glauben wir, dass Gott uns erhöhen kann, dann glauben wir auch, dass Gott uns erniedrigen kann. Es ist große Torheit, Gott nur im Blick auf das Schöne und Wünschenswerte glauben zu wollen; es ist die Torheit des Wunschdenkens. Nehmen wir das Gute aus Gottes Hand, müssen wir auch das Widerwärtige aus Gottes Hand nehmen (Hi 2,10).

Die bitteren Erfahrungen von Rückschlägen, von denen David oben sprach, hatten ihn gelehrt, dass er und sein Volk verloren sind, wenn Gott sich ihrer nicht erbarmt. Verwirft er sie nach dem, was sie verdient haben, ist es um sie geschehen. David hat alles Vertrauen in das Volk, in sich selbst, in den Menschen überhaupt verloren. Es kann nur einer retten: Der Gott, der die Macht und das Recht hat, zu verwerfen und zu erhöhen nach seinem Wohlgefallen, dessen Hand sie an sich erfahren hatten, als

275 Ps 61,3.
276 Ps 44,6.

er sie ehemals verwarf. Diesem Gott unterwirft sich David, denn **»Wahn ist Menschenrettung«**. Es ist nichtig, auf den Menschen zu hoffen. Kein Arm von Fleisch kann retten. *»Lasst ab von dem Menschen, in dessen Nase nur ein Odem ist! Denn wofür ist er zu achten?«* (Jes 2,22). Aber **»mit Gott werden wir Tüchtiges tun«**. Hieran entscheidet sich alles: Ist Gott mit uns? Sind wir mit Gott? Wir müssen *mit ihm* sein, uns an ihn lehnen, ihm folgen, ihm vertrauen. Vertrauen wir auf unsere eigenen Fähigkeiten, lässt Gott uns unterliegen, wie er es bereits so oft getan hat (V. 3). David hat gelernt, was er lernen musste. Die bittere Enttäuschung nötigte ihn dazu. Er vertraut nun dem mächtigen Gott.

Lehrreiches und Denkwürdiges zu Psalm 60

»David hatte schon den Thron bestiegen und einige herrliche Siege gewonnen, welche viel zur Festigung seiner königlichen Würde beitragen konnten. Deshalb rühmt und erhebt er Gottes Gnade, nicht bloß um seine Dankbarkeit zu bezeugen, sondern auch um den Rest des Volkes, der sich noch nicht unterwerfen wollte, zu gewinnen und so die Einheit des zerrissenen Volkskörpers herzustellen. Nachdem er aber an die glänzenden Zeichen offenbaren göttlichen Segens erinnert, welche ebenso viele Siegel seiner Erwählung zur königlichen Würde waren, verweist er (V. 8) vornehmlich auf den Spruch Gottes, aus welchem die Gläubigen abnehmen können, dass sie sich der Führung Gottes beugen würden, wenn sie die von Samuel vollzogene Salbung anerkennen. Untergemischt werden auch Bitten, dass Gott sein angefangenes Werk vollenden möchte« (Calvin).

»Aus der Überschrift lerne: Die Kinder Gottes sollte es nicht befremden, wenn sie ringen und kämpfen müssen, ehe sie das verheißene Reich empfangen, wie auch David Kriege führen musste. Ja, die Kirche Christi muss mit solchen Kämpfen rechnen, denn dieser Psalm ist den Dienern der Kirche gegeben zum Gebrauch in allen Zeitaltern« (Dickson).

»Indem wir 2. Samuel 7; 1. Chronik 18,12-13; 1. Könige 11,15-16 etc. nebeneinander legen, gewinnen wir folgendes Bild: Während David seinen ersten Syrischen Krieg weit im Nordosten focht, nutzten die Edomiter die Gelegenheit und fielen im Land ein… Als David davon hörte, entsandte er sofort eine starke Heeresmacht unter Joab, der die Feinde im Salztal (südlich des Salzmeeres) vernichtete. Durch das umsichtige und schnelle Handeln in dieser Krise gewann David großes Ansehen (2Sam 8,13). Er selbst besiegte die Syrer, Abisai die Edomiter, während Joab sechs Monate in Edom verblieb, um die Eroberung abzuschließen (1Kö 11,16). In der Begegnung mit Abisai verloren die Edomiter 18 000 Mann, und Joab erschlug weitere 12 000. Es liegt also kein Widerspruch vor, wie einige behaupten« (Clarke).

»Hätten wir diesen Psalm mitsamt seiner Überschrift nicht, hätten wir keine Ahnung von der Stärke der feindlichen Nachbarn Davids, als er auf der Höhe seiner Macht stand. Es waren gerade seine Erfolge, die seine Feinde zu Allianzen zusammenführte (siehe 2Sam 8,5). Als David mit seiner Hauptstreitmacht im Zweistromland war (2Sam 8,3), nutzte Edom die Gunst der Stunde und fiel vom Süden her in Juda ein« (D. Kidner).

V. 4 – »Das Bild vom Erdbeben erinnert uns daran, dass Gott alle Dinge, die wir für sicher halten, schonungslos erschüttert, damit ›die Dinge, die nicht erschüttert werden, bleiben‹« (Kidner).

Sprachliche Anmerkungen zu Psalm 60

V. 3 – **»wollest uns zurückführen«**: **tə šôbêb lânu**, vom Verb **šûb**, »umkehren«, im pil. »umgekehrt machen«, von daher »wiederherstellen«, zu dem wir allerdings ein direktes Objekt in Form eines Pronominalsuffixes erwartet hätten und nicht das (gemäß den Kategorien unserer Sprache) dativische **lânu**. Hebräischem Denken bietet die Wendung indes keine Härte; Deutsch ließe sie sich recht gut wiedergeben als: »wirke Wiederherstellung für uns«.

V. 6 – **»dass es sich erhebe«**: **ləhitnôsês**, ein Verb, das mit **nes**, **»Banner«**, stammverwandt ist. Allerdings könnte es auch als »fliehen« verstanden werden. Das ergibt aber zusammen mit **»um der Wahrheit willen«**, **mippənêj qôšæt**, keinen guten Sinn. Nun kann man aber **qôšæt** ohne Änderung der Konsonanten als **qêšæt**, »Bogen«, vokalisieren.

Dann wäre der Sinn des ganzen Verses: »Denen, die dich fürchten, hast du ein Feldzeichen gegeben, damit sie vor dem Bogen fliehen können.« (Eine ähnliche Formulierung findet sich in Jer 4,6). So haben es einige der alten Versionen verstanden, unter ihnen LXX.

V. 7 – **»deine Geliebten«**: **jədîdækâ**, worin man ein Wortspiel mit dem Eigennamen Davids sehen kann, ist doch das hebr. **dâwîd**, »Geliebter«, damit wurzelverwandt.

V. 8 – **»in seiner Heiligkeit«**: **qådšô**, das auch »in seinem Heiligtum« bedeuten kann (Buber, Schlachter). Mir scheint das Abstraktum besser, weil die Wohnung Gottes nicht so recht in den Zusammenhang eines Feldzuges passt.

V. 9 – **»Helm«**: **mâᶜôz**, eigentlich »Festung«, »Burg«. Luther: »Macht«; Elb: »Wehr«; Schlachter: »Festung«.

V. 10 – **»pflanze ich«**: **ᵓašlîk**, wörtlich »werfe ich«. Gemeint ist aber offenkundig der Gestus der Besitznahme (so wie das Ausziehen des Schuhs den Verzicht auf Besitznahme signalisierte, Rt 4,7-8), und dafür sagt man auf Deutsch nicht »den Schuh werfen«, sondern »aufsetzen« oder »pflanzen«. Luther: »Meinen Schuh strecke ich über Edom.«

»Jauchze mir zu«: **ᶜâlaj … hitrôᶜâᶜî**. Delitzsch meint, die Präposition **ᶜal** verbiete diese Deutung; es müsse etwa heißen: »Schreie laut über mich!« Das ist durchaus nicht zwingend; denn **ᶜal** bedeutet nicht nur »auf«, »über« oder »gegen«, sondern eben auch »wegen«. »jauchze über mich« wäre eine angemessene Übersetzung. Ich habe »jauchze mir zu« übersetzt (wie Luther, Elb, Schlachter), weil es eine Spur dramatischer ist. Es hält nämlich genau den Augenblick des Triumphierens fest: Wenn die Besiegten beim Einzug der Sieger über diese jubeln müssen, jubeln sie ihnen auch zu.

V. 14 – **»Tüchtiges«**: **ḥajil**, das einen sehr weiten Bedeutungsumfang hat. Es kann stehen für »Stärke«, »Kraft« (1Sam 2,4), »Macht«, »Tüchtigkeit« (Spr 31,29), »Tugend«, »Vermögen«, »Reichtum« (5Mo 8,17), »Ertrag« (des Baumes, Joe 2,22).

Psalm 61
Gott, der Helfer aller, die ihn fürchten

Dieser Psalm gehört nicht wie die Psalmen 52 bis 59 in die Zeit der Nachstellungen durch Saul. Wahrscheinlich ist David schon König, denn sonst könnte er nicht reden wie in Vers 7, und wahrscheinlich ist er als König von Jerusalem vertrieben und damit auch vom Zelt Gottes, das er dort für die Bundeslade errichtet hatte (1Chr 15,1), denn sonst betete er nicht wie in Vers 3. Darum kann man annehmen, der Psalm sei entstanden, als David vor Absalom aus Jerusalem geflohen war.

Im vorherigen Psalm hatte das ganze Volk Gottes gebetet (*»du hast **uns** verworfen ... mit Gott wollen **wir** Tüchtiges tun«*, 60,3.14), hier betet der König des Volkes Gottes allein (*»Höre **mein** Schreien ...«*, V. 1). Volk und König hängen untrennbar miteinander zusammen. Ist der König gerettet, ist auch das Volk gerettet (vgl. 2Sam 17,1-3). Auf die Frage von 60,11, wer David führen werde, antwortet er hier, dass Gott ihn führt (61,3); in 60,6 erhebt sich das Feldzeichen *»um der Wahrheit willen«*, während in 61,8 die Wahrheit, in deren Namen gekämpft wurde, den König behütet.

Das kurze Lied gliedert sich durch das Sela nach Vers 5 in zwei Hälften, an die der Sänger sein Begehren anschließt, den Namen Gottes für immer zu besingen.

1. **David betet, dass Gott ihn in sein Zelt führe (V. 2-5)**
2. **David betet, dass Gott den König auf ewig befestige (V. 6-8)**
3. **David will Gottes Namen auf ewig besingen (V. 9)**

Dieser Psalm ist ein Muster des Gebets des Glaubens. Es findet sich hier alles, was beim Gebet wirklich zählt: Der Adressat, der Anlass, der Beweggrund, der Ernst (und was ist das anderes als Glaube?) des Gebets und die sich daraus ergebende Gewissheit der Erhörung.

1 Dem Vorsänger, auf Saitenspiel. Von David.

Zu »**Vorsänger**« siehe Psalm 4.

Die Angabe »**Saitenspiel**« findet sich auch in der Überschrift der Davidspsalmen 4, 6, 54, 55; ferner in 67,1 (der anonym ist) und 76,1 (von Asaph). Nur steht hier erstens nicht die Präposition **bə**, »mit«, sondern **ᶜal**, »auf«, und zudem steht das Wort »Saitenspiel« in der Einzahl **nəgînat**.

1. David betet, dass Gott ihn in sein Zelt führe (V. 2-5)

2 Höre, Gott, mein Schreien,
horche auf mein Gebet[277]!

»Höre, Gott«: Das ist das Erste: Gebet richtet sich an Gott. Er ist der wahre, ja, bei Licht besehen, der einzige Helfer. *»Wahn ist Menschenrettung«*, hatte David eben bekannt (60,13). Zu den größten Wundern der Gnade Gottes gehört, dass wir zu Gott rufen dürfen und dass wir dabei wissen, dass er uns hört. Wir können nicht anders als uns verwundern über die Kühnheit, mit der David bittet. Aber eben solche Kühnheit gibt uns der Glaube an den Sohn Gottes; denn der Sohn Gottes hat uns gelehrt, zu bitten, zu suchen und anzuklopfen (Mt 7,7). Er fordert uns sogar auf, dringlich zu beten und ohne Unterlass zu beten (Lk 11,5-9; 18,1-8).

»mein Schreien«: Das ist das Zweite: Wir müssen mit Ernst, oder anders gesagt, mit Glauben beten. Das hebr. **rinnâh** ist ganz allgemein ein lautes Rufen (1Kö 22,26). Es kann ein Rufen vor Wonne sein – dann nennen wir das Jubel (Ps 30,6; 105,43; 107,22; 126,2.5; Jes 35,10; 48,20), oder vor Kummer – dann nennen wir das Schreien oder Flehen (Ps 17,1; 88,3; 106,44; 119,169; 142,7; 1Kö 8,28; Jer 7,16).

3 Vom Ende der Erde rufe ich zu dir,
wenn mein Herz verzagt[278].
Führe mich auf den Felsen[279],
der mir zu hoch ist!

Hier haben wir das Dritte: Der Beter ist weit weg und tief unten; er betet **»vom Ende der Erde«**. Zudem steht er vor einem Felsen, der ihm **»zu hoch ist«**. Und zu allem ist er auch ohne Kraft; sein **»Herz verzagt«**.

277 Ps 54,4; 64,2.
278 Ps 73,26; 107,5-6.
279 Ps 27,5; 40,3.

Wir beginnen mit Ernst zu beten, wenn wir erkannt haben, wie hilflos und wie tief gesunken wir sind (1Kö 8,38).

Damit ist Davids Lage genau umschrieben: Er war aus Jerusalem vertrieben, und dabei war es ihm, als sei er am Ende der Erde, weil er fern von der Wohnung Gottes war. Das erinnert uns an den Korahiten, der in Psalm 42 seine Klage aus dem Land Hermon anstimmt. Als Davids Herz verzagte (wie in 2Sam 15,14.30 erkennbar), rief er zu Gott (2Sam 15,31). Es stand noch ein erdrückender Fels von Schwierigkeiten vor ihm: Absalom war mit seinem Heer im Anzug, die Entscheidungsschlacht stand bevor; David und seine Leute waren in der Minderheit.

Der Heilige ist nie so weit von Gott entfernt, dass Gott ihn nicht mehr hören könnte, er ist nie so tief unten, dass Gottes Arm nicht dahin reichte. Das ist auch nicht das Problem, das uns am Beten hindert; unser Problem ist viel mehr, dass wir nicht erkennen, wie hilflos wir sind.

Weil wir Gottes Hilfe nötig haben, beten wir. Wenn wir nicht erkennen, wie tief wir gefallen und wie arm wir sind, werden wir nicht beten. Darum ist es eine große Gnade, wenn wir unseren wahren Zustand vor Gott erkennen dürfen. Wir dürfen Gott aber um ebendiese Gnade bitten, dass er uns zeige, wie schwach und wie hinfällig wir sind (Ps 39,5). Dann werden wir zu Bettlern, und solche heißt der Herr glückselig.[280]

Hat uns Gott ins Licht gestellt, dann gibt er uns auch den Glauben, dass wir nie so verstrickt oder so weit abgeirrt sein können, dass er uns nicht mehr hört: David ruft vom Ende der Erde. Unglaube, Selbstzufriedenheit und Selbstvertrauen, das sind die Dinge, die den Himmel über uns verschließen. Darum müssen wir das als Sünde bekennen und lassen. Sonst ist all unser Beten nichtig (Spr 28,9; Jes 1,15; 59,1-2).

4 Denn du bist mir eine Zuflucht[281],
ein starker Turm[282] vor dem Feind.

»Du bist mir eine Zuflucht«: Das ist die Sprache des Glaubens. Der Glaube rechnet mit Gott, mit dem, der nicht eine Art letzte Instanz ist, wenn alle menschliche Mittel versagt haben, sondern der die erste Instanz ist, mit dem alles anfängt, der alles bewirkt hat und alles wirkt,

280 In Mt 5,3 steht wörtlich: *»Glückselig sind die Bettler im Geist.«*
281 Ps 18,2; 46,2.
282 Spr 18,10.

der allem das Dasein gibt und alles trägt. Darum ist er die immer gegenwärtige Zuflucht, die einzig wirkliche Zuflucht, die vollkommen sichere Zuflucht. Gott ist **»ein starker Turm vor dem Feind«**. Wie oft und wie lange wurde David von Feinden bedrängt, und wie oft wurde er beinahe getötet. Er erfuhr, dass Gott ihn wie ein starker Turm vor jedem Feind schützen konnte. An Gott kam niemand vorbei. Keiner konnte David das Leben nehmen, solange Gott ihm das Leben erhielt. Sein Sohn Salomo muss das von ihm gelernt haben; denn er sagt: *»Der Name des HERRN ist ein starker Turm; der Gerechte läuft dahin und ist in Sicherheit«* (Spr 18,10). Der Glaube des Beters weiß: Der Herr genügt; er hat schon in der Vergangenheit genügt; er wird auch diesmal genügen.

5 Ich will weilen in deinem Zelt in Ewigkeit[283],
will mich bergen im Schutz deiner Flügel[284] (Sela).

»Ich will weilen in deinem Zelt in Ewigkeit«: Hier spricht der Mann nach Gottes Herzen. Warum kann David sagen, Gott sei ihm ein *»starker Turm«* (V. 4)? Weil er Gottes Zelt kennt. Er kennt seinen Gott; er hat Zugang zu seinem Gott und zu seiner Wohnung. Nichts ist seinem Herzen so lieb wie Gottes Wohnstätte, wie wir an zahlreichen Psalmen Davids sehen können: Er will wissen, wer in Gottes Zelt weilen werde (Ps 15,1); er liebt den Ort, an dem Gottes Herrlichkeit wohnt (Ps 26,8), er begehrt nur eines: im Haus des Herrn zu wohnen alle Tage (Ps 27,4), und Gott hat seinem Ohr enthüllt, dass er ewig da wohnen werde, wo Gott wohnt (Ps 23,6). Das ist seine Zuversicht.

Ein Zelt wirkt geradezu läppisch als Schutz vor einer Armee von Feinden; aber es sind nicht die Zeltwände, die David schützen, sondern es ist der Gott, der in jenem Zelt wohnt. Er birgt sich **»im Schutz deiner Flügel«** (vgl. 57,2 und das dort Gesagte).

283 Ps 23,6, 27,5.
284 Ps 17,8; 36,8; 57,2; 91,4.

2. David betet, dass Gott den König auf ewig befestige (V. 6-8)

6 Denn du bist Gott,
du hast gemerkt auf meine Gelübde[285],
hast mir gegeben das Erbteil
derer, die deinen Namen fürchten[286].

»**Du bist Gott**«: Dieser Satz fährt wie ein Pfeil ins Herz der Dinge. Gott ist Davids Gott; er kennt ihn und wendet sich darum direkt an ihn. In ihm ist David mitsamt seinem ganzen Geschick verankert. Gott bleibt Gott. Er hat Davids »**Gelübde**« gehört, hat gehört, wie der geängstete und gejagte König sich unter Gottes Schutz stellte und damit sein ganzes weiteres Leben an ihn band. Und Gott hat David vor langen Jahren ein bleibendes »**Erbteil**« – ein bleibendes Reich und Nachkommenschaft (2Sam 7,12-16) – verheißen. Er wird David nicht enterben; denn er ist Gott (Ps 89,34-36). Darum kann es Absalom nie gelingen, ihn für immer aus seinem Erbteil zu vertreiben.

7 Tage füge zu den Tagen des Königs;
seine Jahre seien wie Geschlecht um Geschlecht.

Zunächst gilt die Bitte David selbst, und er wurde erhört. Gott fügte »**Tage zu den Tagen des Königs**«, Absalom konnte ihn nicht greifen und umbringen. Und doch muss der König, dessen »**Jahre wie Geschlecht um Geschlecht**« sein sollen, ein Größerer sein als David. Es ist Davids Sohn, der Messias. Entsprechend deutet das Targum, die aramäische Übersetzung des Alten Testaments, diese Stelle und fügt zu »**König**« noch **məšiḥâh**, »Gesalbter«, d. h. Messias, hinzu.

In Davids Herzen wohnt dieser Wunsch: Der von Gott erwählte Herrscher über sein Volk möge über es herrschen heute, morgen, immer (siehe auch 59,14 und die dortige Auslegung). Im Psalm 3, von dem es in der Überschrift ausdrücklich heißt, er sei auf der Flucht vor Absalom entstanden, betet David zu Gott, von dem er sagen kann, dass er von seinem heiligen Berg antwortet (3,5). Damit hat er unausgesprochen

285 4Mo 2,2-3; Ps 22,26; 65,2; 66,13.
286 Ps 60,6.

bekannt, dass sein Gott als König herrscht (siehe 2,6). Während sein eigenes Königtum gefährdet ist, gehen ihm die Augen auf für das Königtum, das ewig ist. König David will jenem König untertan sein.

Und noch eine Lektion für uns: Wir haben uns über Davids Freimütigkeit im Gebet gewundert (siehe oben V. 2). Hier haben wir die Erklärung dafür: Er ist Gott als seinem König ergeben. Sind auch wir dem Herrn ergeben, werden wir mit großer Freimütigkeit beten können, und er wird uns hören.

8 Er throne ewig[287] vor Gott.
Bestimme Gnade und Wahrheit,
dass sie ihn hüten!

»Er throne ewig«: Schon zum dritten Mal (nach V. 5 und 7) spricht David davon, dass der König ewig bleiben soll. Die Herrlichkeit des Sohnes Davids wird ewig sein; er wird ewig herrschen und er wird ewig vor Gott sein (Ps 72,5.17).

»vor Gott«: Im Neuen Testament erfahren wir, dass unser König auch unser Hoherpriester ist, der für uns, seine Erlösten, vor Gott erscheint (Hebr 9,24).

»Gnade und Wahrheit« finden sich vereint in Christus, wie Johannes 1,17 bezeugt. In ihm erfüllt sich der Wunsch von König David. Es ist bemerkenswert, wie seine vielfältigen Drangsale ihn lehrten, dass ein Größerer, ein Vollkommenerer über das Volk Gottes zum König gesalbt werden muss, soll dieses ewig gesegnet sein. Er muss immer klarer gesehen haben, dass dieser den Charakter Gottes haben muss: Er muss von Liebe (1Jo 4,16) und Licht (1Jo 1,5), oder eben: *»Gnade und Wahrheit«* bestimmt sein. Die Söhne Korahs wissen zu singen, dass *»Gnade und Wahrheit«* sich begegnen, *»Gerechtigkeit und Frieden«* sich küssen (Ps 85,11).

287 Ps 2,4; 72,17; 2Sam 7,16.

3. David will Gottes Namen auf ewig besingen (V. 9)

Wie so oft schließt auch dieses Lied mit der Frucht erhörter Gebete um Bewahrung und Führung: Der große Bewahrer seines Volkes wird gerühmt (siehe auch Ps 59,17-18). Das ist immer das Ergebnis von Gottes Handeln. Alle seine Werke preisen ihn (siehe Ps 103,1.22).

9 So will ich deinem Namen lobsingen auf ewig
und täglich bezahlen meine Gelübde.

»So will ich deinen Namen besingen«: Dem Heiligen ist der Name seines Gottes mehr als alles in der Welt. Wie kostbar ist uns der Name Jesus! Sein Name ist über allen Namen. Nichts wünschen wir mehr, als dass sein Name bekannt und für immer gepriesen werde (siehe dazu Ps 45,18 samt Kommentar). Die Errettung von der Macht der Sünde hat seit je dieses Verlangen in den Heiligen geweckt. Jede Errettung aus Bedrängnis und Not mehrt dieses Sehnen noch. Da der Sohn Gottes für die Seinen vor Gott erscheint (siehe oben V. 8), kann ich den Namen Gottes immer besingen. Nie wird er zulassen, dass ich verloren gehe. Nicht wird er mich dem ewigen Tod überlassen; denn die Toten loben ihn nicht, sondern *»der Lebende, der Lebende preist dich«* (Jes 38,19).

»auf ewig«: Zum vierten Mal (nach V. 5-7 und 8) spricht David nun von Ewigkeit. Die Leiden in der Zeit ketten die Seele immer stärker an die Ewigkeit. Was ein David lernte und wovon er sang, das haben die Apostel des Herrn ausdrücklich gelehrt (2Kor 4,16-18).

»und täglich bezahlen meine Gelübde«: Wiederholt spricht David von Gelübden, die er erfüllt, zum ersten Mal in Psalm 22,26, dann in 56,13; 65,2; 66,13; 116,14. In der Not hatte er immer wieder erkannt, wie sehr er Gottes Beistand nötig hatte, und dabei wohl auch empfunden, dass er nicht immer vor seinem Gott gewandelt war (vgl. 1Mo 17,1). Nach erlebter Hilfe gibt er nun Gott, was er sich vorgenommen hat. Wenn wir als neutestamentlich Gläubige kaum von Gelübden sprechen (man vergleiche aber Apg 18,18), so können wir doch auch sagen, dass es immer wieder Nöte waren, die in uns den Wunsch nach größerer Treue in der Nachfolge Jesu weckten, der (hoffentlich) auch Stück um Stück Wirklichkeit wurde.

Lehrreiches und Denkwürdiges zu Psalm 61

»Es ist nicht ganz sicher, wann dieser Psalm geschrieben wurde; aber die Vermutung liegt nahe, dass David schon eine geraume Zeit auf dem Thron gewesen war, bevor er in die hier beschriebene Not geriet. Ich stimme mit den Auslegern überein, die den Psalm in die Zeit der Rebellion Absaloms datieren« (Calvin).

»Es ist ein Psalm der absalomischen Zeit, in Machanaim oder anderwärts in Gilead gedichtet, als das königliche Heer die Rebellen im Walde Ephraim geschlagen hatte« (Delitzsch).

»Mit diesem Psalm beginnt eine neue Reihe von Psalmen, die mit dem 68. schließt. In diesen Psalmen hören wir das Flehen der Gerechten und finden schön beschrieben ihr Vertrauen auf den Herrn. Und wir sehen auch Christus, wie er sich mit seinem Volk als dessen Haupt identifiziert« (Gaebelein).

»Der Psalm wurde von David ziemlich sicher geschrieben, als er sich noch in Machanaim aufhielt, aber die Rebellion Absaloms bereits unterdrückt war (2Sam 18). Sein Herz ist wegen des Verlustes seines Sohnes erschüttert, aber der Glaube siegt über die Trauer, denn das Reich ist ihm durch Gottes Güte wieder geworden. Als das Haupt über die Nation muss er einfach frohlocken« (Clarke).

V. 3-5 – »Gottes Bewahren wird in zunehmend persönlicher Weise wahrgenommen: Zunächst steht die ferne, hohe Felszacke da, dann der vorsorglich gebaute Turm, auf den das zerbrechliche Zelt folgt mit aller dazugehöriger Gastfreundschaft und Hilfe von Freunden. Am Ende steht die Geborgenheit, die nur Eltern bieten können, symbolisiert durch die Flügel. Dieser Schutz ist, gegen allen Schein, der sicherste von allen« (Kidner).

Sprachliche Anmerkungen zu Psalm 61

V. 1 – **»auf Saitenspiel«**: **ᶜal nəgînat**. Da man dies als einen Constructus auffassen kann (obwohl es auch eine alte Femininform des Absolutus sein kann), könnte man die ganze Angabe wie folgt verstehen: »Dem Vorsänger, auf einer Davidsharfe«. Immerhin erfahren wir in Amos 6,5, dass David Musikinstrumente erfand. Vielleicht handelt es sich hier um ein Saiteninstrument, das der König und Sänger Israels selbst entwickelt hatte.

V. 3 – **»verzagt«**: **ʿâṭaph**, wie in Psalm 102,1; 142,4; 143,4.

V. 5 – **»ich will weilen«**: **ʾâgûrâh**, vom Verb **gûr**, womit das Weilen des Fremdlings oder Beisassen, **gêr**, gemeint ist, der stets gemäß göttlichem Gesetz unter dem Schutz der Landesbewohner stand (2Mo 22,20). So stellt sich David unter Gottes Schutz.

»will mich bergen«: **ʾæḥæsæh**. Vom Verb **ḥâsâh** ist das in Vers 4 verwendete Nomen **maʾsæh**, »Zuflucht«, gebildet.

»im Schutz«: **bəsêtær** (wie in Ps 91,1), wörtl. »im Versteck« (so Buber), von **sâtar**, »verstecken«, »verbergen«.

V. 6 – **»Erbe«**: **jəruššâh**, also nicht das üblichere **naḥalâh** (wie in Ps 16,6), das insgesamt 220-mal belegt ist, allein in den Psalmen 22-mal. **jəruššâh** wird häufig mit »Besitz« übersetzt; In den Psalmen ist das Wort nur hier belegt. Es findet sich an fünf Stellen in 5. Mose (2,5.9.12.19; 3,20), an zwei Stellen in Josua (1,15; 12,6f.); einmal noch in 2. Chronik 20,11.

V. 9b – **»und bezahlen meine Gelübde«**: **ləšalləmî nədâraj**, wörtlich »damit ich bezahle meine Gelübde«. Luther: »dass ich meine Gelübde bezahle«.

Psalm 62
Vertraut auf Gott allezeit!

Dies ist der zweite der vier sogenannten »Trostpsalmen« (37; 62; 94; 109). »Heilige Einfalt« – so könnte man das Thema des Psalms umreißen, das heißt, auf Gott (heilig) ausgerichtete Ausschließlichkeit (Einfalt). Es geht, anders gesagt, um das rechte Vertrauen. Der Gläubige ist immer in Gefahr, unter dem Druck von Anfeindungen dieses Vertrauen wegzuwerfen (Hebr 10,35) oder sein Vertrauen statt auf Gott auf Menschen zu setzen.

Dieser Psalm setzt das Thema des 61. Psalms fort. Dort hatte David in Gott einen Felsen und eine Zuflucht gefunden (61,3.4) vor dem Feind. Auch hier wird David angefeindet und findet erneut, dass Gott sein Fels (62,3.8) und seine Zuflucht ist (62,8.9). In Psalm 61,8 hatte er gebetet, dass Güte den König behüten möge. Hier kann er mit Zuversicht bekennen: *»Dein, o Herr, ist die Güte«* (V. 13).

Nachdem David gebetet hat (61,2), hat er Gewissheit gefunden (61,7.8). In dieser Gewissheit harrt er nun aus. Er wartet still auf Gott (62,2), auf Gottes Handeln zu Gottes Stunde. Was er allein vor Gott gelernt hat, kann er nun das Volk lehren: *»Vertraut auf ihn allezeit, o Volk!«* (V. 9). Erst wenn Gottes Gegenwart uns so mächtig wird, dass wir uns auf ihn allein stützen können und so vollkommene Ruhe finden, erkennen wir, wie nichtig alles Vertrauen auf Menschen und auf Besitz ist (V. 11). Hier trifft sich die Erfahrung endlich mit der Offenbarung, die David schon längst unterwiesen hatte: *»Gott hat* ***ein*** *Wort geredet, das habe ich zweimal gehört: Gott allein ist mächtig«* (V. 12). Geht es nicht uns allen so? Wir kennen Gottes Urteile und Gedanken längst, bevor sie uns zu gelebter Wirklichkeit werden. Das im letzten Vers verwendete Verb **šillêm**, »erfüllen«, »vergelten«, kommt auch in Psalm 61,9 vor und bindet so die beiden Psalmen zusätzlich aneinander.

In drei Schritten gehen wir mit dem Dichter durch den Psalm:

1. **David bezeugt, wie seine Seele vor Gott still geworden ist und er darin große Sicherheit gefunden hat (V. 2-5)**
2. **David fordert sich selbst auf, in dieser Stille vor Gott zu verharren und ermuntert alles Volk, es ihm gleich zu tun (V. 6-9)**
3. **David warnt vor dem Vertrauen auf Menschen und auf Reichtum (V. 10-13).**

1 Dem Vorsänger; für Jeduthun. Ein Psalm von David.

Zu »**Vorsänger**« siehe Psalm 4.

»**für Jeduthun**«: Diese Zuweisung findet sich außer hier auch in der Überschrift der Psalmen 39 und 77. Zur Bedeutung des Namens siehe die Erläuterungen zu Psalm 39!

1. »Nur zu Gott ist still meine Seele« (V. 2-5)

Mit diesem Bekenntnis bezieht sich David auf seine Feinde und weist deren Drohungen zurück. Er kann sagen, dass er trotz allen Anläufen der Gegner nicht wanken und nicht fallen werde.

2 Nur zu Gott hält still[288] meine Seele,
von ihm kommt meine Rettung.
3 Nur er ist mein Fels[289] und meine Rettung,
meine hohe Feste;
ich werde nicht viel wanken[290].

»Nur zu Gott«: Sechsmal kommt in diesem Psalm das Wort »nur«, **ᵓak**, vor. Es steht jedes Mal am Versanfang. Viermal charakterisiert es den Heiligen, zweimal den Gottlosen. Der Gerechte erwartet alles ausschließlich von Gott. Das wollen wir, wie gesagt, »heilige Einfalt« nennen, eine Tugend, die Christus gelobt (Mt 6,22) und Paulus bei den Christen gesucht hat (2Kor 11,3). Der Christ glaubt, dass alles von Gott abhängt, und er beweist seinen Glauben damit, dass er still auf Gott wartet. So leicht sich das gedanklich fassen und aussprechen lässt, so schwer ist es, inmitten der Versuchungen und Anfeindungen, »nur auf Gott« zu vertrauen. Buber übersetzt dementsprechend, indem er das Hauptwort auch im Deutschen beibehält: »Nur auf Gott ist Stille meine Seele.« Der Gläubige hat im Gebet alles gesagt (61,1.2), nun wartet er auf Gottes Reden und Handeln. Er ist Gott ergeben, er fordert nichts mehr, er begehrt nicht auf, er wartet nur. Er **»hält still«**, und darin findet er eine nie geahnte Stärke: *»Denn so spricht der Herr, Jahwe, der Heilige Israels: Durch Umkehr und durch Ruhe würdet ihr gerettet werden; in Stillsein und in Vertrauen würde eure Stärke sein«* (Jes 30,15).

Er ist still **»zu Gott«**. Darauf kommt es an; er ist nicht lediglich passiv. Er ist auf Gott ausgerichtet, er sucht seine Gegenwart. Dort allein kommt er zur Ruhe. Wir müssen dahin kommen, wo uns Gott und wo uns sein Urteil alles ist[291]. Das heißt wirklich glauben. Von dem, der so

---

288 2Mo 14,14; Jes 30,15.
289 Ps 61,3.
290 Spr 10,30.
291 Man vergleiche den einleitenden Satz zu jedem Sendschreiben. In aller Bedrängnis oder Versuchung war es für die Christen wichtiger als alles andere, sich und ihre Umstände zum Herrn der Gemeinde in Beziehung zu setzen. Das will jedes Mal der Satz *»Ich kenne deine Drangsal«* (Offb 2,9) oder

glaubt, sagt Jesaja: *»Wer glaubt, wird nicht ängstlich eilen«* (Jes 28,16). Erst wenn wir so glauben, wird das Drängen und Lärmen oder auch das Locken und Ziehen der Feinde uns nichts mehr anhaben können.

4 Bis wann[292] wollt ihr einstürmen[293] auf einen Mann,
ihr alle ihn niederstrecken
wie eine geneigte Wand,
eine angestoßene Mauer?

Dieses **»bis wann«** kann sehr Verschiedenes bedeuten. Hier ist es nicht der Seufzer einer Seele, die verschmachten will (vgl. Ps 6,3), sondern es ist ein Ausdruck der Gewissheit der Seele, die vor Gott still geworden ist. Denn die Frage ist nicht an Gott, sondern an die Feinde gerichtet. Sie ist fast herausfordernd gestellt: »Wie lange wollt ihr euch noch für nichts die Köpfe einrennen?« Sie weiß, dass sie in Gott gesichert ist, weshalb alles Anrennen der Leute umsonst ist. Und sie sieht in Gottes Licht auch, wie die Feinde wirklich sind: Sie sind Lügner (V. 5) – darum wird Gott sie richten; und sie sind nur ein Hauch (V. 10) – darum werden sie nicht bestehen.

»wie eine geneigte Wand, eine angestoßene Mauer«: Die Feinde Davids erkennen an ihm nur zu gut seine ganze Schwachheit, und das zieht Menschen mit böser Gesinnung immer an. Wo sie eine Blöße erkennen, stoßen sie zu. Allerdings rechnen sie nicht damit, dass der schwache David auch um seine Schwachheit weiß und sich darum auf den starken Gott stützt.

5 Sie ratschlagen nur, ihn von seiner Höhe zu stoßen[294];
sie haben Gefallen an der Lüge;[295]
mit dem Mund segnen sie,
doch im Innern fluchen sie[296] (Sela).

»Sie ratschlagen nur, ihn von seiner Höhe zu stoßen«: Sie sind vom Drang des Teufels beseelt. Dieser sinnt seit jeher darauf, den Menschen

»Ich weiß, wo du wohnst« (2,13) bewirken: Indem der Herr der Gemeinde zeigt, wie sie unter seinen Augen ist, wird sie genötigt, sich und alles, was sie befällt, auf ihn zu beziehen.

292 Ps 4,3; 82,2; Spr 1,22.
293 Jes 25,4.
294 Ps 17,11; 140,5.
295 Joh 3,19; 2Thes 2,12.
296 Ps 5,10; 28,3; 55,22; Spr 26,24.25; Jer 9,8.

aus seiner glückseligen Abhängigkeit von Gott zu locken, zu drängen oder zu reißen. Er tat es im Garten Eden (1Mo 3), so versucht er bis zum heutigen Tag alle, die sich im Glauben an Christus gehängt haben, von der »Einfalt in Christus« wegzulügen (2Kor 11,1-3). Gelingt es dem Lügner und Verführer, uns von unserer **»Höhe zu stoßen«**, das heißt von unserem vertrauensvollen Ruhen in unserer himmlischen Stellung in Christus abzubringen, gewinnt er sofort die Oberhand.

Der Heilige, der still vor Gott liegt, wird durch Gottes Gegenwart erleuchtet, und er sieht in Gottes Licht alles im rechten Licht (Ps 36,10). Alle Stimmen, die ihn zur Selbstbehauptung und zum Aufbegehren bewegen wollen, sind Täuschung: **»Sie haben Gefallen an der Lüge.«** In Vers 10 wird diese Beteuerung wiederholt: *»Nur Lüge sind die Männersöhne.«* Der Sünder liebt die Finsternis (Joh 3,19), er hat Wohlgefallen an der Lüge (2Thes 2,12); er liebt die Lüge (Offb 22,15). Sein ganzes Wesen ist Feindschaft gegen Gott (Röm 5,10; 8,7) und darum auch gegen Gottes Heilige. Deshalb findet der Feind Gottes in ihnen so leicht seine willfährigen Werkzeuge, mit denen er die Gerechten anficht.

»Mit dem Mund segnen sie, doch im Innern fluchen sie.« Denn ihr Inneres will nicht wirklich das Wohl des Christen; sie wollen **»ihn von seiner Höhe«** stoßen. Das ist ein überraschender Ausdruck. Der Heilige hat sich Gott unterworfen; er liegt vor ihm im Staub. Sind wir vor Gott erniedrigt, sind wir in Wahrheit zu Gott erhöht. Erkennen wir, dass wir nichts sind (Gal 6,3), gibt uns Gottes Geist auch die Erkenntnis, dass wir mit Christus in die himmlischen Örter gesetzt sind (Eph 2,6).

Absicht der Bösen ist **»nur«** das Böse. Dieses »nur« bildet einen Kontrast zum zweimal vorkommenden »nur« in den Versen 2 und 3. Wenn der Heilige »nur auf Gott vertraut«, tut er etwas, was vollständig gegen seine ursprüngliche Natur ist. Beim Gottlosen ist es umgekehrt: Folgt er seiner Natur, dann wird er nur Böses wollen und Böses tun; d.h. er muss sich nicht überwinden, um dem Heiligen nachzustellen. Der Hass steigt ihm von selbst auf.

2. »Nur zu Gott sei still meine Seele« (V. 6-9)

Oben hatte David sich mit dem Bekenntnis an seine Feinde gewandt, er sei ganz still vor Gott. Nun fordert er sich selbst auf, in dieser Stille zu verharren, und ruft dann sein Volk dazu auf, es ihm gleich zu tun und allen Kummer vor Gott auszuschütten. Das zeigt, dass der Gläubige oft längere Zeit unter dem Andrang der Feinde und dem Druck der Lüge ausharren muss. Immer wieder richtet er sich ganz auf Gott aus.

6 Nur zu Gott sei still meine Seele!
Denn von ihm kommt meine Hoffnung.
7 Nur er ist mein Fels und mein Heil,
meine hohe Feste;
ich werde nicht wanken[297]**.**

»Nur zu Gott« will David stille halten; er will warten, bis Gott handelt. Wir verderben uns selbst eigenhändig den von Gott zugedachten Segen mit ungeduldigem Dazwischenfahren. Calvin sagt sehr schön zu dieser Stelle: »Er lässt die Seinen dulden, aber er enttäuscht sie nie. Da ist, sagt David, ein gewisser Lohn bereit für mein Stillehalten, und darum will ich mich zügeln, damit meine Hast den Weg meines Heils nicht hindere.«

»Sei still« ist ein Imperativ, eine Aufforderung an die eigene Seele. Wir sind sehr dankbar, dass Gottes Geist David inspirierte, diese Aufforderung aufzuschreiben und dem Volk Gottes zu hinterlassen. Denn nun wissen wir, dass Gott auch von uns will, dass wir still seien vor Gott. Wir wollen diese Selbstaufforderung deshalb als Gottes Befehl an uns auffassen, und damit erscheint sie in einem ganz neuen Licht: Wenn Gott etwas befiehlt, dann geschieht es auch. Wenn er uns ruft und sagt: »Komm!«, dann werden wir kommen, sofern wir diesem Wort glauben. Als Gott dem Propheten Hesekiel befahl: *»Stelle dich auf deine Füße!«*, da kam mit dem Wort *»der Geist in mich und stellte mich auf meine Füße«* (Hes 2,1.2). Wenn Gott nun in unsere Seele hinein befiehlt: »Sei still!«, dann wird die Seele still, sobald wir diesem Wort glauben.

Zuerst hatte David gesagt, von Gott komme seine Rettung; hier sagt er: **»Von ihm kommt meine Hoffnung.«** Damit drückt er ein noch weiter gehendes, ein noch bedingungsloseres Vertrauen zu Gott aus. Was auch geschehen mag, sei es, dass die Feinde ihn töten dürfen, sei es, dass er nie mehr in die geliebte Stadt zurückkehren und ins Haus Gottes werde

297 Ps 15,5; 112,6.

eingehen dürfen, es ist einerlei: Gott ist Gott, und von ihm erwartet er alles. Was ihm die Zukunft – auf diese bezieht sich ja die Hoffnung – auch beschert, sei's ein Gutes, sei's ein Leid, es kommt von Gott. Darum muss es am Ende doch gut sein. Dass Davids Vertrauen bedingungsloser und damit größer geworden ist, zeigt sich in einem zweiten kleinen Unterschied zum Anfang: Dort hatte er gesagt, er werde »nicht viel wanken«. Hier kann er schlicht sagen: **»Ich werde nicht wanken.«**

8 Auf Gott ruht mein Heil und meine Herrlichkeit;
mein starker Fels[298], meine Zuflucht, ist in Gott.
9 Vertraut auf ihn allezeit, o Volk!
Schüttet vor ihm aus[299] euer Herz!
Gott ist unsere Zuflucht (Sela).

»Auf Gott ruht mein Heil«: Das ist eine geradezu neutestamentliche Wahrheit. Gott hat das Heil gewirkt, er hat mich gerettet, er erhält mich. Seine Treue und seine Macht bürgen für die ewige Sicherheit des Erwählten. Ist er selbst für mich, wer mag dann wider mich sein (Röm 8,31)? Und auf Gott ruht auch **»meine Herrlichkeit«** (oder »Ehre«). Beneidenswert ist der Mensch, der diesen Satz mit Recht und in Wahrhaftigkeit sagen kann. Der muss weder sein Ergehen noch seinen Ruf verteidigen. David hat alles aus der Hand gegeben; alles ist nun in Gottes Hand, alles **»ruht«** in dieser mächtigen Hand. Was er gelernt hat, kann er nicht für sich behalten. Er muss sein Glück mit anderen teilen; auch sie sollen finden, was er gefunden hat. Darum ruft er jetzt:

»Liebe Leute, schüttet euer Herz vor ihm aus!« (Luther): Der Ausdruck ist dem Opferdienst entlehnt. Über das Brandopfer wurde ein Gussopfer gegossen. Neigt man eine Schale mit Wein, fließt der Wein aus, ohne Widerstand zu leisten. Schütten wir unser Herz vor Gott aus, geben wir jeden Widerstand auf und lassen uns vollständig in seine Hände fallen. Wir behalten keinen Vorbehalt zurück, wir halten nichts gegen Gott in Reserve, wir halten auch an keiner Sorge fest. Alles lassen wir vor ihm ausfließen, alles haben wir ausgeschüttet. Das ist der höchste Ausdruck des Vertrauens, und in diesem Vertrauen finden wir das höchste Glück. Hier findet die Seele Ruhe. Hier erfährt sie, dass **»Gott unsere**

298 V. 3.
299 1Sam 1,15; Ps 42,5; 142,3.

Zuflucht« ist. Nichts kann ein Herz, das sich vor Gott entleert hat, beunruhigen, auch nicht die Aussicht auf den herannahenden Tod. Paulus verglich sich selbst, während er in der Todeszelle auf seine Hinrichtung wartete, mit einem Gussopfer (2Tim 4,6). Seine Ergebenheit in Gottes Führung war vollständig geworden. Das erklärt, warum sein letzter Brief diesen Geist der Zuversicht atmet.

3. David warnt vor falschem Vertrauen (V. 10-13)

David hat zweimal Gott als seine einzige Hilfe und Hoffnung angerufen. Dem stellt er zum Schluss die nichtige Hoffnung der Menschen gegenüber.

> **10 Nur Hauch[300] sind die Menschenkinder,**
> **Lüge die Herrensöhne.**
> **Auf der Waagschale steigen sie,**
> **sie sind allesamt leichter[301] als ein Hauch[302].**
> **11 Vertraut nicht auf Gewalt,**
> **täuscht euch nicht durch Raub[303];**
> **wächst der Reichtum,[304]**
> **hängt das Herz nicht daran[305]!**

»Nur Hauch sind die Menschenkinder«: Zum zweiten Mal begegnen wir diesem »nur« im Zusammenhang mit den Bösen, und wie erhellend ist es. Sie, die »nur« darauf sinnen, dem Gerechten zu schaden (V. 5), sind »nur« Hauch. So groß ihre Bosheit, so groß ist ihre Ohnmacht. Nichts vermögen sie. Ihre Gebärden sind Schatten, ihre großen Worte sind hohl, sie sind **»leichter als ein Hauch«**. Sie haben kein Gewicht, sie steigen wie Papiermännchen **»auf der Waagschale«** Gottes. Sie wüten in der Zeit, aber die Zeit ist nicht ewig; sie sind mächtig in dieser Welt, aber die Welt vergeht und ihre Lust (1Jo 2,17). Der ewige Gott und seine ewige Welt sind gewichtig; das schnell vorübergehende unserer Drangsal ist leicht (2Kor 4,17). Das hebräische Wort für »Herrlichkeit« (V. 8),

300 Ps 39,6.
301 Dan 5,27.
302 Ps 92,11.
303 Ps 52,9.
304 Ps 73,12.
305 Ps 49,7; 52,9; 1Tim 6,17.

kâbôd, bedeutet wörtlich »Schwere«, »Gewicht«. Damit bildet es einen auffälligen Kontrast zu den Menschenkindern, die eben kein Gewicht haben. Alles Tun der **»Herrensöhne«** ist eine einzige Lebenslüge, ja, sie selbst sind **»Lüge«**. Ihre Größe, zu der sie sich aufplustern, ist Selbstbetrug. Alles, was sie in ihren eigenen Augen und in den Augen der Leute sind, ist Lüge. Darum müssen wir sie nicht fürchten, und noch weniger sollten wir auf sie vertrauen (siehe Ps 118,8.9; Jes 2,22).

Daher muss man den Mann einen Toren nennen, der **»auf Gewalt«** vertraut. Er ist zwar schlauer als die anderen im Gebrauch aller Mittel, die uns in dieser Welt zur Verfügung stehen, und das macht ihn erfolgreich – aber wie lange?[306]

Wenn nun **»der Reichtum wächst«**, ohne dass wir ihn mehr suchten als alles andere, und ohne dass wir zu unlauteren Mitteln griffen, dann müssen wir uns doch warnen lassen. Der auf unschuldigem Weg gewachsene Reichtum ist vielleicht der subtilste Feind des einfältigen Vertrauens auf Gott. Ja, Gott ist es, der uns alles darreicht zum Genuss (1Tim 6,18); er ist es, *»der dir Kraft gibt, Vermögen zu schaffen«* (5Mo 8,18). Hüten wir uns, dass unser Herz sich nicht unmerklich von Gott, dem Geber aller guten Gaben, löst und sich an die Gaben heftet. Es wäre ein schlimmer Götzendienst (Kol 3,5). Die Liebe zum Geld (1Tim 6,10) und das Vertrauen auf den Reichtum sind ebenso verboten, wie das Vertrauen auf Menschen, auf Lüge und auf Raub. Darum stellt David diese Dinge alle in eine Reihe.

12 Einmal hat Gott geredet,[307]
zweimal[308] **habe ich dies gehört:**
Gott gehört die Stärke,

Gott hat **»einmal«** geredet, und doch haben wir es **»zweimal«** gehört. Wie denn? Das, was Gott in seinem Wort geredet hat, haben andere gehört, geglaubt und mir bestätigt. So habe ich es aus Gottes Mund und aus dem Mund treuer Zeugen gehört, insgesamt also zweimal.

»Gott gehört die Stärke«: Nicht die Bösen, die mit ihren Worten drohen, nicht die Gottlosen, die für eine kurze Zeit in Ehren sind, nicht

306 Hab 2,6b.
307 Ps 60,8.
308 1Mo 41,32.

die Verfolger der Heiligen, die an den Hebeln der Macht sitzen, besitzen die Stärke. Sie sind *»nur Hauch«* (V. 10). Gott ist der Starke; er besitzt alle Stärke. Er sitzt auf dem Thron des Universums; er gibt allem das Leben, er erhält alles am Leben. Gott allein ist mächtig, und daraus ergibt sich die Forderung, auf Gott allein das Vertrauen zu setzen.

13 und dein, Herr, ist die Güte[309];
denn du vergiltst jedem nach seinem Werk[310].

»und dein, Herr, ist die Güte«: Gott gehört die Stärke, und Gott gehört auch die Güte, **ḥæsæd**, das eigentlich die Treue gegenüber Versprechungen ist. Wir könnten also sagen »Bundesgüte«. Er, der alle Macht hat, verwendet diese nicht zum Bösen, sondern nur zum Guten; denn er hält den Bund mit allen ihren Verheißungen. Und er hat die Macht, all das Gute zu tun, das er verheißen hat. Welch sicheren Anker findet die Seele im Wissen, dass Allmacht und Güte in der gleichen Hand sind!

»du vergiltst jedem nach seinem Werk«: Er wird richten. Er wird kommen und allen geben, was ihr Teil ist: *»Denn Gott ist Richter; diesen erniedrigt er, und jenen erhöht er«* (Ps 75,7).

Lehrreiches und Denkwürdiges zu Psalm 62

»Dies ist ein Lehrpsalm vom falschen Vertrauen auf Menschen und rechtem Vertrauen auf Gott« (Luther, *Summarien über die Psalmen*).

»Dieser Psalm enthält zum guten Teil Betrachtungen, mit welchen David sich und andere zur Hoffnung auf Gott ermuntert und wider den Angriff von Anfechtungen wappnet und rüstet. Weil aber nichts näher liegt, als dass unsere Sinne sich durch die trügerischen Lockungen der Welt von Gott abziehen und wanken machen lassen, so greift er dies eitle Wesen kräftig an, um sich und andere bei Gott allein festzuhalten« (Calvin).

»Der Psalm gliedert sich in drei gleiche Strophen, die alle mit der Partikel **'ak**, »nur«, beginnen, während die erste und zweite mit *Sela* enden.

309 Ps 61,8; 63,4.
310 Ps 58,12; Jes 59,18; Mt 16,27; Röm 2,6; Offb 22,12.

In allen drei Teilen ist das Thema das gleiche, nämlich der Gegensatz zwischen Gott und dem Menschen als jeweiliger Gegenstand des Vertrauens« (Alexander).

»Stünde dieser Psalm nicht in der Bibel, so würde in dem großen vielstimmigen Chor des Psalters eine wichtige Stimme fehlen. Von Jubel und Saitenspiel, von Seufzen und Klagen hören wir in den Psalmen. Festliche Hymnen wechseln mit flehenden Hilferufen. Menschen schreien zu Gott, wie ein Ertrinkender nach dem Retter schreit. Hier in diesem Psalm kehrt die große *Stille* ein. Er ist das Gebet eines Mannes, der mitten in großer Bedrängnis in Gott selbst zur Stille fand. Diese Erfahrung, die gleich zu Beginn ausgesprochen wird (V. 2), bildet für den ganzen Psalm das Leitmotiv, wie schon daraus hervorgeht, dass dieser Vers zu Beginn der zweiten Strophe (V. 6) mit einer geringen Abwandlung wiederkehrt« (Lamparter).

»Wir sprechen gern von Ergebung, aber diese darf nie reine Passivität sein. Unser Psalm zeigt: Sie ist ein kraftvolles Rechnen mit Gott, ein Wissen um ihn und ein Hoffen auf ihn. Wo diese geübt wird, da schenkt uns Gott auch in großer Gefahr die stille Gelassenheit« (Brandenburg).

»Dieser Psalm ragt heraus aus all den feinen Früchten der Anfeindung und der Widerwärtigkeiten, die wir im Psalter finden. Denn er entstand offenkundig, als der Druck noch schwer war (V. 4) Während der Psalm sich entfaltet, zeigt er die Merkmale wachsenden Vertrauens und zunehmender Klarheit. Das Geheimnis, das David allein gelernt hatte (V. 2), sagt er sich selbst noch einmal (V. 6) und schärft es anderen ein (V. 9), indem er daraus schließlich die Lektionen der Erfahrung und der Offenbarung zu unserem Nutzen und zu Gottes Ehre zieht. Der Psalm hat die Unmittelbarkeit eines Gebets, das noch immer auf die Antwort wartet, und von Überzeugungen, die erst kürzlich bestätigt und vertieft worden sind« (Kidner).

V. 2.3 – »David mag in der Not versucht sein, zu verbotenen Mitteln zu greifen, um davonzukommen, aber er ist bei allem entschlossen, sein Vertrauen auf die Güte dessen zu setzen, der sein Heil, sein Fels und seine hohe Feste ist. Christus weigerte sich, auf einem anderen Weg aus seinen Leiden befreit zu werden, als den sein Vater verordnet hatte. Ebenso sollte die Kirche geduldig auf die Hilfe Gottes warten und nicht im Unglauben versuchen, sich selbst zu retten, indem sie zu unerlaubten Mitteln Zuflucht nimmt« (Horne).

Sprachliche Anmerkungen zu Psalm 62

V. 2 – **»hält still«**: **dûmijjâh**, buchstäblich nur das Hauptwort »Stille«. Das gleiche Wort ist nur noch belegt in Psalm 22,3; 39,3 und 65,2. Schön ist Luthers Übersetzung des Verses, wenngleich ihr das zwingende »nur« fehlt: »Meine Seele ist stille zu Gott, der mir hilft.« »still sein« trifft das Hebräische besser als »vertrauen« (Elb).

V. 3 – **»Fels«**: **ṣûr**, wie in Psalm 18,3 (siehe sprachliche Anmerkungen dort).

»hohe Feste«: **mišgab**, im Hebräischen nur ein Wort. Es ist ein Nomen, das vom Verb ›hoch sein‹ gebildet ist. Der erste Beleg in den Psalmen ist in Psalm 9,10; siehe auch Psalm 18,3 samt dortigen Anmerkungen; auch Psalm 144,2.

V. 4a – **»wollt ihr einstürmen«**: **təhôtêtu**. Das Verb **hôtêt** ist ein *Hapax legomenon* (ein nur einmal belegtes Wort), das dem Zusammenhang nach etwa diesen Sinn haben muss. Luther: »nachstellen«; Buber: »bedrohen«; Zunz: »anstürmen«; Schlachter: »Sturm laufen«; Zürcher: »zetern«; KJV: »imagine mischief«; Segond: »se jeter«.

V. 4b – **»niederstrecken«**: **təraṣṣəḥû**, eigentlich »morden«, »erschlagen«; Luther: »erwürgen«. Ich habe mit Ben Naphtali das Verb als Piel vokalisiert gegen M, der das Verb als ein Pual **(tərâṣṣəḥû)** auffasst, was aber kaum gemeint sein kann.

V. 10 – **»Hauch«**: **hæbæl**, gleichlautend mit der hebräischen Form des Namens Abel (1Mo 4,5).

»Herrensöhne«: **bənê ʾîš**, wörtlich: »Mannessöhne«. In Opposition zu **ʾâdam**, dem Gattungsbegriff für »Mensch«, hat hier das Wort »Mann« wahrscheinlich die Bedeutung eines hochgestellten, eines wichtigen

Mannes, also eines Herrn. Darum »Herrensöhne«. Entsprechend habe ich es darum auch in Psalm 49,3 übersetzt, wo Menschenkinder (dort übersetzt mit »gemeine Leute«) und »Herren« wie im vorliegenden Vers nebeneinandergestellt sind.

V. 11 – **»Gewalt«**: **ᶜôšæq** (wie in Ps 73,8; 119,134), auch »Bedrückung« (Buber) oder »Erpressung« (Rev Elb), die ja beides Formen von Gewalt sind.

»täuscht euch«: **tæhbâlû**, ein Verb gleichen Wortstamms wie das zweimal in Vers 10 verwendete »Hauch«, **hæbæl**. Buber versucht das hebräische Wortspiel im Deutschen nachzubilden: »Nur ein **Dunst** sind die Menschensöhne … lasst euch nimmer **umdunsten** von Raub!«

»wächst«: **jânûb**, ein Verb, das nur noch in Psalm 92,15; Sprüche 10,31 und Sacharja 9,17 belegt ist.

V. 13 – **»du vergiltst«**: **təšallêm**, eigentlich: Du gleichst aus. Die Wortwurzel ist auch im Wort **šâlôm** enthalten, das wir meist mit »Frieden« übersetzen. **šâlôm** ist der Zustand, in dem alles im Gleichgewicht ist, jedes Ding hat seinen Platz und seinen Stellenwert bekommen. Wenn Gott im Gericht einem jeden seinen Lohn gibt, dann ist das Ergebnis sittliches Gleichgewicht. Im sog. »Friedensopfer«, **zæbaḥ šəlâmîm**, wird dargestellt, wie ein Stellvertreter das gerechte Gericht Gottes trägt. Damit ist das sittliche Ungleichgewicht überwunden, und fortan herrscht freier Austausch zwischen Gott und der zuvor schuldigen Seele. Das nennen wir eben *»Frieden mit Gott«* (Röm 5,1).

Psalm 63
Gott ist mein Verlangen

Dies ist der dreizehnte von insgesamt 14 Psalmen, die in der Überschrift den Anlass seiner Entstehung nennen: Psalm 3; 7; 18; 30; 34; 51; 52; 54; 56; 57; 59; 60; 63; 142.

Der vorangegangene Psalm hatte mit dem Bekenntnis geendet, dass bei Gott die Güte sei (62,13). In diesem Psalm sagt David, diese Güte sei besser als Leben (V. 4). Dort hatten Leute, die die Lüge lieben (V. 5),

David bedrängt; hier kann er triumphierend bekennen: *»Der Mund der Lügenredner wird verstopft werden«* (V. 12).

Eine D. Kidner entlehnte Einteilung könnte folgendermaßen aussehen:

1. **Gott ist mein Verlangen (V. 2-5)**
2. **Gott ist meine Wonne (V. 6-9)**
3. **Gott ist meine Wehr (V. 10-12)**

1 Ein Psalm von David, als er in der Wüste Juda war.

»In der Wüste Juda«: Als David vor Saul floh, war er in der Wüste Juda (1Sam 23,14), ebenso als er vor seinem Sohn Absalom floh (2Sam 15,23). Da David sich in Vers 11 als König bezeichnet, dürfen wir annehmen, er sei auf der Flucht vor seinem Sohn. Damals war er bereit gewesen, es ganz Gott anheimzustellen, ob er jemals die Bundeslade und die Wohnung Gottes wieder würde sehen dürfen (2Sam 15,25). Wie er sich aber nach ihr sehnte, zeigt der Vers 3. In 2. Samuel 16,14 erfahren wir, wie matt David auf seiner Flucht war. In Vers 2 unseres Psalms hören wir, dass David in einem *»matten Land ohne Wasser«* umso mehr nach Gott dürstet.

David war im Laufe seines Lebens immer wieder bedroht und bedrängt. Wiederholt war er in Wüsten gewesen, wo ihm all das genommen war, was zu seinem normalen Leben gehörte. Das hatte ihn gelehrt, immer ausschließlicher in Gott selbst seine Wonne und seine Wehr zu suchen.

Und wo sollte ich anfangen, nach Gott zu dürsten, wenn nicht dort, wo es mir an den Annehmlichkeiten des Lebens mangelt? Daher führt Gott auch uns in die Wüste, lässt uns Mangel leiden, damit wir all unser Genüge in ihm suchen und finden (5Mo 8,2.3).

»Keine Bedrängnis und Not in irgendwelchen Wüsten darf unsere heiligen Gesänge zum Verstummen bringen. Vielmehr ist es auch dort unsere Pflicht und unser Vorrecht, freudige Gemeinschaft mit Gott aufrechtzuerhalten« (Matthew Henry).

1. Gott, mein Verlangen (V. 2-5)

In den ersten zwei Versen wird uns gesagt, wen David sucht, sowie wann, wie und warum er ihn sucht:

Wen sucht er?	Er sucht Gott, seinen Gott.
Wann sucht er?	Er sucht frühe.
Wie sucht er ?	Er sucht dürstend und schmachtend.
Warum sucht er?	Er sucht, weil er Gottes Macht und Herrlichkeit gesehen hat und wieder sehen will.

2 Gott, du bist mein Gott!
Frühe[311] **suche ich dich.**
Meine Seele dürstet nach dir,
nach dir schmachtet mein Fleisch[312]
in einem dürren und matten Land ohne Wasser,

»**Gott, du bist mein Gott**«: So kann nur reden, wer sich von Gott innig geliebt weiß und der darum seinen Gott liebt (1Jo 4,16). Diese großartige Tatsache gibt allem nachher Gesagten ihren Charakter. Denn: Wenn Gott Gott ist, suche ich ihn »**frühe**«. Wenn Gott »**mein**« Gott ist, kann ich ihm nicht früh genug begegnen. Er verdrängt alle anderen Interessen; außer ihm will ich nichts und niemanden. Das liegt in der Natur Gottes und auch seiner Heiligen begründet. Ist Gott »**mein Gott**«, bin auch ich sein. Bin ich aber sein, zieht es mich unablässig zu ihm. Daran erkennt man die Erwählten Gottes. David ist alles genommen, was zu seinem normalen Leben gehört: sein Haus, sein Arbeitsplatz, das Haus Gottes. Was wäre, nähme uns Gott Frau, Kinder, Haus und Arbeit? Weckte das in uns einen noch stärker brennenden Durst nach Gott? Oder wäre unsere alles andere verdrängende Sorge, wie wir wieder Frau, Kind, Haus und Arbeit zurückbekommen?

»**Meine Seele**« und »**mein Fleisch**«, d.h. das ganze Wesen, der ganze Mensch schreit nach Gott. Die Natur des Heiligen »**dürstet**« nach dem Heiligen wie dürres Land nach Wasser und wie der Hirsch nach den Bächen (Ps 42,1). *Attractio similium*, Anziehung von gleich und gleich,

311 Jes 26,9.
312 Ps 42,2; 84,3; 143,6.

ist eines der Gesetze, die beides, die physikalische und die geistliche Welt, durchwalten.

> **3 So schaute ich aus nach dir im Heiligtum,**
> **um deine Macht und deine Herrlichkeit**[313] **zu sehen.**
> **4 Denn deine Güte**[314] **ist besser als Leben;**
> **meine Lippen sollen dich rühmen.**
> **5 So will ich dich preisen, solange ich lebe,**
> **meine Hände erheben**[315] **in deinem Namen.**

Zwischen den Versen 3 und 5 besteht ein schöner Parallelismus. Beide Verse beginnen mit dem hebräischen Wort **kên**, »so«: »So« oder »auf diese Weise habe ich im Heiligtum nach dir ausgeschaut, um deine Macht und deine Herrlichkeit zu schauen.« In Vers 5 setzt David nach dem Einschub von Vers 4 den Vergleich fort und sagt: »Auf diese Weise werde ich dich preisen mein Leben lang«, d. h. von der gleichen Sehnsucht getrieben und mit der gleichen Leidenschaft. David hatte im Heiligtum, das er der Bundeslade in Jerusalem errichtet hatte, Gottes **»Macht«** gesehen; sie war in der Wüste nicht geringer geworden. David war nicht auf einen feierlichen Rahmen mit erhebender Musik und andere Reize angewiesen. Ihm genügte Gott. Und er hatte seine **»Herrlichkeit«** gesehen; sie hatte auf der Flucht nicht abgenommen. Gott bleibt Gott; er verändert sich nicht, auch wenn auf der Erde alles in Fluss und in unseren Herzen Aufruhr ist.

Seine **»Güte ist besser als Leben«**: Gott und sein Wesen ist besser als alles, was Gott gibt. Er hat uns das Leben gegeben. Aber was wäre die Gabe des Lebens ohne die Güte des Gebers? Denn seine Güte, seine **ḥæsæd**, seine Bundestreue erhält uns in der Beziehung zu ihm selbst. Gott ist mehr als das Leben, das Davids Verfolger ihm nehmen wollen (V. 10); darum kann er Gott trotz allem mit seinen Lippen rühmen. Und darum ist Davids erste Sorge nicht, wie er sein Leben schützen und retten, sondern wie er in der Gemeinschaft mit dem Geber des Lebens wachsen kann. In die Sprache des Neuen Testaments übersetzt, heißt das: Christus ist mein Leben, und Sterben ist Gewinn (Phil 1,21). Scheint uns das

313 Ps 26,8; 96,6.
314 Ps 62,13.
315 Ps 28,2; 134,2.

unwirklich? Es ist nicht unwirklich; es ist aber unirdisch. Es ist göttlich, es ist keinesfalls natürlich. Es ist auch nicht natürlich, dass jemand, der verfolgt wird und seiner Stellung als König beraubt ist, **»rühmen«** will. Es wäre natürlich, dass er klagte oder aufbegehrte. Dem Heiligen aber, der seinen Gott kennt, ist es ein Bedürfnis, seinen Gott zu rühmen. Daran erkennt man ihn; das ist eines der zuverlässigsten Erkennungsmerkmale der Kinder Gottes. Sie können Gott *»stets ein Opfer des Lobes bringen«* (Hebr 13,15).

2. Gott, meine Wonne (V. 6-9)

Hier haben wir den Lohn für die Sehnsucht nach Gott. Niemand sucht ihn umsonst (siehe Mt 7,7 und Jes 45,19).

6 Wie von Mark und Fett[316]
wird satt meine Seele,
und mit jubelnden Lippen[317]
wird loben mein Mund,

»Wie von Mark und von Fett wird satt meine Seele«: David ist dort, wo der Leib Mangel leidet: in der Wüste. Hier aber findet er, dass ihm Gott die Seele in nie geahnter und zuvor nie erfahrener Weise sättigt. Mark und Fett ist das Beste an den vergänglichen Speisen, die für den Bauch sind und die wie der Bauch verderben müssen (1Kor 6,13). Gott ist das beste Teil für die Seele (Ps 16,5), und dieses Teil wird nie verderben, und wer es sein Eigen nennt, ebenso wenig. Dieses Wissen war es, das Jeremia tröstete, als alles zerstört worden war, was ihm auf dieser Welt etwas bedeutete. Inmitten der schwelenden Trümmer Jerusalems triumphierte sein Glaube:

»Es sind die Gütigkeiten Jahwes, dass wir nicht aufgerieben sind; denn seine Erbarmungen sind nicht zu Ende; sie sind alle Morgen neu, deine Treue ist groß. Jahwe ist mein Teil, sagt meine Seele; darum will ich auf ihn hoffen« (Kla 3,22-24).

316 Ps 36,9; Neh 8,10; Jes 25,6.
317 Ps 71,23.

7 wenn ich an dich denke auf meinem Lager,[318]
über dich sinne in den Nachtwachen[319]**.**

Manchmal hält uns Gott die Augenlider offen (Ps 77,5), und wir finden keinen Schlaf. Dann haben wir Gelegenheit, über Gott und unser Verhältnis zu ihm nachzudenken (Ps 4,5). Genau das tut David. Er denkt über Gott nach, und die Wonne an ihm verdrängt jeden Kummer. Der Gedanken an die Menschen und ihre Gelüste umschwirrten ihn vorher wie die Bienen den Rosenstrauch; jetzt hat Gottes Nähe sie alle verscheucht, als wären sie nie gewesen. Mit **»jubelnden Lippen«** lobt sein Mund den Gott seines Lebens. Er ist Herr; er hat David erwählt und berufen, und er wird ihn auch vollenden. Nichts geschieht ohne ihn, und dieser Unumschränkte ist für David. Wie sollte sein Herz nicht bersten vor Wonne? Wie sollte er noch an sich halten können? Je länger und je gründlicher er über Gott sinnt **»in den Nachtwachen«**, während die Stunden stockend ihren Gang gehen, desto lauter muss er ihn loben:

8 Denn du bist meine Hilfe,
und ich will jubeln im Schatten deiner Flügel[320]**.**
9 Meine Seele hängt an dir,
deine Rechte hält mich.[321]

»Denn du bist meine Hilfe«: Ist Gott mein Helfer, was will dann der Mensch mir tun (Ps 118,6)? Bin ich unter **»dem Schatten deiner Flügel«**, wer will mich dann vertreiben? Unter jenen Flügeln ging einst Israel sicher seinen Weg, auf diesen Flügeln wurde es sicher getragen, bis es am Ziel war (2Mo 19,4; 5Mo 32,11.12). Unter dem Schirm des Allmächtigen ist die Seele der Erwählten in Sicherheit (Ps 90,1), und sie bleibt in Sicherheit, denn David weiß noch mehr zu sagen:

»Meine Seele hängt an dir«: Die Seele Davids klebt an Gott, denn das ist die Grundbedeutung des Wortes **dâbaq**, das hier mit »anhängen« übersetzt worden ist. Es ist das gleiche Wort wie in Josua 23,8.12. In Psalm 119,25 muss der Beter klagen, seine Seele klebe am Staub. Das Verb steht auch in 1. Mose 2,24, wo es heißt, dass der Mann in der Ehe

318 Ps 4,5.
319 Ps 16,7; 17,3; 119,62.
320 Ps 17,8; 36,8; 57,2; 61,5; 91,4; Rt 2,12.
321 Ps 73,23; Phil 3,12.

seiner Frau »anhangen« werde. Davids Seele klebt so an Gott wie die Seele Adams an Eva. Gottes **»Rechte«** hält David; Gottes Rechte hält seine Erwählten: *»Meine Schafe hören meine Stimme, und ich kenne sie, und sie folgen mir; und ich gebe ihnen ewiges Leben, und sie gehen nicht verloren ewiglich, und niemand wird sie aus meiner Hand rauben. Mein Vater, der sie mir gegeben hat, ist größer als alles, und niemand kann sie aus der Hand meines Vaters rauben«* (Joh 10,27-29).

3. Gott, meine Wehr (V. 10-12)

Der Heilige, der an Gott hängt, findet in ihm volles Genüge für seine Seele und dazu Bewahrung vor allen Feinden. Gott selbst wird die Feinde seiner Heiligen verderben. David wird von Absalom gejagt, sonst wäre er nicht in der Wüste. Er war auch einst von Saul gejagt worden. Aber er musste nicht selbst Hand an seinen Verfolger legen. Er durfte alles seinem treuen, wahrhaftigen und gerechten Gott überlassen.

10 Doch jene trachten mir nach dem Leben[322],
wollen es vernichten.
Sie sollen fahren in die Tiefen der Erde.
11 Man soll sie hinschütten der Gewalt des Schwertes[323],
Beute der Schakale[324] sollen sie sein.

»Jene trachten mir nach dem Leben«: Wie groß ist der Unterschied zwischen den Heiligen und den Gottlosen! David trachtet nach Gott und damit nach dem ewigen Leben (V. 2); die Gottlosen trachten danach, anderen das Leben zu nehmen.

Gott gibt den Seinen das Leben; alle, die nach deren Leben trachten, streiten damit wider Gott und erweisen sich so als Feinde Gottes. Gott wird ihnen darum das Leben nehmen.

»Sie sollen fahren in die Tiefen der Erde«: Sie werden ins Totenreich fahren, sie werden sich mit dem sättigen, was sie Gottes Heiligen antun wollten. Sie trachteten nach deren »Verderben«, hebräisch **šô'âh**. Gott

322 1Sam 24,12; 2Sam 16,11.
323 Hi 19,29; Lk 19,27; Offb 19,15.
324 Ps 44,20; Jes 13,22.

wird sie dafür ins Totenreich werfen, Hebräisch in den **šəʾôl**, ein Wort, das von **šôʾâh** abgeleitet ist. Sie wollten die Heiligen mit dem Schwert ermorden; Gott wird sie **»der Gewalt des Schwertes«** preisgeben. Sie wollten die Heiligen fressen, als äßen sie Brot (53,5), Gott wird sie den **»Schakalen«** zum Fraß überlassen. Das Teil der Feinde Gottes und seines Volkes ist in allem das Gegenteil von dem, was Gott seinen Heiligen bereitet hat. Gott erhöht seine Heiligen zu sich, in sein Heiligtum, die Gottlosen stößt er in »die untersten Örter«. Die Rechte des Herrn stützt und bewahrt die Seinen; die Gottlosen aber werden in die Grube des Verderbens stürzen. Während die Heiligen sich am Mark und Fett der Güte Gottes sättigen (V. 6), werden das Schwert und die Schakale sich an den Feinden Gottes sattfressen.[325] Dieses Ende bedeutet gleichzeitig, dass Gott die Feinde der Gerechten der Schande preisgibt, während er diese in Ehren annimmt (Ps 73,24; Luther).

»Man soll sie hinschütten«: Was dem Heiligen höchsten Wonne ist, ist dem Gottlosen ein Schrecken. Paulus sagt, wie wir oben sahen (Ps 62,9), dass er bald als Gussopfer ausgeschüttet werden wird (2Tim 4,6). Er wird dann endlich auch den letzten Rest von Widerstand gegen Gott verlieren und sich Gott völlig ergeben. Das ist ihm eine glückselige Aussicht. Der Gottlose wird ebenso wie Wasser hingeschüttet sein und damit kraftlos der Gewalt des Todes und der Hölle erliegen, um ewig gepeinigt zu werden. Keine Gewalt mehr über sich zu haben, ist das Schlimmste für den Gottlosen; denn er will Herr seiner selbst sein.

12 Doch der König[326] wird sich freuen[327] in Gott,
sich rühmen[328] jeder, der bei ihm schwört[329];
denn der Mund der Lügenredner[330] wird verstopft werden.[331]

»Der König wird sich freuen in Gott«: Weil David in seinem Gott sein Genüge gesucht und gefunden hat (V. 2), wird er sich am Ende freuen, sich freuen in Gott. Einen höheren Gegenstand der Freude gibt es nicht;

325 Nach hebräischer Ausdrucksweise hat das Schwert einen »Mund«, das ist die Schneide; und mit diesem Mund frisst es (5Mo 32,42).
326 Ps 61,7.
327 Ps 64,11.
328 Ps 64,11.
329 5Mo 6,13.
330 Ps 62,4.
331 Ps 31,19.

darum kann es auch keine höhere Freude geben. Petrus nennt sie eine *»unaussprechliche und verherrlichte Freude«* (1Petr 1,8).

Zudem weiß David, dass **»der Mund der Lügenredner verstopft«** werden wird. Man hatte David einst bei Saul verleumdet (1Sam 24,10), und dagegen hatte der Verleumdete nichts tun können. Die Lügenzunge ist eine niederträchtige und furchtbare Waffe, die aus dem Finstern zuschlägt und den Dolch immer in den Rücken stößt. Aber sie kann dem Heiligen sein Teil nicht nehmen, und der König freut sich in seinem Gott, der jetzt schon sein Teil ist und dann sein Rächer sein wird.

Mit dem König wird sich am Tag der Abrechnung auch **»rühmen ein jeder, der bei ihm schwört«**, d.h. ein jeder, der dem verleumdeten und bedrängten König die Treue gehalten und sich auf seine Seite gestellt hat.

Lehrreiches und Denkwürdiges zu Psalm 63

»Es folgt nun der dem 61. noch näher als Psalm 62 verwandte Psalm 63, der altkirchliche Morgenpsalm, mit welchem der Psalmengesang des Sonntagsgottesdienstes begann« (Delitzsch).

»Dieses schöne Lied ist zu allen Zeiten liebliche Musik im Herzen des Volkes Gottes gewesen, indem es einigen sogar die ermüdende Wüste des Erdenlebens in ein wahrhaftiges Eden des Herrn verwandelt hat … Es ist ein Psalm Davids *›als er in der Wüste Juda war‹*, und das ist der Ort, an dem sich geistlicherweise die Gemeinde Gottes noch immer befindet. Da sind wir auch jetzt, denn man mag die gegenwärtige böse Welt mit noch so bunten Farben anstreichen, sie bleibt eine moralische Wüste, ein Tränental, ein Land des Hungers und Durstes, der Arbeit und Mühe, der Schmerzen und des Todes. Bald werden wir jedoch die Wüstenerfahrungen dieser Welt eintauschen gegen den glückseligen Zustand, der uns im Buch der Offenbarung beschrieben wird, wo wir nicht mehr hungern und nicht mehr dürsten, noch irgend die Sonne uns stechen noch sonst eine Glut uns plagen wird; denn das Lamm, das in der Mitte des Thrones ist, wird uns weiden und uns leiten zu Quellen des Wassers des Lebens, und Gott wird jede Träne abwischen von unseren Augen.

Als im Lauf der Jahrhunderte die Kirche weltlich wurde und als sie sich einredete, das Tausendjährige Reich sei schon gekommen, nur weil gottlose Kaiser ihr wohlwollend zulächelten, da hörte sie auf, dieses Wüstenlied zu singen, denn sie hatte ihre himmlische Berufung vergessen, und sie hörte auf, die reine Kirche von einst zu sein und degenerierte zur Christenheit. Da mussten die Berufenen und Erwählten, die Treuen, die wahre Herde Christi, die wussten, dass sie nicht von dieser Welt waren, aus ihr hinausgehen und oft in buchstäbliche Wüsten flüchten und sich in den Höhlen und Klüften der Erde verstecken, um dort weiterhin Gott im Geist anzubeten« (David Baron).

»Dieser kurze Psalm singt in unnachahmlicher Weise von der Liebe zu Gott und der Sehnsucht nach ihm. Im Letzteren erinnert er an die Psalmen 42 und 43. Hier aber ist der Sänger des Reichtums in Gott noch gewisser als dort« (Brandenburg).

V. 2-6 – »Der heilige Sänger, erwachend von seinem Nachtlager in der Wüste, die mit ihrer sonnenverbrannten Dürre und eintönigen Wildnis ihm ein Spiegelbild seines eigenen gegenwärtigen Herzenszustandes ist, gibt sein brennendes, schmachtendes Verlangen nach Gott und der Gemeinschaft mit ihm kund. Der Gott, nach dem er an Seele und Leib so sehnsuchtskrank ist, hat die Stätte seiner Gegenwart und Offenbarung im Heiligtum zu Zion. Von dem ist er aber jetzt geschieden, und darum kann er nicht ruhig werden, bis er dahin zurückgelangt« (Dächsel).

V. 2 – »Wir müssen ihn suchen. Wir müssen seine Gunst begehren als unser höchstes Gut und nach seiner Herrlichkeit trachten als unser höchstes Ziel. Wir müssen nach seiner Erkenntnis trachten in seinem Wort, wir müssen seine Gnade suchen durch Gebet. Wir müssen ihn frühe suchen, wir müssen ihn mit Ernst suchen … Beachte: Von Gottes Gnade regierte Seelen schauen herab auf die Welt mit heiliger Verachtung und schauen auf zu Gott mit heiliger Sehnsucht« (Matthew Henry).

V. 10 – »Die Feinde Davids, die in seinen Psalmen immer irgendwo lauern, kommen erst jetzt ins Gesichtsfeld, so gründlich ist er von Gott beschlagnahmt gewesen. Aber die Bedrohung ist real genug, doch ihr dunkler Schatten unterstreicht nur die Festigkeit seines Glaubens, der nichts Weltflüchtiges an sich hat. Er weiß, dass die Güte Gottes, die er in Vers 4 gerühmt hat, ihre Kraft aus Gottes Gerechtigkeit bezieht (vgl. Ps 62,13). Dem widerspricht das Neue Testament nicht: siehe Römer 2,4-6« (Kidner).

Sprachliche Anmerkungen zu Psalm 63

V. 1 – »**frühe suche ich dich**«: **ʾašaḥarækkâ**, wobei im hebr. Verb das Hauptwort **šaḥar**, »das Frührot«, steckt. Daher habe ich (wie Elb) »frühe« ergänzt. LXX folgt dem Hebr. hier sehr eng: *orthrizō*, »früh auf sein«, »wachen«, von *orthros*, die Morgendämmerung. Buber übersetzt: »Ich sehne dich herbei«, indem er daran denkt, wie der Wächter sich nach dem Heraufdämmern des Tages sehnt. Die übrigen deutschen Übersetzungen begnügen sich mit »suchen«. V hat hingegen: »de luce vigilo«, KJV: »early will I seek thee«, ebenso Svenska Folkbibeln: »tidigt om morgonen (= früh am Morgen) söker jag dig«.

V. 5 – »**meine Hände**«: **kappâj**, eigentlich »meine Handflächen«. Die Handflächen ausbreiten oder erheben bedeutet so viel wie beten.

V. 8 und 9 – »**denn du bist meine Hilfe**«: Das hebräische **hâjîtâ** ist zwar Perfekt, aber wie so oft nicht mit Vergangenheit zu übersetzen, ebenso wenig wie das Perfekt **dâbəqâh**, »klebt«, und **tâməkâh**, »hält fest«, in Vers 9.

V. 10 – »**wollen es vernichten**«: **ləšôʾâh**, wörtlich »zur Vernichtung«. Mit dem Hauptwort **šôʾâh** bezeichnet man heute im Neuhebräischen den sog. »Holocaust«, den industriell betriebenen Judenmord durch die Nationalsozialisten.

Psalm 64
Gott, der Helfer aus bösem Anschlag

Der Psalm setzt das Thema des 63. Psalms fort; er endet wie jener mit der Gewissheit, dass der Gerechte sich freuen wird in dem Herrn (V. 11). Die Gewichte sind aber anders gesetzt. Im 63. Psalm erfüllt Gott das Blickfeld Davids, und er redet nur ganz am Schluss und eher beiläufig von Feinden. Hier füllen die Feinde Davids Blickfeld aus; die sechs ersten Verse handeln von ihnen, bevor er von Gottes Eingreifen reden kann.

Am besten gliedert man den Psalm in zwei Teile: Zuerst beschreibt David das Planen und hinterlistige Treiben des Feindes (V. 2-7), dann beschreibt er Gottes Eingreifen im Gericht über die Feinde (V. 8-11). Am Anfang klagt David vor Gott (V. 2), am Ende freut er sich in Gott (V. 11). Das liegt daran, dass er erkennt, dass Gott den Bösen deshalb Raum und Gelegenheit gibt zu ihrem bösen Treiben, um sie durch ihr eigenes Böse zu richten (V. 9). Wenn wir uns das nur vor Augen halten könnten, seufzten wir nicht so häufig darüber, dass den Gottlosen ihre Werke und Anschläge so oft gelingen.

1 Dem Vorsänger. Ein Psalm von David.

Zu »**Vorsänger**« siehe Psalm 4.

1. Die Tücke der Gottlosen (V. 2-7)

David ist darüber bekümmert, dass die Gottlosen so ungehindert wirken können. Das sagt er seinem Gott im Gebet.

2 Höre, Gott,[332] meine Stimme
in meinem Kummer:
Bewahre mein Leben
vor dem Schrecken des Feindes,

332 Ps 61,2.

»Höre, Gott«: Der bedrängte Gläubige tut dann das einzig Richtige, wenn er sich an Gott wendet. Mit dem Feind soll man nicht verhandeln, denn damit hat man die Niederlage schon eingestanden. Damit hat man seiner bösen Sache recht gegeben und Gottes gute Sache verraten. Nein, mit dem Lügner und Menschenmörder, mit dem Feind Gottes und der Seinigen, mit den Mächten des Unglaubens, des Aberglaubens und des Eigenwillens kann man keinen Frieden schließen. Ihnen müssen wir *»widerstehen«* (Eph 6,13), solange noch ein Hauch in unserer Nase ist.

»in meinem Kummer«: Das hier verwendete Wort **sîaḥ** kommt im Psalter noch vor in Psalm 55,3; 102,1; 104,34 und 142,3. Es bezeichnet ganz allgemein jegliche Aktivitäten des Geistes und wird daher in Psalm 104,34 mit »Sinnen« übersetzt (siehe 2Kö 9,11: *»Rede«*). Der vorliegende Zusammenhang zeigt, dass es ein von Kummer begleitetes Sinnen ist.

»Schrecken« ist schlimmer als Furcht; denn Schrecken lähmt, Furcht hingegen spornt oft erst zum richtigen Handeln an. Uns ist das lateinische Fremdwort für »Schrecken«, Terror, inzwischen geläufiger, als uns lieb sein kann, und es ist uns deshalb auch umso bewusster, dass Terror genau das will: Jenes Entsetzen in die Herzen säen, das zur Aufgabe der bisher gehaltenen Stellungen führt. Wir haben einen Feind, der uns unablässig dazu verleiten will, die Waffen zu strecken. Wir sollen aber *»stehen«* und *»das Feld behalten«* (Eph 6,13). Daher betet David, dass Gott ihn vor dem **»Schrecken des Feindes«** bewahre.

3 Verbirg mich vor dem geheimen Rat[333] der Übeltäter,
vor der Rotte der Frevler!

»verbirg mich«: Vor dem verborgenen Planen der Feinde sind wir schutzlos. Aber wer im Verborgenen Gottes sitzt (so Ps 91,1 wörtlich), der ist auch sicher vor der Pest, die im Finstern umgeht (Ps 91,6). Gott kann die Seinen vor den Nachstellungen der Gottlosen so sicher verbergen wie einen Jeremia vor König Jojakim (Jer 36,26).

»vor dem geheimen Rat der Übeltäter«: Das Tun der Übeltäter geschieht im Geheimen – *»im Versteck«* schießen sie auf den Gerechten (V. 5), sie *»verbergen«* ihre Schlingen (V. 6), ihr Herz ist *»tief«* (V. 7).

333 Hi 10,3; Ps 1,1.

Damit haben sie sich und ihr Tun selber verurteilt, denn *»was heimlich von ihnen geschieht, ist schändlich selbst zu sagen«* (Eph 5,12). Und weil es schändlich ist, scheuen sie die offene Begegnung mit den Gerechten.

»vor der Rotte der Frevler«: Nachdem sie im Geheimen beraten haben, formieren sie sich zu Rotten, denn nur so fühlen sie sich stark genug. Die Frevler sind zahlreicher als die Heiligen; sie treten in ganzen Verbänden auf, während die Gerechten oft allein auf ihrem Posten ausharren müssen. Aber wie jemand einmal richtig sagte, ist der Christ zusammen mit seinem Gott immer eine Mehrheit. Wir wollen es uns einmal mehr sagen: *»Wenn Gott für uns ist, wer mag dann wider uns sein?«* (Röm 8,31).

4 Da schärfen sie ihre Zunge wie ein Schwert,
richten ihren Pfeil, bitteres Wort,[334]
5 zu schießen im Versteck[335] **auf den Unsträflichen:**
Plötzlich schießen sie auf ihn
und scheuen sich nicht.

Die **»Zunge«**, die dem Menschen gegeben ist, damit er Gott lobe (Jak 3,9) und seinen Nächsten erbaue (Eph 4,29), haben sie **»geschärft gleich einem Schwert«**. David muss häufig unter der schneidenden Schärfe böser Zungen gelitten haben, denn er vergleicht sie wiederholt mit einem Schwert (Ps 52,4; 57,5; 59,8). Eine solche Zunge will nicht das Leben stärken und fördern, sondern Tod verbreiten. Sie tut es, indem sie aus dem **»Versteck«** agiert, d. h. sie wagt es nicht, dem Gerechten ihre Worte ins Gesicht zu sagen. Sie verleumdet ihn mit giftigem, **»bitterem Wort«**, und das ist eine besonders feige Waffe. Die Engländer sagen richtig: »Slander is the last resort of a defeated foe – Verleumdung ist die letzte Waffe eines geschlagenen Feindes.« Ja, mit ihrem Verleumden verurteilen sie sich selbst und ihre Sache. Aber sie schaden damit sehr. Zuerst sich selbst, dann auch allen, die sich besudeln, indem sie ihre Verleumdungen in ihr Herz aufnehmen, um sie weiterzusagen (Jes 59,13). Dem Gerechten können sie zwar nicht wirklich schaden, denn er ist bei Gott geborgen und verborgen (V. 3). Aber weh tun sie ihm doch. So sündigen sie gegen Gott, gegen den Nächsten und gegen die Geliebten Got-

334 Ps 55,22; 57,5; 59,7; Spr 25,18; Jer 9,3.8.
335 Ps 10,8; 11,2.

tes. Diese dreifache Sünde wird zur rechten Zeit ihre gerechte Vergeltung finden (V. 8.9).

»Plötzlich schießen« die Übeltäter auf die Gerechten, d.h. ohne Anlass und daher unerwartet. Der Gerechte ist arglos und rechnet darum nie damit, dass jemand dem Nächsten Arges wollen sollte. Darum versetzt ihn ein solcher Schuss aus dem Hinterhalt in solchen Schrecken (V. 2).

6 Sie stärken sich zu einer bösen Sache;
sie reden davon, Schlingen zu verbergen;
sie sagen: Wer kann uns sehen?[336]
7 Sie planen Übeltaten:
Wir sind fertig,
der Plan ist geplant!
Und eines jeden Inneres und Herz ist tief.

Weil sie Gott nicht fürchten, fressen sie Gottes Volk, als äßen sie Brot (53,5). Weil sie denken, Gott sehe sie nicht (Ps 10,11), üben sie Gewalttat am Bruder.

Die Feinde **»stärken sich«** in ihren bösen Anschlägen, aber der starke Gott ist auf der Seite seiner Heiligen; sie reden sich gegenseitig Mut zu **»in einer bösen Sache«**, aber Gott wird seine gute Sache durchsetzen; **»sie reden davon, Schlingen zu verbergen«**, Gott aber verbirgt (V. 3) seine Heiligen in dem Verborgenen seiner Gegenwart vor den Verschwörungen der Menschen (Ps 31,21); sie fragen: **»Wer kann uns sehen?«**, und der Heilige antwortet: Gott sieht, denn ein Gott des Wissens ist der Herr (1Sam 2,3); und bald werden alle ihre Hinterlist sehen (V. 10). Sie **»planen Übeltaten«**, Gott aber hat längst seine Gedanken des Friedens über seine Geliebten gefasst (Jer 29,11); sie haben ihren **»Plan geplant«**, aber Gottes ewiger Plan wird Bestand haben, sein Ratschluss wird zustande kommen, und all sein Wohlgefallen wird er tun (Jes 46,10). Die Gottlosen tun nicht das erste Beste, was ihnen gerade einfällt; ihr **»Inneres und Herz ist tief«**: Tief sitzt ihre Bosheit, und ihre Sache und ihr Plan steigen aus der Tiefe ihres Herzens. Aber Gott sieht tiefer, und darum sind auch seine Gerichte tiefer (Ps 36,6).

336 Ps 10,4.11; 59,8; 73,11.

Das von Sünde regierte Herz des Menschen ist eine unbegreifliche und unergründliche Sache (Jer 17,9). Wie es kam und wie es möglich ist, dass im Universum Gottes, das nur *ein* Wille ins Dasein gerufen hat und das dieser *eine* gute Wille regiert, ein gegen ihn gerichteter böser Wille sein kann, das werden wir nie ergründen[337]. Aber noch tiefer sind Gottes Gedanken und Wege des Gerichts und des Heils, des gerechten Zorns und der gerechten Errettung (denn dass sie gerecht ist, sagt der Römerbrief ausdrücklich). Seine Gedanken und Wege sind uns vollends unbegreiflich (Jes 55,8.9). Aber wir glauben, dass da, wo die Sünde mächtig geworden ist, Gottes Gerechtigkeit und Gnade noch mächtiger sind (Röm 5,20.21). Wir glauben es, und die Kraft dieser Wahrheit ergreift und erhebt unser Herz und lässt uns mit allen Gerechten jubeln (V. 11).

2. Gottes Eingreifen im Gericht (V. 8-11)

Nun bekommt David die Antwort auf sein aus Kummer geborenes Gebet. Er hatte es nicht verstehen können, warum Gott die Bösen in ihrem bösen Treiben überhaupt gewähren lässt. Jetzt versteht er, dass Gott erstens zur rechten Zeit eingreifen und richten wird und dass er zweitens dem bösen Treiben deshalb Zeit und Raum gewährt, damit dieses Böse auf die Bösen selbst zurückfalle. Man beachte in den nachstehenden Versen, wie all die Dinge die Gottlosen treffen, die sie anderen angetan hatten. Sie hatten ihre Pfeile auf die Gerechten geschossen; nun trifft sie Gottes Pfeil; sie hatten unverhofft auf den Gerechten geschossen; sie werden selbst plötzlich (V. 8) getroffen.

Dadurch erkennen die Menschen Gottes Tun (V. 10) und lernen, ihn zu fürchten. Und die Gerechten mehren ihre Freude in Gott und ihr Vertrauen zu ihm wächst (V. 11). Damit hat das Böse, das zunächst nur sinnlos erschien, doch Gutes bewirken müssen.

8 Doch Gott schießt einen Pfeil auf sie,
plötzlich[338] kommen ihre Wunden.

337 Selbst der weise Salomo musste in Sprüche 30,18.19 bekennen, dass er es nicht verstehen könne, wie denn die Schlange (1Mo 3,1) einen Weg haben könne auf dem Felsen (5Mo 32,4), d.h. wie es denn sein dürfe, dass der Böse zu Gottes Gegenwart Zutritt habe (siehe Hiob 1,6).

338 Ps 6,11; Spr 6,16; 29,1.

Gott vergilt vollkommen gerecht. Die Gottlosen hatten auf die Gerechten geschossen (V. 4); jetzt **»schießt Gott auf sie«**, denn er ist als Richter auch *»ein Kriegsmann«* (2Mo 15,3). Er führt Schild (Ps 35,2), Schwert (5Mo 32,41; Ps 7,13; 17,13; 45,4) und Speer (Ps 35,3) in seiner Hand, und seine Pfeile treffen seine Feinde (5Mo 32,42; Ps 45,6). Er kann den aufs Geratewohl abgeschossenen Pfeil so lenken, dass er sein Ziel findet und den Gottlosen am bestimmen Tag niederstreckt (1Kö 22,34).

Die Frevler hatten plötzlich (V. 5), d. h. ohne Warnung ihre Geschosse abgefeuert. Sie werden selbst **»plötzlich«** von einem Pfeil durchbohrt. Dem Gottlosen kommt das Gericht immer plötzlich (Spr 29,1), weil er sich so lange eingeredet hat, dass Gott ihn nicht sehe (V. 6) und dass kein Gericht komme. Dem Gerechten kommen die Angriffe der Gottlosen so plötzlich, weil er selbst arglos ist (V. 5).

9 Und er fällt sie,
ihre Zunge kommt über sie[339]**,**
jeder, der sie sieht,
schüttelt den Kopf über sie.
10 Und alle Menschen fürchten sich[340]
und verkünden Gottes Tun
und bedenken sein Werk.

Gott **»fällt sie«**. Wen er zu Fall bringt, der steht nie wieder auf. Umgekehrt kann, wen Gott hält, niemand zu Fall bringen.

»ihre Zunge«: Es ist die böse Zunge der Bösen, die über sie kommt, und man **»schüttelt den Kopf über sie«**, was ein Ausdruck der Verachtung ist (Ps 22,8; 109,25; Jes 37,22). Gott lässt den Stein, den sie auf den Gerechten wälzen wollten, auf sie zurückfallen (Ps 7,15; Ri 9,57). Er übt Gericht, indem er den Gottlosen verstrickt im Werk seiner eigenen Hände (Ps 9,15). Er richtet die große Hure, die ihm untreu gewesen war, indem ihre Verbündeten ihr untreu werden (Offb 17,16.17). Er lässt Haman an jenem Baum hängen, den dieser für Mordokai aufgestellt hatte (Est 7,10). Die Menschen erkennen daran **»das Tun Gottes«**. Sie werden am ganz besonderen Gericht, das er dieser besonderen Art von Bosheit wegen über die Gottlosen bringt, lernen, ihn zu **»fürchten«**, und

339 Ps 94,23.
340 Ps 52,8; Apg 5,11.

sie fangen an, über **»sein Werk«** nachzudenken. Luther übersetzt: »Und alle Menschen werden sich fürchten und sagen: ›Das hat Gott getan!‹ und merken, dass es sein Werk sei.«

11 Der Gerechte wird sich freuen im HERRN
und sich bei ihm bergen;
und es werden sich rühmen[341]
alle von Herzen Aufrechten.

Die Freude der Gottlosen währte nur kurz, aber **»der Gerechte wird sich freuen im HERRN«**, und das ohne Ende (Jes 35,10). Ja, Gott verstand es, das Böse der Feinde so zu wenden und zu verwenden, dass die Freude des Gerechten wuchs, also etwas geschah, das Gott wollte. Das ist ein erstes gutes Ergebnis. Und daraus ergibt sich ein Zweites: Diese Freude am Herrn lehrt den Gerechten, fortan noch inniger **»sich bei ihm zu bergen«**. Auch das will Gott (siehe Ps 62,9; Joh 14,1). Und **»alle von Herzen Aufrechten«** werden sich rühmen. Mit ihrem *»tiefen«* Herzen (V. 7) waren die Gottlosen für kurze Zeit die Erfolgreicheren. Am Ende werden die von Herzen Aufrichtigen triumphieren. Sie triumphieren in ihrem Gott, sie rühmen sich seiner Treue, seiner Gnade, seiner großen Errettung.

Lehrreiches und Denkwürdiges zu Psalm 64

»Es fällt auf, welch breiten Raum die Bitte um Rettung vor den bösen Anschlägen der Menschen im Psalter einnimmt (vgl. Ps 10; 17; 31; 35; 54; 55; 56; 57, 59; 109; 120; 140; 141; 142). Das hängt gewiss damit zusammen, dass in diesen Psalmen Menschen ihr Herz vor Gott ausschütten, die sich in besonderer Weise für die Anerkennung der Gottesherrschaft einsetzen. Wer sich einsetzt, der setzt sich aus! Das Beispiel der Propheten, eines Elia oder Jeremia, illustriert diesen Satz in erschütternder Weise« (Lamparter).

»Während in Psalm 63 Gott im Zentrum stand und die Feinde nur am Rand lauerten, ist die Lage hier umgekehrt, obwohl das Ende das glei-

341 Ps 63,12.

che ist. Wir müssen sogar sagen, dass die Kürze von Gottes Gegenmaßnahmen nach dem langen und aufwendigen Planen der Gottlosen ihre eigene, unüberhörbare Botschaft enthält« (Kidner).

»Unsere große Waffe gegen verstecktes Böses ist Gebet. Die Heiligen müssen nicht allein vor den Feinden auf der Hut sein, sondern auch vor der *Angst* vor den Feinden und ihren verborgenen Anschlägen« (Clarke).

V. 2 – »Eine Bitte dieser Art wird gewährt, entweder indem die Ursache der Angst damit beseitigt wird, dass dem Feind die Macht, zu schaden, genommen oder sein Wille verändert wird; sonst dadurch, dass die Angst selbst ausgetrieben wird durch Zunahme des Glaubens, der Liebe und der Gewissheit. Um Ersteres wollen wir stets bitten unter dem Vorbehalt, dass es Gott so wolle, so wie Christus im Garten darum bat, dass der bittere Kelch an ihm vorbeigehen möge. Um Letzteres dürfen wir immer ohne einschränkende Bedingung beten, da jeglicher Sieg, der dadurch geschieht, dass die Gottesfurcht über die Menschenfurcht die Oberhand gewinnt, ein notwendiger Schritt und ein glückliches Vorspiel zum vollen und endgültigen Triumph über jeden und jeglichen Feind unseres Heils ist« (Horne).

V. 3-5 – »So wie Geheimhaltung zum Aushecken des bösen Planes gehört, so gehört Lärm und Zusammenrottung zu ihrer Ausführung« (Alexander).

V. 8.9 – »Gottes Pfeil wird sicherer treffen, schneller fliegen und tiefer eindringen als die Pfeile der Gottlosen. Sie haben viele Pfeile, aber die sind bloß bittere Worte, und Worte sind Luft: Ihre Flüche haben keinen Grund und darum treffen sie nicht ein. Aber Gott hat *einen* Pfeil, und der wird ihr Tod sein. Sein Fluch ist nie ohne Grund und darum wird er kommen« (Matthew Henry).

V. 10 – »… und bedenken sein Werk: Nicht jeder Betrachter von Gottes Werken gibt Gott die Ehre, sondern nur solche, die sein Wort mit seinem Werk vergleichen und die durch den Schleier der Mittel und Werkzeuge auf Gott, den gerechten Weltenrichter, blicken« (David Dickson).

Sprachliche Anmerkungen zu Psalm 64

V. 4 – »**da schärfen sie ihre Zunge …**«: Ich habe die deiktische Partikel »da« ergänzt, weil das hier verwendete Perfekt **šânənû** die tatsächliche Handlung, das aktuelle Sich-Ereignen markiert im Gegensatz zu den Imperfekta der Verse 3 und 5, die das Gewohnheitsmäßige markieren.

V. 5 – »**sie schießen auf ihn und scheuen sich nicht**«: Das Hebräische (das für diese ganze Wendung mit nur drei Wörtern auskommt) enthält auffällige Assonanzen: **jôrûhû welô' jîrâ'û**.

V. 7 – »**sie planen**«: **jaḥpəsû**, das man auch mit »erforschen« übersetzen könnte. Das gleiche Verb wird zweimal in der nächsten Wendung gebraucht: »**der Plan ist geplant**«, **ḥêfæs məḥuppâs**, wörtl. »das zu Erforschende ist erforscht«. Wir haben hier ein gutes Beispiel für eine Vorliebe der hebräischen Ausdrucksweise: Man verwendet gerne mehrfach im gleichen Satz den gleichen Wortstamm in verschiedenen nominalen und verbalen Modifikationen.

Psalm 65
Der Gott aller Fülle

Dies ist der erste in einer Reihe von vier Psalmen, die *»ein Lied«*, **šîr**, heißen. Die Psalmen 51 bis 64 haben alle von Bedrängnis, Buße und Gebet gehandelt. Nun folgt ein Lobgesang. Dennoch ist dieser Psalm mit dem vorhergehenden inhaltlich verknüpft, wie ein Vergleich zwischen Psalm 64,10 und 65,9 zeigt.

»Es geziemte sich, dass auf Psalmen des Flehens und Sehnens Lieder des Lobpreises folgen sollten« (C. H. Spurgeon). Das Lob gründet sich auf vier Dinge:

1. Gott ist gnädig (V. 2-5)
2. Gott ist gerecht (V. 6)
3. Gott ist mächtig (V. 7-9)
4. Gott ist der Quell des Lebens (V. 10-14)

Es mag sein, dass der Anlass zu diesem Loblied ein doppelter Beweis der Fürsorge Gottes war: Die Heiden waren in Aufruhr gewesen gegen Gott und gegen seine Erwählten, die in Zion wohnen (siehe V. 8), und er hatte sein Volk bewahrt, hatte auf ihr Schreien gehört und die Feinde niedergeworfen; und er hatte Regen und damit eine reiche Ernte gegeben. Entsprechend sehen manche diesen Psalm als ein Erntedanklied an. Es mag auch ein solches gewesen sein, aber der bloße Dank für eine reiche Ernte wird dem ganzen Psalm nicht gerecht, er rechtfertigt vor allem nicht die Dramatik der ersten 9 Verse. Über das allgemein Gültige und moralisch immer Zutreffende hinaus[342] hat der Psalm ganz gewiss prophetische Bedeutung: *»Dieser Psalm ist ein ausgesprochener Psalm der Wiederherstellung aller Dinge (Apg 3,21) ... Wir sehen in ihm, wie der eben noch bedrängte Überrest befreit worden ist und nun, ins Land zurückgekehrt, die Segnungen des messianischen Reiches genießt. Nationale und geistliche Segnungen werden in diesem Psalm behandelt. Der Herr ist gekommen, und Zion ist der Ort seiner herrlichen Ruhe geworden, und von da fließen Segensströme zu allen Völkern«* (A. C. Gaebelein). Entsprechend können wir den Psalm nach den Erfahrungen gliedern, die die Erretteten des Herrn zum Anlass ihres Dankes machen:

1. **Alles Fleisch wird Gott in Zion loben (V. 2-3)**
2. **Bedrängnis und Befreiung der Erwählten Gottes (V. 4-6)**
3. **Gottes Eingreifen im Gericht über die Nationen (V. 7-9)**
4. **Die Befreiung der ganzen Schöpfung (V. 10-14)**

1 Dem Vorsänger, ein Psalm. Von David, ein Lied.

Zu »**Vorsänger**« siehe Psalm 4.

342 *»Was auch der direkte Anlass des Liedes gewesen sein mag, seine Wonne an Gott als Erlöser,. Schöpfer und Versorger macht es zu einem reichen und vielseitigen Lob«* (Kidner).

1. Alles Fleisch wird Gott in Zion loben (V. 2-3)

2 Dir hält stille das Lob,
o Gott, in Zion[343],
doch dir wird noch bezahlt das Gelübde[344].

Der Lobgesang »**hält stille**«, das heißt, er schweigt[345] noch, denn die Gottlosigkeit regiert noch. Das bereitet dem Heiligen Kummer. Aber der Lobgesang hält »**dir**« stille. Er harrt Gottes. Der Glaubende weiß, dass Gott aufstehen und handeln wird. Der Gott, der Zion erwählt hat und in Zion wohnt, wird das Böse richten, er wird Gnade und Herrlichkeit geben, seinen Erwählten nichts Gutes vorenthalten (Ps 84,12). Dann wird alles in Jubel ausbrechen und alle Welt wird jauchzen (V. 14). Die noch schweigenden Heiligen wissen, dass die Stunde kommt, in der alle, die sich Gott geweiht haben, alle Gelöbnisse ihrer Weihe einlösen werden. Sie lieben Gott, sie verlangen danach, ihn frei von allen Hemmnissen der Sünde zu rühmen und ihm ohne Unterlass zu dienen. Sie werden es noch tun. Herr, wann wird es endlich sein?

»**doch dir wird noch bezahlt das Gelübde**«: Wenn der Herr sich aufmacht, um Zion zu retten, werden ihm die Heiligen ihre Gelübde bezahlen. Was sind Gelübde? Gelöbnisse, sich und seinen Besitz dem auszuliefern, dem wir alles verdanken. Solange die Pilger unterwegs sind nach Zion, seufzen sie unter dem Bewusstsein, dass sie sich dem König der großen Stadt nie so vollständig und so beharrlich auszuliefern vermögen, wie sie es in ihren Herzen wohl begehren. Sie sehnen sich nach dem Tag, an dem sie sich wie Wasser ihm ausschütten werden. Wasser fließt widerstandslos aus dem Gefäß, wenn wir es neigen. So wünscht der Heilige, sich widerstandslos Gott zu ergeben, sich an ihn zu verlieren. Er sehnt sich nach dem Tag, da sein Wille in Gottes Willen aufgeht. Am Tag Gottes wird es geschehen. Ach, dass er da wäre!

3 Du hörst Gebet!
Zu dir wird kommen alles Fleisch.

343 Ps 2,6; 69,36.
344 Hi 22,27; Ps 22,26.
345 Siehe Offb 8,1. Der Himmel schweigt in Erwartung der göttlichen Gerichte, die das Böse niederwerfen und der Regierung des Menschensohnes Bahn machen werden. Man beachte, dass man das hebräische Wort, das Elb mit »schweigen« übersetzt, auch mit »ruhen« und von daher mit »vertrauen« übersetzen kann: »Avec confiance, ô Dieu, on te louera dans Sion« (Louis Segond).

»Du hörst Gebet«: Dieses Bekenntnis ergibt sich ganz organisch aus dem vorher Gesagten: Wenn wir Gott unsere Gelübde bezahlen (V. 2), oder anders gesagt: Wenn wir Gott geben, was Gottes ist (Mt 22,21), dann gewinnen wir die Gewissheit, dass er uns hört, wenn wir zu ihm rufen. Tun wir es nicht, haben wir weder das Recht noch den Glauben zu beten (Spr 28,9). Gott ist ein »Hörer des Gebets« (Elb); das hat er bewiesen seit jenem Tag, an dem Menschenkinder anfingen, den Namen des Herrn anzurufen (1Mo 4,26). Zu ihm haben die Heiligen in ihrer Sehnsucht nach ihm und nach seinem Reich täglich gerufen (Mt 6,9). Und sie wussten, dass Gott sie hört. Was war ihr beständiges Gebet gewesen? Dass alle Welt kommen und Gott anbeten möge:

»alles Fleisch« bedeutet hier nicht alles, was eine sündige Natur hat, sondern alles, was zur Menschheitsfamilie gehört. Die Heiligen haben von Anbeginn den Tag herbeigesehnt, den Jesaja geweissagt hat (40,5) und den die verherrlichten Heiligen in Offenbarung 15,4 besingen:

»Wer sollte nicht dich, Herr, fürchten und deinen Namen verherrlichen? Denn du allein bist heilig; denn alle Nationen werden kommen und vor dir anbeten, denn deine gerechten Taten sind offenbar geworden.«

2. Bedrängnis und Befreiung der Erwählten Gottes (V. 4-6)

Die Erwählten Gott müssen zuerst ihrer Sünden überführt und von den Sünden niedergebeugt werden. Damit das geschieht, führt sie Gott durch Bedrängnis, durch Anfeindung und Angst. Denn der Mensch muss zuerst im Elend sein, bevor er an Gottes Heil glauben und zu Gott um Hilfe schreien mag (Ps 107,6.13.19.28). Der Sünde, der Hilflosigkeit und der Unwürdigkeit überführt, geht dem Erwählten die Gnade Gottes als einziger Ausweg auf.

4 Ungerechtigkeiten haben mich überwältigt;[346]
unsere Übertretungen, du wirst sie sühnen.

»Ungerechtigkeiten«: **dibrê ʿâwônôt**, das man nicht nur als »Dinge«, sondern auch als »Worte der Ungerechtigkeit« auffassen kann (Buber).

346 Ps 38,5.

Wäre das gemeint, dann fände sich hier eine Fortsetzung des Themas von Psalm 64. Man hatte David mit bösen Worten verfolgt; aber Gott hatte David vergeben, darum hatten diese Worte keine Kraft. Die Pfeile, die seine Feinde anlegten (Ps 64,4), waren stumpf geworden (Ps 58,8) und fielen wirkungslos zu Boden.

Fassen wir den Ausdruck als »Dinge« auf (alle gängigen deutschen, englischen, französischen und italienischen Übersetzungen tun das), dann ergibt sich eine ganz andere Aussage: **»Ungerechtigkeiten haben mich überwältigt«**: Das Erste, das dem Angehörigen der Familie Adams aufgeht, sobald er in Gottes Gegenwart tritt, ist seine Sündhaftigkeit. Er mag seine Missetaten unbedeutend gefunden haben. Nun hat Gott sein verborgenes Tun vor das Licht seines Angesichts gestellt (Ps 90,8), und erstmals erkennt er, dass seine Ungerechtigkeiten sich wie ein gewaltiger Turm über ihn erheben, und er spürt, wie ihr ganzes Gewicht auf ihm liegt. Er kann sie nicht loswerden; er kann sie nicht abbüßen; er kann keine Genugtuung leisten. Es bleibt ihm nur eins, Gott muss sie ihm frei und in vollem Umfang vergeben: **»Du wirst sie sühnen.«** Das erinnert an den schuldbeladenen Knecht im Gleichnis, den die Riesenschuld von zehntausend Talenten drückte und dem alles erlassen wurde (Mt 18,24-27)[347]. Glückselig der Mann, dem der Herr die Sünde nicht zurechnet (Ps 32,1-2; Röm 4,6-7).

5 Glückselig[348], wen du erwählst[349]
und nahe bringst,
dass er wohne in deinen Vorhöfen!
Wir wollen uns sättigen[350] mit dem Guten deines Hauses[351],
dem Heiligen deines Tempels!

»Glückselig, wen du erwählst«: Im alten Israel waren es im Volk immer nur die wenigen Auserwählten des Hauses Aaron, die Gott nahen durften. Daran demonstrierte Gott, wie groß das Vorrecht war. Aber auch für den Christen ist das Vorrecht nicht geringer, wenngleich alle Christen nahe gebracht worden sind (Eph 2,13) und durch den Geist den Zugang haben

347 Berechnen wir die Schuld nach Tagesgehältern, hätte der Mann 20.000 Jahre arbeiten müssen, um die Schuld abzugelten.
348 Ps 1,1.
349 4Mo 16,5.
350 Ps 37,19.
351 Ps 36,9.

zum Vater (Eph 2,18). Denn wie Gott Aaron aus der Menge der Israeliten erwählte, so hat er dich und mich aus der Menge der Adamskinder zum Leben erwählt (Eph 1,4).

Das Empfinden, wie groß die Sünde ist (V. 4), lässt uns noch tiefer erfahren, welches Glück es ist, dass Gott uns zum Heil erwählt hat. Wir müssten alle als Verfluchte aus Gottes Gegenwart verjagt werden (Mt 25,41), gehörten wir nicht zu den Glückseligen, denen Gott ihre Übertretungen nicht zurechnet (Ps 32,2). Glückselig heißt nicht der Mann, der Gott erwählt, sondern den Gott erwählt hat. Nicht wir haben ihn, sondern er hat uns erwählt (Joh 15,16). Diese Wahrheit ist der Dreh- und Angelpunkt dieses Psalms, der erklärt, wie allgemeines Schweigen vor Gott (V. 2) in allgemeinen Jubel vor Gott umschlägt (V.14). Gott hatte sich Israel nicht zugeneigt, weil es in irgendeiner Weise besser gewesen wäre als irgendein anderes Volk, sondern er hatte dieses Volk in seiner freien Gnade geliebt und zum Heil erwählt (5Mo 7,7-8). Was Israel beim ersten Kommen des Herrn nicht gefunden hatte, wird es einst finden. Und warum hatte Israel es damals nicht gefunden? Weil es sich auf seine eigenen Fähigkeiten und auf seine Werke verließ. Es stieß sich am Stein des Anstoßes und strauchelte (Röm 9,30-33). Aber die Gnadengaben und die Berufung Gottes sind unbereubar (Röm 11,29); und so wird Gott dieses Volk so führen, dass ihm die Augen für die Gnade aufgehen, *»damit auch sie unter die Begnadigung kommen; denn Gott hat alle zusammen in den Unglauben eingeschlossen, damit er alle begnadige«* (Röm 11,31-32). Dann wird sich das große Paradox erfüllen, dass Israel dann findet, wenn es nicht gesucht hat, während es damals nicht fand, was es gesucht hatte (Jes 65,1; Röm 10,20).

»Wir wollen uns sättigen am Guten deines Hauses«: Kein Fleisch hat von Natur Wohlgefallen am Guten des Hauses Gottes. Nun aber hat Gott den Glückseligen, die er erwählt und berufen hat, dass sie ihm nahen sollen, eine Natur gegeben, die an nichts solche Lust hat wie an Gott und an seiner Wohnung[352]. Seine Geliebten wird er laben am Strom seiner Wonnen (Ps 36,9).

352 Ps 26,8; 27,4.

6 Du wirst uns antworten
furchtbare[353] Dinge in Gerechtigkeit,
Gott unseres Heils,
du Zuversicht aller Enden der Erde[354]
und der fernen Meere!

»Du wirst uns antworten«: Worauf wird Gott antworten? Auf die Gebete seiner Erwählten (siehe V. 3). Worum beten sie? Dass Gottes Reich komme, dass er sein Regiment in aller Welt aufrichte, dass sein Wille geschehe, wie stets und seit je im Himmel, so nun auch auf der Erde. Wenn Gott auf diese Gebete antwortet, dann werden **»furchtbare Dinge in Gerechtigkeit«** geschehen. Die Gebete der bedrängten Heiligen steigen auf wie Räucherwerk zu Gott (Ps 141,2; Offb 5,8), und Gott antwortet mit Feuer (Offb 8,3-5). Gott wird reden und Gott wird handeln in seiner Macht (V. 6) und wie das Brausen der Meere auch das Toben der Nationen stillen (V. 8; Ps 2,1-5). Die Nationen werden sich fürchten (V. 9; Lk 21,25-26), aber Gott *»macht jauchzen die Ausgänge«* (V. 9). Wohlfahrt und Segen werden folgen (V. 12-14).

3. Gottes Eingreifen im Gericht über die Nationen (V. 7-9)

7 Der die Berge[355] feststellt durch seine Kraft,
gegürtet ist mit Macht,

Berge stehen, weil Gott sie festgestellt hat, und Berge taumeln ins Meer, sobald Gott sie nicht mehr hält (Ps 46,3). Was der Prophet von Babylon sagt, gilt für ein jedes menschliche Reich:

»Siehe, ich will an dich, spricht der HERR, du Berg des Verderbens, der die ganze Erde verderbt; und ich will meine Hand wider dich ausstrecken und dich von dem Felsen hinabwälzen und dich zu einem verbrannten Berge machen« (Jer 51,25).

Gott hat einen Tag, an dem er alles Hohe erniedrigen wird (Jes 2,12-17). Keine Macht der Erde, auch kein Aufmarsch der vereinten Armeen

353 Ps 66,3.5.
354 Ps 59,14; 65,6; 72,8.
355 Ps 36,7.

der Welt (Offb 19,19), kann Gott daran hindern, seinen Vorsatz zu erfüllen (Jes 14,27; 46,10-11) und am von ihm bestimmten Tag seinen König in diese Schöpfung einzuführen (Ps 2). Dessen Reich wird kommen wie ein Stein und alle irdischen Reiche zermalmen, es selbst wird aber zum gewaltigen Berg werden, der die ganze Schöpfung erfüllt (Dan 2,44-45). Dann wird der Berg Gottes erhaben sein über alle Völker (Jes 2,2).

Gott ist **»umgürtet mit Macht«**, **gəbûrâh**. Wir waren in Vers 4 dem entsprechenden Verb **gâbar**, »mächtig sein«, begegnet. Die Ungerechtigkeiten waren mächtig gewesen, aber Gott in der Höhe ist mächtiger, auch mächtiger als die Sünde, die den Erwählten niederdrückt (Röm 5,20). Er ist der Held oder Mächtige von Psalm 24,8; 45,4 und Jesaja 9,5, wo jedes Mal das von **gâbar** gebildete Hauptwort **gibbôr** (»Held«) steht.

8 und stillt das Tosen der Meere,[356]
das Tosen ihrer Wellen
und das Lärmen der Völker.

Die Nationen mögen toben (Ps 2,1), die Völker mögen brausen wie das Meer (Jes 17,12-13), aber der Herr in der Höhe ist mächtiger als das Tosen der Wellen (Ps 93,4). Der Herr wird gebieten, und sie werden alle vor ihm verstummen (Ps 46,7.9.11). Die Evangelien zeigen uns, dass in Jesus von Nazareth der Herr und Gott Israels unter den Menschen war, als er aufstand und dem Sturm und den Wellen befahl und eine große Stille wurde (Mt 8,26). Macht das unsere Herzen nicht froh? Jesus, unser Herr und Retter, ist der allmächtige Herrscher über alle Dinge.

9 Die Bewohner der Enden[357] **erschrecken**
vor deinen Zeichen;
du machst jubeln den Ausgang von Morgen und Abend.

Gott wird die Bewohner der Erde schrecken; denn nur so kann er sie lehren, ihn zu fürchten (Jes 26,9). Die Furcht des Herrn ist der Anfang des Glücks des Menschen. Die Finsternis wird ein Ende haben; der finstere Abend der Menschheitsgeschichte wird plötzlich hell werden: *»Es wird geschehen, zur Zeit des Abends, da wird es Licht sein«* (Sach 14,7). Das

356 Ps 89,10; Mt 8,26.
357 V. 6.

Toben der Gottlosen und das Jammern der Sünder wird im Jubel ertränkt werden. Mit Bewunderung werden die Erlösten ihren Gott und seine Werke sehen, und bald werden die Nationen in das Lied einstimmen und ihn zusammen mit Gottes Volk loben (5Mo 32,43; Ps 117; Röm 15,10; Offb 15,4).

4. Die Befreiung der ganzen Schöpfung (V. 10-14)

Nicht allein der *»Überrest nach Wahl der Gnade«* (Röm 11,5), sondern die ganze Schöpfung wird beim Kommen des Herrn *»freigemacht werden von der Knechtschaft des Verderbnisses«* (Röm 8,21); denn *»den Tod verschlingt er auf ewig«* (Jes 25,8), und darum werden *»die Wüste und das dürre Land sich freuen, und die Steppe wird frohlocken und aufblühen wie eine Narzisse, ... denn es brechen Wasser hervor in der Wüste, Bäche in der Steppe«* (Jes 35,1,6).

10 Du besuchst die Erde
und gibst ihr Überfluss,[358]
du machst sie sehr reich:
Gottes Bach ist voller Wasser.[359]
Du bereitest ihr Getreide,
ja, so bereitest du es.

Wenn Gott die Erde heimsucht, dann wird Überfluss sein; denn in Gott verbindet sich Macht mit Leben. Wo alles Gott unterworfen ist, fließt das Leben *voll* – denn es entfließt Gottes Fülle –, *frei* – denn es fließt aus seiner freien Gnade – und *unwiderstehlich* – denn es fließt vom Thron des Allmächtigen her (Offb 22,1). Wenn Gottes Macht für uns ist, wird uns nichts scheiden können von ihm (Röm 8,32-39), dann wird kein Tod sein (Offb 21,4), sondern dann werden die Heiligen ewig und vollkommen im Leben herrschen durch den Einen, Jesus Christus (Röm 5,17).

358 Ps 67,7.
359 Ps 46,5; Hes 47,1; Joel 3(4),18; Sach 14,8.

11 Du tränkst ihre Furchen,
ebnest ihre Schollen,
erweichst sie mit Regengüssen[360],
segnest ihr Gewächs.

Gott tränkt das dürre Land, damit die Saat wachsen kann. Er erweicht den harten Boden, damit das Samenkorn in das Erdreich sinken und Wurzel schlagen kann. Das Gleiche tut er an Sündern; das Wasser, dass den Boden empfänglich macht, ist der Heilige Geist (Jes 44,3; Joh 7,37.39). Wirkte nicht Gottes Geist an unseren abweisenden Herzen, wir könnten nicht glauben. Machte er uns nicht willig (Phil 2,13), sein Wort aufzunehmen, wir nähmen es nie auf. Wie in der Schöpfung, so ist Gott auch in der Rettung der allein Wirkende. Er hat alles getan: Er hat den guten Samen bereitet, er selbst ist der Sämann, und er bereitet sich den empfänglichen Boden, damit dieser Frucht trage, dreißig-, sechzig-, hundertfältig (Mt 13,8).

12 Du krönst das Jahr deiner Güte,[361]
und deine Spuren[362] triefen von Fett.
13 Es triefen die Weiden der Steppe,
und mit Jubel gürten sich die Hügel.
14 Die Triften bekleiden sich mit Herden,[363]
und die Täler bedecken sich mit Korn;
sie jauchzen[364] sich zu und singen.

»Du krönst das Jahr deiner Güte«: Was setzt dem Jahr der Güte Gottes die Krone auf? Doch die Bekehrung von Sündern! Darum sagte der Herr, als er das erste Mal kam, um die Gebundenen zu befreien und die Schuldigen zu erlösen, er sei gekommen, *»das angenehme Jahr des HERRN«* auszurufen (Jes 61,2; Lk 4,19). Jetzt ist dieses **»Jahr deiner Güte«** auch für Israel endlich angebrochen. Gibt es einen überzeugenderen Beweis für seine Güte, gibt es größere Monumente seiner Gnade, als dass verdammungswürdige, widersprechende und Gott trotzende Adamssöhne

360 Ps 72,6; Jes 44,3.4.
361 Ps 66,20.
362 Jes 61,2; Hab 3,5; 1Petr 2,21.
363 Ps 144,13.
364 Ps 66,1.

nun zu Anbetern geworden sind? Sind aber die Adamssöhne mit Gott versöhnt, wird auch die Schöpfung von allen Folgen der Sünde befreit (Röm 8,19-21). Sie wird dann nicht allein mit Wasser getränkt, sondern sie wird auch ernährt werden: Gottes **»Spuren triefen von Fett«**. Sein Weg ist ein Weg des Lebens und des Überflusses, wie die ganze Schöpfung dann erfahren wird, und dann wird man auch verstehen, dass aller Mangel und aller Schmerz nur daher kam, dass man die Wege des Herrn verlassen hatte. Umso freudiger wird man jetzt seinen Spuren folgen, während die Triften sich mit Herden füllen und das Korn dick steht in den Tälern. Weiden und Fluren, Triften und Gründe, Äcker und Gärten **»jauchzen sich zu und singen«**: Die ganze Schöpfung wird singen, von der Knechtschaft des Verderbnisses befreit, alles Seufzen wird entfliehen und nichts als Jubel die ganze Schöpfung erfüllen (Jes 35,10). Das neue Lied in der neuen Schöpfung wird nie mehr enden. Es wird nicht veralten wie jedes Lied der alten Schöpfung. Die Wonne wird nie schwinden wie bei allem, was zu dieser Schöpfung gehört. Nein, die Wonne wird immer höher und tiefer werden, und das von Ewigkeit zu Ewigkeit.

Lehrreiches und Denkwürdiges zu Psalm 65

»Ist ein Dankpsalm, darin man Gott lobt, dass er sein Wort und Gottesdienst, dazu auch zeitlichen Frieden gibt, und steuert dem Wüten der Feinde und des Krieges im Lande, welche brausen und toben wie das Meer, und segnet den Acker, dass alles wohl gerät, wohl trägt, wohl wächst. O wie selten ist solcher Dank im Pöbel! Der missbraucht des Wortes, Friedens und guter Zeit zu allem Mutwillen, wie Sodom und Gomorra taten. Es wird ihnen aber auch gehen zuletzt wie Sodom und Gomorra« (Luther, *Summarien über die Psalmen*).

»Dieser Psalm ist aus Bitten und Danksagung gemischt. Eingefügt wird eine Weissagung darüber, dass der Glaube zu allen Völkern kommen soll. Der Hauptnachdruck fällt aber auf die dankbare Anerkennung der väterlichen Güte Gottes gegen sein Volk und aller daraus fließenden Segnungen. Insbesondere wird der Herr gebeten, die Freundlichkeit, welche die Kinder Israel erfahren durften, in alle Zukunft walten zu lassen. Verzeichnet wird aber ein doppeltes Gnadenwirken des Herrn: erstlich, dass er sein Land mächtig verteidigt, und sodann, dass er es mit Reichtum an allen Gütern überschüttet hat« (Calvin).

»In diesem Psalm … treffen wird auf die gleiche Ineinanderschlingung von Natürlichem und Geschichtlichem wie in den Psalmen 8; 19; 29. Die um das Heiligtum auf Zion gescharte Gemeinde preist ihren Gott, durch dessen Gnade ihre gefährdete Weltstellung gerettet ist und durch dessen Güte sie sich wieder in Frieden von verheißungsreichen Fluren umgeben sieht. Über dem Segen, den sie im Natürlichen empfangen, vergisst sie nicht der Gebetserhörung, die sie in ihrer Beziehung zur Völkerwelt erlebt hat. Sein Walten in der Geschichte und sein Walten in der Natur spiegeln sich für sie eins im anderen. Hier wie dort sieht sie die allmächtige und reiche Hand des Einen, der Gebet erhört und Sünden sühnt und durch Gericht hindurch seiner Liebe Bahn bricht« (Delitzsch).

»In erster Linie spricht dieser Psalm vom Segen des bekehrten Israel, wenn der Herr Jerusalem befestigt und zum Lobpreis auf Erden gemacht hat und wenn Zion wie noch nie zuvor das irdische Zentrum der Anbetung des allein wahren Gottes sein wird. Dann wird das Gelübde nationalen Gehorsams, das Israel einst auf sich genommen hatte, erfüllt werden, aber nicht im sklavischen Geist des Gesetzes, unter dem sie Gottes heiligen Forderungen nie hatten genügen können, sondern im Geist der Freiheit. Denn dann wird das Gesetz ihnen ins Herz geschrieben sein. Und dann – wenn die Beziehung zwischen Gott und seinem Israel wiederhergestellt ist –, wird alles Fleisch, oder, wie es in Vers 6 heißt, werden ›alle Enden der Erde‹ kommen und ihr Vertrauen auf den HERRN setzen« (Baron).

»Der Psalmist … preist in seinem ersten Teil den Erhörer der Gebete, den Versöhner der Sünder, den Wirker der Heilsgeschichte bis hin zum Ziel des Friedensreiches. Darum ist der Psalm mit Recht auch ein Lied für die neutestamentliche Gemeinde« (Brandenburg).

V. 2 – »Es sind zwei Psalmen, die sehr ähnlich anfangen, nämlich der 62. und der 65. In beiden steht im allerersten Satz das hebräische Hauptwort **dumija**, ›Stille‹, womit eine Haltung vor Gott ausgedrückt wird – in Psalm 62 im Gebet, in Psalm 65 im Lob« (Baron).

Diesen Vers hat J. S. Bach zur einleitenden Arie »Gott, man lobet dich in der Stille« verarbeitet in der Kantate BWV 120.

V. 2-5 – »Die beim Heiligtum versammelte Gemeinde, ob sie gleich nach den Erlebnissen der jüngsten Zeit nur im Stillen Gott loben und ihm ihre Gelübde bezahlen kann, freut sich dennoch mit bewegtem Herzen des Reichtums seiner Gnade, der Erhörung ihrer Gebete und der Vergebung ihrer Sündenschuld, und sie rühmt die großen Güter, die sie in seinem Haus zu genießen hat« (Dächsel).

V. 5 – »Nachdem David soeben bekannt hat, dass das Volk mit seinen Sünden den Bruch mit Gott herbeigeführt habe und deshalb der Erhörung unwert sei, flüchtet er sich nun in den Hafen der freien Gnade, kraft deren Gott die Sünden vergibt« (Calvin).

»Gott hat aus allen Menschen einige erwählt, die er in wirksamer Weise segnet. Alle, die Gott in wirksamer Weise beruft und mit sich versöhnt und in seine Gemeinschaft zieht, sind erwählte und gesegnete Menschen: *Glückselig der, den du erwählst und herzunahen lässt*« (Dickson).

»Wie gut hat es derjenige, welchen Gott erwählt und nahe bringt … dass er bewohne seine Vorhöfe, d. i. dass er dort, wo er thront und sich offenbart, sein wahres Heim habe und wie daheim sei. Dieses Vorzugs ist innerhalb der Völkerwelt die um Zion gescharte Gemeinde gewürdigt, die sich deshalb im seligen Bewusstsein dieser ihrer Bevorrechtung aus freier Gnade ermuntert, die Gnadengüterfülle des Hauses Gottes … in vollen Zügen zu genießen; denn für alles, was Gottes Gnade darbietet, dankt man nicht besser, als dass man danach hungere und dürste und die arme Seele damit sättige« (Delitzsch).

Sprachliche Anmerkungen zu Psalm 65

V. 2 – »**dir hält stille das Lob**«: **ləkâ dûmijjâh təhillâh**. Diese Wendung wird sehr unterschiedlich übersetzt. Luther hat ihn sinngemäß so aufgefasst wie ich: »Gott, man lobt dich in der Stille«, d. h. er begreift das Hauptwort **dûmijjâh** (das in den Psalmen noch in 22,3; 39,3 und

62,2 belegt ist) als adverbialen Akkusativ (übrigens wie in Ps 39,3). Zürcher, Buber und JPS folgen LXX, das – eigentlich unmotiviert – mit *prepei*, »es geziemt sich«, übersetzt hat. Elb, »Deiner harrt schweigend der Lobgesang«, hat mehr hineingelegt, als das Hebräische sagt. Rev. Elb hält sich am engsten an den hebräischen Text: »Dir gilt Stille, Lobgesang, o Gott.« Schlachter hält sich wie üblich an Luther. Segond übersetzt: »Avec confiance, ô Dieu! on te louera dans Sion – Mit Vertrauen lobt man dich, o Gott, in Zion.« Das Stillehalten ist ein Ausdruck des Vertrauens.

V. 4 – »**haben mich überwältigt**«: **gâbərû mænnî**, wörtl. »sind mächtiger als ich«.

V. 8 – Im Hebräischen reimen die dumpfen Silben und verbinden so das Tosen der Meere und das Tosen der Völker auch lautlich miteinander: **šə'ôn jammîm šə'ôn gallêhæm wehâmôn lə'ummîm**.

V. 10 – Der Vers enthält auffällig viele Assonanzen, zuerst eine Reihe von Labialen: **pælæg 'ælôhîm mâlê' mâjim**, und dann eine Reihe von Velaren: **tâkîn degânâm kî kên tekînæhâ**.

V. 11 – »**du tränkst**«: **rawwêh**, ein syntaktisch unverbundener Infinitiv. Gleichen Wortstamms ist das Wort **rəwâjâh**, das in Psalm 23,5 steht: *»Mein Kelch ist Überfluss«*, ferner in Psalm 65,12, wo es meist mit *»Erquickung«* oder ähnlich übersetzt wird.

V. 12 – »**deine Güte**«: **ṭôbâtækâ**, von **ṭôbâh**, »Gut«, »Gutes«.

»**deine Spuren**«: **ma'gâlækâ**, oder »Pfade«. Es ist das gleiche Wort, das im Psalter noch in Psalm 17,5; 23,3 *(»Pfade der Gerechtigkeit«)* und 140,6 belegt ist. Damit sind nicht Fußspuren, sondern Wagenspuren, Geleise, gemeint, wie man an **'agâlâh**, »Wagen«, »Lastkarren« ablesen kann. Das dichterische Bild stellt uns also die Fülle in der Weise dar, dass die Wagen so reich beladen sind, dass links und rechts von der Ladung auf den Weg fällt, während sie schwankend vom Feld in die Scheuer gefahren werden.

Psalm 66
Zum Jubel befreit

Dieser Psalm fügt sich harmonisch in die mit Psalm 65 angefangene Reihe von vier Psalmen, die alle in der Überschrift *»ein Lied«* genannt werden. Nachdem der vorhergehende Psalm mit dem Schweigen des Lobgesangs in Zion angefangen hatte, beginnt dieser mit dem allgemeinen Jubel aller Schöpfung. In Psalm 65,2 wurde gesagt, dass man Gott die Gelübde bezahlen werde, im Vers 13 des vorliegenden Psalms sagt der Sänger, dass er nun diese Gelübde bezahlen will; in Psalm 65,3 hieß Gott ein *»Hörer des Gebets«*, hier bekennt David, dass Gott auf seine Gebete geantwortet hat (V. 19.20); in Psalm 65,8.9 wird Gottes Macht gerühmt, mit der er sich alle Völker unterwirft; in Psalm 66,3.4 hören wir, dass die Feinde sich ihm unterworfen haben und nun alle Welt ihm singt. In Psalm 65,6 hatte David gesagt, Gott werde antworten *»durch furchtbare Dinge in Gerechtigkeit«*, hier fährt er fort: *»Furchtbar ist er in seinem Tun gegen die Menschenkinder«* (V. 5; siehe auch V. 3). In Psalm 65,7 hatte David bezeugt, dass Gott die Berge feststellt *»durch seine Macht«*; hier sagt er, dass Gott *»herrscht durch seine Macht«* (V. 7).

Gott hat seinen Gesalbten gesandt, der in Zion herrscht. Alle Nationen werden aufgerufen, den Gott Israels anzubeten. Die Häufung des Verbums **zammêr**, »lobsingen«, ist auffällig. In der Überschrift steht **mizmôr**, »Psalm«, in Vers 2 die Aufforderung **zammerû**, »besingt«, und in Vers 4 zweimal **jezammerû**, »sie werden besingen«. Nachdem Israel bedrängt worden und von Gott befreit worden ist, singt es dieses Lied, das deutliche Parallelen zu einem anderen Loblied enthält, das dieses Volk ebenfalls sang, nachdem es bedrängt und bedroht, aber auf wunderbare Weise befreit worden war. Hier hören wir, wie der Gott Israels *»das Meer in trockenes Land wandelte«* (V. 6), sodass sein Volk sich vor dem Feind in Sicherheit bringen konnte, und das war der Anlass gewesen, der zum Lied Moses von 2. Mose 15 geführt hatte. David bekennt, dass er selbst *»zu ihm rief«* (V. 17), wie damals Israel zum Herrn schrie, als es den Pharao heranrücken sah (2Mo 14,10.15), und er sagt, dass der Herr *»eine drückende Last«* auf sie gelegt hatte (V. 11); in Ägypten hatte der Pharao das Volk Gottes mit Lasten gedrückt (2Mo 1,11) und geängstigt (2Mo 14,10); zweimal lesen wir hier, dass man den Namen des Herrn besingen wird; als Israel durch das Schilfmeer gezogen war, besang es den Namen des Herrn (2Mo 15,3). Die *»Großtaten«* (V. 5) und die Feinde, die sich mit Schmeichelei unterwerfen (V. 3) sind mit 2. Mose 15,1.6.14.15.16 zu vergleichen; das Bekenntnis: *»Ich werde eingehen in dein Haus«* (V. 13) ist die Erfüllung der Vorhersage von 2. Mose 15,13.

Der Psalm ist durch das dreimalige *Sela* in vier Strophen gegliedert, die einem alternierenden Muster folgen, wie die jeweiligen Anfänge zeigen:

A »Jauchzet Gott, alle Welt« (V. 1)
  B »Kommt und seht« (V. 5)
A' »Preist, ihr Völker, unseren Gott« (V. 8)
  B' »Kommt, hört zu« (V. 16)

1. **»Jauchzet Gott, alle Welt!« (V. 1-4)**
2. **»Kommt und seht die Großtaten Gottes!« (V. 5-7)**
3. **»Preist, ihr Völker, unseren Gott!« (V. 8-15)**
4. **»Kommt, hört zu, die ihr Gott fürchtet!« (V. 16-20)**

Zuerst fordert der Sänger alle Welt auf, Gott zu jauchzen (V. 1-4), worauf er Gründe nennt, warum es recht ist, ihm zuzujubeln (V. 5-7). Dann folgt eine zweite Aufforderung, Gott zu preisen, die damit begründet wird, dass Gott sein Volk durch Nöte geführt, aber daraus gerettet hat (V. 8-15). Schließlich spricht der Sänger von seinen persönlichen Kämpfen, die ihn gelehrt hatten, zum Herrn zu rufen, um persönliche Befreiung zu erfahren (V. 16-20). So zeigt er zum Schluss, wie Gott zwar seine Absichten mit ganzen Völkern verfolgt, wie er dabei aber stets den Einzelnen im Auge hat.

1 Dem Vorsänger. Ein Lied, ein Psalm.

Zu **»Vorsänger«** siehe Psalm 4.

Auch wenn der Name David fehlt, so schreiben wir den Psalm doch ihm zu, und das aus zwei Gründen: Erstens setzt er den Gedanken des 65. Psalms fort, der David als Verfasser nennt, und zweitens kommen in ihm Ausdrücke vor, die für die Psalmen Davids typisch sind (man vergleiche V. 3 mit Ps 18,44 und V. 16 mit Ps 34,11). Zudem heißt er wie der 65. Psalm ebenfalls ein **»Lied«**. Wir können mit Spurgeon urteilen:

»Wir wissen nicht, wer der Verfasser war, aber wir sehen keinen Anlass zum Zweifel daran, dass David ihn schrieb. Er hat ganz den Stil Davids und enthält nichts, das nicht zur Zeit Davids passen würde.«

In der Septuaginta steht bei der Überschrift *(peri) anastaseōs*, »betreffs der Auferstehung«, und das bezieht sich offenkundig auf Vers 12. Israel wurde gewissermaßen in den Tod hinein und aus dem Tod heraus geführt. Hierin sahen die jüdischen Ausleger ein Versprechen auf künftige Errettung Israels. Kimchi sagt, es sei ein Psalm über die Sammlung Israels aus dem Exil.

1. »Jauchzet Gott, alle Welt!« (V. 1-4)

Am Anfang der Strophe steht der Ausdruck *»ganze Erde«*, und am Ende steht der Ausdruck *»ganze Erde«*. Sie ist ein einziger Aufruf zum weltweiten Lob Gottes und bildet als solche eine passende Einleitung zum ganzen Psalm.

1 Jauchzet[365] **Gott, alle Welt!**
2 Besingt die Herrlichkeit seines Namens,
macht herrlich sein Lob!
3 Sprecht zu Gott:
Wie furchterregend sind deine Taten!
Wegen der Größe deiner Macht
schmeicheln dir deine Feinde.[366]

Die Aufforderung an **»alle Welt«**, Gott zu jauchzen, muss begründet sein. Man bedenke: Alle Menschen sollen ihm und ihm allein Lob bringen. Dass die Kinder einer Familie die Mutter loben, ist angemessen; dass aber die ganze Stadt diese Mutter loben sollte, wäre maßlos. Hier aber soll alle Welt Gott zujauchzen. Drei Dinge begründen die Forderung: zuerst **»die Herrlichkeit seines Namens«**, dann die Erkenntnis **»Wie furchterregend sind deine Werke!«** und schließlich die **»Größe deiner Stärke«**. Im Namen Gottes drücken sich seine Person und sein Charakter aus; die Herrlichkeit seines Namens ist die Summe aller Vollkommen-

365 Ps 65,14.
366 Ps 18,45; 80,16.

heiten, die sich in Jahwe, dem Gott Israels, finden. Eine einzige seiner Vollkommenheiten genügte schon, um die Forderung nach Anbetung aller Menschen zu rechtfertigen. Er ist vollkommen und unbegrenzt in seiner Macht; er ist vollkommen in seiner Weisheit; er ist vollkommen in Gerechtigkeit und in Gnade. Worte reichen nicht aus, die Summe seiner Vollkommenheiten angemessen zu umschreiben.

Seine Werke sind »**furchterregend**«, Gottes Werke erfüllen den Sehenden mit Furcht, ja, zuweilen mit Schrecken angesichts der Allmacht und Unumschränktheit, die sich in ihnen entfaltet. Wir sollen, wir müssen diesen großen und furchterregenden Gott fürchten; denn er hat die Macht, uns das Leben zu geben und auch zu nehmen, und er hat die Macht, unseren Leib und unsere Seele in der Hölle zu verderben (Mt 10,28). Er ist von großer Stärke. Niemand kann ihm trotzen und niemand kann ihm in den Arm fallen. Alles, was ihm wohlgefällt, tut er (115,3).

Wie kann Gott es hinnehmen, dass seine Feinde ihm »**schmeicheln**«? Wir müssen es uns so denken: Die Feinde werden sich Gott nicht willig, sondern nur durch eine starke Hand gezwungen unterwerfen; und sie unterwerfen sich nicht zum Leben, sondern zum Tod. Auch die Gottlosen werden ihre Knie beugen und vor Gott bekennen, dass Jesus Christus Herr ist (Phil 2,10.11).

4 Alle Welt bete dich an und lobsinge dir;
sie lobsinge deinem Namen (Sela).

Die Aufforderung zum allgemeinen Gotteslob kann auch als Weissagung gelesen werden: Alle Welt soll und alle Welt wird auch Israels Gott anbeten. In der weltweiten Verkündigung des Evangeliums (Mt 28,18-20; Mk 16,15; Apg 1,8) hat sich das teilweise erfüllt, indem Menschen *aus* allen Völkern Gott in seinem Sohn anbeten. Wenn der Messias kommt und sein Reich aufrichtet, dann werden *alle Menschen* aller Völker den Gott Abrahams, Isaaks und Jakobs, den Gott und Vater unseres Herrn Jesus Christus, anbeten.

2. »Kommt und seht die Großtaten Gottes« (V. 5-7)

Hier haben wir das Mittel, das alle Welt zur Anbetung führen wird: Sie sollen kommen und die Werke Gottes sehen. Das wird sie überzeugen und in ihren Herzen Gottesfurcht wecken; denn was sie sehen, sind *»Großtaten«*, und diese sind furchterregend. Sie zeigen dem Menschen etwas von seinem rechten Verhältnis zu Gott, und das ist eine der ersten Voraussetzungen zur rechten Anbetung.

5 Kommt und seht[367] **die Taten Gottes!**
Furchterregend ist sein Tun an den Menschenkindern.
6 Er wandelte das Meer in trockenes Land,
sie gingen zu Fuß durch den Strom.[368]
Wir wollen uns freuen an ihm.

Es sind »**Taten Gottes**«, von denen das Volk Gottes zu reden weiß. »**Er wandelte das Meer in trockenes Land**« als Israel aus Ägypten zog. Am Schilfmeer erwies sich sein Tun »**furchterregend an den Menschenkindern**«. Am Pharao müssen wir sehen, dass Gott ein Kriegsmann ist (2Mo 15,3), der seine Feinde niederwirft. Wer sich gegen ihn erhebt, hat den Allmächtigen gegen sich. Wer ihm hingegen vertraut, erfährt, wie der Allmächtige für ihn ist (Röm 8,33). Israel ging »**zu Fuß durch den Strom**«. Gott ließ in seiner Allmacht das Wasser gerinnen, gegen seine Natur zurückfließen und stehen wie ein Wall; denn ein Meer wird nicht so plötzlich zu trockenem Land, niemand geht zu Fuß durch einen Strom. Es ist ganz einfach gegen alle Natur. Aber die Errettung ist eben größer als die Natur, ist ein Werk, das die Kräfte der Natur überwindet. Dass ein Fluss stillsteht, dass Wasserfluten sich teilen, dass die Sonne rückwärtsgeht – das sind alles kleine Wunder verglichen mit dem Wunder der Bekehrung eines Sünders. Der natürliche Menschen unterwirft sich Gott nicht; er will alles und jedes, nur nicht Gott gehorchen. Es ist vollständig gegen seine Natur. Diese Natur überwindet Gott; er kehrt den Gang der Natur um. Er macht Sünder zu Heiligen, Widerspenstige zu Knechten.

»**wir wollen uns freuen an ihm**«: Wie Israel am anderen Ufer des Schilfmeeres Gottes Lob sang, so werden die Erretteten dem Herrn

367 Ps 46,9.
368 2Mo 15,19; Jos 3,17.

singen, wenn sie endgültig und unangreifbar errettet sein werden. Und was ist der Gegenstand ihrer Freude? Gott selbst. Da freuen wir uns »in ihm«, in Gott. Das ist der stärkste Beweis dafür, dass der Sünder gerettet ist. Er ist von sich selbst frei geworden. Früher bezog er alles auf sich selbst; er konnte sich nur an den Dingen freuen, die ihm behagten. Und hier freut sich ein Volk an Gott. Das ist ein Schauspiel für die Engel (1Kor 4,9), ein Zeugnis der Macht der Gnade und der Weisheit Gottes (Eph 3,10).

7 Ewig herrscht[369] er in seiner Macht;
seine Augen[370] haben acht auf die Völker
die Widerspenstigen dürfen sich nicht erheben (Sela).

»Ewig herrscht er in seiner Macht«: Als der Gott Israels sein Volk durch die Fluten des Schilfmeeres führte, wovon der vorhergehende Vers spricht, bewies er allen Völkern, dass er allein Herr und Herrscher ist. Sie vernahmen es und erschraken darüber (2Mo 15,14). Und das erlöste Volk verstand, dass es gerade deshalb aus der Macht des Pharao befreit worden war, um fortan Gott, seinem Erlöser, auf ewig untertan zu sein. Darum sang es nach geschehener Errettung: *»Der HERR ist König in Ewigkeit«* (2Mo 15,18).

»Seine Augen haben acht«: Gottes Erkenntnis ist vollkommen; er regiert mit vollkommenem Wissen, darum sind alle seine Wege heilig und seine Gerichte gerecht. Das bekennen die vier lebendigen Wesen, die um den Thron und im Thron Gottes sind. Sie haben überall Augen (Offb 4,6.8). Das symbolisiert ebendie Tatsache, dass Gott sein Regiment mit vollkommener Erkenntnis aller vergangenen, gegenwärtigen und zukünftigen Dinge führt.

Zu den **»Widerspenstigen«** gehörten die Völker Kanaans. Sie hatten wohl gehört, dass Gott vor den Israeliten das Schilfmeer ausgetrocknet hatte (2Mo 15,14; Jos 2,10), aber mit Ausnahme von Rahab und ihren Angehörigen verweigerten sie ihm dennoch den Gehorsam.

»sie dürfen sich nicht erheben«: Gott hatte damals an den Widerspenstigen das Gericht über ihre Sünde durch Josua vollstreckt (siehe 1Mo 15,16; 5Mo 9,4.5). Gott wird mit allen Widerspenstigen so ver-

369 2Mo 15,18.
370 Ps 11,4.

fahren. Am Ende der Menschheits- und Heilsgeschichte wird er alles seinem Thron unterwerfen, wie gerade das letzte Buch der Bibel in aller Klarheit bezeugt.[371]

3. »Preist, ihr Völker, unseren Gott« (V. 8-15)

In dieser Strophe begründet der Sänger seine Aufforderung zum universalen Lob mit den Erfahrungen der erwählten Nation: Gott hat sie in seiner Allmacht gemäß seiner Gerechtigkeit erniedrigt und gezüchtigt; er hat sie in seiner Allmacht gemäß seiner Gnade bewahrt und herausgeführt. Er hat die Macht, zu erniedrigen und zu erhöhen; er hat die Macht, zu züchtigen und zu erquicken. Dann verwendet der Dichter als weiteres Mittel, um andere zum Lob Gottes zu bewegen, sein eigenes Vorbild: Er hatte in der Drangsal gelernt, Gott zu fürchten, hatte ihm gelobt, ihm fortan zu dienen, und war, nachdem Gott ihn aus der Drangsal befreit hatte, mit Brandopfern und Räucheropfern ins Haus Gottes gegangen.

8 Preist, ihr Völker, unseren Gott,
verkündet laut sein Lob,
9 der unsere Seele am Leben erhält
und unsere Füße nicht wanken ließ![372]

Erneut werden die »**Völker**« aufgefordert, den Gott Israels zu preisen. Der Grund ist diesmal, dass er in seiner Treue die Seinen am Leben erhalten hat. Und hatte er nicht allen Menschen Gutes getan, ihnen vom Himmel Regen und fruchtbare Zeiten gegeben und damit die Herzen der Menschen erfreut (Apg 14,17)?

»**Der unsere Seele am Leben erhält**«: Rückblickend kann das Volk Gottes bekennen, dass der Gott, der es erwählt und zum Leben berufen hat, es auch bewahrt hat. Das ist ihm Grund, alle Völker zum Lob seines Gottes aufzufordern. Und wir als Leser bekommen damit zuerst die Zusage, dass Gott auch unsere Seele am Leben erhält, bevor wir

371 Deshalb wird im Buch der Offenbarung der Thron Gottes über vierzigmal erwähnt, ein Mehrfaches häufiger als im übrigen Neuen Testament zusammengenommen.
372 Ps 121,3.

weiterlesen und hören, dass der gleiche Gott uns gleich dem Volk Gottes in alttestamentlicher Zeit ins Feuer und ins Netz führen und Feinde über uns dahinfahren lassen kann. Wir brauchen die Gewissheit der Errettung und Bewahrung, sonst ertragen wir Gottes Erziehung nicht.

10 Denn du hast uns geprüft[373], o Gott,
hast uns geläutert, wie man Silber[374] läutert.
11 Du hast uns ins Netz[375] gebracht,
hast uns eine Last[376] auf die Lenden[377] gelegt.
12 Du hast Menschen[378] reiten[379] lassen über unser Haupt;
wir sind ins Feuer und Wasser[380] gekommen,
aber du hast uns herausgeführt in die Fülle.

»Du hast uns ins Netz gebracht … Du hast Menschen reiten lassen«: Der Herr hat uns ins Netz gebracht, nicht unsere Feinde. Er sandte Menschen, dass sie wie Reiter über unsere Köpfe sprengten und uns in den Staub traten. Seine Hand hat das alles gefügt und geschickt. Es diente uns zur Prüfung; das Feuer des Leidens (1Petr 4,12) läuterte uns, **»wie man Silber läutert«** (1Petr 1,7). Die Prüfungen mussten sein, sonst wären wir nicht geläutert worden. Erziehendes Leiden musste sein, sonst wären wir der Heiligkeit Gottes, unseres Vaters, nicht teilhaftig geworden (Hebr 12,10). Also wollen wir Gott dafür danken. Es ist ein Beweis seiner besonderen Fürsorge für seine Erwählten.

»Wir sind ins Feuer und Wasser gekommen«: Wir hatten doch eben gehört, dass Gott sein Volk nicht ins Wasser, sondern auf dem Trockenen durchs Meer geführt hatte. Wie sind sie nun doch in Wasser gekommen? Hier sehen wir, dass Gott die gleiche Sache, an der er einmal seine Rettermacht und Gnade geoffenbart hatte, ein anderes Mal zur Erziehung seines Volkes verwendet. Gott führte einst sein erlöstes Volk durch jenes Element, das sein Zuhause hätte bleiben müssen – ging der Pharao nicht wie ein Stein unter in den Fluten (2Mo 15,5)? –, hätte Gottes Gnade es nicht bewahrt. Wenn es Gottes und seiner Gnade überdrüssig wird,

373 Ps 17,3.
374 Sach 13,9; Mal 3,3; 1Petr 1,7.
375 Ps 10,9.
376 Ps 68,20.
377 Ps 69,24.
378 **ænôš**.
379 Jes 28,28.
380 Jes 43,2; Mt 17,15.

führt Gott es dahin, wo es von Natur hätte sein und bleiben müssen. Die Wasser überspülen es, Welle um Welle geht über sein Haupt (Ps 42,8). Da lernt es, Gottes Gnade zu rühmen, sich an Gott und seiner Gegenwart zu freuen, sich nach seinem Haus zu sehnen. Da wird es vom Verlangen nach den Fleischtöpfen Ägyptens befreit.

Gott lässt die Seinen in den Prüfungen nicht untergehen; er erhält ihnen den Glauben, und nachdem die Prüfungen ihr notwendiges Werk getan haben, führt er sie aus dem Ofen und aus dem Wasser heraus **»in die Fülle«**. Das ist *»das Ende«*, auf das wir wie bei Hiob achten sollen (Jak 5,10.11). Das sollen wir in der Drangsal vor Augen haben; dann können wir, wie Jakobus sagt, uns inmitten der Drangsal freuen (Jak 1,2).

13 Ich will gehen in dein Haus[381] **mit Brandopfern,**
dir bezahlen meine Gelübde[382]**,**
14 wozu sich aufgetan meine Lippen
und die mein Mund gesprochen
in meiner Not.
15 Fette Brandopfer bringe ich dir
samt Rauch von Widdern;
Rinder samt Böcken will ich opfern (Sela).

Nach der großen Bewahrung und Befreiung **»will ich gehen in dein Haus mit Brandopfern«**. Das ist das schöne Ergebnis der Drangsal, in die Gott seine Erwählten führte. Ebenso lesen wir im Lied der Befreiung, das die Kinder Israel am jenseitigen Ufer des Schilfmeeres sangen: *»Du hast durch deine Güte geleitet das Volk, das du erlöst, hast es durch deine Stärke geführt zu deiner heiligen Wohnung«* (2Mo 15,13). Gott wohnt unter einem Volk, das er erniedrigt und erhöht, das er geplagt und erlöst hat.

Jetzt bezahlt der Beter seine **»Gelübde«**. Die Not hatte seine Gedanken immer mehr und immer beharrlicher zu seinem Gott gezogen, und im Nachdenken über Gott und sein Haus hatte er immer klarer gesehen, wer er ist, wie er sich dort in Gericht und Gnade offenbart, wie die Opfer, die man auf dem Altar verbrannte, der Gerechtigkeit und der Not des Sünders genügen. Und während der Heilige da steht und

381 Ps 122,1.
382 Ps 22,26; 65,3.

zuschaut, wie seine Brandopfer auf dem Altar verbrennen, begreift er, dass er nur errettet werden konnte, weil ein Stellvertreter für ihn leiden und die Strafe seiner Sünde, den Zorn Gottes, tragen würde. Welche Wonne folgte auf die Bitterkeit der Sünde und Not! Er hat die bitteren Kräuter gegessen (2Mo 1,14; 12,8), und nun ist ihm das Lamm, das durchs Feuer gegangen ist, unendlich süß:

»Christ is not sweet till sin be made bitter to us – Christus wird uns nicht süß, ehe uns die Sünde bitter geworden ist« (John Flavel).

Wie kostbar ihm nun der Stellvertreter geworden ist, sehen wir an der Aufzählung der verschiedenen Opfer, **»Brandopfer … samt Rauch von Widdern«**, und der verschiedenen Opfertiere, **»Fettschafe … Rinder samt Böcken«**. Von wo wir Christus auch betrachten, ist er uns lieblich; welche Seite seines Opfers wir auch vor Augen haben, es bewegt unsere Seele und füllt sie mit Bewunderung. Und das können wir nicht für uns behalten, wie die nächsten Verse zeigen.

4. »Auf, hört zu, die ihr Gott fürchtet« (V. 16-20)

In der letzten Strophe fasst David zusammen: Was die Heiligen in der Drangsal lernen, sollen alle Gottesfürchtigen hören. Die Drangsal hatte sie zwei Dinge gelehrt: erstens zu beten, und zweitens mit guten Beweggründen zu beten. Die Drangsal hatte sie gelehrt, dass sie hilflos und dass sie böse sind; sie hatte sie gelehrt, ihr Vertrauen auf Gott zu setzen und ihn und sein Heil um seinetwillen zu suchen.

16 Auf, hört zu[383]**,**
alle, die ihr Gott fürchtet:
Ich will erzählen[384]**,**
was er meiner Seele getan hat.
17 Zu ihm rief ich mit meinem Mund,
und Erhebung war unter meiner Zunge.
18 Hätte ich in meinem Herzen auf Unrecht gezielt,
hätte der Herr nicht gehört.[385]

383 Ps 34,12.
384 Ps 40,6.
385 Jak 4,3.

19 Doch Gott hat gehört,
hat gemerkt auf mein Flehen.
20 Gepriesen sei Gott,
der mein Gebet nicht verworfen
noch seine Güte von mir gewandt!

»Ich will erzählen, was er meiner Seele getan hat«: Es ist erstens recht, dass wir vor den Menschen bekennen, was Gott uns Gutes getan hat, und es ist zweitens recht, dass wir bekennen, dass es Gott war, der an uns handelte, und dass wir seiner Hilfe alles verdanken. Es ist ein großes Übel, zu vergessen, was wir waren, wie elend wir waren und wie groß Gottes Erbarmen über uns gewesen ist. Darum fordert David an anderer Stelle auf: *»Lobe den HERRN, meine Seele, und vergiss nicht, was er dir Gutes getan hat«* (Ps 103,1), und darum sagt Paulus den Ephesern: *»Deshalb denkt daran, dass ihr damals ohne Christus wart ...«* (Eph 2,11.12). David fährt fort und erinnert sich, wie er **»zu ihm rief mit (s)einem Mund«**, und macht damit deutlich, dass auch das zu dem Guten gehört, das Gott an seiner Seele getan hatte. Hätte Gott sein Herz nicht geneigt, hätte er nicht gebetet, sondern gemurrt. Nun aber betete er, und er betete erst noch so, dass sein **»Lob unter (s)einer Zunge«** war. Mit anderen Worten, er betete mit guten Beweggründen. Während seine Zunge rief: »Hilfe«, wartete unter seiner Zunge schon das Lob. Er betete mit dem Verlangen, dass Gott gelobt und seine Treue gerühmt werden sollte. Es ging ihm nicht so sehr darum, dass ihm geholfen, als viel mehr darum, dass Gott erhoben würde. Das sind ganz außermenschliche Beweggründe. Solche Regungen finden sich nie in uns. Nein, Gott hatte David gelehrt, alles Vertrauen auf Gott zu setzen, und Gott hatte sein Herz geneigt, Gott mehr zu lieben als sich selbst, und darum um Gottes Ehre mehr bekümmert zu sein als um sein eigenes Wohlergehen. Das sind große Wunder Gottes, das sind die größten Wunder, die es gibt, nämlich Erlösungs- und Gnadenwunder. David hatte in seinem Herzen nicht mehr **»auf Unrecht gezielt«**, während er betete. Wie oft beten wir mit bösen Beweggründen (Jak 4,3). Wir sagen zwar mit unseren Lippen, dass es um Gott und um seine Sache gehe, aber Gott kennt unsere Herzen und sieht es, wenn wir unsere Bestätigung und damit unsere Ehre in der Sache suchen, um die wir beten. Er kann uns und er wird uns so lange nicht erhören, als wir unsere und nicht seine Sache suchen.

David ist es eine so unbegreiflich große Sache, dass Gott auf sein Schreien gehört hat, dass er es gleich dreimal wiederholt: **»Gott hat gehört – er hat gemerkt auf mein Flehen – er hat mein Gebet nicht verworfen.«** Darum schließt er sein ganzes Lied mit dem leidenschaftlichen Ruf: **»Gepriesen sei Gott!«**

Lehrreiches und Denkwürdiges zu Psalm 66

»Dies ist ein Dankpsalm für die gemeine Wohltat, dass er sein Volk aus der Feinde Hände oft erlöst und erhalten hat, wie er im Roten Meer tat. Des sind voll die Geschichten in den Büchern der Richter und Könige. Solches tut er auch uns täglich, errettet und erhält die Seinen bei rechtem Glauben wider Teufel, Geister und Sünde« (Luther, *Summarien über die Psalmen*).

»Obgleich es nicht unmöglich ist, dass der Dichter in diesem Psalm im Namen der Gemeinde eine einzige Rettungstat, welche dieselbe erfahren hat, besonders feiert, rührt er doch zugleich eine ganze Reihe von Gnadentaten an, mit welchen Gott unablässig sein Volk geleitete. Wie er aber rühmt, dass den Elenden und Gebeugten Gottes Heil gebracht wurde, so gibt er ihnen anderseits auch Grund zum Trost und zur Geduld, indem er sagt, sie seien wie Silber geläutert worden, als die Gewaltherrschaft der Feinde sie drückte. Zum Schluss scheint er von seiner eigenen Person zu reden, indem er zum Beweis seines aufrichtigen Sinnes darauf hinweist, dass der Gott, der Frevler und Verbrecher von sich stößt, ihn erhört habe« (Calvin).

»Dies ist eines der schönsten Loblieder, das es gibt. Es ist in zwei Teile gegliedert, indem zuerst die Gemeinschaft spricht (V. 1-12), dann ein Einzelner (V. 13-20). Im ersten Teil wird alle Welt aufgefordert, Gott anzubeten der Werke wegen, die er an seinem Volk erwiesen hat. Damit anerkennt das Volk seine wahre Bestimmung, Gott den Nationen in solcher Weise zu offenbaren, dass diese genötigt werden, ihn anzubeten. In der zweiten Hälfte wird das Lob individuell und persönlich, aber es zeigt sich die gleiche Absicht: Die anderen sollen hören. Allerdings geht es dabei um solche, die Gott fürchten. Mithin will das Zeugnis des Einzelnen den Glauben der Erlösten Gottes stärken, damit diese zu ihrem Zeugnis gegenüber den Menschen draußen tüchtiger werden« (Campbell).

»Ein einziger Jubelruf ist dieser Psalm … Solcher Jubel ist nicht nur Ausdruck einer festlichen Stimmung, wie sie je und dann den Menschen ergreift … an der Herrlichkeit Gottes entzündet sich der Jubel. Es ist der Widerhall seiner machtvollen und gnadenvollen Offenbarung, die Antwort auf seine gewaltigen Taten, durch die er seinen Namen in Israel bezeugt und unter den Völkern verherrlicht hat. Dieser Sachverhalt geht gerade aus diesem Jubelpsalm besonders deutlich hervor. Er wendet den Blick zu Gott empor – nicht zu irgendeinem Gott, wie ihn menschliche Sehnsucht, fromme Fantasie oder philosophische Spekulation erträumt, sondern zu dem Gott der Väter, der sich seinem Bundesvolk namentlich bekannt gemacht hat (V. 2.4). In den beiden Strophen werden alle Lande, sodann alle Völker aufgerufen, diesem gewaltigen Gott Israels jauchzende Huldigung darzubringen. In der dritten Strophe (V. 13ff.) meldet sich die Stimme eines Einzelnen zu Wort, der sich zum Dankopfer rüstet, nachdem er eine wunderbare Erhörung seiner Gebete erfahren hat. So wenig sich der einzelne Beter von der Gottesgemeinde als ganzer isoliert, so wenig geht seine Stimme in einem ›Massenchor‹ einfach auf. Gerade die Art und Weise, wie hier das Danklied des Einzelnen mit dem Gotteslob des ganzen Volkes zusammenklingt, ist für die Frömmigkeit des Alten Testaments höchst bezeichnend … Jede der drei Strophen hebt einen besonderen Zug im Handeln Gottes heraus: Vers 1-7 rühmt seine Herrschergewalt, Vers 8-12 seine Rettermacht, Vers 13-20 seine Freundlichkeit, wie sie der Psalmist an sich selbst erfahren hat« (Lamparter).

»Dieser Psalm zeigt, dass auch gemeinsame Not und Rettung im Leben eines Volkes die Summe vieler einzelner Erfahrungen ausmacht. Es geht nicht an, auf die persönliche Begegnung mit Gott zu verzichten, um sozusagen im Leben der Gemeinschaft unterzutauchen. Es gibt einen biblischen Individualismus, ohne den es auch keine Gemeindeerfahrung gibt« (Brandenburg).

»Dies ist ein Psalm der Danksagung, in dem der Brennpunkt sich schrittweise einengt vom gemeinschaftlichen Lob aller Welt (›*Kommt und seht …*‹; V. 5), zu dem ein erlöstes Israel aufruft, bis zum Dank eines Einzelnen, der seine Opfergaben bringt und die Gläubigen aufruft (*›Kommt, hört zu ...‹*; V. 16), seine Geschichte zu hören, die eine Miniaturausgabe ihrer eigenen ist. Wir können uns den öffentlichen Gottesdienst gut vorstellen, vielleicht anlässlich des Passah oder einer Siegesfeier, wo die gemeinschaftliche Anbetung verstummt ist und nun die Stimme dieses einzelnen Anbeters ertönt, der mit seinen Gaben vor dem Altar steht und von dem Gott spricht, der seine Augen nicht nur auf alle Völker in der ganzen Welt und auf die erwählte Nation gerichtet hat, sondern auch auf ihn ganz persönlich: *›Ich will erzählen, was er an meiner Seele getan hat‹* (V. 16)« (Kidner).

V. 1 – Eingangsarie in der Bachschen Kantate »Jauchzet Gott in allen Landen« (BWV 51).

V. 12 – »Die gläubige Gemeinde der Stadt Lübeck wird nicht vergessen, dass an jenem furchtbaren Tag, als sie das erste Opfer eines feindlichen Großangriffs aus der Luft wurde, der 12. Vers unseres Psalms im Losungsbuch der Herrnhuter Brüdergemeine stand« (Brandenburg).

Sprachliche Anmerkungen zu Psalm 66

V. 3 – »**furchterregend**«: **nôrâ᾽**, das ist ein Nif'al-Partizip des Verbums **jârê᾽**, »fürchten«. Das Wort kommt in den Psalmen zwölfmal vor: 47,3; 65,6; 66,3.5; 76,8.13; 89,8; 99,3; 111,9; 145,6. Elb und Buber übersetzen »furchtbar«, Luther »wunderbar«, was zu schwach ist. Louis Segond »redoutable«, KJV »terrible«.

V. 7 – »**durch seine Macht**«: **bigbûrâtô**, das gleiche Wort wie in Psalm 65,7.

V. 11 – »**eine Last**«: **mû**ᶜ**âqâh**, ein Wort, das nur an dieser Stelle vorkommt. Andere übersetzen: »drückende Last« (Elb, Zürcher); »Marter« (Buber), »Klemmen« (Zunz); »affliction« (KJV); »uno strettoio« (Diodati).

V. 12 – »**in die Fülle**«: **lârəwâjâh**, das gleiche Nomen wie in Psalm 23,5: *»Mein Kelch ist **Fülle/Überfluss**.«*

V. 14 – »**aufgetan**«: **pâṣû**, eigentlich »aufgerissen«, wie in Psalm 22,14.

V. 15 – »**fette Brandopfer**«: **ᶜôlôt mêḥîm**, eigentlich »(als) Brandopfer Fettschafe«. Das zweite Wort ist im ganzen AT nur an dieser Stelle belegt. Zunz: »feiste Opfer«; Buber: »Darhöhungen von Fettschafen«.

V. 17 – »**Erhebung**« ist die wörtliche Übersetzung von **rômâm**. So auch Elb und Buber.

V. 19 – »**auf mein Flehen**«: **bəqôl təphillatî**, wörtlich: »auf die Stimme meines Gebets«. Hier wie so oft will das Nomen **qôl** lediglich das innige, das laute Rufen oder Beten markieren (wie in Ps 3,5). Das leistet das deutsche Verb »flehen« gegenüber dem unmarkierten »beten«.

Psalm 67
Gottes Segen für Israel und die Völker

Das Thema dieses Psalms ist der Segen Gottes. Damit greift er das erste Wort des letzten Verses von Psalm 66 auf: **bârûk**, das »gesegnet« oder (wie man in jenem Fall auf Deutsch sagen muss) »gepriesen« bedeutet. Das Wort »segnen« leitet alle Gedanken des Beters ein und schließt sie ab; es kommt im ersten und in den beiden letzten Versen vor. Das wirklich Ergreifende an diesem Psalm ist die gläubige Erwartung des Beters. Er kannte natürlich den Segen Abrahams (1Mo 12,2.3) und den Aaronitischen Segen (4Mo 6,22-27) von Kindesbeinen an; er kannte sie wie alle Israeliten auswendig. Aber ihm ist der Inhalt dieser Segensworte plötzlich lebendige Wirklichkeit geworden; er rechnet damit, dass der Gott Israels genau das zu tun vermag und zu tun gedenkt, was er mit den Worten dieses Segens durch Abraham verheißen und seinen Priestern in den Mund gelegt hat, und nun betet er mit leidenschaftlicher Erwartung darum, dass Gott alles erfülle, was er Israel an Gutem zugesagt hat.

Was wird geschehen, wenn Gott sein Volk segnet? Erstens lebt das Volk Gottes dann im himmlischen Licht der Gegenwart Gottes (V. 2), sodann werden alle Völker der Welt Gottes Weg und Gottes Heil erkennen (V. 3), und das wird sie dazu führen, Gott zu preisen (V. 4); Gott wird sie gerecht richten, und damit werden sie erstmals wahre Freude erfahren (V. 5); die Erde wird endlich Gott ihren Ertrag, d. h. Früchte der Gerechtigkeit bringen (V. 6), und schließlich: alle Welt wird Gott fürchten (V. 9).

Man teilt das Lied am besten nach den zwei *»Sela«* ein:

1. **Der Segen Aarons (V. 2)**
2. **Der Segen Abrahams (V. 3-5)**
3. **Alle Enden der Erde werden Gott fürchten (V. 6-8)**

1 Dem Vorsänger, mit Saitenspiel. Ein Psalm, ein Lied.

Zu »**Vorsänger**« siehe Psalm 4.

Das dritte in der Reihe der vier Lieder (Ps 65 bis 68), die wohl alle von David stammen, obwohl er in diesem und im 66. Psalm nicht ausdrücklich genannt wird.

1. Der Segen Aarons (V. 2)

Die Worte, die David im Gebet an Gott wendet, sind Worte, die er aus dem Gesetz gelernt hat; es sind die Worte, die Gott dem Hohenpriester Aaron auftrug, um damit das Volk Gottes zu segnen (4Mo 6,22-27). Wiederholt nahmen die heiligen Beter die Worte dieses Segens in den Mund (Ps 4,7; 31,17; 80,4.8.19; 119,135). Wir wollen hier an David lernen, wie wir unseren Glauben am Wort Gottes nähren, um mit Glauben beten zu können. Wir wollen an ihm lernen, wie wir in Gottes geschriebenem Wort seinen Willen erkennen, um seinen Willen zu erbeten (Mt 6,9) und um nach seinem Willen beten zu können (1Jo 5,14); denn dies müssen wir wissen: Gott wird nur erhören, was wir im Glauben erbeten (Jak 1,6-8), und er wird uns nur antworten, wenn wir nach seinem Willen beten (1Jo 5,14).

2 Gott sei uns gnädig und segne uns,[386]
er lasse uns sein Angesicht leuchten[387] **(Sela),**

»Gott sei uns gnädig«: So betet, wer weiß, dass er Gnade braucht. Wir sind bloße Geschöpfe und haben allen Beistand Gottes, des Schöpfers, nötig. Dazu sind wir Sünder und haben alle Rechte vor Gott verwirkt. Wir haben Gott mit unseren Sünden gereizt und haben alle Ansprüche an ihn verloren. Er darf und er kann mit uns tun, wie ihm gefällt. Er kann uns in die Hölle werfen. Er hat das Recht dazu und er hat die Macht dazu. Wir können nur darauf vertrauen, dass er uns entgegen dem, was wir verdienen, in Christus seine Gnade zugesagt hat. Er ist uns gegenüber zu nichts verpflichtet. Er ist seinem Wort, er ist seinem Sohn verpflichtet: *»Meine Treue und meine Zuverlässigkeit werden mit ihm sein ... ewig will ich ihm meine Zuverlässigkeit bewahren, und mein Bund soll ihm fest bleiben«* (Ps 89,25).

»segne uns«: So betet, wer weiß, wie arm er ist. Er weiß, dass an Gottes Segen alles gelegen ist; er weiß, dass in ihm selbst weder Kraft noch Besitz ist, das zu werden und das zu tun, was er sollte. Wie ein Bettler steht er vor Gott und bittet ihn: »Segne uns!«

»er lasse uns sein Angesicht leuchten«: Das ist der Inbegriff, Ausdruck der Summe von allem göttlichen Segen. Heil und Unheil hängen daran, ob Gott seinem Volk sein Angesicht verbirgt (5Mo 31,17; 32,20; Hi 13,24; Ps 22,25; 69,18) oder ihm zuwendet (2Mo 33,14.15; Ps 31,17). Gott wendet dem Beter sein Angesicht zu und sagt ihm damit, dass er ihn liebt, dass er bei ihm ist, um ihn zu bewahren, zu tragen, zu versorgen. Das Angesicht steht dabei für die ganze Person. In ihm lesen wir das ganze Wesen der Person. Darum öffnet der Heilige Geist dem Christen die Augen, im Glauben und im Geist die Herrlichkeit Gottes zu sehen im Angesicht Christi (2Kor 4,6). Was hier beginnt, findet seine Vollendung in der himmlischen Herrlichkeit. Dort werden seine Knechte Gottes Angesicht schauen (Offb 22,4). Sähen wir im Himmel Gottes Angesicht nicht, wären unsere Erkenntnis und damit auch die Wonnen des Himmels sehr begrenzt. Sodann gehört zum Segen das Licht, das von Gottes Angesicht ausgeht. In diesem Licht erst sehen wir das Licht (Ps 36,10);

386 1Mo 32,27.
387 4Mo 6,25; Ps 4,7; 80,4.

nur in diesem Licht können wir vor Gott sein und jubeln (Ps 86,16), ohne dieses Licht bedeutete uns der Himmel und die Nähe Gottes nichts.

2. Der Segen Abrahams (V. 3-5)

Der Segen an Abraham ist der Anfang aller Segnungen, die Gott verheißen hat. Er erwählte Abraham und gab ihm Verheißungen in reiner, vollkommen freier Gnade. Gott schuldet dem Menschen keinen Segen; er schuldet uns nichts Gutes. Dass er uns Gutes verheißt und uns Gutes tut, lässt uns seine Gnade preisen (Eph 1,6.12.14).

3 dass man auf Erden erkenne deinen Weg,
unter allen Völkern dein Heil![388]

Das ist es, was den Beter bewegt. Das lässt ihn um Gottes Gnade und Gottes Segen beten: Alle Welt soll »**deinen Weg**«, Jesus Christus (Joh 14,6), alle Völker sollen »**dein Heil**« erkennen. Auf diesem Weg kommt der Segen Abrahams zu den Völkern: durch die Erkenntnis des Sohnes Gottes. Und sie kommen zu dieser Erkenntnis durch das Volk Gottes. Darum beten und darum predigen die Erwählten Gottes das Evangelium der Gnade Gottes (Apg 20,24). Kennen wir diese Leidenschaft, die David trieb? Dann wohl uns! Wenn nicht, wollen wir Gott darum anflehen, uns die Augen aufzutun, damit wir klar sehen.

4 Die Völker werden dich preisen,[389] **o Gott,**
dich preisen die Völker alle.

Welch ein Bekenntnis! Alle Völker werden Gott preisen. Das freut den Beter so sehr, dass er es gleich zweimal hintereinander sagt: »**Die Völker werden dich preisen …** ***alle*** **Völker werden dich preisen.**« Großartig! Gott hatte sein Volk im Lied, das Mose ihnen beibringen musste, gelehrt und gesagt, alle Nationen sollten ihren Gott noch preisen (5Mo 32,43). Das wird erst am Ende des Liedes gesagt, nachdem vom Abirren und von Züchtigungen gesprochen worden ist. Diese führen am Ende dazu, dass

388 Mt 28,19.
389 V. 6; Ps 66,8.

nicht allein Gottes Volk, sondern auch die Nationen sich Gottes freuen und Gott rühmen.

5 Die Nationen werden sich freuen[390] **und jubeln;**
denn du richtest[391] **die Völker gerecht,**
die Nationen auf der Erde, du leitest sie (Sela).

»denn du richtest die Völker gerecht«: Hier haben wir eine der Ursachen, warum die Völker sich freuen werden. Sein gerechtes Gericht ist eine der Segnungen Abrahams, die Gott auf die Nationen bringen wird: Der von ihm gesalbte König und Messias wird den Sanftmütigen Recht sprechen und die Gottlosen töten (Jes 11,3-5; Ps 72,3-5).

3. Alle Enden der Erde werden Gott fürchten (V. 6-8)

6 Die Völker werden dich preisen,[392] **o Gott;**
dich preisen die Völker alle.
7 Die Erde gibt ihren Ertrag;[393]
Gott, unser Gott, wird uns segnen[394]**.**

Noch einmal ruft unser Beter vor Gott: **»Die Völker werden dich preisen.«** Er kann sich an dieser großartigen Tatsache nicht genug freuen und wiederholt noch einmal, dass *alle* Völker ihn preisen werden. Der neutestamentlichen Gemeinde wird der Weg gezeigt, auf dem dieses Ziel erreicht werden soll: durch Weltmission (Mt 28,19). Wir sollen allen Völkern Gottes Heil und Gottes Reich, die kommende Herrlichkeit und das kommende Gericht verkündigen, und Gott wird dieses Wort segnen, und es wird wirksam sein und Gottes Vorsatz erfüllen: **»Die Erde gibt ihren Ertrag.«** Dieser Satz steht wörtlich ebenso in 3. Mose 26,4, einem Kapitel, das von den Bedingungen des Segens und des Fluches spricht. David hat als Antwort auf sein Gebet um Segen die Zusage bekommen, dass sich jenes Wort erfüllt.

390 Ps 68,4.
391 Ps 7,9; 68,6; 96,11-13.
392 V. 4.
393 Ps 65,10.
394 V. 2.

Der Ertrag der Erde besteht indes nicht lediglich in Weizen und Oliven, sondern noch viel mehr in Menschen, ja, in ganzen Völkern, die Gott nun endlich die Ehre geben, die ihm gebührt. Gott ist würdig, dass wir ihn preisen, denn er hat alles bereitet. Sollte die Erde für immer dem Geber aller guten Dinge den Ertrag verwehren? Gott wird die Gottlosen wie Unrat von der Erde fegen (Ps 119,119), denn er ist heilig. Und er wird die Elenden, die vor seinem Wort zittern, segnen, denn er ist gnädig. Er wird sie überschütten mit seinen guten Gaben, denn er ist Liebe. Dann wird der Boden, der den Samen des Wortes empfangen hat, endlich Frucht tragen, dreißig-, sechzig-, hundertfältig (Mt 13,23).

»Unser Gott wird uns segnen«: Anfänglich hatte der Psalmist gebetet, dass Gott uns segnen möge. Jetzt weiß er, dass Gott uns segnen wird. Er hat ihn vor das Licht seines Angesichts gestellt (V. 2). Er hat Gott erkannt, er hat sich selbst erkannt, und das hat sein Herz vor Gott gebeugt. Jetzt weiß er: Gott wird uns segnen. *Unser* Gott wird uns segnen. Der Gott derer, die ihn fürchten, wird sie segnen.

8 Gott wird uns segnen,
und alle Enden[395] der Erde werden ihn fürchten.

Der Psalm schließt mit der Zuversicht, dass die Sehnsucht, mit der er angefangen hatte, sich erfüllen wird.

»und alle Enden der Erde werden ihn fürchten«: Am Ende wird die Güte Gottes nicht mehr verachtet werden (Röm 2,4); am Ende wird man Gott nicht mehr geringschätzen, weil er gnädig ist; am Ende wird niemand mehr den Geist der Gnade schmähen (Hebr 10,29) und die Gnade Gottes in Ausschweifung verkehren (Jud 4). Gott wird dann segnen, und alle Enden der Erde werden ihn deshalb nur umso mehr fürchten.

395 Ps 65,6; 72,8.

Lehrreiches und Denkwürdiges zu Psalm 67

»Dies ist eine Weissagung von Christus, wie er sollte König werden, so weit die Welt ist, und die Leute recht richten, das ist: mit dem Evangelium regieren, dass sie von Sünden los vor ihm gerecht leben und mit Freuden danken sollten, welches der neue und rechte Gottesdienst ist … Denn er sagt nicht, dass die Heiden sich beschneiden und nach Jerusalem ziehen sollen, sondern in der Heidenschaft bleiben und gleichwohl Gott danken, fröhlich sein und ihn fürchten« (Luther, *Summarien über die Psalmen*).

»Dieser Psalm ist ein Gebet um einen glücklichen Zustand der Gemeinde Gottes; und zwar soll der Herr sie nicht allein im jüdischen Lande unversehrt erhalten, sondern ihr auch eine neue und bis dahin nicht gekannte Ausbreitung schenken. Wir empfangen dabei einen kurzen Hinweis auf das Reich Gottes, welches durch Christi Ankunft auf der ganzen Erde errichtet werden sollte« (Calvin).

»Wie der 65. Psalm betrachtet auch dieser den noch auf den Fluren stehenden und der Ernte gewärtigen Fruchtertrag in heilsgeschichtlichem Licht. Jede gesegnete Ernte ist für Israel ein Erfüllung der Verheißung von Leviticus 26,4 und eine Bürgschaft, dass Gott mit seinem Volk ist und dessen Berufung an die gesamte Völkerwelt nicht unausgerichtet bleiben werde. Dieser auf das Ende des Werkes Gottes hienieden gehende Missionston ist in dem kirchlichen Schlussgesang ›Gott sei uns gnädig und barmherzig‹ leider verwischt. Umso entschiedener und lieblicher klingt er in Luthers ›Es wolle uns Gott gnädig sein‹ hindurch« (Delitzsch).

»Dieser Psalm ist der herzinnige Ausdruck einer wohlbegründeten Hoffnung. Es ist der freudige Erguss eines Herzens, das sich danach sehnt, dass der Gott und König Israels von aller Welt als Gott und König angebetet werde« (Perowne).

»In diesem Psalm sind Gebet und Lob fein gemengt; die dominierende Note ist indes Gebet. Es ist aber Gebet auf höchster Ebene, denn es erfleht zwar persönlichen Segen, aber die wirkliche Leidenschaft gilt dem Wunsch, dass alle Völker gesegnet werden und damit anfangen möchten, Gott zu preisen. Wenn es ein Erntelied war, wie der Vers 7 vermuten lässt, dann wird dieser begrenzte Segen zum Anlass für einen viel weiter ausgreifenden Blick. Der Sänger erkennt die wahre Berufung der heiligen Nation, wie das überaus wichtige Wort ›damit‹ im 3. Vers zeigt: Gottes Weg soll auf Erden erkannt werden. Damit ist die Mission des Volkes Gottes genannt« (Campbell).

»Nach diesem Psalm dichtete Luther sein Lied: ›Es wolle uns Gott gnädig sein‹.« (Brandenburg)

»Wenn je ein Psalm geschrieben worden ist über die an Abraham gemachten Verheißungen, dass er gesegnet werden und ein Segen sein sollte, dann hätte es wohl dieser sein können. Das Lied beginnt zu Hause, kehrt auch kurz vor dem Schluss für einige Augenblicke dahin zurück, aber seine Gedanken gehen immer zu den fernen Völkern und zu ihrem Ergehen, wenn der Segen, der *›uns‹* erreicht hat, alle erreichen wird« (Kidner).

V. 3 – »Das erste Überfließen von Israels eigenem Segen wird die Verbreitung von Leben spendender Erkenntnis sein, eine Hoffnung, die sich in wunderbarer Weise in der Niederschrift der Heiligen Schriften erfüllte, dessen doppelte Wirkung, die Wahrheit und damit das Heil zu vermitteln, nicht nur hier (V. 3a und 3b), sondern auch in 2. Timotheus 3,15f. zusammengefasst wird« (Kidner).

Sprachliche Anmerkungen zu Psalm 67

V. 5 – »**du leitest sie**«: **tanḥêm**, das gleiche Verb wie in Psalm 23,3. So wie der Gott Israels der Hirte Davids ist, ist er auch der Hirte der Völker der Erde.

V. 6 – »**gibt**«: **nâtənâh**; das Perfekt habe ich wie Luther und Elb mit Präsens übersetzt. Damit ist nicht die Zeit, sondern die Art des Geschehens markiert. Es ist gewiss. Das Imperfekt mit seiner modalen Färbung hätte es in der Schwebe gelassen.

Psalm 68
Möge Gott aufstehen!

Dies ist ein Psalm der Errettung. Der Anlass des Liedes war ziemlich sicher das Hinaufführen der Bundeslade nach Jerusalem, wie in 2. Samuel 6 beschrieben. Dabei gedachte David des ganzen Weges, den Gott mit seinem Volk gegangen war, von der Errettung aus Ägypten an bis zu jenem Tag. Am Anfang der langen Wüstenwanderung hatte Mose gebetet, dass Gott aufstehen und vor ihm seine Feinde zerstreuen möge (4Mo 10,35). Mit diesen Worten beginnt David sein Lied (V. 2), worauf er in allgemeinen Worten von Gottes Handeln in Gericht und Errettung spricht (V. 3-6). Darauf folgen die Züge Israels durch die Wüste unter der Führung Gottes (V. 8-10), wobei er an die Errettung Israels aus Ägypten (V. 8) und an die Gabe des Gesetzes (V. 9) erinnert; darauf folgt die Eroberung Kanaans und die Flucht ihrer Könige (V. 11-15) und die Wahl Zions als die Wohnung Gottes (V. 16-19). Die sieben ersten und die vier letzten Verse bilden den passenden Rahmen zur Beschreibung der großen Heilstaten Gottes.

Die prophetische Bedeutung des Psalms wird uns eröffnet durch den Vers 19, den Paulus in Epheser 4,8 zitiert. Mithin ist das Hinaufführen der Bundeslade nach Zion eine Weissagung von der Erhöhung des Herrn zur Rechten Gottes. Deshalb dürfen wir weitere Parallelen auf Christus in diesem Psalm erwarten.

Wie der 67. Psalm, so heißt auch der vorliegende Psalm **mizmôr šîr**, *»ein Psalm, ein Lied«*, und deutet damit die innere Verwandtschaft der beiden Psalmen an. Die eröffnende Bitte (V. 2) zeigt, dass er den 67. Psalm ergänzt. Jener war ein Gebet um Errettung gewesen, der mit der Bitte eingesetzt hatte, Gott möge sein Volk segnen und ihm sein Angesicht zuwenden. Dieser sucht den gleichen göttlichen Segen mit der Bitte, die Feinde des Volkes Gottes zu zerstreuen (68,2; siehe auch V. 22.24.31). Die Bitte von Psalm 67,2 entspricht dem Aaronitischen Segen von 4. Mose 6,24-26, und die eröffnenden Worte von Psalm 68 sind dem Gebet des Mose beim Aufbruch der Bundeslade entnommen, ebenfalls in 4. Mose (10,35). Der 68. Psalm spricht vom Jubel der Erwählten (V. 4) und von all ihren Vorrechten, während der 67. Psalm zeigt, wie die Heidenvölker jauchzen und anbeten (67,4-6), weil sie dann erst wirklich glücklich sind, wenn Gottes Volk gesegnet und damit glücklich ist.

Wir können den Psalm einteilen, indem wir uns an die drei Sela halten (V. 8.20.33), wobei diese aber nicht das Ende, sondern den Anfang einer neuen Strophe markieren. Damit fordern sie jedes Mal auf, innezuhalten, um über das in den eröffnenden Zeilen der Strophe Gesagte nachzudenken.

1. David spricht von der großen Wende, die das Aufstehen Gottes bewirkt: Es ist den einen zum Gericht, den anderen zum Heil (V. 2-7).
2. David erinnert an den Tag, da Gott auszog, um sein Volk aus Ägypten zu erlösen, um es zu sich und in seine Wohnung, zu führen (V. 8-19).
3. Der Gott der damaligen Rettung ist der gleiche, der die Seinen Tag für Tag trägt und rettet und einst auch die Nationen mit Errettung heimsuchen wird (V. 20-32).
4. Dann werden alle Könige der Erde der Aufforderung Davids nachkommen und dem Gott Israels lobsingen (V. 33-36).

1 Dem Vorsänger. Von David. Ein Psalm, ein Lied.

Zu »**Vorsänger**« siehe Psalm 4.

Dies ist der letzte in der Reihe der vier Psalmen, die in der Überschrift **šîr, »ein Lied«**, genannt werden. Es ist ein Loblied, weshalb man den Vers 2 nicht als Wunsch, sondern als Aussage übersetzen sollte: Gott steht auf, seine Feinde zerstreuen sich vor ihm.

Das Lied weist auffällig viele Parallelen auf zum Lied Deboras von Richter 5. Man vergleiche Vers 3 mit Richter 5,31; Vers 5 mit Richter 5,1.3; Verse 8 und 9 mit Richter 5,4; Vers 13 mit Richter 5,24.30; Vers 14 mit Richter 5,16; Vers 18 mit Richter 5,5; Vers 19 mit Richter 5,12; Vers 22 mit Richter 5,26; Vers 28 mit Richter 5,14.18. Aus diesen zahlreichen Bezügen müssen wir schließen, dass David das Lied Deboras gut gekannt hat, es vielleicht eben gelesen hatte, bevor er diesen Psalm verfasste, und in ihm das Lied der alten Prophetin variierte, kommentierte und auf seine Zeit und Umstände anwendete.

1. Die große Umkehr und die große Scheidung (V. 2-7)

Die Strophe beginnt mit der Scheidung zwischen den Gottlosen und den Gerechten und endet mit der je verschiedenen Wohnung der Erlösten und der Widerstrebenden. Die Strophe spricht zuerst vom Untergang derer, die Gott hassen, und schließt mit dem Guten, das Gott den Schwachen und Hilflosen erweist. So werden die Großen erniedrigt und die Geringen erhöht.

Gott steht auf, und die Folge ist, dass die bisherigen Herrscher zurückweichen und die zuvor Unterdrückten befreit werden; Gott steht auf, und seine Feinde fliehen, zergehen wie Wachs, verwehen wie Rauch und kommen um vor seinem Angesicht, während seine Geliebten vor dem Angesicht Gottes jubeln. *»Denn Gott ist Richter; diesen erniedrigt er, und jenen erhöht er«* (Ps 75,8). Die ganze Errettung ist eine gigantische Umkehr der natürlichen Ordnungen und des Ablaufs der ganzen gefallenen Natur. Das zeigen die beiden Gebete zweier berühmter Mütter in der Bibel, Hanna und Maria (1Sam 2; Lk 1).

2 Gott erhebt sich,[396]
seine Feinde zerstieben,[397]
und vor ihm fliehen seine Hasser.

Die Wendungen sind 4. Mose 10,35 entlehnt. Dort sind sie als Bitten an Gott formuliert. Hier aber singt David, wie die Überschrift sagt, ein Lied. Es ist Lob und nicht Bitte, das ihm über die Lippen quillt. Die Bundeslade war aufgebrochen Richtung Jerusalem (2Sam 6), und dabei hatte er vielleicht das Gebet Moses aus 4. Mose 10 gebetet; nun aber war sie in Jerusalem angekommen, und jetzt lobte David seinen Gott. Der hatte immer wieder **»seine Feinde«** zerstreut; eben erst, als er David Sieg über die Philister gegeben hatte (2Sam 5), und er würde es auch ferner tun.

»Gott erhebt sich«: David bezeugt, dass Gott sich aufmacht, um seine Feinde zu schlagen und seine Geliebten zu retten (siehe Ps 3,8; 7,7; 9,20; 10,12; 12,6; 17,13 etc. Man vergleiche in diesem Zusammenhang Apg 7,56).

396 4Mo 10,35; Ps 3,8; 74,22.
397 V. 31.

3 Wie Rauch[398] verweht, verwehen sie;
wie Wachs vor Feuer schmilzt,
kommen die Gottlosen um vor Gott.[399]
4 Aber die Gerechten freuen sich[400],
frohlocken vor Gottes Angesicht[401]
und jubeln in Freude.

Die Feinde werden vor Gott »**wie Rauch verweht**«, denn sie haben, so sehr sie drohen und so groß sie tun, keine Substanz. Und sie kommen um »**wie Wachs vor Feuer schmilzt**«, denn sie habe keine eigentliche, nur eine geborgte und überdies schlecht gebrauchte Stärke. Das wird sofort offenbar, wenn der verborgene Gott seinen Arm ausstreckt und nur ein wenig seine Macht enthüllt. Der Schrecken Gottes treibt die Gottlosen fort, während es bei den Gottesfürchtigen umgekehrt gerade der Schrecken Gottes ist, der sie in Gottes Arme treibt: Während die Feinde Gottes vor Gott[402] umkommen, können »**die Gerechten frohlocken vor Gottes Angesicht**«. Welche Kontraste! Die gleiche göttliche Gegenwart ist den einen zum Verderben, den anderen zur Errettung, jenen zum Schrecken, diesen zur Wonne, dem Volk Gottes zu Licht, den Gottlosen zur Finsternis (2Mo 14,20). Das Wort vom Kreuz ist für den Ungläubigen eine Torheit, den Erwählten die Kraft Gottes (1Kor 1,18), diesen ein Geruch vom Leben zum Leben, jenen ein Geruch vom Tod zum Tod (2Kor 2,14.15).

5 Singt Gott,
lobsingt seinem Namen!
Macht Bahn[403] dem, der durch die Wüste fährt[404],
Jah ist sein Name,
und frohlockt vor ihm!

In den drei ersten Versen hat David von den Feinden gesprochen, die vor Gottes Angesicht umkommen müssen. In den Versen 5-7 spricht er von

398 Ps 37,20; 102,4.
399 Ps 9,4.
400 Ps 58,11; 67,5.
401 Ps 67,2.
402 Es heißt von den Gottlosen: Sie kommen um »vor dem Angesicht Gottes«, **mippənê**, wörtlich: »weg vom Angesicht«. Von den Gerechten heißt es hingegen: Sie freuen sich »vor dem Angesicht Gottes«, **lifnê**, wörtlich: »hin zum Angesicht«.
403 Ps 84,6.
404 V. 34.

der Hilflosigkeit der von Gott Erwählten. Sie lernten einen Gott kennen, **»der durch die Wüste fährt«**. Denn dort fand sie Gott (5Mo 32,10), an einem Ort, wo kein Leben und wo keine Hoffnung ist. Was anderes als Gnade war es, die sie gesucht und gerettet hatte?

Er ist der Gott, der sein Volk dort auch beschützt. Der Psalm erinnert zudem an Richter 4 und 5. Dort erfahren wir, wie ein furchtbarer Feind mit einer Armee von ehernen Streitwagen Israel bedroht, wie Gott sein Volk aber an einen Ort führt, wo die Streitwagen nicht manövrierbar sind; dort, in den Wüsteneien, wo menschliche Waffen versagen, fährt Gott einher; dort, wo ungebahntes Land ist, schafft er seinem Werk und auch seinem Volk Bahn (V. 7). Der Ruf **»Macht Bahn«** kehrt in den Weissagungen Jesajas (Jes 40,3) und später in der Predigt Johannes des Täufers wieder. Da lernen wir, was wir tun müssen, damit Gott freie Bahn in und unter uns habe: Wir müssen Buße tun, wir müssen uns vor ihm demütigen, wir müssen uns seinem Wort und Willen ergeben. So muss jede Höhe, die sich gegen Gott erhebt, zur Ebene werden (2Kor 10,5). Wer diesem Ruf folgt und damit in seinem Herzen *»gebahnte Wege«* hat, heißt glückselig (Ps 84,6).

6 Ein Vater der Waisen[405] und Richter[406] der Witwen
ist Gott in seiner heiligen Wohnung.

Die **»Waisen und Witwen«** sind die *»Gerechten«*, die sich vor Gottes Angesicht freuen (V. 4). Wie die Waisen und Witwen sind sie vollständig auf Gott angewiesen, haben weder Kraft noch Möglichkeiten, etwas zu tun ohne ihren Vater und Versorger. Im nächsten Vers heißen die Gerechten *»Einsame«* und *»Gefangene«*.

Gott ist ein **»Vater der Waisen«**: Er nimmt sich derer an, die von niemandem aufgenommen werden. Was für ein Gott, was für ein Herr und Retter: *»Denn hätten mein Vater und meine Mutter mich verlassen, so nähme doch der HERR mich auf«* (Ps 27,10). Gott ist ein **»Richter der Witwen«**: Er schafft denen Recht, die von den Menschen bedrängt werden und keinen Richter haben, der ihre Rechtssache führt: *»Gott aber, sollte er das Recht seiner Auserwählten nicht ausführen, die Tag und Nacht zu ihm schreien, und ist er in Bezug auf sie langsam? Ich sage*

405 5Mo 10,18; Ps 10,14; 146,9; Spr 15,25; Hos 14,4.
406 Ps 67,5.

euch, dass er ihr Recht schnell ausführen wird« (Lk 18,7,8). Wie gnädig ist Gott! Gleichzeitig aber ist er der Gerechte, ist er der Helfer **»in seiner heiligen Wohnung«**. Er hilft, ohne das Recht zu beugen, er rettet, ohne die Wahrheit zu kompromittieren. Auch als gnädiger Retter bleibt er der gerechte Gott: *»Ein gerechter und rettender Gott ist keiner außer mir!«* (Jes 45,21).

7 Gott bringt Einsame nach Hause,
führt Gefangene heraus ins Glück[407];
Widerspenstige aber wohnen in dürrem Land.

»Gott bringt Einsame nach Hause«: Das ist eine der unermesslichen Segnungen von Gottes Heil. Die Sünde hatte uns zu Einsamen gemacht; die Hölle wird die totale Einsamkeit sein. Gott rettet uns und gibt uns damit Gemeinschaft und ein Zuhause. Er führt uns in sein Haus, zu Gott, unserem Vater, und er führt uns ein in die Familie der Erlösten (Eph 2,19).

Einst führte Gott sein Volk aus der Knechtschaft in Ägypten **»heraus ins Glück«**. Dieses Glück bestand darin, dass Gott das Volk zu sich selbst brachte (2Mo 19,5; 1Petr 3,18). Auch unser Herr kam für **»Gefangene«**. Er kam, um sie in die Freiheit zu entsenden: *»Der Geist des Herrn, Jahwes, ist auf mir, weil der HERR mich ... gesandt hat, um zu verbinden, die zerbrochenen Herzens sind, Freiheit auszurufen den Gefangenen, und Öffnung des Kerkers den Gebundenen«* (Jes 61,1; Lk 4,18.19). Worin besteht aber diese Freiheit, wenn nicht darin, uns abermals zu Gefangenen zu machen, zu Gefangenen Christi und seines Willens (V. 18). Denn nicht das ist Freiheit, dass wir tun können, was wir wollen. Freiheit heißt vielmehr, dass wir das tun, was wir tun sollen: Gott und seinem Christus gehorchen.

2. Gott hat Heil gewirkt in der Geschichte (V. 8-19)

Die Strophe beginnt mit der Erinnerung an den Auszug und schließt mit dem Hinweis auf das Ziel dieser Errettung: David blickt zurück auf den Tag, da Gott vor seinem Volk herzog und es aus Ägypten herausführte

407 Ps 107,14; Jes 61,1.

(2Mo 13,21). Er führte es an den Sinai (V. 9), um dort mit ihm in den Bund zu treten, und dies wiederum hatte ein großes, ein hohes Ziel: Gott wollte unter den Seinigen wohnen (V. 19; 2Mo 25,8). Er sollte unter ihnen als König erhöht sein (V. 19; 2Mo 15,18).

8 Gott, als du auszogst vor deinem Volk,
als du einhergingst in der Wüste (Sela),

»Als du auszogst ...«: Jene Errettung begründet alle Errettungen, die David in seinem Leben erfuhr, alle Siege, die er über seine und damit Gottes Feinde errang; und jene Errettung ist Angeld und Verheißung auf eine kommende Zeit, in der Gottes Heil alle Welt erreichen wird (siehe Verse 33-36).

»vor deinem Volk«: In der Errettung aus Ägypten zog Gott vor seinem Volk her, wie in 2. Mose 13,21 ausdrücklich gesagt wird. Der gute Hirte geht seinen Schafen voran (Joh 10,4), er treibt sie nicht vor sich her. Gott ist der Anführer unserer Errettung (Hebr 2,10); er ist als unser Vorläufer uns vorangegangen ins himmlische Heiligtum (Hebr 6,20).

»als du einhergingst in der Wüste«: Wie er uns voranging, um in seinem Tod ewige Errettung zu wirken, so geht er uns auf dem ganzen Weg bis ans Ziel voran. Er führt uns durch die *»große und schreckliche Wüste, wo feurige Schlangen und Skorpione sind, und Dürre, wo kein Wasser ist«* (5Mo 8,15). In einer Welt der Sünde und des Todes bewahrt er uns, versorgt er uns, trägt er uns, bis wir am Ziel sind.

9 da bebte die Erde,
und der Himmel troff vor Gott,
dieser Sinai[408],
vor Gott, dem Gott Israels[409].

Dieser Vers ist fast ein Zitat von Richter 5,4. Damals erinnerte Debora in ihrem Lied an die Rettermacht Gottes, wie sie sich nach dem Auszug in höchst verdichteter Form am Sinai offenbarte, dort, wo »der Gott Israels« zu Israel, seinem Volk, herabstieg, während **»die Erde bebte«** und aus den von Blitzen durchzuckten Wolken der Regen **»troff vor**

408 V. 18.
409 Ps 41,14; 69,7.

Gott«. Der gleiche Gott hatte einmal mehr seine rettende Macht im Sieg gegen Sisera und seine Armee erwiesen. David greift nun auf dieses alte Lied zurück, während er die Rettungen besingt, die Gott zu seiner Zeit gewirkt hatte.

10 Gott, du sprengtest reichen Regen;
und war dein Erbe matt,
richtetest du es auf.
11 Deine Schar wohnt dort,
Gott, du sorgst in deiner Güte für den Elenden.

Er war einst am Sinai herniedergekommen und hatte seinem Volk seinen Willen geoffenbart, danach in Jerusalem an Pfingsten (ebenfalls mit den begleitenden Manifestationen von Sturm, Feuer und Stimmen). Dort gab er zusammen mit seinem Wort auch seinen Geist: **»reichen Regen«** goss er aus (Apg 2,33). Gottes Wort und Geist trösten und richten uns auf, wenn wir **»matt«** sind.

»dein Erbe«: So heißt hier Gottes Volk wie in 5. Mose 32,9 und wie im Neuen Testament in Epheser 1,18.

12 Der Herr gibt Befehl;
der Siegesbotinnen ist ein großes Heer:

Gott hat gehandelt; darum ist sein Volk errettet, und dem kann kein Feind etwas entgegensetzen.

»Der Herr gibt Befehl«, das große Heil zu verkünden. Der Sieg soll durch **»Siegesbotinnen«** proklamiert werden, also bemerkenswerterweise durch Frauen. Frauen sind *»das schwächere Gefäß«* (1Petr 3,7). An Schwachen verherrlicht sich Gott in der Errettung (1Kor 1,26-28); durch eine kleine Schar wie Gideons dreihundert Streiter fällt der Schrecken Gottes auf die Midianiter (Ri 7), durch den Mund von Kindern wird er gepriesen (Ps 8,3), Unmündigen offenbart er sein Heil (Mt 11,25), durch schwache Diener offenbart er seine Macht (2Kor 12,10); ja, durch schwache Gefäße scheint seine Herrlichkeit umso klarer (2Kor 4,7).

13 »Die Könige der Heere fliehen,
sie fliehen,
und die Hausfrau verteilt die Beute.«

»Die Könige der Heere fliehen«, (siehe V. 2), fliehen vor dem Angesicht Gottes, vor dem Schrecken Gottes, der vor dem Heer seiner Erwählten hergeht. Gottes Heilstaten lassen das Herz der Feinde Gottes vergehen (2Mo 15,14-16; Jos 2,9; 5,1). Vor seiner Heiligkeit schaudert ihre Bosheit, vor seiner unerwarteten Gnade an Sündern knirschen sie die Zähne (Ps 112,10), vor seiner Macht vergehen sie wie Wachs vor dem Feuer (V. 3).

»die Hausfrau« ist es, die die Beute verteilt: Auffallend steht wieder die Frau im Vordergrund. Der Psalm erinnert an Richter 4 und 5, wo ebenfalls Frauen die Hauptrolle spielten: Debora, eine Prophetin, trieb Israel in den Kampf (Ri 4,6-9), und Jael, eine Hausfrau, bezwang den General der Kanaanäer (Ri 4,17-22).

14 Liegt ihr zwischen den Hürden? –
Flügel der Taube, überzogen mit Silber,
und ihre Schwingen mit gelbem Gold.

Die Verse 13 und 14 sind sehr dunkel, d.h., uns sind sie dunkel, weil unser Verständnis verdunkelt ist. Gottes Volk, das **»zwischen den Hürden liegt«**, steht offenkundig als Kontrast zu den Königen der Heere, die fliehen. Während diese in Panik davonstürzen, erfreuen sich die Schafe der Herde Gottes zwischen den Hürden göttlicher Geborgenheit. Dabei sind sie **»wie die Flügel einer Taube«**. Die Taube könnte hier eine Metapher für Israel, die Braut und Geliebte des Herrn sein (siehe Hohelied 2,14). Als die von Gott Geliebte ist sie bei ihm gesichert, dazu sind die Flügel **»überzogen mit Silber … mit grüngelbem Gold«**, vielleicht ein Hinweis auf die Kostbarkeit dieser sehr besonderen Taube, d.h. des von Gott erwählten und darum sehr besonderen Volkes (2Mo 19,5.6). Das Silber erinnert dabei an den hohen Preis, den Gott zur Erlösung seines Volkes bezahlt hat (vgl. 1Petr 1,18), und das Gold erinnert an die göttliche Natur, die Gott seinem Volk gegeben hat (2Petr 1,4). Diese beiden Dinge sind es, die das Volk Gottes in Gottes Augen so kostbar machen.

15 Wenn der Allmächtige Könige darin zerstreut,
wird es schneeweiß auf dem Zalmon.

Was mit dem Vergleich von Vers 14 gemeint ist, können wir nur erraten. Halten wir fest, was einfach ist, nämlich dass **»der Allmächtige Könige zerstreut«**. Darin erweist er sich als der mächtige und als der gerechte Gott. Die Könige haben viel Macht, aber sie haben sie missbraucht, indem sie sich zusammentaten, um gegen Gottes Volk zu kämpfen. Darum richtet sie Gott, indem er sie zerstreut.

Wenn wir bedenken, dass **»Zalmon«** etwa so viel wie »der Dunkle«, »der Schwarze« bedeutet, dann sehen wir ein kontrastreiches Bild vor uns: Der schwarze Berg wird durch das Handeln des Allmächtigen **»schneeweiß«**. *Wie* das geschieht, darüber können wir nur spekulieren, *was* geschieht, nehmen wir ohne Mühe wahr. Durch Gottes Macht und Willen wird das Schwarze weiß, das Finstere hell. Ist das nicht in der Erlösung geschehen (Jes 9,1.2; Lk 1,78.79)? Und das wird noch einmal am Ende der Tage geschehen, wenn Gott das Heil mit Israel und allen Nationen vollenden wird, wie u.a. Jesaja sagt: *»Finsternis bedeckt die Erde und Dunkel die Völkerschaften, aber über dir strahlt der HERR auf«* (Jes 60,2).

Luther scheint den Sinn des Verses gut getroffen zu haben: »Als der Allmächtige die Könige im Lande zerstreute, da ward es helle, wo es dunkel war.« Dabei hat er sich keine zu großen Freiheiten genommen, denn das hebräische **ṣalmôn** muss man nicht notwendigerweise als einen Eigennamen auffassen, sondern man kann es auch als »das Dunkel« (also »dort, wo es dunkel ist«) auffassen.

16 Ein mächtiger Berg[410] ist Basans Berg,
ein Berg vieler Gipfel ist Basans Berg.
17 Was blickt ihr neidisch,
ihr Berge und Gipfel,
auf den Berg,
den Gott zum Thronsitz begehrt?
Ja, ewig wird der HERR dort wohnen.

»Ein mächtiger Berg ist Basans Berg«: Er ist natürlich viel höher und imposanter als das Hügelchen Zion, und darum blickt er von sei-

410 Ps 36,7.

ner Höhe verächtlich, aber auch **»neidisch … auf den Berg, den Gott zum Thronsitz begehrt«**. Die Ehre und die Herrlichkeit Zions ist nicht seine Höhe, sondern die Tatsache, dass Gott auf ihm wohnt. Gott erwählt das Niedrige, das Törichte, das Verachtete, um damit alles Hohe und Angesehene in der Welt zu beschämen, sodass sich vor ihm kein Fleisch rühmen kann (1Kor 1).

> **18 Der Wagen Gottes sind**
> **vieltausendmal tausend,**[411]
> **Tausende und Abertausende;**
> **der Herr unter ihnen:**
> **der Sinai im Heiligtum.**

Der Wagen Gottes sind mehr als der Wagen der Feinde des Volkes Gottes. Sisera mag neunhundert eiserne Wagen haben (Ri 4,3); Gott ist umgeben von Myriaden von feurigen Wagen mitsamt ihren Reitern, d. h. Engeln (2Kö 6,17; Hebr 12,22; Offb 5,11). Er zieht mit seinen Wagen in den Krieg gegen seine Feinde, (2Mo 15,3), und er entsendet seine Wagen zur Heimholung der Seinigen (2Kö 2,11; Lk 16,22).

»der Sinai im Heiligtum«: Gott wohnt in seinem Heiligtum (V. 5), und in seinem Heiligtum ist auch der Sinai, d. h. das Gesetz. Die Tafeln des Gesetzes lagen in der Lade im Allerheiligsten. Sein heiliger Wille regiert sein Volk. Sein Wille ist die Errettung der Seinen. Welcher Feind will seinem Willen trotzen? Dann kann es aber für das Volk Gottes nirgends sicherer sein, als da, wo es sich seinem Willen unterwirft, da, wo es vor seinem Thron niederfällt. Dass übrigens Gottes Wohnung und der Gehorsam des Volkes untrennbar miteinander verwoben sind, zeigt Psalm 132,7, zeigt auch die Geschichte von der Aufrichtung der ersten Wohnung Gottes auf der Erde. Die Sünde des Volkes machte zunächst das Aufrichten der Wohnung unmöglich. Erst nach der Fürbitte des Mose, der Sühne für die Sünde und Gottes zweitem Reden zu Mose war das Volk willig und Gott ergeben (2Mo 25; 32–34; 35). Da konnte Mose die Stiftshütte aufstellen.

411 2Kö 6,17; Offb 5,11.

19 Du bist aufgefahren zur Höhe,
hast Gefangene gefangen[412].
Du hast Gaben empfangen im Menschen,
auch Widerspenstigen,
damit Gott, der HERR, wohnen könne.

Hier haben wir das Ziel der Erlösung, von der David in Vers 7 zu sprechen begonnen hatte. Gott ist »**aufgefahren zur Höhe**«. Er ist unter seinem Volk als König erhöht (siehe 2Mo 15,18 und unten V. 24). Er thront unter den Lobgesängen Israels (Ps 22,4).

Diesen Vers zitiert Paulus in Epheser 4,8 und wendet ihn auf die neutestamentliche Gemeinde an[413]. Der Herr hat nach seinem Werk am Kreuz in seiner Auferstehung Rechtfertigung für seine Erwählten gewirkt, die ehemals Gefangene der Sünde und des Todes waren. Diese führt er nun im Triumphzug als Trophäen seines großen Sieges hinter sich her (2Kor 2,14). Sie sind durch die Erlösung seine Gefangenen geworden. Sein Wille ist ihr Wille geworden, ihre eigenen Gedanken nehmen sie willig gefangen unter den Gehorsam des Christus (2Kor 10,4). Das ist die Freiheit, zu der Christus sie frei gemacht hat (Gal 5,1), das ist die Freiheit, die dort herrscht, wo der Geist des Herrn ist (2Kor 3,17).

»**Auch Widerspenstige**« sind seine Gefangenen geworden, und dafür können wir Gott nie genug danken; denn wir sind alle von Natur widerspenstig. Wären wir es nicht, wären wir ja keine Sünder. Welch Glück, dass Gott uns nicht unserem Eigenwillen überlassen und uns dahingegeben hat! Welche Gnade, dass er so lange und so mächtig an uns wirkte, dass wir eines Tages nicht anders konnten und nicht anders wollten, als uns ihm zu ergeben. Fragen wir, wozu Gott in dieser Weise an uns gewirkt hat, antwortet David: »**Damit Gott, der HERR, wohnen**

412 Ri 5,12.

413 Der Text von LXX entspricht ganz dem hebräischen MT: »ανεβης εις υψος ηχμαλωτευσας αιχμαλωσιαν ελαβες δοματα εν ανθπωπω και γαρ απειθουντες του κατασκηνωσαι κυριος ο θεος.« Hingegen lautet Epheser 4,8 anders: »διο λεγει αναβας εις υψος ηχμαλωτευσεν αιχμαλωσιαν και εδωκεν δοματα τοις ανθρωποις.« Paulus zitiert also nicht LXX, sondern er passt, durch Gottes Geist geführt, das Zitat dem gegebenen Zusammenhang an. Damit widerspricht er der alttestamentlichen Vorlage nicht, sondern ergänzt die in Psalm 68,19 bezeugte Wahrheit: Gott hat zuerst Menschen als seine »Gaben« empfangen; dann hat er diesen Menschen Gaben gegeben, alles mit dem einen Ziel: Er will unter den von ihm erwählten Menschen wohnen. Louis Segond hat den Gedanken mit seiner Übersetzung sehr gut getroffen: »Tu as pris en don des hommes – du hast Menschen als Gaben genommen (empfangen).« Das ist exakt der vom Herrn in Johannes 17,6.9.12.24 ausgedrückte Gedanke: Gott hat dem Sohn als Lohn für seine Leiden Menschen gegeben. Diesen Erlösten gibt der Herr in der Folge Gaben, und er gibt sie als Gaben der Gemeinde.

könne.« Das ist das hohe Ziel der ganzen Geschichte der Erlösung. Gott will unter den Erlösten wohnen (2Mo 25,8). *»Siehe, das Zelt Gottes bei den Menschen, und er wird unter ihnen wohnen«*, ruft Johannes im letzten Buch der Bibel (Offb 21,3).

3. Gott ist der Retter, der heute und morgen rettet (V. 20-32)

Damit, dass der Herr erhöht und eine Wohnung unter den Menschen aufgerichtet hat (V. 19), ist der höchste Punkt erreicht worden. Im Folgenden singt David von den Ergebnissen der großen Errettung, die Gott gewirkt hat. Die Strophe beginnt mit dem Lob Gottes, des Helfers und Retters Israels, und endet mit der Gewissheit, dass die Heiden den Gott Israels suchen werden.

> **20 Gepriesen sei der Herr!**
> **Tag für Tag trägt er uns die Last[414];**
> **Gott ist unsere Rettung (Sela).**
> **21 Gott ist uns ein Gott der Rettungen,**
> **und bei Jahwe, dem Herrn, entkommt man dem Tod[415].**

Ein erstes Ergebnis ist, dass er uns **»Tag für Tag die Last«** trägt. Damit beweist sich täglich, dass **»Gott unsere Rettung«** ist. Er ist *uns*, seinen Erlösten, Rettung; er ist uns zum Gott geworden, und wir sind sein Besitz. Und dann fährt David präzisierend fort und sagt, Gott sei **»ein Gott der Rettungen«**, Mehrzahl; denn der Gefahren, Widerwärtigkeiten und Versuchungen sind viele, und aus allen errettet uns der Herr (Ps 34,19; 2Tim 3,11; 4,18).

Als zweites Ergebnis finden wir die Gewissheit: **»bei Jahwe, dem Herrn, entkommt man dem Tod«**, diesem letzten Feind (1Kor 15,26). Wir sind sein bis ans Ende: *»Denn dieser Gott ist unser Gott immer und ewig! Er wird uns leiten bis an den Tod«* (Ps 48,15) und darüber hinaus (Ps 16,10).

414 Ps 66,11.
415 Ps 48,15.

22 Ja, Gott zerschmettert den Kopf seiner Feinde,[416]
den Scheitel dessen, der einhergeht in seiner Schuld.

Ein drittes Ergebnis des großen Erlösungswerkes: »**Gott zerschmettert den Kopf seiner Feinde.**« Jeder Feind wird niedergerungen und gerichtet. Im Neuen Testament wird das an Stellen wie Kolosser 2,15 und Hebräer 2,14 weitergeführt und auf den Feind Gottes und der Menschen, den Satan und seinen ganzen Anhang, angewendet.

Wir werden hier wieder an das Lied Deboras erinnert. Es war Jael gewesen, die das Haupt Siseras durchbohrt hatte (Ri 5,26), und doch sagt David, Gott habe das Haupt seiner Feinde zerschmettert. Er war die Ursache der Befreiungstat, es war sein Wille, der dort geschah. Jael war sein Werkzeug. Sie war eine Mitarbeiterin Gottes; sie tat sein Werk.

23 Der Herr hat gesagt:
Ich will zurückbringen aus Basan,
zurückbringen aus den Tiefen des Meeres[417]**,**
24 damit du deinen Fuß badest in Blut[418]
und die Zunge deiner Hunde
von den Feinden ihr Teil habe.

Ein viertes Ergebnis der großen Errettung: Gott »**wird zurückbringen aus Basan, aus den Tiefen des Meeres**«: Gott wird sein Volk nicht ewig verstoßen (Röm 11,1).[419] Er denkt an seinen Bund, und seine Berufung kann ihn nicht gereuen (Röm 11,29). Er wird seine Heiligen züchtigen, er wird sie ins Feuer und ins Wasser bringen (Ps 66,12), aber er wird sie bewahren und heraufführen. Das hier für »Tiefe« verwendete Wort kommt auch in 2. Mose 15,5; Psalm 88,7 und Sacharja 1,8 vor. »**Basan**« will hier gewiss an die Gefahr erinnern, in der das Volk sich in seiner Frühgeschichte befand, als der dortige König, der zu den Riesen zählte, es mit seinem Herrn vertilgen wollte (5Mo 3). Aber Gott rettete sein Volk; und er wird es in gleicher Weise immer wieder retten und bewahren.

416 1Mo 3,15; Ps 110,6.
417 Jes 63,11-13; Jona 2,11.
418 Ps 58,11.
419 Nicht alle Ausleger sehen Israel als das Objekt dieses Satzes. Sie meinen, es beziehe sich auf die Feinde des Volkes Gottes. Gott werde diese zum Gericht aus ihren Verstecken holen (so Alexander, Brandenburg, Delitzsch, Perowne und andere).

Ein fünftes Ergebnis der großen Errettung ist die Rache, die Gott selbst an unseren Feinden übt. Wir brauchen uns nicht selbst zu rächen, sondern wir können dem gerechten Zorn Gottes Raum geben. Er wird vergelten, denn die Rache ist sein (Röm 12,19). Es ist wichtig, dass wir das bedenken. Ja, Israel wird seinen **»Fuß baden in Blut«**, aber nicht aus Rachsucht oder Blutrünstigkeit. Es ist Gottes gerechtes Gericht, das sich offenbart (man vgl. 1Mo 15,16; Ps 149,6-9).

25 Sie sehen deine Züge, o Gott,
die Züge meines Gottes,
meines Königs im Heiligtum.
26 Voran gingen Sänger,
danach Saitenspieler
mit Tamburin schlagenden Mädchen[420].
27 In den Versammlungen
preist Gott, den Herrn,
ihr aus Israels Quell!
28 Da ist Benjamin,
ihr Jüngster und Herrscher,
die Fürsten Judas, ihr Haufe,
die Fürsten Sebulons,
die Fürsten Naphtalis.

Ein sechstes Ergebnis der großen Errettung: Gottes Volk zieht zur Ehre Gottes und unter Lobgesang in geordneten Scharen durch diese Welt der Sünde und der Auflehnung gegen Gott. **»Deine Züge«** sind wiederum eine Erinnerung an die Wanderungen des Volkes Gottes in der Wüste (siehe V. 2 und 8). In 4. Mose 10 wird die Marschordnung der Zwölf Stämme genau beschrieben. Hier werden nur vier Stämme genannt, und zwar stellvertretend für alle die zwei südlichsten, Juda und Benjamin, zusammen mit den zwei nördlichsten, Sebulon und Naphtali. Der Platz eines jeden Stammes wurde durch seine Position bezüglich der Stiftshütte definiert. Die Wohnung Gottes war Bezugspunkt und Mitte der zwölf Stämme, wenn sie lagerten und wenn sie marschierten. Gott, der unter seinen Erlösten wohnt, ist die Mitte auch des neutestamentlichen

420 2Mo 15,20.

Gottesvolkes (Mt 18,20). Dies hebt das Volk Gottes aus allen anderen Völkern und Gemeinschaften hervor, wie Mose sehr gut verstanden hatte (2Mo 33,16).

»Gottes, meines Königs«: In der Erlösung war Israel vom ägyptischen König befreit und unter die Herrschaft eines neuen Königs, Gott, gestellt worden. Ein von Gott gerettetes und ihm ergebenes Volk will ihn nun rühmen: **»Voran gingen Sänger, danach Saitenspieler mit Tamburin schlagenden Mädchen.«** Wer **»aus Israels Quell«** ist, wird ins Lob einstimmen. Daran erkennt man ihn, und er weiß, dass seine Quelle nicht in ihm, sondern in Gott, im Gott Israels ist. Aus ihm ist alles, ihm verdankt er alles; ihm soll alle Ehre gehören. Darum singt und tanzt er mit seinen Brüdern im Reigen und bekennt: *»Alle meine Quellen sind in dir«* (Ps 87,7). Das ist ein großartiger Anblick, zum Erstaunen für Menschen und Engel (1Kor 4,9; Eph 3,10).

29 Geboten hat dein Gott,
dass du stark seiest.[421]
Stärke, o Gott,
was du für uns gewirkt hast,

Ein siebtes Ergebnis der großen Errettung: Gott hat geboten **»dass du stark seiest«** (siehe Jos 1,9). Was Gott befiehlt, das gibt er auch. Er gibt Stärke seinem Volk (Ps 29,11). Er, der es erwählt und erlöst hat, befähigt es auch, im Stand der Erlösung zu leben und zu wandeln.

David betet, dass Gott **»stärke«**, was er **»für uns gewirkt hat«**. Hier haben wir einmal mehr das Paradox des Gebets. Gebet heißt nicht, Gott umstimmen, sondern Gebet heißt, Gott zu bitten, das zu tun, was zu tun er sich vorgesetzt und verheißen oder schon gewirkt hat. Entsprechend betet David in 2. Samuel 7,25; siehe auch Hesekiel 36,33-37.

30 von deinem Tempel über Jerusalem.
Könige bringen dir Tribut.[422]

Ein achtes Ergebnis der großen Errettung: Die Nationen werden glauben, sich dem Gott und König Israels unterwerfen und Heil finden. Die Tat-

421 Jos 1,9.
422 Ps 72,10.

sache, dass Gott unter den Menschen wohnt, wird hier abermals erwähnt. Die »**Könige**« und Mächtigen der Erde beugen sich der überlegenen Macht Gottes, einer Macht, die sich hier aber nicht im Gericht, sondern in Gnade offenbart. Weil Gott unter den Seinigen wohnt, werden die Heiligen aus Basan zurückgebracht (V. 22). Die Kraft der Errettung und Befreiung ist bei Gott. Und weil Gott unter den Menschen wohnt, beugen sich die fremden Fürsten und »**bringen Tribut**«.

> **31 Schilt das Tier**[423] **im Rohr,**
> **die Schar der Starken**
> **unter den Völkerkälbern;**
> **wirf nieder**[424]**, die nach Silber gieren;**
> **zerstreue die Völker,**
> **die Lust haben am Krieg**[425]**!**

Gott wird »**das Tier im Rohr**« schelten. Damit ist wahrscheinlich Ägypten gemeint, das bei den Propheten mit einem Ungeheuer im Nil oder im Schilfmeer verglichen wird (Jes 30,6; 36,6; Hes 32,2). Das Tier, das so stark und furchterregend ist, das Israel gefangen hielt und Israel immer wieder zu falschem Vertrauen auf den Menschen verleitete (Jes 32; 33), ist in Wahrheit schwach; denn Gott wird es niedertreten. Das Schilfrohr steht in der biblischen Sprache für Schwachheit. Es wird von jedem Wind hin- und herbewegt; wer sich auf ein Rohr stützt, muss einbrechen (Jes 36,6). Dem Herrn der Herren gaben sündige Menschen ein bloßes Rohr in die Hand, um ihm damit zu sagen, wie viel sie von seiner Königsherrschaft hielten.

Mit den »**Starken**«, **ʾabbîrîm**, sind nicht genannte Feinde des Volkes Gottes gemeint, die es bekriegen und zerstören wollen (wie u. a. in Ps 83 beschrieben). Das gleiche Wort wird in Psalm 22,13 verwendet, wo es meistens mit »Stieren« übersetzt wird (Luther, Elb).

Zu den »Starken«, die auch als Stiere aufgefasst werden können, gesellen sich »**Kälber**«, die ebenfalls für feindliche Nationen stehen. Reiche oder Herrscher werden in der Bibel oft mit Tieren verglichen

423 Ps 74,19.
424 Ps 18,45; 47,4.
425 Ps 120,7.

(Dan 7,2-8). Ein Tier wird am Ende in Jerusalem sitzen und als König herrschen, und ein Tier wird von aller Welt angebetet werden (Offb 13).

»Zerstreue!« bedeutet »schwäche!«. **»Die Völker, die Lust haben am Krieg«** sind Feinde des Friedens (vgl. Ps 120,7) und damit Feinde Gottes, der ein Gott des Friedens ist (1Kor 14,33). Gott will sowohl Frieden in der Welt als auch Frieden im Herzen geben. Die Menschen und die Nationen, die sich Gott und seinem Frieden widersetzen, werden zur bestimmten Zeit von ihm erniedrigt werden.

32 Gesandte werden kommen aus Ägypten;
Äthiopien wird seine Hände ausstrecken zu Gott.

Das Heil ist erst dann wirklich vollendet, wenn **»Gesandte aus Ägypten«** kommen und den Gott Israels anbeten, wenn die ehemaligen Bedrücker zu Schülern der Bedrückten und zu Dienern Gottes werden. Sie, die Gottes Volk daran hindern wollten, sich für Gott abzusondern und Gott zu dienen, werden nun seinen Fußstapfen folgen und es ihm gleichtun. Welcher Triumph der Macht der Gnade! Und das ferne **»Äthiopien wird seine Hände ausstrecken zu Gott«**. Der Kämmerer war ein Erstling einer noch ausstehenden großen Ernte auch aus jenem Volk (Apg 8). Wiewohl das damalige Judentum Gottes Herrlichkeit mehr verhüllte als bezeugte, ging doch vom Haus Gottes in Jerusalem noch so viel Licht aus, dass Heiden aus fernen Nationen kamen, um diesem Gott zu huldigen. Welche Kraft wird erst auf das Gewissen und den Willen der Nationen wirken, wenn Gott in seinem Haus wohnt und von einem Volk umgeben ist, in dem ein jeder, vom Größten bis zum Kleinsten, von Gott gelehrt sein und Gott erkennen wird (Jer 31,31-34)!

4. Alle Könige der Erde sollen Gott lobsingen (V. 33-36)

Die Strophe beginnt mit der Aufforderung an die Könige der Erde, Gott zu lobsingen, und sie schließt mit dem Aufruf an die Heiligen, Gott zu preisen.

33 Ihr Königreiche der Erde,
singt Gott,[426]
spielt dem Herrn (Sela).
34 der einherfährt im höchsten Himmel,
dem ewigen.
Da! Er erhebt seine Stimme,
eine mächtige Stimme.
Gepriesen sei Gott!

Nachdem David berichtet hat, wie das Volk Gottes Gott lobsingt (V. 26), fordert er alle »**Königreiche der Erde**« auf, Gott zu lobsingen. Er nennt zwei Gründe dafür: Gott »**fährt einher im höchsten Himmel**«, d. h. er ist der erhabene und uneingeschränkte Herr des Himmels, der alles lenkt und dem alles auf der Erde letztlich dienen muss. Nichts kann ihn hindern, denn er fährt frei einher, niemand ist höher als er, denn er ist in den Himmeln, und niemand ist ihm zuvor, denn es ist »**der ewige**« Gott. Der zweite Grund ist »**seine mächtige Stimme**«, die einst auf dem Sinai donnerte (siehe V. 8) und die er noch erschallen lässt. Er hat befohlen, und daher ist es recht, dass wir uns ihm anbetend ergeben; seine Stimme ist mächtig, daher rühmen wir ihn. Er gebot im Anfang, und alles stand da. Und er gebietet nun, und alle Menschen sollen hören (Apg 17,30).

35 Gebt Gott Stärke![427]
Seine Hoheit ist über Israel
und seine Stärke in den Wolken[428]**.**

426 Ps 67,4.
427 Ps 29,1.
428 Ps 89,7.

36 Furchterregend ist Gott,
– du, aus deinem Heiligtum[429]**,**
du Gott Israels –
er gibt Stärke und Kraft dem Volk[430]**.**

David hat gesagt, dass es Gott ist, der Stärke gibt (V. 29), daher er mit Recht fordert: »**Gebt Gott Stärke!**« Alles verdanken wir Gott; von ihm haben wir empfangen, und ihm geben wir alles zurück (1Chr 29,14). Wir anerkennen auch, dass alle Stärke bei ihm ist, und dass es daher Torheit wäre, ihm zu trotzen; denn wir sind nicht stärker als Gott (1Kor 10,22). Der ganze Psalm hat gezeigt, dass Gottes Macht für die Seinen Leben und Heil bedeutet, wie seine Macht gegen seine Feinde Untergang und Verderben bedeutet. Gott ist wahrlich »**furchterregend**« und sehr zu fürchten. Weil er so groß ist und weil wir ihn lieben, haben wir große Scheu davor, etwas zu tun, das ihm nicht gefallen könnte.

Schon zum sechsten Mal wird in diesem Psalm Gottes Wohnung erwähnt (V. 5.16.18.24.29.35). Aus seinem »**Heiligtum**« erscheint er in seiner ganzen Heiligkeit und Gnade; Heiligkeit, die im Feuer alles verzehrt, was Sünde heißt, und Gnade; die alles rettet, was sich ihm vertrauensvoll naht. Mit einem letzten Ruf beschließt David sein Lied. Wir nehmen den Ruf auf und reichen ihn weiter, bis alles einstimmt und bekennt: »**Gepriesen sei Gott!**«

Lehrreiches und Denkwürdiges zu Psalm 68

»Ist eine schöne, gewaltige Weissagung von Christo, wie er auferstehen, gen Himmel fahren, seinen Geist herabgeben, Apostel aussenden, das Evangelium predigen lassen, den armen Sündern aus dem Tode helfen, die Betrübten trösten, der Juden Reich und Priestertum zerstören und sie zerstreuen und ein neues Reich, darin man ihn täglich loben und predigen würde und nicht das Gesetz Moses anrichten sollte. Und nennt die Apostel Könige und Heerfürsten oder Feldhauptleute, darum, dass sie kriegen mit dem Evangelium wider den Tod, Sünde und Teufel, wider der Welt Weisheit und Heiligkeit. Er nennt sie hohe, furchtbare Berge, Got-

429 V. 6.
430 Ps 29,11.

tes Erbe, Gottes Wagen mit viel Tausenden. Wiederum nennt er sie auch Sänger und Spielleute unter den Jungfrauen im Singetanz, darum, dass sie Gott fröhlich preisen, loben und danken. Und hat also sein Freudenspiel über dem seligen Reich der Gnaden und des Lebens und betet am Ende, dass Gott solch Reich wolle erhalten und bis in Ewigkeit segnen und bestätigen« (Luther, *Summarien über die Psalmen*).

»Obgleich David in diesem Psalm beabsichtigt, die Siege zu feiern, die er durch Gottes Gnade über seine Feinde davontragen durfte, macht er doch den Anfang mit einem allgemeinen Lobpreis der Macht und Güte Gottes, für welchen ihm des Herrn Regiment über die ganze Welt den Stoff bietet. Sodann redet er von der Erlösung des auserwählten Volkes und wirft im Anschluss daran auch einen Blick auf die ganze Reihe der väterlichen Wohltaten, welche Gott auch in der Folgezeit über das Geschlecht Abrahams in freundlicher Herablassung ausgeschüttet hat. Endlich wendet sich David mit ausführlicheren Worten zu seinem eigentlichen Thema und rühmt mit erhabenem Gesang die denkwürdige und kraftvolle Hilfe Gottes, die er persönlich erfahren hatte und die doch zugleich dem ganzen Volk offenbar geworden war. Er stellte fest, dass nach seiner Einsetzung in das Königtum der Zustand der Gemeinde alsbald wieder in die rechte Ordnung kam: Gott selbst, der sich zuvor zurückgezogen zu haben schien, richtete in diesem Zeitpunkt gleichsam seinen Thron auf und übernahm von neuem das Regiment. Übrigens wird uns unter diesem Bilde ohne Zweifel die volle Offenbarung der Herrlichkeit Gottes dargestellt, die endlich in Christo aufging« (Calvin).

»Dieser Psalm passt sehr gut zur Zeit, in der David nach seinen Siegen über die Feinde ringsum ganz Israel versammelte und die Lade Gottes im Triumph aus dem Haus Obed-Edoms in die Stadt Davids brachte, was ein Typus ist auf die Himmelfahrt des Herrn, nachdem er in der Welt Erlösung gewirkt hatte. In diesem Psalm betet David nach der Art Moses, als die Bundeslade aufbrach, zu Gott oder zu Christus, der ins Fleisch kommen sollte, zuerst gegen die Feinde, Vers 2 und 3, und dann für das Volk des Herrn, Vers 4. Dann ruft er das ganze Volk Gottes auf, Gott zu preisen, Vers 5, worauf er zwölf oder dreizehn Gründe dafür nennt … und für all das, ermahnt er alle, den Herrn zu preisen, Vers 36« (Dickson).

»Das Thema des Psalms … ist der Sieg des Gottes Israels über die Welt. Inhaltlich angesehen, zerlegt sich das Ganze in zwei Hälften, welche sich im Allgemeinen so unterscheiden, dass die erste (V. 2-19) mehr bei der Tat Gottes, die zweite (V. 20-35) mehr bei den Eindrücken verweilt, die sie auf die Gemeinde und auf die Weltvölker macht. Sie wird in beiden bald als eine zukünftige, bald als eine vergangene geschaut, indem die Sehnsucht der Bitte und die Zuversichtlichkeit der Hoffnung sich bis auf die Höhe der Prophetie emporschwingen, welche das Künftige wie eine vollzogene Tatsache vor sich hat. Das musikalische Sela kommt dreimal vor (V. 8. 20.33). Diese drei Kraftstellen bieten für die Auffassung des Gesamtsinns wichtige Gesichtspunkte« (Delitzsch).

V. 2-7 – »In den sechs ersten Versen findet sich eine wundervolle Beschreibung von Gottes Größe und Sanftmut, Macht und Barmherzigkeit. Die Kontraste sind bemerkenswert. Er zerstreut seine Feinde. Er ist ein Vater der Waisen. Die Gottlosen kommen um vor seinem Angesicht. Er gibt Einsamen eine Familie. Das sind nicht Widersprüche, vielmehr empfindet man unmittelbar die Einheit im scheinbar Gegensätzlichen. Seine Gerechtigkeit ist die Stärke seiner Barmherzigkeit. Seine Macht ist seine Fähigkeit zu helfen. Die Gerechten müssen keine Angst haben vor seiner Stärke, sondern dürfen vielmehr über sie frohlocken, auf sie trauen und mit ihr zusammenarbeiten, indem sie Gott einen Weg bereiten« (Campbell).

»Prophetische Vorwegnahme: Der Psalm besingt Gottes endgültigen Sieg und seine weltweite Regierung in der Person des Messias. Der von Paulus in Epheser 4,18 zitierte 19. Vers bestätigt, dass der Psalm eine Weissagung auf den Sieg Christi in Auferstehung und Erhöhung ist. Die Tatsache, dass Christus sich jetzt gesetzt hat zur Rechten Gottes im himmlischen Heiligtum, ist die Garantie für zukünftige Segnungen, die der Gemeinde, Israel und der ganzen Welt noch zukommen sollen. Die Verse 22-24 beziehen sich auf die Vernichtung des ›Tieres‹ und seiner Armeen (Offb 19). Das wiederhergestellte Israel wird gesehen, wie es unter dem Neuen Bund wiederum seinen siegreichen Zug tut unter seinem göttlichen Anführer und Haupt. Es wird sein lange verheißenes Erbe im Land erlangen und unter den Flügeln erlösender Liebe in Sicherheit wohnen (V. 14)« (Clarke).

V. 2 – »Es ist sinnlos zu leugnen, dass die nicht erneuerten Menschen *Feinde Gottes* sind. Sie werden in der Bibel überall so genannt« (Plumer).

V. 4 – »Das **›vor Gott‹** bildet einen schönen Gegensatz zu dem *›vor ihm‹* in Vers 2 und *›vor Gott‹* in Vers 3: Von der Zornwirkung, die von seinem Antlitz ausgeht, zerstieben die Feinde, während vor seinem Gnadenantlitz sich freuen die Gerechten« (Delitzsch).

V. 6.7 – »Schutz für die Hilflosen und Gericht über die Gesetzlosen sind die Merkmale wahren Königtums, sei es menschliches oder göttliches, sogar nach heidnischer Vorstellung. Damit beschließen diese beiden Verse in passender Weise den Lobpreis des königlichen Befreiers. Aber die Lade lässt auch an den Auszug aus Ägypten denken. Jene Befreiung war die klassische Vorsorge für die Heimatlosen und Befreiung der Gebundenen und der große Beweis dafür, dass die Aufrührer gerichtet werden. In diesen Geschehnissen, welche Gottes Handeln im Evangelium vorschatten, erkennen wir ein besonders klares und vollständiges Muster von Gottes Handeln …« (Kidner).

V. 20-36 – »Das Lied schöpft seine Kraft nicht allein aus der Geschichte. Der letzte Abschnitt (V. 20-36) spricht vom gegenwärtigen Handeln Gottes. Er ist der gegenwärtige Gott und gibt als solcher in den Tagen des Sängers Beweise seiner Macht und seiner Barmherzigkeit. Der eröffnende Vers dieses Abschnitts hebt das Bewusstsein von Gottes gegenwärtigem Wirken deutlich hervor. Das Sela ruft zum Innehalten und zum Bedenken von Gottes gegenwärtiger Hilfe auf … Es öffnet die Tür zu einer Weissagung kommender Errettung in Form eines Glaubenshymnus. Wir erkennen leicht, wie es damit zum Herzen des Volkes Gottes in allen Zeitaltern zu sprechen vermag. Es bezeugt das einzige und alleinige Bewusstsein, das fähig ist, einen Tag des Dunkels und der Not zu einem Tag von Licht und Lobpreis zu machen. Eine Geschichte, die im Licht von Gottes Thron gesehen wird, und ein Erfahren seines gegenwärtigen Beistandes, verbinden sich zu einer Fackel, die den dunkelsten Tag und die schwierigsten Umstände erhellt und so Vertrauen lehrt und zu Danksagung drängt« (Campbell).

V. 23 – »Damit die Kinder Israel nicht in unheiliger Weise über ihre Siege frohlocken, sondern Gott als deren Urheber anerkennen, erinnert

David an ihre ersten Anfänge. Auch soll es zur Stärkung des Glaubens an Gottes vorgehendes Gnadenwirken zu ihrem Heil dienen, wenn ihnen ins Gedächtnis gerufen wird, wie ihre Väter im Anbeginn durch Gottes siegreiche Hand gleichsam aus dem Abgrund gezogen wurden. Denn die hier dem Herrn in den Mund gelegten Worte wollen besagen: Der Gott, der sein Volk einmal aus Basan, d. h. aus der Hand der Riesen (5. Mose 3,11) errettet und aus der Tiefe des Roten Meeres gezogen hat, tat dies nicht, um es jetzt in ähnlichen Gefahren zu verlassen. Er wird als Retter zur Stelle sein, so oft die Not es erfordert« (Calvin).

Sprachliche Anmerkungen zu Psalm 68

V. 2 – Man muss die drei Sätze dieses Verses als Aussagen übersetzen; die hebräischen Verbalformen **jâqûm** und **jânûsû** sind eindeutige Indikative, und damit ist das dazwischen stehende **jâphûṣû**, das zwar beides, Jussiv und Indikativ, sein kann, ebenfalls als Aussage festgelegt. Von den gebräuchlicheren Übersetzungen ist Segond die einzige, die das so übersetzt hat: »Dieu se lève, ses ennemis se dispersent, et ses adversaires fuient devant sa face.« Auch Buber übersetzt richtig: »Gott steht auf, seine Feinde zerstieben, seine Hasser entfliehen vor seinem Angesicht.«

V. 9 – **»dieser Sinai«: zæh sinaj**. Läge hier Prosatext vor, müssten das Demonstrativum **zæeh** und auch **sinaj** den Artikel haben, um diese Übersetzung zu rechtfertigen; doch in der Poesie fehlt dieser häufig. Wie das syntaktisch im Satz zu verbinden ist, ist uns nicht ganz klar, was sich an der Verschiedenheit der Übersetzungen zeigt. Luther und Elb haben ebenfalls »dieser (jener) Sinai«, Rev Elb »dem vom Sinai«, Schlachter 2000 »der Sinai dort«, Buber: »dies ist ein Sinai«.

V. 12 – **»Siegesbotinnen«: mebasserôt**, eigentlich »Evangelistinnen«. Luther 1912: »große Scharen der Evangelisten«; Luther 1984: »Freudenbotinnen«. Das hier verwendete Verb **bissar** begegnet im Psalter nur noch in Psalm 40,10; 96,2. Es findet sich auch in 1. Samuel 31,9; 2. Samuel 18,19; ebenso in Jesaja 61,1, und das wird im entsprechenden neutestamentlichen Zitat mit *evangelizō* übersetzt (Lk 4,18).

V. 16 – **»ein mächtiger Berg«**: **har-ᵓælôhîm**, wörtl. »ein Gottesberg«. Das hebr. Wort für »Gott« kann auch »ein Mächtiger; ein Gewaltiger« bedeuten, und bekanntlich verwendet das Hebräische, das arm ist an Adjektiven, oft ein Nomen um ein anderes Nomen zu charakterisieren oder zu klassifizieren. Mithin: »Berg eines Mächtigen« bedeutet so viel wie »ein mächtiger Berg«.

V. 18 – **»der Sinai im Heiligtum«**: **sinaj baqqôdæš**. Auch L. Segond übersetzt die zweite, recht dunkle Vershälfte so: »Le Seigneur est au milieu d'eux, le Sinaï est dans le sanctuaire.« Buber: »der Sinai im Heiligtum«; Zunz wörtlich gleich; Zürcher ergänzt: »vom Sinai hergekommen ins Heiligtum«.

V. 31 – **»wirf nieder«**: Ich fasse das *mem* von **mitrappês**, das in dieser Form syntaktisch ganz unmöglich ist, als Dittographie des auslautenden *mem* im vorangehenden **ᶜammîm** auf. So bleibt **tərappês**, das wir als Jussiv: »Du wolltest niederwerfen« = »wirf nieder« verstehen wollen. Das fügt sich harmonisch in die Reihe der auslösenden Verbformen, die vorher und nachher stehen: »Schilt … wirf nieder … zerstreue.«

Psalm 69
Rette mich, ich versinke!

Auf das Triumphlied von Psalm 68 folgt nun diese Klage, auf den hohen Mittag des Sieges folgt die Nacht des Leidens. Nur wenige Lieder in der Sammlung der Psalmen beschreiben solche Tiefen der Bedrängnis und des Kummers. Einiges in ihm erinnert an den ersten Psalm des 2. Psalmbuches; auch dort wird der Beter von den Wogen der Drangsal überwältigt, und auch dort wähnt er sich von Gott verlassen (Ps 42,8.10). Noch mehr erinnert er indes an den Psalm 22 und auch an den Psalm 40 (man vergleiche Ps 40,3 mit 69,3; 40,13 mit 69,5; 40,4.17 mit 69,7.33).

Der Psalm beschreibt Leiden, die David durchgemacht hat, gleichzeitig aber verweisen die Worte im Mund des Beters über ihn hinaus auf Christus. Darum wird er im Neuen Testament besonders häufig zitiert: Johannes 15,25 (V. 5); Johannes 21,17 (V. 10a); Römer 15,3 (V. 10b);

Matthäus 27,34.48 (V. 22); Römer 11,9.10 (V. 23); Apostelgeschichte 1,20 (V. 26).

David meint, er müsse im Wasser untergehen; der Sohn Davids stieg zu Beginn seines Dienstes in die Wasser der Taufe (Lk 3,21), um damit anzuzeigen, dass er am Ende seines Weges in der Taufe des Leidens (Lk 12,50), in den Wassern des Todes, gänzlich untergehen sollte. Wie David in diesem Psalm, so hat auch der Herr *»in den Tagen seines Fleisches ... mit starkem Geschrei und Tränen«* zu seinem Gott gebetet (Hebr 5,7). David wurde hier *»ohne Ursache«* (V. 5) angefeindet (wiewohl die Anfeindung in seiner eigenen Sündhaftigkeit eine tiefere Ursache hatte; V. 6); der Herr zitiert aus diesem Psalm und sagt: *»Damit das Wort erfüllt würde, das in ihrem Gesetz geschrieben steht: Sie haben mich ohne Ursache gehasst«* (Joh 15,25). David war für kurze Zeit seinen Brüdern fremd geworden (V. 9); der Herr war seinen Brüdern während seines ganzen irdischen Lebens fremd (Mk 3,21; Joh 7,3-9). Als die Jünger sahen, wie der Herr den Tempel reinigte, wurden sie an diesen Psalm erinnert (V. 10; Joh 2,17), und Paulus sagt in Röm 15,3, dass die zweite Hälfte dieses gleichen Verses ebenfalls von Christus spricht. David hatte in seiner Not keine menschlichen Tröster; der Sohn Davids wurde in seiner unvergleichlich größeren Not nicht nur von Menschen, sondern sogar von Gott allein gelassen (Mt 26,56; 27,55).

In der Tiefe und in der Unschuld seiner Leiden (V. 11) hat David wie vor ihm schon Mose Teil an der Schmach Christi (siehe Hebr 11,26). Aber wie immer reicht das Bild nicht an die Wirklichkeit heran: Erstens muss David bei aller Beteuerung seiner Unschuld auch seine Torheit und seine Vergehungen bekennen (V. 6), und zweitens betet David um Gottes Gericht über seine Feinde, während der Herr für sie um Schonung bat.

In sechs Schritten folgen wir mit dem Beter auf seinem Weg aus dem *»tiefen Schlamm«* (V. 3) auf den hohen Ausguck, wo er das Kommen des Gottesreiches sieht (V. 36-37): David klagt Gott die Tiefe seiner Not (V. 2-6), die ihn darum besonders schmerzt, weil sie ihm aus seinem Eifer um Gott erst erwachsen ist (V. 7-13). Andererseits gibt ihm gerade dieses Wissen auch die Freimütigkeit, umso inständiger um Gottes Eingreifen zu bitten (V. 14-19). David begründet die Dringlichkeit seines Flehens mit der sich anschließenden Beschreibung der Bitterkeit seines Leidens und der Niedertracht seiner Feinde (V. 20-22), die ihm so groß erscheint, dass er für sie nichts als Gottes Gericht erbeten kann (V. 23-29). David setzt ein letztes Mal an und bittet Gott, dass er ihn, den Elenden, in Sicherheit setzen wolle, und er findet die Gewissheit, dass er *»die Armen hört«* (V. 30-34), und dass er nicht allein David, sondern eines Tages das ganze Volk Davids retten wird (V. 35-37).

1 Dem Vorsänger, nach Schoschannim. Von David.

Zu **»Vorsänger«** siehe Psalm 4.

Der Titel **»nach Schoschannim«** ist uns vom Psalm 45 vertraut. Er bedeutet »nach den Lilien«, womit *»wahrscheinlich die süßen Tröstungen gemeint sind, die der Beter erfährt oder erhofft«* (J.A. Alexander). Spurgeon schreibt in seiner farbigen Sprache:

»Hier haben wir zum zweiten Mal einen Psalm mit dem Titel ›nach Schoschannim‹. Im 45. Psalm waren es die goldenen Lilien, die von süß duftender Myrrhe triefen und die in den lieblichen Gärten bei den Elfenbeinpalästen blühen; in diesem Psalm haben wir die Lilie inmitten der Dornen, die Lilie der Täler, die im Garten Gethsemane blüht.«

1. David schreit zu Gott um Hilfe (V. 2-5)

David ist in so großer Not, dass er meint, er müsse vergehen. Er hat keine Kraft, er sieht kein Licht, übermächtige Feinde bedrohen ihn, und zwar befehden sie ihn ohne Ursache und fordern von ihm Wiedergutmachung für Dinge, die er nicht getan hat. Schlimmer kann es einem Menschen kaum gehen. David tut dabei das Einzige, was ihm bleibt: Er ruft zu Gott um Hilfe. Er muss lange rufen, aber er hört nicht auf, auch wenn alles verloren erscheint. So werden wir an David Zeugen eines der großen Wunder der Gnade: Wo keine Hoffnung auf Hoffnung ist, hofft David weiterhin, und wo er so gut wie ein toter Mann ist, zweifelt er nicht an der Treue Gottes durch Unglauben, sondern wird gestärkt im Glauben und gibt damit Gott die Ehre. So war es einst Abraham ergangen (Röm 4,18-21), so geht es allen Erwählten Gottes. Das Wunder, dass der Glaube nicht aufhört, kann nicht anders erklärt werden, als dass die Geliebten Gottes einen großen Hohenpriester haben bei Gott, der für sie betet (Hebr 7,25), betet, dass ihr Glaube nicht aufhöre (Lk 22,31,32).

Wohl sind die Worte Davids Ausdruck seiner eigenen Erfahrungen und Empfindungen, und doch finden sie ihre volle Bedeutung erst im Mund des Herrn. So spricht denn der Geist Christi in diesen Versen *»von den Leiden, die auf Christus kommen sollten«* (1Petr 1,11).

2 Rette mich, o Gott!
Denn das Wasser geht mir bis an die Kehle,
3 ich sinke in tiefen Schlamm,[431]
kein Grund ist da.
Ich bin in tiefe Wasser geraten,
und die Flut ertränkt mich[432]**.**

In der Größe seiner Not tut David das einzig Richtige: Er ruft zu Gott um Hilfe. »**Rette mich**« ist ein Gebet des Glaubens; denn glaubte David nicht, betete er nicht. Wer Gott glaubt, vertraut ihm auch: Er vertraut seiner Regierung, dass sie gerecht und dass sie gut sei. Es kann uns verwirren, ja, erschüttern, dass der Gott, den wir als unseren Retter kennen, uns überhaupt in tiefe Wasser sinken lässt. Solange oder sobald wir glauben können, ist der Qual des Unbegreiflichen der Stachel gezogen. Die Not schmerzt noch, aber wir wissen, dass Gott weiß, was er tut, wenngleich wir nicht wissen, wofür es gut sein soll. Er hat seine Gründe, warum er die Wasser ansteigen und den Heiligen versinken lässt. Er wird ihn aber nicht (ewig) umkommen lassen. Er hört, wenn wir rufen. Hätte er uns sonst beten gelehrt, gelehrt durch dieses und zahlreiche andere Beispiele seiner Heiligen in Not?

So lange wir im Herzen fest bleiben und der Schrecken nicht in unsere Seele dringt, können wir tapfer voranschreiten. Geht aber »**das Wasser bis an die Kehle**« (Jon 2,6; Jer 4,10) und ist unser Geist im Griff der Angst, was dann? *»Eines Mannes Geist erträgt seine Krankheit; aber ein zerschlagener Geist, wer richtet ihn auf?«* (Spr 18,14). David versinkt nicht, nein, er ist bereits versunken, »**und die Flut ertränkt**« ihn schon. »**Kein Grund ist da**«, sein Fuß stößt ins Bodenlose. Aber er kann noch rufen, sein geistlicher Atem ist noch vorhanden. Gebet ist, wie wir zu sagen gewohnt sind, tatsächlich das Atmen der Seele. So lange wir noch beten, mögen die Wasser ansteigen und die Wellen wüten, aber wir

431 Ps 40,3.
432 Ps 42,8; vgl. 124,4.

können wie ein Schwimmer, der den Kopf noch über Wasser hält, zu Gott um Hilfe rufen.

Ja, David kann noch beten, er hat noch Leben und Glauben dazu. Der Sohn Davids versank aber vollends in den Fluten des Todes und des Gerichts. Er rief in den drei finsteren Stunden am Kreuz zu Gott, und Gott antwortete nicht (Mt 27,45.46).

4 Ich bin müde vom Rufen,
meine Kehle brennt;
meine Augen vergehen[433]
im Harren auf meinen Gott.

Inzwischen ist David »**müde vom Rufen**«; er hat keine Kraft mehr. Auch seine »**Augen vergehen**«, er kann nicht mehr sehen. Gott wendet uns seine Kraft zuweilen erst zu, wenn wir alle eigene Kraft verloren haben. Er muss uns brechen, bevor er uns heilen kann. Was müssen wir für ein Geschlecht sein, dass Gott nicht anders mit uns verfahren kann? Er muss uns durch die Schwere seiner Hand niederringen, sonst ergeben wir uns ihm nicht. Alle Kraft und alles Licht ist David genommen. Aber das Leben ist noch in ihm, Gott erhält es ihm. Darum kann er noch beten und noch immer »**harren auf meinen Gott**«. Alles ist David genommen, außer seinem Sehnen nach Gott. Er war in solche Tiefen gesunken, dass er das Leben ausgehaucht hätte, hätte Gott ihn nicht erhalten. Gott führt auch uns in Tiefen, um unsere Sehnsucht nach Gott zu wecken. Denn es ist recht, dass das Geschöpf sich nach dem Schöpfer sehnt. Es ist auch unser höchstes Glück; und dies will Gott seinen Erwählten nicht vorenthalten.

5 Die mich hassen[434] **ohne Grund**[435]
sind mehr als die Haare auf meinem Haupt[436]**.**
Stark sind, die mich vertilgen wollen
und zu Unrecht mir feind sind.
Was ich nicht geraubt habe,
soll ich erstatten.

433 Ps 6,8; 88,10.
434 Ps 7,7; 35,19; 59,4; 109,3; 119,78.
435 Joh 15,25.
436 Ps 40,13.

David hat nicht nur alle Kraft verloren, sondern er wird auch von übermächtigen Feinden bedroht. Die Feinde sind zahlreich, und das ist schlimm genug. Doppelt, nein, mehrfach quält ihn die Feindschaft, weil man ihn **»ohne Grund«** hasst und ihm **»zu Unrecht«** feind ist. Der Hass äußert sich in ganz ungerechten Forderungen an David: **»Was ich nicht geraubt habe, soll ich erstatten.«** Er soll für Dinge geradestehen, die er nicht getan hat; er soll für Dinge büßen, die er nicht angestellt hat. Das ist sehr bitter. Wenn wir leiden, dann sind wir versucht, an Gottes Liebe zu zweifeln; wenn wir dazu unschuldig leiden, sind wir versucht, auch an Gottes Gerechtigkeit zu zweifeln. Ist Gott nicht allmächtig? Warum hält er uns dann nicht die Feinde vom Leib? Ist Gott nicht gerecht? Warum dürfen dann die Ungerechten obenauf schwimmen und dem Gläubigen unrecht tun? Nein, das Problem liegt anderswo. Nicht Gott ist ungerecht; wir sind ungerecht. Nicht Gott hat aufgehört zu lieben; wir sind selbstverliebt. Davon muss uns genau solches Leiden überführen. Im nächsten Abschnitt werden wir sehen, dass David erkannt hat, dass er der Irrende und Fehlende ist, nicht Gott.

Anders als David war der Sohn Davids unschuldig und wurde ohne Grund gehasst. Wenn wir Stellen wie Johannes 15,24.25 betrachten, empfinden wir etwas vom Schmerz, den unser Herr deswegen im Herzen trug: Sie hatten ihn gesehen, sie hatten von ihm Wohltaten empfangen, und er hatte Worte der Gnade an sie gerichtet. Dennoch hassten sie ihn. Das tat ihm weh.

2. David wird seines guten Eiferns wegen angefeindet (V. 5-13)

Hier begründet David sein dringliches Beten: erstens mit seiner Torheit, die seine Not noch verschärft und Gottes Eingreifen umso nötiger macht, und zweitens mit dem Bekenntnis seiner Vergehungen. Er ist kein Selbstgerechter; denn wäre er einer, hätte er weder Recht noch Freimütigkeit zu beten, wie er betet. Dieses Bekenntnis rückt erst die oben gemachten Aussagen ins rechte Licht. David sagt nicht, dass er ein Schuldloser sei, sondern lediglich, dass er schuldlos leide. Drittens verweist der Mann mit dem Herz eines Hirten auf die Schafe der Herde Gottes. Sie sollen nicht an Davids schuldlosem Leiden irre werden und straucheln; und viertens fährt er fort und erinnert den Herrn daran, dass es ja sein Eifer um sein Haus ist, der ihn der Anfeindung aussetzt. Das ist sein abschließender und gewichtigster Grund, warum Gott doch eingreifen und ihn befreien müsse.

6 Du, o Gott, weißt um meine Torheit[437],
und meine Verschuldungen sind dir nicht verborgen.

Zu allem Übel, das den Beter befallen hat, kommt nun noch dies: Seine Sünden drücken ihn nieder. Das ist schlimmer als aller Druck der Feinde; denn er kann zu Gott rufen, wenn Feinde ihn drücken. Hat er aber in Gott noch einen Helfer, wenn seine Sünde ihn drückt? Ist seine Sünde nicht Feindschaft gegen Gott, raubt sie ihm nicht jede Hoffnung auf die Hilfe des Himmels? Es müsste so sein, wüsste er nicht, dass bei Gott viel Vergebung und Erlösung ist (Ps 130,4.7).

David erkennt seine »**Torheit**«: Das Dritte, das Gott seine Erwählten lehren muss, ist Selbsterkenntnis. Wir müssen nicht nur erkennen, dass wir kraftlos sind (V. 3), sondern wir müssen auch erkennen, dass wir Toren und dass wir zudem voller »**Verschuldungen**« sind. Damit sind wir nicht allein unfähig, sondern für Gottes Gegenwart auch unpassend. Wie groß und unbegreiflich muss Gottes Gnade sein, wenn er uns dennoch für sein Haus passend machen konnte (vgl. Kol 1,12)! Ja, er ist groß, wir sind nichts (Gal 6,3).

7 Herr!
Es mögen nicht an mir beschämt werden,
die auf dich hoffen,
HERR der Heerscharen[438]!
Es mögen nicht an mir zuschanden werden,
die dich suchen,
Gott Israels[439]!

Hier haben wir das Herz des Hirten seines Volkes[440]. In seiner eigenen Not denkt er auch an das Ergehen des Volkes Gottes[441]. David befürchtet,

437 Ps 38,6.
438 Ps 24,10.
439 Ps 41,14; 68,9; 72,18.
440 Das kommt auch in 1. Chronik 21,17 zum Ausdruck.
441 Man vergleiche das mit Psalm 34,3!

einfältige Seelen könnten an seinen Leiden irre werden, da er erfahren und gelehrt hatte: *»Alle, die auf dich harren, werden nicht beschämt werden«* (Ps 25,3); und dieser Gedanke quält ihn. In Vers 35 weitet sich sein Blick über die Mitgläubigen, ja, sogar über die Mitmenschen hinaus, indem er bedenkt, wie Gottes Heil sich auf die ganze Schöpfung auswirken wird.

8 Denn deinetwegen[442] **trage ich Hohn,**
bedeckt Schande[443] **mein Antlitz.**
9 Entfremdet bin ich meinen Brüdern,[444]
fremd den Söhnen meiner Mutter.

»Deinetwegen« trägt David den Hohn, und das ist bitter, aber es ist auch gleichzeitig süß. Sein Herz verurteilt ihn nicht, und darum hat er *»Freimütigkeit zu Gott«* (1Jo 3,21), und darum bleibt ihm bei aller Erschütterung der nicht zu erschütternde Trost, dass Gott für ihn und bei ihm ist, wenn er auch seinen **»Brüdern … ein Fremdling geworden«** ist. Die Treulosigkeit der Brüder schneidet tiefer ein als der Hass von Fremden (siehe Ps 55,13-15), aber die Tröstungen Gottes reichen noch tiefer. Auch Paulus musste erleben, wie die Brüder ihn allein ließen, als er sie mehr denn je gebraucht hätte; aber er erfuhr auch, dass ihm der Herr dann in besonderer Weise nahe war (2Tim 4,16.17). Deshalb konnte Paulus sagen, dass *»gleichwie die Leiden des Christus gegen uns überschwänglich sind, also auch durch den Christus unser Trost überschwänglich ist«* (2Kor 1,5).

10 Denn der Eifer um dein Haus
frisst mich auf,[445]
und die Schmähungen derer, die dich schmähen,[446]
sind auf mich gefallen.[447]

»Denn der Eifer um dein Haus frisst mich auf«: Diese Worte sollten ihre Erfüllung finden, als der Sohn Davids tausend Jahre später in Jeru-

442 Ps 44,23.
443 V. 20; Ps 70,3.
444 Hi 30,12; Ps 38,12; 88,9.
445 Ps 119,139; Joh 2,17.
446 Ps 35,13.
447 Röm 15,3.

salem war (Joh 2,17). Auch die zweite Vershälfte ist eine Weissagung auf Christus (Röm 15,3). Daran erkennen wir, wie weit David Gemeinschaft hatte mit den Leiden und mit der Schmach Christi, wie vor ihm übrigens schon ein Mose (Hebr 11,26). Im Unterschied zu uns, wenn wir Gemeinschaft mit den Leiden Christi haben (Phil 3,10), hatte er nicht das tröstliche Wissen, dass es eine Ehre und darum ein Grund zur Freude ist, wenn wir wegen unseres Glaubens gelästert und verfolgt werden (Mt 5,11.12; Apg 5,41; 1Petr 4,14).

11 Meine Seele klagte mit Fasten,
und es wurde mir zur Schmach.
12 Ich kleidete mich in Sacktuch,
und ich wurde ihnen zum Spottlied.[448]
13 Die im Tor sitzen, schwatzen von mir,
die Zecher klimpern über mich.

Als David »**klagte**« und fastete, nahm man das als einen Anlass, ihn umso mehr zu verhöhnen, und als er vor Kummer über seine eigenen Sünden und über die Bosheit seiner Brüder sich »**in Sacktuch kleidete**«, machte man Spottlieder auf ihn. Und schließlich waren es nicht kleine, unbekannte Leute, die über David herzogen, sondern die Männer, »**die im Tor sitzen**«. Im Tor sitzen die maßgeblichen Leute der Stadt, die Räte, oder – wie man sie in Israel nannte – die Ältesten, die dort ihre Sitzungen abhielten (Jos 20,4; Rt 4,1,2; Kla 5,14). Ihre Worte werden gehört, ihre Urteile werden beherzigt. Wenn sie befinden, David sei ein falscher Hund, dann wird die ganze Stadt davon reden, bis hinunter zum »**Zecher**« in der Taverne. Der Trost muss sehr groß sein, dass er in der Seele mehr Gewicht haben kann als all dieses Leid. Der Trost muss darum göttlich sein.

3. David fleht zu Gott um baldiges Eingreifen (V. 14-19)

Mit vermehrter Eindringlichkeit setzt David sein Flehen fort. Er leidet um Gottes Sache willen; denn Gott und sein Haus sind ihm alles. Das

448 5Mo 28,37; Hi 30,9.

drückt er nun auf mannigfaltige Weise aus: Gottes Güte allein ist gut; Gottes Gegenwart ist ihm allein Licht. Nichts als seine Nähe und das Licht seines Angesichts können ihn trösten. Umso unerträglicher ist es ihm, dass Gott sein Angesicht vor ihm zu verbergen scheint. Gott verbirgt sein Angesicht vor seinem Volk, wenn er ihm zürnt (5Mo 32,20). Darum ist dieser Gedanke für den Gottesfürchtigen unerträglich.

Es sind zehn Bitten, die David in den Versen 14-19 in kurzer Folge an Gott richtet:

1. Antworte mir! (V. 14)
2. Reiße mich heraus! (V. 15)
3. Lass mich entrissen werden meinen Hassern! (V. 15)
4. Lass die Wasserflut mich nicht überströmen! (V. 16)
5. Antworte mir! (V. 17)
6. Verbirg dein Antlitz nicht vor mir! (V. 18)
7. Antworte mir eilends! (V. 18)
8. Nahe meiner Seele! (V. 19)
9. Kaufe sie frei! (V. 19)
10. Erlöse mich! (V. 19)

Dazwischen äußert er in etwas zurückhaltenderer Form vier Wünsche:

1. Möge ich nicht versinken! (V. 15)
2. Möge die Flut mich nicht fortreißen! (V. 16)
3. Möge die Tiefe mich nicht verschlingen! (V. 16)
4. Möge die Grube ihren Mund nicht über mir verschließen! (V. 16)

14 Doch ich,
mein Gebet ist zu dir, HERR,
zur angenehmen Zeit.[449]
In deiner großen Güte,
o Gott,
antworte mir in der Treue deines Heils!

»**Doch ich**«: Das ist ein fast trotziges, aber nicht ungebührliches Behaupten der Stellung. David lässt sich von seinem Vertrauen nicht ab-

449 Ps 32,6.

bringen. Er wirft es nicht weg, wie es manche vor ihm und nach ihm getan haben, die noch lange nicht, wider Ungemach ankämpfend, *»bis zum Blut widerstanden«* hatten (Hebr 10,35; 12,4).

»Zur angenehmen Zeit« ist die passende Zeit, und die ist für den Gläubigen immer (2Kor 6,2); darum betet David beständig (siehe Ps 55,18) und ohne Unterlass. Die *»angenehme Zeit«* ist aber auch der Augenblick, in dem die Bitte von Gott angenommen wird (siehe Jes 49,8), und darauf muss der Beter demütig warten.

»In deiner großen Güte … antworte mir«: David verankert seine Hoffnung in Gottes unveränderlichem Wesen und fährt deshalb fort, Gott möge ihm antworten **»in der Treue deines Heils«**: David weiß, dass Gottes Heil wahrhaftig ist, dass Gott hält, was er in der Errettung zugesagt hat, denn er ist *»der Gott der Treue«* (5Mo 32,4). Er vertraut auf alles, was über Gott gesagt ist, wie er Gott erfahren und was Gott gewirkt hat. Hier allein kann der Beter Gewissheit finden, nie in sich, in seinen eigenen Werken und Eigenschaften. Luther und Zürcher übersetzen etwas frei, aber durchaus zutreffend »mit deiner treuen Hilfe«: Wenn Gott hilft, dann tut er es, weil er sich selbst, seinem Wort und seinem Bund treu ist (vgl. 1Jo 1,9).

15 Reiße mich aus dem Schlamm,[450]
dass ich nicht versinke,
lass mich entrissen werden
meinen Hassern und den Wassertiefen![451]
16 Die Flut ertränke mich nicht,
und die Tiefe möge mich nicht verschlingen,
noch die Grube[452] **ihren Mund über mir verschließen!**

Abermals vergleicht David seine Not mit Schlamm, in dem er versinkt, und mit Wassermassen, die ihn ertränken wollen (siehe V. 2 und 3). Noch immer ist die Hilfe nicht eingetroffen, aber er betet weiter. Eben hatte er an Gottes Güte appelliert (V. 14); damit ist sein Vertrauen gestärkt worden. Sein Gott ist ein Gott, der *»den Bund und die Güte bewahrt«*

450 V. 3.
451 Ps 18,17; 144,7.
452 1Mo 37,24; Ps 28,1; Jer 38,6.

(5Mo 7,9; 1Kö 8,23), eine Wahrheit, die manche Knechte Gottes gestärkt hat (Neh 1,5; 9,32; Dan 9,4).

17 Antworte mir, HERR!
Denn gut ist deine Güte.
Wende dich zu mir
nach deiner großen Barmherzigkeit!

Zum zweiten Mal erinnert David Gott an seine Güte; diesmal fügt er der Bundesgüte, die auch Gottes Strenge für die Übertreter des Bundes beinhaltet (5Mo 7,9.12), seine **»große Barmherzigkeit«** hinzu. Wie kostbar ist dem bedrängten Heiligen, der auch um sein Versagen und um seine sündige Art weiß (siehe oben V. 6), das Wissen um Gottes Erbarmen. Er müsste sonst verzagen, hätte keinen Grund mehr, im Gebet auszuharren, müsste ja angesichts der lange anhaltenden Bedrängnis annehmen, Gott habe ihn verlassen, weil er Gott nicht so vollkommen nachgefolgt ist, wie Gott es verlangt.

18 Und verbirg nicht dein Antlitz[453]
vor deinem Knecht!
Mir ist bange;
eilends[454] **antworte mir!**

»Verbirg nicht dein Antlitz«, denn das wäre David das Zeichen dafür, dass Gott ihm zürnt und ihn deshalb verlassen hat (5Mo 32,20; Jes 64,6; Mi 3,4). David weiß, dass ihm Gottes Angesicht noch zugewandt ist, und dass er ein Gesegneter des Herrn ist (4Mo 6,17-22); er weiß auch, dass er **»(s)ein Knecht«** ist. Das ist eine weitere Erklärung für Davids Freimütigkeit, die durch keine Not erstickt worden ist; denn *»die wohl gedient haben, erwerben sich eine schöne Stufe und viel Freimütigkeit im Glauben«* (1Tim 3,13). Diese Freimütigkeit zeigt sich zunächst im Bekenntnis: **»Mir ist bange«**, dann in der erstaunlichen Bitte: **»Eilends antworte mir!«** Wem wir unter den Menschen vertrauen, sagen wir offen, wie es um uns steht, und den wagen wir, wenn es sein muss, auch zu drängen. Dass aber ein Heiliger, der seiner Natur nach dennoch auch

453 Ps 13,2; 22,25; vgl. Ps 4,7.
454 Ps 22,20; 31,3; 70,2; 71,12.

ein Sünder ist, den heiligen Gott so drängen sollte, ist doch überaus erstaunlich; und trotzdem ist es ganz angemessen. Ja, unser Herr selbst hat uns anhand von Gleichnissen gelehrt, dass wir zudringlich bitten und nicht locker lassen sollen (Lk 11,5-13; 18,1-7).

19 Nahe meiner Seele,
kaufe sie frei!
Erlöse mich um meiner Feinde[455] willen!

»**Nahe meiner Seele**« ist eine besonders ergreifende Bitte. Sie zeigt zwei Dinge: Erstens liebt David seinen Gott über alles. Nichts wünscht er so sehr, als dass sein Herr und Gott in seiner Nähe ist. Zweitens erkennt er sich selbst. Er weiß, dass er ohne den Herrn ganz verloren ist. Die beiden nächsten Bitten – »**kaufe sie frei**« und »**erlöse mich**« – bestätigen das, denn sie haben beide mit Bezahlen von Schuld zu tun. Im Gesetz fand sich die Verordnung, dass ein verschuldeter und verarmter Israelit durch einen nahen Verwandten aus seiner Schuld losgekauft und wieder in sein Erbe eingesetzt werden konnte (3Mo 25,25). Hier aber wendet sich David nicht an einen Verwandten, sondern an Gott, dass er diese Aufgabe übernehme. David weiß gut genug, dass seine Sündenschuld ihn von Gott für immer trennen müsste und dass Gott ihm nie anders als ein allmächtiger Richter nahen könnte und ihn für immer enterben müsste. Wie der Prophet David so verwendet auch der Prophet Jesaja die beiden Begriffe **gâ'al**, »freikaufen«, und **pâdâh**, »erlösen«, für den maßgeblichen und ewigen Loskauf: *»... und die Freigekauften* **(gə'ûlîm)** *werden darauf wandeln, und die Erlösten* **(pədûjîm)** *des HERRN werden zurückkehren und nach Zion kommen mit Jubel«* (Jes 35,9.10).

4. Die Bitterkeit des Leidens und die Niedertracht der Feinde (V. 20-22)

David hatte mir großer Dringlichkeit gebetet (V. 15-19). Zuletzt hatte er gebeten, dass Gott ihn erlöse *»um (s)einer Feinde willen«*. Hier fährt er fort und schildert die Bitterkeit seines Leidens und die Niedertracht sei-

455 Ps 8,3; 13,5.

ner Feinde. Das ist ihm ein weiteres Argument dafür, dass Gott eingreifen muss. Er kann ihn nicht solcher Bosheit und so bösen Menschen überlassen; er muss ihn befreien, und wenn das bedeutet, dass die Feinde ihrer Bosheit wegen gerichtet werden müssen (wovon der nächste Abschnitt handelt).

20 Du, du kennst meinen Hohn[456]
und meine Schmach und meinen Schimpf;
vor dir sind alle meine Bedränger.

»**Du kennst**«, das ist Davids einziger Lichtblick, aber er ist so hell, dass er genügt. Der Hohn hat sein Herz gebrochen, aber er hat ihm dieses Wissen nicht nehmen können, dass Gott alles weiß. Die Galle ist bitter, und der Essig ist sauer, aber dieses Wissen ist süß. Es genügt, es trägt ihn durch die Finsternis hindurch, es lässt ihn alles ertragen.

21 Der Hohn bricht mir das Herz
und macht mich ganz elend.
Ich hoffte auf Zuspruch,
und da war keiner,
und auf Tröster,[457]
und ich fand keine.
22 Sie gaben mir Galle[458] zu essen
und Essig[459] zu trinken in meinem Durst.

»**Der Hohn bricht**« David das Herz, und das bewegt uns. Auf sein Flehen um Hilfe antwortete man mit Dingen, die seinen Schmerz nur größer machten. Man streute ihm Salz in seine klaffenden Wunden. Und noch vielmehr bewegen uns diese Worte, wenn wir daran denken, dass der Geist Christi sie ausspricht. Als der Messias am Kreuz hing und »**auf Mitleiden wartete … und auf Tröster**« und keine fand, da brach auch ihm der Hohn das Herz. Seine Seele war nicht wie die unsrige durch Sünde roh und stumpf geworden; er empfand alles unendlich tiefer als wir je empfinden können. Er ergriff das ganze Ausmaß der Bos-

456 Ps 31,12.
457 Kla 1,2.9.
458 Mt 27,34.
459 Mt 27,48.

heit, er sah hinab in die ganze Tiefe der Feigheit der Menschen, denen er nur Gutes getan hatte. Er hatte sie geliebt, und für seine Liebe wurde er angefeindet, und das alles drückte seine Seele. Niemand war da, der mit ihm hätte empfinden und der ihn hätte trösten können. Er war vollständig allein. Je größer Liebe ist, desto größer ist die Bosheit, die sie verwirft. Die Liebe des Herrn war grenzenlos; darum war auch die Bosheit der Menschen, die sich gegen ihn richtete, grenzenlos, dies umso mehr, als man seine Liebe nicht lediglich wie Luft behandelte, was ja schlimm genug gewesen wäre, sondern sie sogar höhnte. Als er sein Alles gab, wandten sich die Menschen mit der ganzen Kraft ihrer Niedertracht gegen ihn, als er ihnen seine arglose Seele entblößte, zerfetzten sie ihn erbarmungslos. Er dürstete, dürstete nach Gegenliebe, dürstete nach heiligen Regungen, die auf seine heiligen Regungen antworten sollten, aber man gab ihm **»Galle … und Essig«** in seinem Durst. Werden wir es je begreifen, welche entsetzlichen Schatten unseren Herrn einhüllten?

5. Gebet um das gerechte Gericht über die Feinde (V. 22-28)

Dieses ganze Gebet ist auf Gottes gerechtem Gericht aufgebaut, auf dem *ius talionis*, dem Gesetz der Wiedervergeltung (siehe 5Mo 19,19). Hatte man David Essig und Galle auf den Tisch gestellt, so sollte ihnen ihr eigener Tisch zu Schlinge werden; hatten sie David so gequält, dass er nicht mehr sehen konnte (V. 4), so sollten ihre Augen dunkel werden, hatten sie einen Unschuldigen geschlagen, sollten sie selbst geschlagen werden; hatten sie sein Leben auslöschen wollen, so sollten ihre Namen aus dem Buch des Lebens ausgelöscht werden. So betete der Herr nie; und doch sind das Worte der Wahrheit, die sein Geist David, dem Propheten, eingab. Der Messias hatte am Kreuz für seine Hasser gebetet. Als sie seine Gnade endgültig verwarfen, nachdem er seine *»Hände den ganzen Tag zu einem widerspenstigen Volk ausgestreckt«* hatte (Röm 10,21), ging aus seinem Mund und durch die Feder des Paulus jenes Gerichtswort hervor (Röm 11,8-10). Er verfügte, dass jene, seine Feinde, die bis zuletzt nicht wollten, dass er mit seiner Gnade und Wahrheit über ihnen herrsche (Lk 19,14), in ihrer Sünde umkommen sollten (Lk 19,27). Der Herr hat das Recht der gerechten Wiedervergeltung wiederholt gelehrt (Mt 21,41; 22,7; 24,51).

Wir dürfen David keinen Vorwurf machen, als ob ein solches Gebet nicht zu einem Knecht Gottes passe. Ja, der Herr und auch ein Stephanus beteten anders. Aber zu urteilen, es sei immer falsch, um Gericht zu beten, ginge zu weit. Wir müssen erstens versuchen, mit David zu empfinden, und zweitens dürfen wir ihm keine niedrigen Beweggründe unterstellen. Wir haben oben gesehen, dass es ihm mehr um Gottes Recht und um das Wohl der Herde Gottes ging als um sein Recht und sein Wohlergehen. Wir verstehen darum, dass David um Gericht über die Hasser betete, weil sie mir ihrer Bosheit Gottes Gerechtigkeit herausforderten und Gottes Gnade schmähten.

23 Ihr Tisch soll vor ihnen
zur Schlinge werden,
und den Sorglosen[460] zum Fallstrick[461]!
24 Ihre Augen sollen verfinstern,[462]
dass sie nicht sehen,
und lass ständig wanken ihre Lenden[463]![464]

Diese beiden Verse werden von Paulus in Römer 11,9.10 zitiert und auf das göttliche Gericht über das Judentum in den Tagen der Apostel angewendet. Ganz buchstäblich wurde »**ihr Tisch vor ihnen zur Schlinge**«, als ganze vierzig Jahre nach der Kreuzigung Jerusalem von römischen Heeren zerstört wurde. Als Titus im Frühling des Jahres 70 seinen Belagerungsring um die Stadt schloss, war sie gerade übervoll von Pilgern, die aus der in alle Welt zerstreuten Judenheit nach Jerusalem geströmt waren, um das Passah zu feiern. Das war der Tisch, an dem sie sich versammeln wollten; und dieser Tisch wurde ihnen zur Falle. Sie hatten das Licht, das in die Welt kam und jeden Menschen erleuchtet (Joh 1,5), verworfen; darum verordnete er, der das Licht ist, dass »**ihre Augen**« sich verfinstern, so »**dass sie nicht mehr sehen**«.

Sie hatten den Gott ihrer Stärke für nichts geachtet, darum würden fortan »**ständig wanken ihre Lenden**«.

460 Ps 123,4; 1Thes 5,3.
461 Ps 64,6; 140,6.
462 Jes 6,10.
463 Ps 66,11.
464 Röm 11,9.10.

25 Schütte aus über sie
deinen Grimm,
und die Glut deines Zornes
erreiche sie!
26 Ihre Wohnung soll veröden
und in ihren Zelten niemand wohnen![465]

Sie hatten den Herrn des Hauses von sich gewiesen, als er zu seinem Tempel kam (Mal 3,1), daher sollte ihr Haus »**veröden**«, wie der Herr ihnen angekündigt hatte (Mt 23,38).

27 Denn den du geschlagen hast,
verfolgen sie,
und vom Schmerz deiner Durchbohrten
erzählen sie.

»**Den du geschlagen hast, verfolgen sie**«: Ja, Jesus wurde am Kreuz von Gott geschlagen (Jes 53,10; Sach 13,7), weil er im Gehorsam gegenüber Gott sich zum Stellvertreter von Sündern machte. Da hatten sie ihn einen Gotteslästerer geheißen. Sie hatten ihn mit ihren Worten gequält, als er ihretwegen am Kreuz hing, der Sünder wegen zur Sünde gemacht (2Kor 5,21).

28 Füge Schuld zu ihrer Schuld,[466]
dass sie nicht kommen
zu deiner Gerechtigkeit!
29 Gelöscht seien sie aus dem Buch[467] **des Lebens**[468]
und nicht verzeichnet mit den Gerechten!

Sie hatten den Fürsten des Lebens verschmäht und ihm einen Mörder vorgezogen (Apg 3,14); so wurden sie »**gelöscht aus dem Buch des Lebens**«, selbst verschuldet und selbst gewählt. Keiner der Sünder wird im Gericht Gott oder den Umständen oder der Umwelt die Schuld geben können; ein jeder wird erkennen und bekennen müssen, dass er emp-

465 Apg 1,20.
466 Vgl. Offb 22,11.
467 Ps 139,16.
468 Vgl. Ps 87,6; der Ausdruck »Buch des Lebens« geht auf 2Mo 32,32 zurück; siehe auch Ps 9,6.

fängt, was er mit seinem eigenen Willen gewählt und eigenhändig verursacht hat.

6. Gewissheit und Lob (V. 30-37)

30 Ich aber bin elend
und voller Schmerz.
Deine Hilfe, o Gott, rücke mich hoch![469]

Ein letztes Mal spricht David von seinem Elend und Schmerz, und er betet ein letztes Mal um Gottes Eingreifen: »**Deine Hilfe, o Gott, rücke mich hoch!**« Als Antwort auf diese Bitte gibt Gott dem Bedrängten endlich die Gewissheit, dass er eingreift. Das kann der Glaube nun so gewiss ergreifen, als sei es schon geschehen, als habe David die Befreiung schon empfangen (siehe Mk 11,24). Darum folgt bis zum Ende des Psalms Lob und Bekenntnis.

31 Ich will den Namen Gottes rühmen im Lied
und ihn erheben mit Lob.

Nachdem David erhöht und jedem Zugriff der Feinde entrissen worden ist, will er »**den Namen Gottes rühmen**«. Das zeigt, dass David um Gottes Eingreifen ruft und um Gericht über die Feinde, weil er Gott rühmen will. Gott wird nie und nirgends so verherrlicht wie dann, wenn seine Heiligen ihm inmitten von Not vertrauen. Als Hiob alles genommen worden war und er dennoch Gott die Ehre gab, müssen sich alle Engel Gottes darüber grenzenlos verwundert haben, gleichzeitig wurde der Feind Gottes und Hiobs bis auf den Grund beschämt.[470]

469 Ps 20,2; 59,2; 91,14.
470 *»Welch bewegenden Anblick bietet aber der Erzvater hier, wie er mit geschorenem Haupt und zerrissenem Gewand anbetend vor Gott auf dem Angesicht liegt! Wie hat das den Widersacher und Schmäher Gottes beschämt, und wie haben alle Engel im weiten Himmelssaal die Weisheit des Gottes bewundert, der es fertiggebracht hatte, aus einem ehemaligen Sünder und Rebellen, wie es auch ein Hiob gewesen war, einen Diener zu machen, der Gott unter allen Umständen ergeben blieb (Eph 3,10)«* (B. Peters, *Hiob – Warum müssen die Gerechten leiden?*, Dillenburg: Christliche Verlagsgesellschaft, 2002).

32 Das gefällt dem HERRN besser als ein Stier,
ein Jungstier mit Hörnern und Hufen.
33 Die Sanftmütigen sehen es
und können sich freuen.[471]
Die ihr Gott sucht:
Euer Herz[472] **soll aufleben!**

David ist wahrlich befreit worden, denn er denkt nicht mehr an sein Ergehen, sondern spricht von den Sanftmütigen, von anderen, die Gott suchen, ja, sein Blick weitet sich noch mehr und umfasst schließlich die ganze Schöpfung Gottes (V. 35).

»**… besser als ein Stier**«, wohlgefälliger als jedes Schlachtopfer ist dem Herrn das Opfer des Lobes: *»Wer Lob opfert, verherrlicht mich«* (Ps 50,23; 51,17-19; Hebr 13,15). Kein Lob ist so kostbar wie jenes, das aus der Presse des Leidens zu Gott aufsteigt. Es erfreut das Herz Gottes und erquickt die Gläubigen.

»**Die Sanftmütigen sehen es und können sich freuen**«: In Vers 7 hatte David die Sorge geplagt, die Gottesfürchtigen könnten durch die Ungerechtigkeiten, die ihm widerfuhren, verwirrt werden. Nun weiß er, dass es nicht geschehen wird.

Die Sanftmütigen heißen auf Hebräisch **ᶜanâwîm**, »Elende«, oder eher: »Erniedrigte«. Die freuen sich über Dinge, die die Gottlosen verdrießen; denn was Gott liebt, ist den Großen in der Welt verhasst, und was bei den Menschen hoch ist, ist Gott ein Gräuel (Lk 16,15). So verkehrt ist eben die Welt der Sünder. Darum werden in ihr verfolgt, wer gottselig lebt (2Tim 3,12).

Was David erfahren hat, kann er alles Volk lehren: Wer »**Gott sucht**«, auch wenn das Anfeindung provoziert, dessen »**Herz soll aufleben**«.

34 Denn der HERR hört auf die Armen,
seine Gefangenen verachtet er nicht[473]**.**

Der Herr »**verachtet seine Gefangenen nicht**«: Er weiß, dass David angefeindet wurde, weil er Gott liebte (siehe V. 37). Er weiß, dass die

471 Ps 34,3; 70,5.
472 Ps 22,25.27.
473 Ps 22,25; 102,18.

Gottseligen seinetwegen in Gefängnissen sind (2Kor 11,23). Paulus war ein *»Gefangener Jesu Christi«* (Eph 4,1). Darum ließ der Herr ihn nicht allein, sondern stand ihm gerade dann bei, als Paulus ihn am meisten brauchte (2Tim 4,16.17). Denn er ist immer, auch wenn wir es nicht zu erkennen vermögen, *»voll innigen Mitgefühls und barmherzig«* (Jak 5,11).

Dieser Vers wird den Juden im babylonischen Exil Trost gegeben und sie befähigt haben, im Glauben um Befreiung und Rückkehr zu beten. So diente Davids Leiden auch nachkommenden Generationen. Von diesen spricht er in Vers 37.

35 Ihn sollen loben Himmel und Erde,
die Meere mit allem,
was in ihnen wimmelt!

Der Psalm, der in besonders eindringlicher Weise von den Leiden des Herrn gesprochen hat, nennt eines der wunderbaren Ergebnisse der Erlösung: Die ganze Schöpfung wird von der Knechtschaft des Verderbnisses befreit werden (Röm 8,21). In Offenbarung 5,6 sehen wir zuerst das geschlachtete Lamm inmitten des Thrones, dann die anbetenden Heiligen (V. 8-10), die anbetenden Engel (V. 11-12) und zum Schluss das Lob der ganzen erlösten Schöpfung (V. 13). Beim zweiten Kommen des Messias wird das geschehen, und davon spricht Psalm 96,11-13; siehe auch Jes 44,23; 49,13.

36 Denn Gott wird Zion[474] retten
und die Städte Judas bauen[475],
dass man dort wohnt
und sie besitzt.

Es geht David nicht nur um sein persönliches Schicksal; nein, er betet in diesem Psalm so inständig, weil er auch an Zion und an ganz Juda denkt. Wer so betet, bekommt Gewissheit über seine Bitten. Worum er in Psalm 51,20 gebetet hatte, kann er nun mit Zuversicht bezeugen: **»Gott wird Zion retten und die Städte Judas bauen.«**

474 Ps 2,6; 74,2.
475 Hes 36,33; Am 9,11.

37 Und die Nachkommen[476] seiner Knechte
werden es erben,
die seinen Namen lieben,
werden darin wohnen.[477]

»die Nachkommen seiner Knechte«: Die Feinde wollten David, dem Knecht des Herrn, ans Leben, aber Gott bewahrte ihn, und nicht nur ihn, sondern er sorgte auch dafür, dass von den Nachkommen Davids immer wieder Einzelne da waren, die Gott dienten.

Die **»seinen Namen«**, d.h. seine geoffenbarten Vollkommenheiten, **»lieben«**, werden am Ende, wenn Gott seinen Heilsrat vollendet hat, dort **»wohnen«**, wo er wohnt (Offb 21,3). Sie werden Ruhe und Frieden genießen, und kein Feind wird sie dann mehr bedrängen. So endet dieser Psalm der außergewöhnlichen Leiden und Bitterkeiten mit dem Ausblick auf die ewige Ruhe und die nie endende Wonne der Erlösten. Wahrhaftig, *»das Ende einer Sache ist besser als ihr Anfang«* (Pred 7,8; siehe auch Hiob 42,12).

Lehrreiches und Denkwürdiges zu Psalm 69

»Dies ist ein Betpsalm in der Person Christi als am Kreuz in seinem Leiden gesprochen, darin er an unserer Statt sich einen Sünder bekennt (im sechsten Vers) und klagt über seine Kreuziger und Lästerer, die ihm Galle und Essig in seinem großen Durst zu trinken geben« (Luther, *Summarien über die Psalmen*).

»Dieser Psalm ist mit dem 22. nahe verwandt. Denn im Eingang klagt David über die wütenden Beleidigungen und die rasende Wut seiner Feinde. Aber er beteuert, dass ihn das alles nicht davon abbringen könne, geduldig unter Gottes Schutz auszuhalten und in seiner Unschuld zu wandeln. Ja, er kann bezeugen, dass eben um seiner Frömmigkeit und seines Eifers für die Ehre Gottes willen jedermann sich feindlich zu ihm stellte. So beklagt er sich noch einmal darüber, dass seine Feinde ihn ebenso schmählich wie grausam unterdrücken, und betet auf sie die

476 Ps 22,31.
477 Ps 37,9.11.29.

verdiente Strafe herab. Endlich am Schluss beginnt er zu frohlocken, als hätte er den Sieg schon in Händen, und verspricht dem Herrn ein feierliches Dankopfer« (Calvin).

»Wenn wir diesen Psalm singen, müssen wir ein Auge auf die Leiden Christi haben und auf die Herrlichkeiten, die ihnen folgten, dabei aber nicht die Leiden der Christen und ihre kommende Herrlichkeit vergessen« (Henry).

»Der ganze Psalm spricht von Tiefen, die wenige unter uns ausloten können. Er muss gesehen werden als eine Enthüllung von Kummer und Leiden, wie sie tiefer nicht sein können, und daher kann der Psalm nur als prophetisch und messianisch voll verstanden werden. So weit wir in solche Leiden eintreten können, lernen wir aus ihm, dass ein aufrichtiges Schreien zu Gott in der Not in der Gnadenökonomie Gottes früher oder später zu einem Loblied werden muss« (Morgan).

V. 1 – »Dass David diesen Psalm schrieb, steht nicht nur in der Überschrift, sondern wird auch durch Römer 11,9 bestätigt. Daher haben die gegenteiligen Argumente der Kritiker kein Gewicht. David, der nicht nur ein Dichter, sondern auch ein Prophet war, schrieb oft von Dingen, die über seine persönliche Erfahrung hinausgingen, wenn diese auch der Ausgangspunkt seiner Dichtung gewesen sein mögen« (Clarke).

V. 4 – »Seine Kehle ist heiser, sein Gesicht vergeht ihm, aber trotzdem wird die Kraft seines Glaubens nicht ausgelöscht. Wenn nun David ausspricht, was Christus und alle Frommen erfahren mussten, sofern sie Christi Glieder sind, so sollen auch wir es nicht für etwas Fremdartiges achten, wenn uns zuweilen der Tod niederzudrücken und jeden Funken von Leben zu ersticken scheint. Ja, solange Gott unser schont, wollen wir bei Zeiten solche Gedanken uns einüben, damit, wenn etwa eine Flut von Übeln heranrauschen sollte, der Glaube uns aufrecht erhalten, ja zu Gott emportragen könne, wie denn nach dem Zeugnis des Paulus (Röm 8,39) weder Hohes noch Tiefes uns von der unermesslichen Liebe Gottes scheiden kann, welche alle Abgründe der Hölle verschlingt« (Calvin).

V. 35-37 – »Einmal mehr erinnert dieser Psalm am Schluss daran, dass die verzweifeltsten Gebete am Ende zu reinem Lobpreis umschlagen können« (Kidner).

Sprachliche Anmerkungen zu Psalm 69

V. 21 – »**und macht mich ganz elend**«: **wâ'ânûšâh**, eigentlich »und macht mich krank«. Vom Verb **'ânaš**, »krank sein«, ist das Wort **'ænôš** gebildet, »Mensch«, und zwar als krankes, schwaches, hinfälliges Wesen.

V. 22 – »**Galle**«: **rô'š**, das manchmal mit *»Bitterkeit«*, manchmal mit *»Gift«* übersetzt wird (5Mo 29,17; 32,32,33; Hi 20,16; Jer 8,14; 23,15; Kla 3,19).

V. 28 – »**Füge Schuld zu ihrer Schuld**«: Das knappe hebräische **tenâh ᶜâwôn ᶜal ᶜâwôn**, »gib Ungerechtigkeit auf Ungerechtigkeit« (so übersetzt die englische AV) kann im Sinne Luthers verstanden werden: »Lass sie in eine Sünde über die andere fallen.« Das heißt: »Gib sie ihren Sünden dahin« (vgl. Röm 1,24). Man kann das hebräische Wort **ᶜâwôn** auch als Ergebnis der Ungerechtigkeit auffassen, nämlich als Schuld. Die jüdischen Bibelübersetzer Leopold Marx und Tur-Sinai bieten entsprechend: »Füge Schuld zu ihrer Schuld.« Gemäß 1. Mose 4,13 kann **ᶜâwôn** auch die auf die Ungerechtigkeit folgende Strafe bezeichnen. Dann müsste man die Bitte Davids so verstehen: »Füge Strafe auf ihre Ungerechtigkeit.«

V. 30 – »**rücke mich hoch**«: **təsaggəbênî**, ungefähr: »setze mich in die Höhe«; entsprechend wird das hebräische **sâgab** von Elb in Psalm 107,41 übersetzt. Von diesem Verb ist das Hauptwort **misgâb**, »hohe Feste«, abgeleitet (Ps 9,10; 18,3). Das Verb und das dazugehörige Hauptwort kommen in Psalm 59 dreimal vor (siehe Auslegung).

Psalm 70
Eile, mich zu retten!

Der ganze Psalm entspricht fast Wort für Wort Psalm 40,13-17. Warum wird er hier wiederholt? Erstens ist er eine Fortsetzung zum 69. Psalm, und zweitens bereitet er auf den 71. Psalm vor, indem er ebenfalls von Verfolgung und Verfolgern handelt. (Man vergleiche die beiden ersten Verse mit Psalm 69,2.18.19 und 71,12.13.) Das zeigt uns, dass der Sammler der Psalmen diesen Psalm an dieser Stelle bewusst einfügte; die geringfügigen Unterschiede zur »Vorlage« (Ps 40) zeigen, dass David nicht einfach abschrieb, sondern diese Zeilen neu formulierte. Wir lernen hieran, dass der Gläubige immer neu durch ähnliche Erfahrungen geht. Wiederholungen der immer gleichen Handlungen bestimmen unser ganzes Leben (siehe Apg 2,42). In Psalm 55,18 sagt David, er müsse morgens, mittags und abends zu Gott rufen, in Psalm 119,164 sagt der Beter, er wolle Gott siebenmal des Tages loben, und in Psalm 34,2 sagt David gar, das Lob Gottes müsse beständig in seinem Munde sein.

Der Psalm besteht aus lauter Bitten. Es sind insgesamt deren acht. Er beginnt mit: *»Eile, Gott, mich zu erretten!«*, und er endet mit: *»HERR, zögere nicht!«* Der Glaubende wird auf seiner Lebensreise zur seligen Ewigkeit durch dunkle Täler geführt, in denen ihm die Sicht genommen und ihm daher die Zeit schwer wird. Das lehrt ihn, Gott zu vertrauen und im Vertrauen zu beten und im Flehen auszuharren.

1 Dem Vorsänger. Von David, zum Gedächtnis.

Zu »**Vorsänger**« siehe Psalm 4.

Die Überschrift **»zum Gedächtnis«**, **ləhazkîr**, steht als Überschrift nur noch über Psalm 38. Das Verb **zâkar** bedeutet zwar zunächst »gedenken«, »sich erinnern«, aber im Zusammenhang mit dem Namen Gottes steht es geradezu für das Anrufen des Namens Gottes (siehe 3,15; 1Chr 16,4). Dieser Psalm will also dazu auffordern, Gottes und seines Namens zu gedenken und ihn anzurufen. Der mittelalterliche jüdische Kommentator Raschi: *»... um den Leidenden daran zu erinnern, dass er zu Gott beten soll.«* In Anlehnung an Psalm 20,4 und 2. Mose 2,23.24 können wir umgekehrt auch sagen, der Psalm wolle Gott dazu auffordern, seines Bundes mit seinen Erwählten zu gedenken. Auf alle Fälle ist es ein

Zeugnis Davids aus seinem Gebetsleben und damit eine Anleitung an alle Knechte Gottes zum Gebet. Hier lernen wir namentlich zwei Dinge über Gebet:

Erstens: Wir müssen mit Ernst beten.
Zweitens: Wir müssen im Gebet ausharren.

Beides tat gemäß Jakobus 5,16-18 auch der Prophet Elia. Er hatte mit Ernst gebetet, dass es nicht regnen möge, und er harrte aus und betete so lange, bis es zur gegebenen Zeit wieder regnete (1Kö 18,41-44).

2 Eile[478], Gott, mich zu retten,
HERR, zu meiner Hilfe!

»Eile, Gott!«: *What cheek!* würde man auf Englisch rufen wollen: Welche an Frechheit grenzende Kühnheit! Das Geschöpf ruft zum Schöpfer, er solle sich beeilen. Das wäre schon kühn genug. Aber es ist noch krasser: Der Sünder ruft zum Gott der Heiligkeit: Eile! Es ist indes ein Sünder, den Gottes Gnade gerechtfertigt, ein Gefallener, den Gottes Barmherzigkeit erhöht, ein Feind, den Gottes Liebe mit sich versöhnt hat. Es ist ein Heiliger, ein Erwählter, ein Kind des Allerhöchsten. Er darf so beten. Er soll so beten. Die Bitte zeigt auch, an welcher Stelle der Glaube der Heiligen am meisten erprobt wird. David zweifelt nicht an Gottes Macht und an Gottes Willen, zu retten; er hat aber Sorge, ob Gottes Hilfe rechtzeitig kommen werde.[479] Das ist uns allen bekannt, und es ist uns jedes Mal neu ein bitteres Kraut, warten und in der Angst schweben zu müssen, seine Hilfe könnte zu spät kommen. Wenn sie überhaupt kommt, dann kann sie nicht zu spät kommen. Eigentlich müsste es uns die bloße Vernunft lehren: Wenn wir glauben, dass Gott zu retten vermag und auch retten will, dann kann er nicht zu spät kommen. Aber in der Bedrängnis sind wir nicht vernünftig; unser Herz flattert so heftig, dass alle ruhigen Gedanken verscheucht werden. Gott aber weiß das, und er wird immer wieder zur Zeit eingreifen, oft gerade dann, wenn wir meinen, es sei schon zu spät, und in uns keine Kraft mehr zum Glauben und Harren haben.

478 V. 6; Ps 22,20; 69,18.
479 Leopold Marx übersetzt die letzte Bitte entsprechend: »Nicht zu spät lass es werden, o Du!«.

3 Es müssen beschämt[480]
und zuschanden[481] werden,
die mir ans Leben wollen,
zurückweichen und schamrot werden,
die Lust haben an meinem Unglück!

Der Gottlose rühmt sich des Gelüste seiner Seele (Ps 10,3). Er ist sich seiner Sache gewiss und er macht sich kein Gewissen darüber. Gott aber wird ihn beschämen. Denn was er begehrt, ist schändlich. Sein Vorhaben wird nicht gelingen.

David weiß nichts von Neutralität und höflicher Unverbindlichkeit. Er hat das von Gott gelernt; denn Gott ist nicht neutral. Er ist für die Seinen und gegen seine Widersacher. Er verpflichtet sich, seine Erwählten völlig zu erretten. Das weiß David, und darum betet er, dass Gott für alle Partei ergreife, die ihn suchen. Wie schlimm wäre es, ergriffe Gott nicht Partei! Ihm sei Dank, dass er es aber tut.

4 Sie werden abziehen vor Schmach,
die da sagen: Ha! Ha!

»Sie werden abziehen«: Welche Gewissheit! Recht beten heißt von ganzem Herzen zu Gott schreien; und von ganzem Herzen rufen, heißt mit Glauben rufen. Beten wir mit Glauben, bekommen wir immer eine Antwort, auch wenn sie anders lautet, als wir erwartet und gewünscht hatten. Aber diese macht aller Ungewissheit ein Ende. Dass wir viel zu oft keine Gewissheit im Gebet haben, liegt nur zu oft daran, dass unsere Gebete zu lau sind. Wir rechnen nicht wirklich mit Gottes Eingreifen. Wir glauben zu wenig.

Es ist eine schändliche Sache, den Heiligen etwas Böses zu wollen und sich ihres Unglücks zu freuen. Gott wird jede Zunge, die seine Heiligen schmäht, schuldig sprechen (Jes 54,17). Jede Hand, die wider sie ausgestreckt ist, muss verdorren (1Kö 13,4). Jede Falle, die Gottlose den Gerechten gestellt haben, wird über ihnen selbst zuschnappen (Ps 9,15), und ihr Hohn wird auf ihr eigenes Haupt zurückfallen.

480 Ps 71,1.13.24.
481 Ps 69,8.

5 Es sollen fröhlich sein
und in dir sich freuen[482]
alle, die dich suchen,
und die dein Heil lieben[483],
sollen stets sagen:
Gott werde groß!

Auf die Gewissheit, dass die Feinde abziehen müssen, folgt diese Bitte. Könnte es sein, dass wir Feinde von Zeit zu Zeit brauchen, Schmäher und Flucher, die uns das Dasein bitter machen, damit wir wieder klar sehen, wer unsere wahre und letztlich einzige Freude ist?

»in dir sich freuen« ist das schönste Teil, das dem Volk Gottes geworden ist. Wenn der Erlöste so ist, wie er es aufgrund der Erwählung und Errettung sein soll und sein kann, findet er seine höchste Freude in Gott selbst. Diese Freude ist dann seine Stärke (Neh 8,10). Wenn das Volk darniederliegt, sucht es seine Genugtuung in anderen Dingen, im kümmerlichen Ersatz irdischer Dinge. Wen Gottes Geist belebt und erleuchtet hat, betet dann mit Ernst und Verlangen: *»Willst du uns nicht wieder beleben, damit dein Volk sich in dir erfreue?«* (Ps 85,7).

»… alle, die dich suchen«: Zuerst hat David für sich allein gebetet, dann weitet sich sein Blick, und er bringt alle Heiligen in Gottes Gegenwart. Wir können das bei ihm immer wieder beobachten (so im vorangegangenen Psalm). Wer von Gott gelehrt ist (vgl. Joh 6,45), der kann gar nicht anders. Er weiß sich eingebunden in die Gemeinschaft der Gerechten. Sein Teil ist deren Teil, und deren Glück ist sein Glück.

Für **»suchen«** steht **bâqaš**, wie oben in Vers 2 für jene, die nach Davids Leben **»trachten«**. Während jene Böses suchen, sucht David das höchste Gut, Gott selbst.

Die Gottes **»Heil lieben«**, lieben den, der das Heil wirkt, sie lieben also seinen Namen (Ps 69,37). Paulus spricht von denen, die das Erscheinen des Herrn lieben (2Tim 4,8), und was ist das anderes als die Vollendung seines Heils. Gottes Heil ist groß; es stellt den Sünder vor Gott. Darum ruft der Heilige und von Gott Geliebte: **»Gott werde groß!«**, d. h. so viel wie »er werde erhöht!«.

482 Ps 69,33.
483 Vgl. 2Tim 4,8.

6 Doch ich bin elend und arm;[484]
Gott, eile[485] **zu mir!**
Meine Hilfe und mein Retter bist du;
HERR, zögere nicht!

»Ich bin elend …«: Es ist recht erstaunlich, dass David, während er selbst gar nicht fröhlich ist, darum betet, dass Gottes Geliebte sich freuen mögen. Er denkt nicht nur an seinen Kummer, sondern mindestens gleich viel an das Ergehen seiner Mitgläubigen.

»… und arm«: Das ist ein bewegendes Bekenntnis im Mund eines Herrschers und Königs. David hat aber gesehen, wie groß Gott ist (V. 5). Das zeigte ihm, wie klein und wie arm er ist. Wie gerne reden wir uns ein, wir seien groß und reich und uns fehle nichts (Offb 3,17). Der Heilige aber ist wahr und sagt: Ich bin niedrig – so kann das hier mit »elend« wiedergegebene **ᶜâni** auch übersetzt werden –, und ich habe keine Macht, mich zu erheben. Gott hat *»Lust an Wahrheit im Innern«* (Ps 51,8), und er verabscheut große Gebärden und leere Bekenntnisse. Den Hochmütigen erkennt er von ferne, den Armen im Geist ist er nahe (Ps 138,6). Das Bekenntnis Davids erklärt auch, warum er wie oben dargelegt beten kann. Er hält sich nicht für groß und nicht für würdig. Er weiß, dass er Gottes freiem Erbarmen alles verdankt und bildet sich nichts auf seine eigenen Qualitäten ein. Er weiß zwar, dass er als König über ein ganzes Volk gesetzt ist, aber er weiß auch, dass er vor Gott hilflos ist wie ein kleines Kind (Ps 131). Und er weiß, dass Gott den Elenden Recht schafft und die Kinder des Armen rettet (Ps 72,2.4). Diese Demut vor Gott gibt große Freimütigkeit vor Gott. Er wagt, den Ewigen zu drängen: **»Eile zu mir! Zögere nicht!«** Das ist unerhört, und doch ist es angemessen.

Für »zögern« steht das Verb **ᵓâḥar**, das auch dem Wort *»zurück«*, **ᵓâḥôr** (V. 3), zugrunde liegt. Es könnte hier mit »zurückhalten« übersetzt werden, um die hebräische Assonanz nachzuahmen. Während die Feinde von ihrem Vorhaben zurückweichen müssen, wird Gott seinen Vorsatz nie zurücknehmen.

484 Ps 40,18; 86,1.
485 V. 2.

Lehrreiches und Denkwürdiges zu Psalm 70

»Weil dieser Psalm nur ein Teil des 40. ist (V. 14ff.), soll die Überschrift ›zum Gedächtnis‹ vielleicht daran erinnern, dass es sich um eine solche für einen bestimmten Zweck veranstaltete Wiederholung handelt« (Calvin).

»Dass dieser Psalm nahezu wörtlich mit Psalm 40,14-18 übereinstimmt, konnte den Lehrern in Israel, denen wir die Zusammenstellung des Psalters verdanken, nicht verborgen bleiben. Wenn sie diesen dringlichen Hilferuf trotzdem als ein selbständiges Gebet aufnahmen, so mochte dahinter die Erwägung stehen, dass es Lagen gibt, in denen der Fromme einem Ertrinkenden gleich aus höchster Bedrängnis zu Gott schreit und ein solches Stoßgebet wohl brauchen kann. Der einzige Unterschied zu Psalm 40,14ff. besteht darin, dass in Vers 2 und Vers 6 die Dringlichkeit der Bitte noch gesteigert ist« (Lamparter).

»Dieser Psalm ist ein heftiger Seufzer ängstlichen Kummers. Es findet sich wenig Ruhe in ihm. Feinde verfolgen den Beter und verhöhnen ihn. Es ist, als ob der Beter den Druck bald nicht mehr aushalten könne und deshalb, in der Sorge, er könne ganz einbrechen, laut zu Gott ruft, er möge sich beeilen … Es ist vielleicht nicht die höchste Art von Glauben, der wir hier begegnen, aber wir sind sehr dankbar für ein solches Lied in diesem großartigen Buch geistlicher Lyrik. Ob es recht sei oder nicht, so kommen wir selbst doch oft in solche Zweifel. Wir zweifeln nicht daran, ob Gott helfen könne oder uns helfen wolle, aber wir fragen uns, ob er uns nicht über unser Vermögen versuche. Das tut er nicht, aber in Momenten von besonders schwerem Druck scheint es so. Hier haben wir also einen Psalm für solche Tage und Stunden. Wir wollen ihn nehmen und gebrauchen und bedenken, dass Gott viel lieber will, dass wir in unseren Liedern auch ehrliche Fragen stellen, als dass wir ein Vertrauen vorgeben, das wir gar nicht besitzen. Und zudem ist ihm ein solches Lied auf jeden Fall willkommener als unser Schweigen« (Morgan).

V. 2.6 – »*Eilend*, ohne zu säumen, soll Gott dem, der da fleht, Hilfe senden, indem er die höhnischen Feinde zuschanden macht und an dem Elenden ein sichtbares Zeichen seiner Rettermacht geschehen lässt. Dieses ›Eile, HERR!‹ (vgl. Ps 22,20; 38,23; 40,18; 71,12; 141,1; Dan 9,19; Lk 18,7) ist das strikte Gegenteil jener fatalistischen Gelassenheit, die in der Christenheit so oft mit der Geduld, zu der Gottes Wort mahnt, verwechselt wird. Beten heißt, mit einer heiligen Ungeduld an Gottes Türe pochen und sich nicht abweisen lassen (vgl. Lk 11,5ff. und 18,7). Abgesehen von der persönlichen Bedrängnis des Einzelnen, aus der dieser stürmische Notschrei erwachsen ist, ist dieser Psalm ein kraftvoller Protest gegen die Schläfrigkeit, mit welcher die Christenheit dem großen Tag Gottes entgegenzusehen sich angewöhnte. Auch hier gilt die Bitte: Eile, Herr, säume nicht (vgl. 2Petr 3,12)!« (Lamparter)

Sprachliche Anmerkungen zu Psalm 70

V. 2 – »**mich zu retten**«: **ləhaṣṣîlênî**; das Verb **hiṣṣîl** bedeutet »retten« im Sinne von »entreißen«, »herausreißen«, wie in Psalm 69,15.

V. 5 – Gott »**werde groß**«: **jigdal**. In Psalm 69,31 wird das gleiche Verb im Piel verwendet, und das bedeutet »groß machen = erheben«.

V. 6 – »**mein Retter**«: **məpalṭî**, vom Verb **pâlaṭ**, »entrinnen«, »davonkommen«, also wörtlich: »der macht, dass ich entrinne«.

Psalm 71
Auch im Alter verlass mich nicht!

Der Psalm trägt keine Überschrift, aber stammt der 70. Psalm von David (wie die Überschrift sagt), dann auch dieser: David setzt hier die in Psalm 70 gemachten Bitten fort. Im Psalm 70,3 hatte er gebetet: *»Es sollen beschämt und zuschanden werden, die mir ans Leben wollen.«* Den Psalm 71 eröffnet er mit der Bitte: *»Möge ich ewig nicht beschämt werden«*, und in Vers 13 fährt er fort: *»Es sollen beschämt werden und vergehen, ... die mein Unheil suchen.«* In Psalm 71,24 kann er feststellen: *»Beschämt und zuschanden wurden, die mein Unheil suchten.«* Die Bitten von Psalm 70,2.6 wiederholen sich in Psalm 71,12. Er enthält eine Reihe von Ausdrücken, die in Psalm 69 und 70 schon vorkommen (69,6 – 71,14; 69,7 – 70,2 – 71,13; 69,14 – 71,20; 69,16 – 71,21; 69,17 – 70,1 – 71,12; 69,17 – 70,2 – 71,13; 69,20 – 71,21; 69,28 – 71,13; 69,29 – 70,5; 69,30 – 71,8).

Zudem verrät die Sprache David, den lieblichen Sänger in Israel. Man vergleiche Vers 3 mit Psalm 18,3 und 61,4; Verse 5 und 6 mit Psalm 22,10.11 und 22,26; Vers 12 mit Psalm 22,12; Vers 15 mit Psalm 40,6.

David hält in seinem Alter (V. 9.18) Rückschau über sein Leben und Ausschau auf sein Ende; er wird von Feinden bedrängt (V. 10), aber er ist gewiss, dass sein Gott, der ihn von seiner Geburt (V. 6) und Jugend an (V. 5) bis hierher gebracht hat (V. 17), auch weiterhin bewahren und bis an sein Ende tragen werde. Ganze fünf Mal beruft sich David dabei auf *»deine Gerechtigkeit«* (V. 2.15.16.19.24). In ihr findet David die Gewissheit, dass Gottes Hilfe nicht ausbleiben kann. Damit bereitet er den 72. Psalm vor, der die gerechte Regierung des Messias besingt.

Die drei ersten Verse sind ein Zitat aus einem früheren Psalm Davids (31,2–4). Der alt gewordene König tut das, was man eben im Alter tut: Er greift auf seinen reichen Schatz an Erfahrungen und die in ihnen formulierten Gedanken zurück.

David beginnt mit Gebet um Errettung (V. 1-4); dann begründet er seine Bitten (V. 5-8), um abermals zu Gott um Bewahrung und Befreiung zu rufen (V. 9-13). Darauf erfüllt ihn Zuversicht und das Verlangen, Gottes Ruhm zu mehren und zu verkünden (V. 14-18). Zum Schluss rühmt sich David Gottes und der Gewissheit, dass Gott ihn hört (V. 19-24).

1. David betet zu Gott um Rettung (V. 1-4)

1 Bei dir, HERR, berge ich mich:
Möge ich ewig nicht beschämt werden!
2 In deiner Gerechtigkeit[486] befreie mich
und lass mich entrinnen!
Neige dein Ohr zu mir[487]
und rette mich!
3 Sei mir Fels[488] und Bleibe,
dahin ich immer gehen kann!
Du hast geboten,
mich zu retten,
denn du bist mein Fels
und meine Burg.
4 Mein Gott, lass mich entrinnen der Hand des Gottlosen,
der Faust des Frevlers und Bedrückers!

Die Verse 1-3 sind fast wörtlich gleich wie Psalm 31,2-4. In diesen Versen haben wir alles, was das Evangelium ausmacht: Glaube, Gerechtigkeit und Gottes Kraft zur Errettung. Zuerst sagt David: **»Bei dir, HERR, berge ich mich.«** Das heißt glauben. Dreimal bittet er dann um Rettung: **»befreie mich … lass mich entrinnen … rette mich!«** Dabei weiß er wohl, dass Errettung zwar ein Werk der Gnade, aber auch der Gerechtigkeit ist: **»In deiner Gerechtigkeit … befreie mich.«** Ohne Gerechtigkeit kann es keine wirkliche und keine bleibende Errettung geben, wie wir nirgends so klar vernehmen wie im Römerbrief. Dort sagt Paulus, das Evangelium sei Gottes Kraft zur Errettung eines jeden, der glaubt, und fährt fort: *»Denn Gottes Gerechtigkeit wird darin geoffenbart …«* (Röm 1,16.17). Das Evangelium ist ein Werk der Gerechtigkeit Gottes. Nur auf dieser Grundlage kann die Seele Gewissheit und Frieden finden. Erst ein Werk der Gerechtigkeit könne Frieden schaffen, sagt Jesaja (32,17; 54,14). Und wie könnte David auf Errettung aus der Gewalt der Ungerechten hoffen, wenn es bei dieser Errettung nicht in jeder Hinsicht gerecht zuginge? Nur ein Werk vollkommener Gerechtigkeit lässt den

486 Ps 31,2.
487 Ps 17,6; 86,1.
488 Ps 61,3.

Gesetzlosen verstummen und erkennen, dass er gegen keinen der von Gott Geretteten und Gerechtfertigten Klage erheben kann (Röm 8,33.34). So wird Gott dem Glaubenden zu **»Fels und Bleibe, dahin (er) immer gehen kann«**. Hier ist er gesichert; Gott hat ihm Heil gewirkt, das fest ist wie die Mauern eines Bollwerks (Jes 26,1), und er setzt ihm den Frieden zu Aufsehern und die Gerechtigkeit zu seinen Vögten (Jes 60,17).

»Du hast geboten, mich zu retten«: Hier hat der Glaube sein Fundament, hier bezieht der Glaube seine Nahrung. Die Errettung ist von Gott verfügt; er hat nach seinem Willen den Glaubenden zum Kind Gottes gezeugt (Joh 1,13; Jak 1,17). Gott hat gesprochen, und was er gesprochen hat, geschieht. Es ist so gewiss, dass David sagt, Gott habe geboten. Das ist ein Befehl von allerhöchster Stelle. Es könnte nur einer, der noch höher steht, ihn aufheben oder kraftlos machen. Nun aber Gott geboten hat, mich zu retten, kann ich gar nicht anders, als errettet zu werden. Darum mag der Ungerechte gewaltsam sein und eine Zeit den Heiligen bedrängen. Aber es wird damit ein Ende haben. Die Geliebten Gottes werden **»aus der Hand des Gottlosen«** errettet und dessen Zugriff auf immer entrückt werden.

2. David begründet seine Bitte (V. 5-8)

Es sind fünf Ursachen, die David nennen kann, warum Gott ihm helfen müsse und helfen werde:

1. Gott ist seine Hoffnung. Diese Hoffnung kann nicht trügen.
2. Er hat Gott von Jugend auf vertraut, und er hat in der Drangsal immer wieder erfahren, dass Gott mit ihm und für ihn ist.
3. Gott ließ ihn auf die Welt kommen; das hatte David sich nicht selbst ausgesucht. Gott würde ihn in dieser Welt nicht untergehen lassen. Hätte er ihn dann überhaupt geboren werden lassen, und hätte er ihn dann bis heute getragen?
4. David ist seinen Feinden ein Schauwunder geworden. Sie meinen, an ihm einen Beweis dafür zu haben, dass er vergeblich auf Gott gehofft hat und nun von ihm verlassen worden ist. Sollte Gott nicht um seinetwillen die Erwartungen der Feinde beschämen, indem er David wider allen Schein bewahrt und rettet?

5. Davids Mund ist vom Lob Gottes erfüllt. Sollte Gott ihm nicht erneut Anlass geben, ihn weiterhin den ganzen Tag zu rühmen?

5 Denn du bist meine Hoffnung,
Herr, mein Gott[489]**,**
seit meiner Jugend[490] **meine Zuversicht.**
6 Auf dich bin ich gestützt
von Mutterleib an,
du zogst mich aus dem Mutterschoß;[491]
dir gilt beständig mein Lob.
7 Vielen bin ich wie ein Wunder,[492]
du aber bist meine starke Zuflucht.
8 Mein Mund wird erfüllt von deinem Lob,
von deinem Ruhm den ganzen Tag.

David blickt zurück und blickt in die Zukunft: Zuerst geht er schrittweise zurück über »**Jugend**« und Säuglingsalter bis zum Tag, da Gott ihn aus »**dem Mutterschoß**« zog. So weit er zurückdenken kann, ist der Herr immer Davids »**Hoffnung**« gewesen. Dass es Gott war, der ihn ins Dasein rief und ihn von Kindesbeinen an trug und in der Jugend lehrte, ihm zu vertrauen und ihn zu fürchten, gibt ihm die gewisse Hoffnung, dass er ihn bis ans Ende hindurchtragen werde. Das ist seine Hoffnung, wie wir das Vertrauen auf das von Gott gesetzte Ende nennen. Richtet sich unser Vertrauen auf das Wirken Gottes in der Vergangenheit und in der Gegenwart, sprechen wir von Glauben; richtet es sich auf Gottes zukünftigen Absichten, sprechen wir von Hoffnung. Hoffnung ist Gewissheit bezüglich noch nicht geoffenbarter Dinge, so wie Glaube Gewissheit bezüglich geoffenbarter Dinge ist.

Weil Davids Hoffnung fest ist, kann er sagen: »**Dir gilt beständig mein Lob.**« David ist »**vielen … wie ein Wunder**«, **môfêt**, das hier wie in 5. Mose 28,46 in negativem Sinn verstanden werden muss: Gott stellt den Verworfenen den Menschen als ein abschreckendes Beispiel vor Augen. Die Feinde Davids sehen David leiden und schließen daraus,

489 **ʾadônâj JHWH.**
490 V. 17.
491 Ps 22,10.11; Lk 1,15; Gal 1,15.
492 Jes 8,18.

Gott habe ihn verstoßen (siehe V. 11). Er ist tatsächlich ein Wunder, aber nicht so, wie seine Feinde es sahen, sondern so, wie Jesaja sich und seine Kinder sah (Jes 8,18). Er gehört wirklich zu den *»Männern des Wunders«* (Sach 3,8), denn er kann inmitten von Bedrängnis und bei allem Empfinden seiner Hilflosigkeit sagen, sein Mund werde **»erfüllt von deinem Lob, von deinem Ruhm den ganzen Tag«**. Das ist ein kräftiges Zeichen von der Macht der Gnade Gottes, ein Beweis dafür, dass Gott ihn nicht verlassen hat.

3. David betet abermals zu Gott um Hilfe (V. 9-13)

In den Versen 1-4 war die Stärke Gottes (er wird »mein Fels« und »meine Burg« genannt) der Antrieb zum Gebet gewesen; hier ist es das Empfinden der Schwäche Davids (V. 9), die ihn zu Gott treibt. Entsprechend hießen die Feinde in Vers 4 *»Bedrücker«*, mit denen nur der starke Gott fertigwird; hier liegen sie auf der Lauer, sind also Hinterlistige, vor deren List David sich nicht zu schützen weiß.

9 Verwirf mich nicht
in den Tagen des Alters;[493]
wenn meine Kraft schwindet,
verlass mich nicht!

Gott hat den Seinen verheißen, dass er sie von Mutterschoß an (siehe V. 6) bis ins Alter tragen werde (Jes 46,3.4). Das weiß David (siehe auch Ps 92,15 und besonders 103,5), und deshalb bittet er: **»Verwirf mich nicht in den Tagen des Alters.«** Das ist nicht etwa ein Ausdruck des Unglaubens, sondern des Glaubens. Wir wissen, dass Gott uns aus der Macht der Finsternis errettet hat (Kol 1,13), und doch beten wir täglich: »Bewahre uns«, oder wörtlicher: *»Entreiße uns dem Bösen«* (Mt 6,13). Das ist nur scheinbar ein Widerspruch, in Wirklichkeit ist es ein Bekenntnis unserer völligen Abhängigkeit von Gott. Wir sind täglich auf ihn angewiesen, dass er uns trage, bewahre und rette. Darum müssen wir und darum wollen wir von ihm abhängig bleiben, und darum rufen wir täg-

493 V. 18; Ps 92,15.

lich zu ihm, dass er uns trage und durchtrage. Ebenso wenig ist die Bitte **»verlass mich nicht«** ein Zeugnis von mangelndem Glauben. Ja, Gott hat seinem Volk verheißen, dass er es nicht verlassen und nicht aufgeben werde (Jos 1,5; 1Kö 6,13), und David selbst hat bezeugt: *»Du bist bei mir«* (Ps 23,4). Was Gott uns zugesagt hat und was unser Teil ist, sollen wir dennoch von ihm erbeten. Der Herr hat gesagt, dass er zurückkommen und uns zu sich holen werde (Joh 14,3). Das letzte Gebet der Bibel lautet: *»Komm, Herr Jesus!«* (Offb 22,20).

10 Denn meine Feinde reden von mir,[494]
und die meiner Seele auflauern[495]**,**
beraten sich miteinander.

Es sind **»Feinde«** da, die **»meiner Seele auflauern«**, die ihre Pläne gegen die Heiligen schmieden, Fallen stellen und Schlingen legen (Ps 142,4). Wir sehen sie nicht, wir vermögen nichts gegen sie. Gott aber sieht (Ps 142,5), und Gott vermag.

11 Sie sagen:
Gott hat ihn verlassen[496]**.**
Verfolgt und greift ihn,
denn kein Retter ist da![497]

»Sie sagen: Gott hat ihn verlassen« (vgl. 1Sam 23,7). Die Feinde sehen in Davids Drangsal ein Zeichen (**môfêt**, V. 7) dafür, dass Gott den David straft, und sie sagen es ihm auch. Das ist eine furchtbare Versuchung. David wusste ja, dass er in seinem Leben auch Böses getan hatte. Jetzt trat der Versucher an ihn heran und sagte: Gott rächt an dir das unschuldige Blut Urijas. Als David um sein Leben fliehen musste, weil Absalom ihm nach dem Leben trachtete, ließ sich ein Simei herbei, Satans Sprachrohr zu sein (2Sam 16,8). Wie David finden auch wir unsere Hilfe darin, dass wir uns Gott, unserem Heiland, und Gott, dem gerechten Richter, anbefehlen (vgl. 1Petr 2,23). Ganze fünf Mal appelliert David in diesem Lied an Gottes Gerechtigkeit (V. 2.15.16.19.24).

494 Ps 41,8.
495 Ps 59,4; Spr 1,11; 24,15.
496 Ps 9,11; 94,14.
497 Ps 3,3.

12 Gott, sei nicht fern von mir;[498]
mein Gott, eile[499]**, mir zu helfen!**
13 Es sollen beschämt werden
und vergehen,[500]
die meiner Seele feind sind!
Hohn und Schimpf sollen bedecken,
die mein Unheil suchen!

Wer ist unsere Hilfe wider alle Verleumdung des Anklägers der Brüder? Wer ist unser Schild wider den Hass des Menschenmörders? Kein Mensch ist listig und mächtig genug, mit diesem furchtbaren Feind fertig zu werden, und das weiß dieser. Darum fordert er uns heraus und versucht uns zur Selbstverteidigung zu reizen. Und was geschieht dann? Wir legen uns mit einem zu Mächtigen an. Im Nu hat er uns verschlungen. Darum ruft David zu Gott, dass er ihm **»nicht fern«** sei, dass er **»eile«**, ihm zu helfen (70,2). Und Gott eilt, wie der Vater zum heimkehrenden Sohn (Lk 15,20). Er wird nie zu spät kommen, er müsste uns denn vergessen, und dass hieße, er müsste aufhören, uns zu lieben; und das wiederum hieße, er müsste aufhören, seinem Bund treu zu sein. Aber das ist ganz unmöglich (Jes 49,15; 54,10; Röm 8,38.39). Die Feinde mögen stark sein, Gott ist stärker, und sie mögen flink sein, aber Gott kommt ihnen zuvor.

Zum ersten Mal in diesem Psalm betet David um Gericht über die Feinde: **»Es sollen vergehen, die meiner Seele feind sind.«** Dies bedeutet so viel wie: *»Lass sie ausgelöscht werden aus dem Buch des Lebens«* (69,28). Sein Gebet ist nicht von Rachsucht oder dem Verlangen nach persönlicher Genugtuung getrieben. Die Feinde sind Gottlose, sie sind Gotteshasser, die Gott verachten und seinen Geliebten nachsetzen. Sie haben es *»aufgegeben, verständig zu sein, Gutes zu tun«* (Ps 36,4). Darum hat Gott sie dahingegeben, und das beweisen sie mit ihrem Treiben. David betet nichts anderes, als dass Gott an ihnen das verdiente und verhängte Gericht vollstrecken möge (vgl. Ps 149,9).

498 Ps 22,12; 69,19.
499 Ps 70,2.6.
500 Ps 58,8.

4. Davids Zuversicht und Verlangen (V. 14-18)

Von hier an ist alles nur noch Bekenntnis, Bewunderung, Dank und Lob – fast alles, denn es findet sich *eine* Bitte, aber diese hat nichts mehr mit Anfeindung und Not zu tun, sondern nur mit seinem Verlangen, Gottes Wunder ungehindert verkünden zu können (V. 18).

14 Ich aber will beständig harren[501]
und mehren all dein Lob.
15 Mein Mund soll verkünden deine Gerechtigkeit,
den ganzen Tag deine Rettung;
denn ich kann sie nicht ermessen.[502]
16 Ich will kommen mit den Großtaten[503]
Jahwes, des Herrn,
will rühmen deine Gerechtigkeit,
dich allein.

»Ich aber will beständig harren«: Die Gottlosen sind aus dem Gesichtsfeld verschwunden. Dennoch will er weiterhin und beständig auf Gott harren, denn er will **»mehren all dein Lob«**. Hier haben wir eine der Antworten auf die Frage, warum Gott uns Verfolgern aussetzt und lange unter ihrem Hass seufzen lässt: Nirgends lernen wir, Gott so zu loben wie in der Not; und nie ist uns leichter ums Herz, als wenn wir von Herzen Gott loben können. So wird denn durch Leid zweierlei erreicht: Gott wird geehrt, und wir werden gesegnet. Und wir gewinnen die beiden Dinge, die David als Nächstes nennt: Sein Mund spricht von Gottes **»Gerechtigkeit«** und **»Rettung«**, die ihm so groß und deren Wirkungen ihm so mannigfaltig vorkommen, dass er die Werke Gottes **»nicht ermessen«** kann. Hier haben wir eine Seele, die sich im grenzenlosen Raum der Wunderwerke Gottes verloren hat. Kann eine Seele glücklicher sein? Die Not war groß, aber daran erst erwies sich, wie groß Gottes Rettung ist. So kann denn David **»kommen mit den Großtaten Jahwes«**, und er weiß, wovon er redet. Er sieht nur noch seinen Gott, seine Macht, seine Treue: **»Ich will rühmen deine Gerechtigkeit, dich allein.«**

501 Ps 27,14; 130,6.
502 Ps 40,6.
503 Ps 20,7; 106,2.

17 Gott! Du hast mich gelehrt[504]
von Jugend auf,
und bis hierher[505] verkünde ich deine Wunder.

»Gott, du hast mich gelehrt«: Wer kann sich einen besseren Lehrer denken als Gott, unseren Schöpfer? Elihu fragt Hiob: *»Siehe, Gott handelt erhaben in seiner Macht. Wer ist ein Lehrer wie er?«* (Hi 36,22). Es kann niemand lehren wie er. Was sind das doch für Wunder, die er vollbringt: Er erzieht das Herz eines Selbstverliebten, Gott mehr zu lieben als sich selbst. Er macht einen Widerspenstigen willig, ihm zu gehorchen, und dabei wird dem Willen des Widerspenstigen nie Gewalt angetan. Ganz freiwillig fügt er sich dem Willen eines anderen. Er versteht es, Blinden Dinge zu zeigen, die sie nie hatten sehen können, er lehrt die Lahmen Wege zu gehen, die sie nicht kannten und nie hätten gehen können, selbst wenn sie sie gekannt hätten. Wir werden nie verstehen, warum David wurde, wie wir ihn kennen, wenn wir das vergessen: Gott war sein Lehrer und Erzieher.

Und wir? Ja, wir haben den gleichen Lehrer. Gott hatte es durch die Propheten bereits angekündigt, was der Herr Jesus uns bestätigt hat: *»Es steht in den Propheten geschrieben: ›Und sie werden alle von Gott gelehrt sein.‹ Jeder, der von dem Vater gehört und gelernt hat, kommt zu mir«* (Joh 6,45).

18 Und auch wenn ich alt und grau bin,
verlass mich nicht, o Gott!
dass ich verkünde deinen Arm der Nachwelt,[506]
allen, die noch kommen,
deine Macht!

»… verlass mich nicht«: David weiß, wie sehr er Gottes Hilfe braucht. Von Jugend auf ist Gott sein Helfer gewesen, und er wird nie ohne ihn auskommen. Wir werden nie so gelehrt und so erfahren sein, dass wir in eigener Kraft unseren Weg gehen können. Darum betet David schon zum zweiten Mal (siehe V. 9), dass Gott ihn nicht verlasse, auch wenn er **»alt**

504 Jes 54,13.
505 Vgl. 1Sam 7,12.
506 Ps 48,14.

und grau« geworden ist. Hier aber sucht er nicht Gottes Beistand gegen Feinde, sondern Gottes Beistand, um Gutes zu tun.

Von Gott gelehrt, will David seiner und der kommenden Generation **»deinen Arm«** verkünden, sie lehren, wer Gott ist, wie treu und wie gnädig, wie gerecht und wie unbeschreiblich groß sein Heil ist. Gottes Arm ist letztlich der Messias, wie wir an Jesaja 53,1 lernen, der Sohn Gottes, der in diese Welt kam, um Sünder selig zu machen. Dazu gehört, dass David **»deine Macht«** verkündet, denn der Messias allein hat die Macht, von Sünden zu erlösen (Mt 9,6), vor Straucheln zu bewahren (Jud 24) und vom Tod zu befreien (Hebr 2,14).

5. David rühmt sich Gottes und der Gewissheit der Erhörung (V. 19-24)

Diese letzte Strophe beginnt mit Gottes Gerechtigkeit und sie endet mit Gottes Gerechtigkeit. Das ist der tiefste und unbewegbare Grund für Davids Zuversicht. Fünfmal nennt David in diesem Psalm *»deine Gerechtigkeit«* (V. 2.15.16.19.24). Durch Gerechtigkeit ist der Gnadenbund und ist jedes Kind des Bundes befestigt, wie Jesaja sagt:

»Durch Gerechtigkeit wirst du befestigt werden. Sei fern von Angst, denn du hast dich nicht zu fürchten, und von Schrecken, denn er wird dir nicht nahen« (Jes 54,14).

19 Deine Gerechtigkeit,
o Gott, reicht bis zur Höhe.[507]
Der du große Dinge getan hast,
o Gott, wer ist wie du?[508]

Gottes Gerechtigkeit **»reicht bis zur Höhe«**, zu Gott selbst. Sie geht von ihm aus und sie rechtfertigt den Sünder und führt ihn hinauf »bis zur Höhe«, zu Gott selbst. Sie reicht tiefer, als wir denken können, sie ist weiter gegangen, als wir je hätten ahnen können. In seiner Gerechtigkeit verließ der Sohn Gottes den Thron Gottes, wurde Mensch, wurde Knecht und am Ende ein zum Tode Verurteilter. Er stieg hinab *»in die untersten*

507 Ps 36,6.
508 2Mo 15,11; Ps 35,10; 86,8.

Teile der Erde« (Eph 4,9). So **»große Dinge«** hat Gott getan. Wer hätte sich das ausdenken können? David kann nur noch fragen: **»Gott, wer ist wie du?«** (siehe auch Ps 35,10; 89,7; 113,5). Das fragten auch die Kinder Israel, nachdem sie aus der Macht des Pharao errettet und durchs Schilfmeer gezogen waren (2Mo 15,11).

20 Der du uns viel Angst
und Übel hast sehen lassen,[509]
du wirst uns wieder beleben,
uns wieder heraufführen[510]
aus den Tiefen der Erde.[511]

»Der du uns viel Angst und Übel hast sehen lassen«: Er ließ all das geschehen, weil er unser Heiland-Gott ist, der sich vorgesetzt hat, uns zu retten und zu vollenden. Er führt uns durch Leid, um uns vollkommen zu machen, damit uns am Ende nichts fehle (Jak 1,4). Und er belässt sein Volk nicht ewig in der Drangsal: **»Du wirst uns heraufführen aus den Tiefen der Erde.«** Daniel sagt in ähnlichen Worten, dass Israel als Nation wiedererstehen werde (Dan 12,2), und wir können mit Paulus sagen, dass wir aus den Gräbern auferstehen und zum Herrn entrückt werden, um allezeit bei ihm zu sein (1Thes 4). Das gleiche Wort, das hier für »Tiefe« verwendet wird, **təhôm**, begegnet uns bereits im ersten Psalm des 2. Psalmbuches (42,8). Wie dort der Beter den Eindruck hatte, alles falle mitsamt ihm ins Urchaos der Vorschöpfung zurück (1Mo 1,2), so empfindet auch David: Wo Gottes Heil und Gnade nicht sind, sind Tod, Finsternis und Verderben. Hier aber hat er die Gewissheit, dass Gott sein Volk aus dem Tod zum Leben und aus der Finsternis zum Licht führen werde.

21 Du wirst meine Größe mehren[512]
und wirst mich wieder trösten.

»Du wirst meine Größe mehren«: In Vers 14 hatte David gesagt, er wolle Gottes Lob mehren. Tun wir es, wird er unsere Segnungen mehren. Ja, so sind Gottes Wege. Er erzieht uns durch die Not, immer ausschließ-

509 Ps 66,11.12.
510 Ps 68,23.
511 Dan 12,2.
512 Ps 4,2; Jes 54,2.3.

licher seine Ehre zu suchen; aber gleichzeitig sinnt er darauf, auch uns zur Ehre zu bringen (1Sam 2,30; Ps 73,24; Joh 17,22); denn er ist Liebe. Eines Tages werden wir bei ihm sein, wo weder unsere eigene Torheit noch der Feinde Bosheit Schranken setzen wird. Dann werden wir als erlöste Menschen unser Vollmaß erreicht haben. Und dann wird Gott uns ewig trösten (Jes 40,1; Offb 21,4). Dann wird uns kein Gedanke mehr quälen, dann werden reine Wonne und reine Dankbarkeit unsere Seele füllen. Das geschieht aber nur, weil Gott **»mich wieder trösten«** wird. Ja, Gottes Zuwendung bedeutet alles. Wendet er sich uns zu, sind wir gerettet mit allem, was das bedeutet. Wendet er sich von uns ab, sind wir verloren mit allem, was das bedeutet.

22 Auch will ich dich preisen mit der Harfe,
ja, deiner Wahrheit,
mein Gott,
lobsingen mit der Laute,
du Heiliger Israels.[513]
23 Jubeln sollen meine Lippen –[514]
denn ich will dir lobsingen –
und meine Seele, die du erlöst hast.

David kann jetzt nicht mehr anders als **»dir Psalmen singen, du Heiliger Israels«**: Das ist ein Titel Gottes, der in besonderer Weise dem Propheten Jesaja eignet (er kommt bei ihm 37-mal vor). Er findet sich außerhalb Jesajas nur noch in 2. Könige 19,22 (wo allerdings das Buch Jesaja zitiert wird); im Psalter begegnet er nur noch in Psalm 78,41 und 89,19. Welch vielsagender Titel! Er ist der Heilige, aber er ist auch der Gott eines unwürdigen Volkes (5Mo 7,7.8), denn er ist der Gott aller Gnade (1Petr 5,10). David will **»deiner Wahrheit … lobsingen«**. Gnade und Wahrheit werden im Alten Testament schon verkündet, aber *»geworden«* sind sie erst durch Jesus Christus (Joh 1,17)[515]. Wenn David Gottes **»Wahrheit«** besingt, besingt er auch Gottes Treue, denn das hebräische Wort **ʾæmæt** bedeutet beides. Auf ein langes Leben mit wechselnden Erfahrungen zurückblickend, kann David bekennen: Gott ist treu; er

513 Jes 54,5.
514 Ps 63,4.
515 Johannes sagt wörtlich: *»Die Gnade und die Wahrheit ist* (Einzahl!) *durch Jesus Christus geworden.«*

hat seine Verheißungen alle eingelöst; nicht *ein* Wort von all den guten Worten, die er über David und über sein Volk geredet hatte, war dahingefallen (Jos 23,14).

24 Auch meine Zunge soll reden den ganzen Tag
von deiner Gerechtigkeit;
denn beschämt und zuschanden wurden,
die mein Unheil suchten.

Als Letztes redet David »**von deiner Gerechtigkeit**«. Es ist ihm ergangen wie später Paulus. Er ist von nichts so überwältigt und ergriffen wie von der Tatsache, dass Gott in der Errettung und Bewahrung von Sündern seine Gerechtigkeit offenbart. Das bewegt ihn nicht weniger tief als die Offenbarung der Liebe Gottes. Darum will er von ihr »**reden den ganzen Tag**«.

Während Gott in seiner Gerechtigkeit David errettet hat, macht er in der gleichen unbeugsamen Gerechtigkeit »**zuschanden, die mein Unheil suchen**«. Wenn Gott den Schuldigen gerechtspricht, bleibt er gerecht; und wenn er den Schuldigen schuldig spricht und verurteilt, bleibt er gerecht. Alle seine Wege sind wahr, alle seine Werke sind gerecht. Er ist *»ein Gott der Treue und ohne Trug«* (5Mo 32,4).

Denkwürdiges und Lehrreiches zu Psalm 71

»Dies ist ein Betpsalm in der Person der ganzen Christenheit von Anfang bis ans Ende, gesprochen wider alle Feinde und Anfechtungen. Denn sonderlich bittet er für sein Alter, wenn er schwach und grau wird, das ist für die letzten Christen, da gefährliche Zeiten sind und der Glaube mit dem Evangelium niedergeschlagen werden sollen, wie auch Daniel (Kap. 8,12) verkündigt, dass die Wahrheit solle niedergeschlagen werden und die Ungerechtigkeit überhand nehmen, welches wir unter dem Mahomet und Papst wohl erfahren haben. Darum preist er allein Gottes Gerechtigkeit, die er von Jugend oder von Anfang an von Gott gelernt habe. Das mag uns wohl eine tröstliche Weissagung sein, dass Gottes Wort vor der Welt Ende hat müssen wieder kommen, damit er uns wiederum tief aus der Erde holt und sehr tröstet, wie denn die gemeine Rede bei den Christen darauf lautet, dass Elias und Henoch sollen kommen und des Antichrists Lügen offenbaren und alles wieder zurechtbringen« (Luther, *Summarien über die Psalmen*).

»Dieser Psalm ist vor allem ein Lied der Betagten, und, wie es im Alter üblich ist, ist es ein Lied der Erinnerungen. Der Sänger schreitet von Erinnerung zu Hoffnung und von Erfahrung zu Lob« (Morgan).

»Krankheitsnot, Sündennot, Feindesnot, dazu die Anfechtung über das Glück der Gottlosen, nicht zuletzt das Erschrecken der bitteren Todesnot – das alles kommt im Psalter zu Wort. Es würde etwas Wichtiges fehlen, wenn nicht auch die Not des Alterns vor Gott kundwürde. Das Altern, dieser Vorbote des Sterbens, ist ein Lebensvorgang, der seine besonderen Anfechtungen mit sich bringt … Für den Frommen des Alten Bundes, der noch nicht ›wiedergeboren war zu einer lebendigen Hoffnung durch die Auferstehung Jesu Christi von den Toten‹ (1Petr 1,3), entstand hier eine besonders schwere Anfechtung. Umso eindrucksvoller und tröstlicher ist es, aus dem 71. Psalm zu sehen und zu lernen, wie der Psalmist sich dieser Anfechtung erwehrt. Er grübelt nicht über das Einst und Jetzt, er stimmt nicht ein Klagelied an, sondern wendet sich unmittelbar im Gebet zu Gott« (Lamparter).

»Können wir uns als Ausklang unseres Lebens etwas Größeres wünschen als die Dankbarkeit für erlebtes Heil, die Hoffnung auf den lebendigen Gott und den Lobpreis seines Namens? Der Beter zeigt uns, wohin wir kommen können, wenn wir die Psalmen von Herzen beten, die ihm der Ausdruck seines Lebens mit Gott wurden« (Brandenburg).

»In der Bibel lesen wir immer wieder, wie Gott seine erlesensten Werkzeuge berief, ihre größten Werke am Ende ihres Lebens zu tun. Abraham war hundert Jahre alt, als Isaak geboren wurde … Mose war achtzig, als Gott ihn berief, Israel aus Ägypten zu führen. Kaleb war 85, als er den Kampf mit den größten Riesen aufnahm. Zacharias und Elisabeth waren beide betagte Leute, als der Herr sie aussuchte, Johannes dem Täufer zu Eltern zu werden. Der Apostel Johannes war schon neunzig oder mehr, als Gott ihm den Auftrag gab, das Buch der Offenbarung zu schreiben. Bei all diesen genannten Heiligen behielt Gott das Beste für ihr Ende auf.

Diese Eigenschaft des beharrlichen Vertrauens bis in die letzten Lebensjahre ist das zentrale Thema des 71. Psalms« (Lawson).

Sprachliche Anmerkungen zu Psalm 71

V. 6 – »**du zogst mich**«: **gôzî**, wörtl. »du bist mein Abtrenner«.

V. 7 – »**meine starke Zuflucht**«: **maḥasî**, wörtl. »Zuflucht meiner Stärke«.

V. 10 – »**reden von mir**«: **ʾâmərû lî**. Hier ist das hebr. Perfekt besser mit Gegenwart zu übersetzen (wie Luther) als mit Vergangenheit (wie Elb).

V. 13 – »**die meiner Seele feind sind**«: **sôṭənê lî**, wobei das Verb »feind sein« als Hauptwort **sâṭân** für den großen Widersacher, den Satan, verwendet wird.

V. 18 – »**alt und grau**«: **ziqnâh wəsêbâh**, wörtl. »Alter und graues Haar«.

V. 24 – »**soll reden**«: **tæhgæh**, das gleiche Verb wie in Psalm 1,2, das dort meist mit »sinnen« übersetzt wird.

Psalm 72
Der Friedefürst

Dieser Psalm ist Abschluss und Krönung des zweiten Psalmbuches, dessen Thema dem des zweiten Mosebuches entspricht: Errettung. Es beginnt wie jenes mit Bedrückung und Seufzen nach Befreiung (Ps 42 und 43). Es endet hier mit der Regierung des von Gott erwählten Königs. Das Volk Gottes war in Ägypten von einem gottlosen König wie dem ägyptischen Pharao befreit worden, um fortan seinem Herrn und Gott als König ergeben zu sein. Gott hatte den Armen, der um Hilfe rief, errettet (V. 12; 2Mo 2,24). Am jenseitigen Ufer des Schilfmeeres sang ein für immer befreites Volk: *»Der Herr wird König sein immer und ewig«* (2Mo 15,18). Hier betet eine von Gott gelehrte Seele, dass Gott seinen König einsetzen und dessen Herrschaft aufrichten möchte. Am Ende des 2. Mosebuches offenbart sich die Herrlichkeit des Retter-Gottes inmitten seines erlösten Volkes und erfüllt das Heiligtum (2Mo 40,34). Am Ende dieses Psalms steht die Bitte, dass die ganze Welt von der Herrlichkeit des Gottes Israels voll werden möchte (V. 18.19).

Inhaltlich fügt sich der Psalm direkt an den vorhergehenden. Dort hatte David im Alter gebetet, dass Gott ihn bis zum Schluss bewahren möge. Hier betet er kurz vor seinem Heimgang für seinen Sohn, der seinen Platz auf dem Thron einnehmen sollte (vgl. 1Kö 2; 1Chr 29). In Ps 71,8 hatte David gesagt, sein Mund sei erfüllt mit Gottes Ruhm, hier sagt er, dass einst die Schöpfung erfüllt sein wird mit Gottes Herrlichkeit (V. 19). Dort hatte er fünfmal **»deine Gerechtigkeit«**, **ṣidqâtəkâh**, (V. 2.15.16.19.24) angerufen, zuletzt noch im allerletzten Vers; hier eröffnet er den Psalm mit dem gleichen Begriff **ṣidqâtəkâh**. Er betet, dass Gott dem König seine Gerechtigkeit geben möchte, damit er in eben dieser Gerechtigkeit regiere (V. 1-4).

Die Aussagen haben natürlich ihre erste Anwendung auf Salomo, aber sie reichen weit über ihn hinaus auf den Messias (der wie Salomo ein »Sohn Davids« heißt), denn Salomos Reich war weder weltweit noch währte es ewig. Auch die jüdischen Ausleger *Jarchi*, *Kimchi*, *Ibn Esra* und andere haben den Psalm messianisch gedeutet. Der Midrasch zu den Psalmen sagt: »Dies ist der König, der Messias, denn es ist gesagt: Ein Stamm wird hervorgehen aus der Wurzel Isais.« Und das Targum übersetzt den 1. Vers: »O Gott, gib deine Gerichte dem König, dem Messias, und deine Gerechtigkeit dem Sohn des Königs David.«

»Dieser Psalm hat einen besonderen Platz unter englischsprachigen Christen durch zwei wunderschöne Choräle ... Beide übertragen die Aussagen des irdischen israelitischen Reiches auf die Herrschaft Christi. Das Neue Testament zitiert den Psalm nirgends als messianisch, aber dieses Gemälde des Königs und seiner Regierung kommt den Weissagungen von Jesaja 11,1-5 und Jesaja 60–62 so nahe, dass, wenn jene Abschnitte messianisch sind, es dieser Psalm auch sein muss. Sprache, die sonst lediglich höfische Übertreibung und Extravaganz wäre, ist auf Christus bezogen angemessen und nüchtern« (Kidner).

Für Salomo.

Elberfelder 2003 übersetzt ebenfalls »Für Salomo«. Luther hat das hebräische **liŠlômôh** mit »des Salomo« wiedergegeben, ebenso Buber. Sprachlich ist beides möglich, aber der Inhalt des Psalms passt besser zu David. Berücksichtigen wir besonders den letzten Vers des Psalms, kommen wir zum Schluss, dass wir hier ein Gebet Davids für seinen Sohn Salomo haben, und damit ist es auch der letzte Psalm, den David schrieb[516]. Er war glücklich, einen Sohn auf seinem Thron zu sehen (1Kö 1,48), und er hatte für ihn gebetet und die Gewissheit bekommen, dass Gott ihn und nach ihm seinen Nachkommen, den Messias, noch mehr segnen werde. So konnte er sich ruhig auf sein Sterbelager legen.

Auch die typologische Auslegung verweist auf David als Verfasser. Salomo ist als Sohn Davids ein Typus auf Christus, und zwar in seiner Regierung des Friedens und in seinem Namen, der ja Friede bedeutet. Wäre es ein Gebet Salomos, dann hätten wir hier eine Weissagung auf den Sohn Salomos, was aber kein Titel des Messias ist.

Einige Ausleger befinden, die Sprache des Psalms sei eine andere, als sie David gewöhnlich gebrauche[517]. Aber die Anklänge an 2Sam 23, »die letzten Worte Davids«, sind unübersehbar (vgl. V. 1 mit 2Sam 23,3; V. 6 mit 23,4; V. 18 mit 23,3; V. 5 u. 17 mit 23,4). Daher urteilen wir: Wer jene Zeilen schreiben konnte, konnte auch diese schreiben. Und warum sollte er in einem Lied seinen üblichen Stil nicht ein wenig (wirklich nur ein wenig, wenn wir nur an Ps 8 und Ps 19 und auch an 2Sam 23 denken) variieren können? Calvin sagt mit Recht:

»Ich komme nach reiflicher Überlegung zur Ansicht, dass David dieses Gebet kurz vor seinem Tod sprach.«

---

516 Dass im Psalter noch Dutzende von Davidspsalmen folgen, tut dieser Beobachtung keinen Eintrag. Bekanntlich ist der Psalter nicht nach chrono-logischen, sondern nach inhaltlich-logischen Kriterien geordnet. Das schlagende Beispiel liefert der Psalm 90, der als ältestes Lied der ganzen Sammlung eben erst an neunzigster Stelle erscheint.

517 U. a. Delitzsch: *»Sodann hat der Psalm in Stil und Haltung mit Psalmen Davids nicht die mindeste Verwandtschaft.«* Das ist kühn behauptet, wo doch Fragen von Stil u. Ä. nie in objektiver Weise entschieden werden können. Hören wir, was Delitzsch zum 53. Psalm befindet: *»Übrigens haben wir ein handgreifliches Beispiel, dass auch Psalmen, die aus davidischen umgedichtet oder solchen nachgedichtet sind, ohne Bedenken **ləDavîd** überschrieben wurden.«* Wenn Delitzsch den Überschriften nicht traut, dann hat er natürlich nach seinem subjektiven Geschmack und ohne Rücksicht auf diese zum heiligen Text gehörende Information gewisse Psalmen David zugeschrieben und andere nicht. Mithin kann sein Urteil in der Frage, ob der 72. Psalm zum Stil Davids passe oder nicht, nicht überzeugen.

1. Die gerechte Regierung des Messias (V. 1-4)

Mit diesem Psalm wird das Ziel der Erlösung erreicht; es ist die Erfüllung der Sehnsüchte, die in den beiden ersten Psalmen des 2. Psalmbuches ausgedrückt wurden. Der bedrängte Heilige betete, dass Gott sein Licht und Seine Wahrheit senden möge (43,3), und das wird er tun. Zuerst sendet Gott seinen Sohn als Licht in die Welt, um Sünder zum ewigen Leben zu erleuchten (Joh 1,9). Am Ende der Tag wird sein Gesalbter wieder kommen, wie der lange erwartete Regen nach der Dürre (V. 6), und dass wird er herrschen von Meer zu Meer, und alles und alle werden sich ihm beugen. Es ist die Antwort auf die Gebete, welche Christen seit bald zweitausend Jahren beten: »Dein Reich komme!«. Es ist das Ziel der Sehnsüchte des Menschen nach einer vollkommenen Gesellschaft, einer vollkommenen Regierung, dem Utopia der Philosophen. Man bedenke: Vollkommene Gerechtigkeit, kein Mangel, keine Krankheiten, keine Kriege. Nur ist es keine *Ou-Topia*, griechisch für »Nicht-Örtlichkeit«, sondern dieses Reich wird kommen, und es wird in dieser Welt errichtet werden.

1 O Gott, gib dem König deine Gerichte
und deine Gerechtigkeit[518] dem Sohn des Königs!

»Gib dem König deine Gerichte«: Dies ist die erste und oberste Bitte Davids für die Regierung seines Sohnes Salomo. Wie sehr ihm am Herzen lag, dass Salomo gerecht richte und regiere, zeigen die letzten Worte Davids an seinen Sohn (1Kö 2).

Alles, was in diesem Psalm folgt, ist das Ergebnis dieser Bitte. Dass sie sich in der Regierung Salomos nicht erfüllte, wissen wir, muss auch David geahnt haben. Was Gott von Königen in Israel immer gefordert (5Mo 17,19-20), was David beherzigt (2Sam 8,15) und besungen (2Sam 23,3), worum Salomo kurz nach seinem Regierungsantritt gebetet (1Kö 3,9), was er später gelehrt (Spr 31,8.9) und was die Königin von Scheba an ihm erkannt hatte (1Kö 10,9),[519] das wird erst mit der Regierung des Messias vollkommen in Erfüllung gehen (Ps 45,7.8; Jes 11,4; Jer 23,5). Gottes Gerechtigkeit muss zur Herrschaft gelangen.

518 Ps 71,2.
519 Was Salomo aber nicht durchhielt (1Kö 11), und was nach ihm viele Könige nicht befolgten (Jer 22,13-19).

Gerechtigkeit und Gericht sind die Grundfeste des Thrones Gottes (Ps 89,15); sie sind das Fundament jeder dauerhaften Regierung; sie sind die erste und wichtigste Eigenschaft eines guten Königs.

Das Gebet um Gerechtigkeit will uns zwei Dinge lehren: a) alles Gute kommt von oben, von Gott; b) wir sind von Gott und seinen Gaben vollständig abhängig. Alles Recht und alle Gerechtigkeit finden sich in ihm; er allein kann Recht begründen; er allein vermag, es wirksam zu machen. An diesem Punkt scheitern alle Gesellschaftsentwürfe zu einem gerechten Zusammenleben. Wie glücklich ist der Gottesfürchtige zu wissen, dass Gott dem von ihm erwählten König alle Macht gegeben hat (Mt 28,18) und dass dieser eines Tages kommen und diese Welt seiner Regierung unterwerfen wird. Immer wieder stimmen die Psalmisten ihre Lieder an, die vom Kommen des Gerechten und seiner Regierung singen (Ps 93; 94; 96; 97; 98; 99; 100), als ob sie nicht genug bekommen könnten von diesen beglückenden Klängen.

Wie David betet nur eine von Gott gelehrte Seele. So betet der Mann, der unter der Herrschaft des Menschen geseufzt hat, den die Willkür menschlicher Regierung gelehrt hat, dass im Menschen Gutes nicht wohnt. Seine Hoffnung ist, dass *»der Mensch, der von der Erde ist«* (Ps 10,18), nicht für immer die Oberhand habe (Ps 9,20), und dass der Mensch, der vom Himmel ist (1Kor 15,47), komme und alles Gott zu Fuß lege.

Nach dem Vers 1 wird in den Versen 2 und 3 ein zweites und ein drittes Mal die Gerechtigkeit genannt. Diese dreifache Wiederholung zu Beginn des Liedes will dreifach unterstreichen, dass Gerechtigkeit die wichtigste Eigenschaft der Regierung Gottes ist. Ohne diese ist Liebe keine Liebe; ohne diese ist Friede ein fauler Friede; ohne diese ist eine Regierung bereits vom Virus des Todes befallen und kann nicht bestehen (Hab 2,6-8).

2 dass er richte dein Volk in Gerechtigkeit,
und deine Elenden nach Recht.[520]
3 Frieden[521] **mögen tragen dem Volk**
die Berge und die Hügel
durch Gerechtigkeit.

520 Jes 11,4.
521 Sach 9,10.

»dass er richte dein Volk in Gerechtigkeit«: Mit der *»Ankunft des Gerechten«* (Apg 7,52) wird *»zur Gerechtigkeit zurückkehren das Gericht«* (Ps 94,15). Dass das mit dem ersten Kommen Christi und der Geburt der neutestamentlichen Gemeinde noch nicht geschehen ist, zeigen die Worte des Apostels Paulus in Athen: Der Menschensohn muss am bestimmten Tag den Erdkreis richten in Gerechtigkeit (Apg 17,31), weil bis dann die Ungerechtigkeit auf der Erde die Oberhand haben.

Die Frucht der Gerechtigkeit ist **»Friede«**, eine Wahrheit, die Propheten und Apostel unermüdlich verkündigten (Jes 32,17; Röm 5,1). Der König der Gerechtigkeit ist auch der Fürst des Friedens (Jes 2,4; 9,5.6; Mi 4,3; Sach 9,10). Erst, wenn die Sünde gesühnt, die Gesetzlosigkeit gerichtet und die Bösen weggefegt worden sind, wird diese arme Erde nicht mehr das unschuldige Blut von Armen und Entblößten vergießen, wie sie das seit der Ermordung Abels bis auf den heutigen Tag beständig getan hat, sondern dann werden **»Frieden tragen … die Berge und die Hügel«**, wobei die Berge hier auch im übertragenen Sinn für Regierungen und Reiche stehen können (siehe Ps 46,3; Jer 51,25). Es werden, wie die Verse 10 und 11 und Offb 21,24 zeigen, im Tausendjährigen Reich Könige und Königreiche sein, die dem Messias dienen.

4 Er schaffe Recht
den Elenden des Volkes;[522]
er rette die Kinder des Armen
und zertrete[523] **den Bedrücker**[524]**.**

»Er schaffe Recht den Elenden«: Die Mächtigen unter den Menschen verachten die Armen, weil sie von ihnen nicht viel erwarten, und sie drücken sie, weil sie von ihnen nichts befürchten müssen (siehe Mt 20,25). Wie anders ist Gott, der alle Macht hat! Er könnte uns drücken, und niemand könnte ihn daran hindern noch dafür zur Verantwortung ziehen; aber er tut niemandem unrecht. Der Messias wird *»den Demütigen des Landes Recht sprechen«* (Jes 11,4).

522 Ps 70,6; Spr 31,8.9.
523 1Mo 3,15; Röm 16,20.
524 2Mo 1,11.12.

»Er rette«: Wie der Friede so steht auch die Errettung, die der Christus wirken wird, auf dem festen Grund der Gerechtigkeit. Gottes Gerechtigkeit erforderte es, dass der Sohn Gottes *»durch den Tod den zunichte machte, der die Macht des Todes hat, das ist den Teufel, und alle die befreite, die ihr Leben lang durch Todesfurcht der Knechtschaft unterworfen waren«* (Hebr 2,14).

»und zertrete den Bedrücker«: Eine gerechte Regierung bedeutet notwendigerweise, dass die Bösen und das Böse bestraft werden. Wenn der Messias kommt, um sein Reich auf dieser Erde aufzurichten, *»wird er die Erde schlagen mit der Rute seines Mundes und mit dem Hauch seiner Lippen den Gottlosen töten«* (Jes 11,4). Mit eisernem Stab wird er die rebellischen Nationen zerschmeißen wie Töpfergefäße (Ps 2,9). Bliebe das Unrecht ohne Strafe, hätte es gesiegt. Darum muss es bestraft und niedergeworfen werden, denn Gerechtigkeit muss die Oberhand behalten.

2. Die nie endende Regierung des Messias (V. 5-7)

5 So wird man dich fürchten,
solange Sonne und Mond scheinen[525],
von Geschlecht zu Geschlecht.

Das ist eine zweite Folge der gerechten Regierung eines Königs: Man wird ihn **»fürchten«**. Das bedeutet, dass man sich davor scheuen wird, etwas Böses zu tun. Ja, Gott legt den Erlösten im Neuen Bund Gottesfurcht ins Herz und sorgt so dafür, dass sie nicht gegen ihn sündigen und sich von ihm abwenden (Jer 32,40). In unserer Scheu davor, etwas zu tun, das dem König missfallen könnte, fliehen wir zu ihm und bergen uns bei ihm, denn nur in seiner Gegenwart sind wir sicher vor uns selbst.

»solange Sonne und Mond scheinen, von Geschlecht zu Geschlecht«: Das ist das dritte Ergebnis gerechter Regierung: Sie hat ewig bestand. Auf Lüge und Mord gegründete Reiche haben nicht Bestand (Hab 2,9-14). Aber *»durch Gerechtigkeit steht ein Thron fest«* (Spr 16,12), und *»ein König, der die Geringen in Wahrheit richtet, dessen Thron wird feststehen für immer«* (Spr 29,14). Darum heißt es vom Reich

525 Ps 65,11; 89,38; Jes 44,3.

des Messias: *»Die Mehrung der Herrschaft und der Frieden werden kein Ende haben auf dem Thron Davids und über sein Königreich, um es zu stützen durch Gericht und durch Gerechtigkeit, von nun an bis in Ewigkeit«* (Jes 9,6), und: *»Gott, der Herr, wird ihm den Thron seines Vaters David geben, und er wird über das Haus Jakobs herrschen in Ewigkeit, und sein Reich wird kein Ende haben«* (Lk 1,32.33).

6 Er komme herab
wie Regen auf die Flur,
wie Regenschauer,
Regengüsse auf das Land[526]**.**
7 In seinen Tagen soll sprossen der Gerechte,
Fülle von Frieden wird sein,
bis der Mond nicht mehr ist.

Diese Verse erinnern sehr an ein anderen Psalm, den David geschrieben hat (2Sam 23,4). Sie nennen eine vierte Folge der Gerechtigkeit: Leben (siehe Spr 12,28).

Das Kommen des Messias wird **»wie Regen auf die Flur«** sein, wird *»Leben aus den Toten«* bedeuten (Röm 11,15). Wie der ausgedörrte Erdboden den Regen trinkt, wird diese fluchbeladene Erde das Lebenswasser trinken, das in einem mächtigen Strom vom Thron Gottes und des Lammes ausgeht (Offb 22,1) und allen Fluch verschlingt (Offb 22,3). Nicht Dornen, nicht Disteln wird die Erde mehr tragen, kein Schweiß wird mehr den Menschen plagen. Das Vorbild und das Wirken des gerechten Herrschers spiegelt sich im Charakter seiner Untertanen. In jenen **»Tagen soll sprossen der Gerechte** (Jes 60,21), und *»der gemeine Mensch wird nicht mehr edel genannt und der Arglistige nicht mehr vornehm heißen«* (Jes 32,5). Darum wird **»Fülle von Frieden«** sein, Friede in allen Beziehungen: Frieden mit Gott, Frieden mit dem Nächsten, Frieden mit seinem eigenen Gewissen.

»bis der Mond nicht mehr ist«: Ein Ausdruck, der besagt, dass die segensreichen Wirkungen seiner Regierung diese Schöpfung überdauern. Ein ähnlicher Ausdruck findet sich in Hiob 14,12.

526 Ps 65,10; Hos 6,3; Sach 10,1; Hes 34,26; Jes 45,8.

3. Die weltweite Regierung des Messias (V. 8-11)

Hier wird eine fünfte Folge gerechter Regierung genannt: Sie wird nicht nur dauerhaft, sondern sie wird auch weltweit sein. Am Ende wird Gerechtigkeit obsiegen, und alles wird sich ihr beugen.

8 Er herrsche von Meer zu Meer[527]
und vom Strom bis an die Enden der Erde.[528]
9 Vor ihm müssen knien die Wüstenvölker,
und seine Feinde den Staub lecken[529]**;**
10 die Könige von Tarsis[530] **und den Inseln**
werden Geschenke geben,[531]
Abgaben bringen die Könige von Scheba und Seba.
11 Alle Könige werden ihn anbeten,
alle Nationen ihm dienen.[532]

»**Er herrsche**«: Seine Macht, die sich gegen alle und alles durchsetzt, ist gegründet auf der in den V. 1-3 dreimal genannten Gerechtigkeit. In Gott und darum auch in seinem Messias sind vollkommene Macht und vollkommene Gerechtigkeit in wundersamer Weise verbunden, und darum wird diese Bitte in Erfüllung gehen.

»**Von Meer zu Meer und … bis an die Enden der Erde**«: Die Herrschaft des Königs wird die ganze Welt umspannen und sie wird alle umfassen. Von den entlegensten Regionen, den »**Wüstenvölkern**«, bis zu »**den Inseln**«, alle »**werden sich beugen**« vor ihm. Denn auch die Widerspenstigsten müssen sich ihm beugen: seine Feinde werden vor ihm »**den Staub lecken**«. Und auch die Mächtigsten, die Könige, müssen sich seiner Macht ergeben: Sie werden ihm Abgaben entrichten. Es werden ihm Geschenke darbringen »**die Könige von Tarsis und den Inseln**«. Sowohl Tarsis als auch die Inseln stehen in der Sprache des Alten Testament für die Enden der Erde (siehe Jes 42,10). Alle, auch die Reichsten, »**die Könige von Scheba und Seba**«, werden ihm Abgaben bringen und damit anerkennen, dass sie allen Reichtum, den sie je be-

527 Sach 9,10.
528 Ps 2,8.
529 Jes 49,23; Mi 7,17.
530 Jes 60,9.
531 Ps 68,30.
532 Ps 22,28; 68,32; 86,9; 138,4.

sessen hatten, ihm verdankten. Die Königin von Scheba kam zwar bereits unter der Regierung Salomos nach (1Kö 10), doch jener Bericht kündet von der Zeit, da ein größerer als Salomo (vgl. Mt 12,42) herrschen wird. Diesem werden sich schließlich **»alle Könige«** und **»alle Nationen«** ohne Ausnahme unterwerfen.

4. Die barmherzige Regierung des Messias (V. 12-14)

12 Denn er befreit den Armen,
der um Hilfe ruft,[533]
und den Elenden[534]**,**
der keinen Helfer[535] **hat;**
13 Ihn jammert[536] **des Geringen und Armen,**[537]
und er rettet die Seelen der Armen.
14 Von Druck und Gewalttat erlöst er ihre Seele,
und ihr Blut ist teuer in seinen Augen.

»Er befreit den Armen … der keinen Helfer hat«: So ist Gott; Er ist *»mächtig, und doch verachtet er niemanden«* (Hiob 36,5). Und darum ist auch der von ihm gesalbte gerechte König so. Müssen wir Gott nicht bewundern, dass er überhaupt achthat auf die Elenden? Die Römer sagten: *»Di magna curant, parva non curant – Die Götter befassen sich mit den großen Dingen, nicht mit den kleinen.«* Gott aber hört auf das Gebet des Armen und wendet sich zum Seufzen des Entblößten (Ps 102,18).

Man beachte das **»Denn«**. Hier wird begründet, warum alle ihm dienen werden (V. 12). Er **»rettet die Seelen der Armen«**. Er wird den retten, der Rettung nötig hat und das auch erkennt. Er wird die retten, die ihm nur ihren Dank stammeln, aber sonst nichts geben können (siehe Lk 14,12-14.21-24). Dass der von Gott gesalbte König so ist und so handelt, das wird ihm alle Herzen zuneigen. Er ist so anders als alle Großen, die die Welt je gesehen hat.

533 Ps 70,5.
534 Hi 36,15; Ps 76,10.
535 Ps 107,12.
536 Mt 9,36.
537 Ps 116,6.

Er rettet den Armen, **»der um Hilfe ruft«**. Selig sind die Armen, die sich als arm erkennen (Mt 5,3); denn diese werden zum Retter um Hilfe rufen. Er wird nicht retten den Reichen oder Starken, der meint, er brauche keine Hilfe. Der Herr ist nicht für die Gesunden gekommen, sondern für die Kranken; nicht für die Gerechten, sondern für die Sünder. Als Israel in Ägypten bedrängt war und zum Herrn schrie (2Mo 2,24), hörte Gott ihr Schreien und rettete sie, indem er ihnen Mose als Befreier sandte. Am Ende der Zeit wird Israel eine größere Rettung erfahren. Die Elenden werden dann erneut zu Gott schreien, und er wird ihnen vom Himmel seinen Retter senden.

»Ihn jammert«, denn er ist barmherzig. Er neigt sich den Hilflosen zu und **»von Druck erlöst er ihre Seele«**: David betete in diesem Psalm zwar zunächst für seinen direkten Nachkommen, für Salomo, aber dieser erfüllte die hier ausgesprochene Erwartung nicht. Er drückte das Volk vielmehr mit einem schweren Joch (2Kö 12,4), während das Joch des der Sohn Davids, des Messias, sanft ist (Mt 11,28.29).

Das Blut der Armen **»wird teuer sein in seinen Augen«**. Er forscht dem vergossenen Blut nach, denn er hat das Schreien der Elenden gehört (Ps 9,13). Kostbar ist in den Augen des HERRN der Tod seiner Frommen (116,15). Kein Seufzer seiner bedrängten Heiligen entgeht ihm.

5. Die segensreiche Regierung des Messias (V. 15-17)

15 Er lebe![538]
Vom Gold Schebas gibt man ihm,
und man betet ständig für ihn,
segnet ihn den ganzen Tag.

»Er lebe!«: So betet David, und sein Sohn wird leben und ebenso alle, die sich ihm ergeben, wie er seinen Jüngern sagte: *»Weil ich lebe, werdet ihr auch leben«* (Joh 14,19).

»vom Gold Schebas«: Die aus Ägypten Erretteten brachten Gott das Gold, das sie von den Ägyptern bekommen hatten. Das Gold, das Scheba sich aufgehäuft hatte, wird es nicht mehr für sich behalten. Man wird

538 Ps 61,7.8.

alles Gott zur Verfügung stellen und damit bekennen, dass man ihm alles verdankt. Im messianischen Reich werden die Nationen ihren Reichtum in die Stadt des großen Königs (siehe Ps 48,3) bringen (Jes 60,11; vgl. Offb 21,24). Da sie alles vom Herrn empfangen haben, soll auch alles für ihn sein (vgl. Röm 11,36). Glückselige Zeit, in der solches Denken die Herzen der Menschen regiert!

16 Es sei Fülle an Korn im Land[539],
auf dem Gipfel der Berge;
wie der Libanon[540] rausche seine Frucht,
es blühe aus den Städten wie das Kraut der Erde.

»Es sei Fülle an Korn im Land«, nicht etwa Mangel, obwohl man dem König der Könige seine Reichtümer gebracht hat. Dann wird man verstehen, dass man Gott nie zu viel geben kann, ja, dass es umgekehrt so ist, dass wir erst dann, wenn wir ihm all unser Gold und uns selbst ausgeliefert haben, an nichts Mangel haben werden. Sogar **»auf dem Gipfel der Berge«**, wo sonst kein Weizen wächst, wird das Getreide stehen. Alles Elend kam in diese Welt, als der Mensch sich der Herrschaft Gottes entzog. Alle Wohlfahrt hängt daran, dass sich alles dem Thron Gottes und seines Königs unterwirft. Im letzten Buch der Bibel wird uns gezeigt, wie vom Thron ein Strom des Lebens ausgeht, und wie dort, wo er herrscht, kein Mangel, keine Krankheit, keine Nacht und kein Fluch sein kann (Offb 22,1-4). Wenn der HERR in Zion regiert (Joel 4,21) und Israel seinem König unterworfen ist, wird aus dem Heiligtum, ein lebensspendender Strom ausgehen (Hes 47) , und dann werden *»die Berge von Most triefen und die Hügel von Milch fließen«* (Joel 4,18).

»Wie das Kraut der Erde« werden die Menschen wachsen, gedeihen und sich mehren (Jes 60,21.22). Dann wird keiner Angst haben vor Überbevölkerung. Jetzt macht uns der Gedanke daran Angst, denn wir wissen, dass Knappheit der Ressourcen und damit Rivalität, Missgunst, gegenseitiges Fressen und Gefressenwerden der Überbevölkerung folgen wie ein Schatten, den man nicht abschütteln kann. Wenn der Messias regiert, wird kein Mangel sein, und es wird kein Teufel die Nationen verführen

539 Ps 65,14.
540 Ps 29,5; 92,13.

(Offb 20,1-3). Ungetrübte Wonne wird die Mutter mit ihrer großen Kinderschar und das Land mit seiner wimmelnden Bevölkerung erfüllen.

17 Sein Name[541] sei ewig;[542]
vor der Sonne sprosse sein Name,
und in ihm mögen sich segnen,
ihn sollen glücklich preisen alle Nationen![543]

»vor der Sonne sprosse sein Name«: Schon zum zweiten Mal wird die Sonne erwähnt (nach V. 5). So wie diese den Menschen während den Jahrtausenden seiner langen Geschichte begleitet hat, so wird der Name des Messias ewig bleiben, und gar sprossen, d. h. in den Augen und im Verständnis der Menschen immer größer werden. All diese unzähligen Menschen, die zuerst sein Friedensreich und dann seinen neuen Himmel und seine neue Erde bevölkern, werden dem König mit Namen bekannt, ein jeder wird ihm teuer sein. Aber ein Name wird über allen anderen Namen stehen, und alle werden sich darüber freuen: Sein Name wird alle anderen Namen überstrahlen, in diesem Namen wird man sich segnen. Dann wird endlich der Segen Abrahams ganz in Erfüllung gegangen sein (1Mo 12,3). Sein Same, der Messias, wird das Glück und der Ruhm aller Völker, Stämme, Nationen und Sprachen sein.

6. Die herrliche Regierung des Messias (V. 18-20)

18 Gelobt sei Gott, der HERR,
der Gott Israels[544],
der Wunder tut[545], er allein!
19 Und gelobt sei sein herrlicher Name in Ewigkeit!
Und die ganze Erde werde voll seiner Herrlichkeit![546]
Amen und Amen.

541 V. 19.
542 Ps 45,18.
543 1Mo 22,18; Gal 3,16.
544 Ps 41,14; 106,48.
545 Ps 77,15; 86,10.
546 4Mo 14,21; Ps 29,1; 19,2; 57,6; 85,10; 97,6; 104,31; Jes 6,3; 11,9; Hes 43,2; Hab 2,14.

Diese Worte bilden einen ähnlichen Abschluss wie im ersten Psalmbuch. Am Ende aller Wege Gottes steht sein Ruhm. Er hat sich durch all sein Wirken und Führen als der Gerechte, der Treue, der allein Weise und der Gnädige erwiesen. Das werden die Menschen dann sehen, wenn **»die ganze Erde voll seiner Herrlichkeit«** sein wird. Alle Vollkommenheiten Gottes, die immer tätig waren, werden dann frei und unverhüllt aufstrahlen. Das erinnert wiederum an das zweite Mosebuch, denn auch dieses endet damit, dass Gottes Herrlichkeit erscheint. Dort erfüllt sie die Stiftshütte (2Mo 40,34); hier erfüllt sie die ganze Welt.

Er ist **»der HERR«**, der Ewige, der unverändert Treue, der Bundesgott, der den Bund und die Güte bewahrt. Er, der HERR, verändert sich nicht (Mal 3,6). Sein Wort ist wahrhaftig, und was er zusagt, hält er gewiss (Ps 33,4). Er ist es, **»der Wunder tut, er allein«**. Wer außer ihm vermöchte sich eine ganze Welt von Sündern gefügig zu machen? Wer sonst könnte Widerspenstige dazu bringen, dass sie sich freudig unter seine Regierung stellen und nichts so sehr begehren, wie ihm alles zu geben? Das sind Wunder der Gnade, Wunder der Erlösung, die weit größer sind als alle Wunder der Schöpfung, auch größer als alle Zeichen und Wunder die Jesus und die Apostel taten (vgl. Joh 14,12).

20 Zu Ende sind die Gebete Davids, des Sohnes Isais.

David hat für seinen Sohn Salomo gebetet. Dabei sind ihm die Augen aufgegangen für den König, den Messias. Er sehnt sich nach dem Tag, an dem Gott diesem die Herrschaft übergibt. Er weiß, dass Gott seine Bitte erhört hat und nach seinem Begehr tun wird. Sein Herz ist damit gestillt, er braucht nicht mehr zu beten, ja, er hat gar keine Wünsche mehr offen. Die Gebete Davids, des Sohnes Isais, sind zu Ende, der Sohn Davids, der Messias wird kommen.

Wir haben wiederholt feststellen können, welch große Sehnsucht David nach der Wohnung Gottes hatte (Ps 26,8; 27,4 und andere). Aber eigentlich sehnte er sich nach dem, der in Gottes Haus wohnt: nach dem Sohn Gottes, dem Messias und König (dass dieser auch Sohn Gottes ist, wusste David, wie Ps 2,6 und 110,1 zeigen; siehe dazu auch Mt 22,41-45). So war das Gebet von Ps 72 ein Ausdruck seiner tiefsten und seiner lebenslangen Sehnsucht.

Lehrreiches und Denkwürdiges zu Psalm 72

»David trägt im Namen der ganzen Gemeinde seine Bitten für einen beständigen, glücklichen Fortgang des ihm verheißenen Königtums vor. Wir können daraus zugleich die Lehre entnehmen, dass das wahre Glück der Frommen darin besteht, dass sie sich durch die Hand des von Gott erwählten Königs regieren lassen« (Calvin).

»Aus der Überschrift und dem folgenden Gebet lerne: Ein König mag über viele Dinge innerhalb seines Reiches befehlen, aber den Segen kann er nicht über seine Regierung befehlen. Den muss er bei Gott erbeten. Er kann ein Reich seinem Kind überlassen, aber weil ein Reich nichts ist ohne Gottes Segen, muss er um diesen Segen bitten und zudem das Volk Gottes um Fürbitte ersuchen« (Dickson).

»David betet für Salomo und weissagt seine friedvolle und herrliche Regierung, womit er in den leuchtendsten Farben das Reich des Messias malt« (Horne).

»Der Psalm ist gleich dem zweiten, dem zwanzigsten, dem einundzwanzigsten und dem fünfundvierzigsten ein Königspsalm« (Perowne).

»Dies ist ein großartiger Psalm von der Theokratie. In ihm wird die ganze vollkommene Ordnung geoffenbart: Gott thront über allem und lenkt und regiert alles. Der König, von Gott eingesetzt, empfängt seine Regierung von Ihm und regiert über sein eigenes Volk so, dass dem Elenden geholfen und der Bedrücker erniedrigt und der gerechte gesegnet wird. Er regiert so, dass seine segensreiche Regierung bis an die Enden der Erde wirksam wird … Dies ist das Reich, auf das die Welt noch immer wartet. Es ist eine vollkommene Ordnung, die noch nie verwirklicht worden ist und der man sich noch nie in Gehorsam gefügt hat. Das alles hatte unser Herr gewiss vor Augen, als Er uns lehrte zu beten, dass Sein Reich komme. Der König dieses Reiches ist gekommen, aber die Menschen wollten nicht, dass er über sie herrsche. Daher sind bei allen Bemühungen und Anstrengungen der Menschen ohne Ihn die Elenden noch immer ohne Hilfe, und Friede und Wohlfahrt lassen auf sich warten. Dieses Lied ist uns eine Weissagung der Hoffnung. Wir haben den König gesehen, und wir wissen, dass das vollkommene Reich kommen muss, denn Gott kann nicht besiegt werden« (Morgan).

V. 1 – »›**dem Sohn des Königs**‹ – dem das Recht zum Königtum gehört durch Geburt und Erbe. So war Christus ein Sohn Davids als ›*König der Juden*‹ den Juden geboren, Mk 11,10; Mt 2,2; 22,42. Ihm gab der Vater alles Gericht, Joh 5,22« (Ainsworth).

V. 2-17 – »Die prophetische Antwort auf die Gebete der Gemeinde verheißt über zwanzig Segnungen der Regierung Christi, die alle zur Verherrlichung des Königs und zum Wohl seiner Untertanen sind. Die Regierungen Davids und Salomos waren mit ihren zahlreichen Mängeln nur ein Schattenbild davon, während die Erfüllung sich erst in Christus findet« (Dickson).

V. 3 – »Der allgemeine Sinn dieses Verses bleibt der gleiche, ob wir unter den *Bergen* und *Hügeln* nun Teile des Landes begreifen oder in ihnen bildliche Ausdrücke für Reiche oder Regierungen sehen. Die Auswirkung von guter Regierung ist *Frieden*, ein Begriff, der in der Bibel nicht nur für Ruhe steht, sondern dazu die Segnungen der Fülle, Wohlfahrt und des allgemeinen Glücks beinhaltet … Die Segnungen guter Regierung sind sehr groß; siehe 1Kö 3,28. Die Segnungen der Regierung des Messias sind größer als die aller anderen Regierungen. Sie sind unaussprechlich und unauslotbar; siehe Jes 64,3; 1Kor 2,9; Eph 3,8« (Plumer).

V. 7 – »Von Salomo und damit von Christus wird gesagt, er werde herabkommen wie Regen bezüglich der Lehre und Ausübung von Recht und Gerechtigkeit. Ebenso sagte Mose, dass seine Lehre wie Regen träufeln solle, 5Mo 32,2; und Hiob sagte: ›Sie harrten auf mich wie auf den Regen‹, Hi 29,23; und ›er wird für uns kommen wie der Regen‹, Hos 6,3« (Ainsworth).

V. 19 – Der Talmud Babli sagt zu dieser stelle sehr treffend: »Jeder Richter, der ein Gericht der Wahrheit richtet, lässt die göttliche Herrlichkeit in Israel wohnen.«

V. 20 – »›**Die Gebete Davids, des Sohnes Isais**‹ – Es ist ein Zeichen wahrer Demut und aufrichtiger Liebe zu Gott, sich zu erniedrigen und unseren niedrigen Stand anzuerkennen, in dem wir waren, als Gott uns fand und uns seine Liebe erwies, damit wir auf diese Weise den Reichtum der Güte und Gnade Gottes über uns preisen« (Dickson).

Sprachliche Anmerkungen zu Psalm 72

»Für Salomo«: Luther übersetzt das hebr. **liŠlômôh** und fasst es damit als das zweite Glied einer Konstruktusverbindung auf in Analogie zu den Davidspsalmen mit der Überschrift **mizmôr leDavid**. In neun Psalmen steht lediglich **leDavid**. Auf das erste Glied **mizmôr** kann verzichtet werden, weil man es als selbstverständlich voraussetzen kann, da vorher schon so oft die feste Verbindung **mizmôr leDavid** vorgekommen ist. Das ist, wie gesagt, sprachlich möglich, doch meine ich aus inhaltlichen Gründen, es sei besser, dem **lə** seine Hauptbedeutung zu belassen und »für Salomo« zu übersetzen, umso mehr, als das ebenso korrekt, ja, sprachlich sogar naheliegender ist.

V. 5 – »**Von Geschlecht zu Geschlecht**«: **dôr dôrîm**, wörtlich: »Geschlecht der Geschlechter«. Entsprechend übersetzt Buber in seiner überakkuraten Weise. Üblicherweise lautet das entsprechende Hebräische **lədôr wâdôr** (z.B. Ps 45,18), wörtlich »auf Geschlecht und Geschlecht hin«, bei Luther jeweils: »von Kind zu Kindeskind«. Die vorliegende Form, die ohne die Präposition **lə** auskommt, muss man als einen adverbialen Akkusativ auffassen, der wie im Deutschen Ablauf von Zeit markieren kann (»den ganzen Tag«).

V. 19 – »**soll voll werden**«: **jimmâlêʾ**, wie in Psalm 71,8: *»Mein Mund ist voll von deinem Ruhm.«*

Bibliografie

Wird im Zuge der Auslegung nur der Name eines unten angeführten Auslegers genannt, ist das hier aufgeführte Werk gemeint. Wird aus einem anderen Werk zitiert, wird dieses jeweils genannt.

Alexander, Joseph A., *Commentary on Psalms*, Grand Rapids: Kregel Publications, 1991.

Brandenburg, Hans, *Der Psalter. Das Gebetbuch des Volkes Gottes*, 2 Bände, Gießen und Basel: Brunnen Verlag, 1967, 1968.

Bridges, Charles, *An Exposition of Psalm 119*, Edinburgh: The Banner of Truth Trust, 1995.

Calvin, Johannes, *Auslegung der Heiligen Schrift, 4. Band, Die Psalmen*, Buchhandlung des Erziehungsvereins, Neukirchen b. Moers, 1930.

Clarke, Arthur G., *Analytical Studies in the Psalms*, Kilmarnock: John Ritchie LTD, 1949.

Dächsel, August, *Das Alte Testament mit in den Text eingeschalteter Auslegung, Band 3, 1. Chronik bis Hohelied*, Groß Oesingen: Verlag der Lutherischen Buchhandlung Heinrich Harms, 2004.

Delitzsch, Franz, *Die Psalmen*, Gießen und Basel: Brunnen Verlag, 1985 (Nachdruck der 5. Auflage von 1894).

Dickson, David, *A Commentary on the Psalms*, Edinburgh: The Banner of Truth Trust, 1985.

Gaebelein, Arno C., *The Psalms. A devotional and prophetic Commentary*, Neptune, New Jersey: Loizeaux Brothers, 1982.

Grant, F.W., *The Numerical Bible. The Psalms*, Neptune, New Jersey: Loizeaux Brothers, 1978.

Hengstenberg, Ernst Wilhelm, *Commentar über die Psalmen*, 4 Bände, 1849–1852.

Henry, Matthew, *Commentary on the Whole Bible. Vol III – Job to Song of Solomon*, McLean, Virginia: MacDonald Publishing Company.

Horne, George, *A Commentary on the Book of Psalms*, Audubon, New Jersey: Old Paths Publications, 1997.

Kidner, Derek, *Psalms 1–72. An Introduction and Commentary on Books I and II of the Psalms*, Leicester: Inter-Varsity Press, 1973.

Kidner, Derek, *Psalm 73–150. An Introduction and Commentary on Books III–V of the Psalms*, Leicester: Inter-Varsity Press, 1975.

Lamparter, Helmut, *Das Buch der Psalmen I + II*, Stuttgart: Calwer Verlag, 1958.

Luther, Martin, *Dr. Martin Luthers sämtliche Schriften, herausgegeben von Dr. Joh. Georg Walch. Vierter Band: Auslegung über die Psalmen*, Groß Oesingen: Verlag der Lutherischen Buchhandlung Heinrich Harms, 1987.

Manton, Thomas, *One hundred and ninety Sermons on the Hundred and Nineteenth Psalm, in three Volumes*, Edinburgh: The Banner of Truth Trust, 1990.

Morgan, G. Campbell, *Notes on the Psalms*, London: H. E. Walter, 1946.

Perowne, J. J. Stewart, *Commentary on the Psalms*, Grand Rapids: Kregel Publications, 1989.

Plumer, W. S., *Psalms. A critical and expository Commentary with Doctrinal and Practical Remarks*, Edinburgh: The Banner of Truth Trust, 1978.

Spurgeon, C. H., *The Treasury of David in Three Volumes*, McLean, Virginia: MacDonald Publishing Company. Auf Deutsch erschienen unter dem Titel *Die Schatzkammer Davids*, Bielefeld: CLV, 1996 (Nachdruck).

Zitierte Bibelübersetzungen und ihre Abkürzungen

AV	*Authorised Version,* *die englische sog. King James Bibel von 1611*
Buber	*Das Buch der Preisungen,* *verdeutscht von Martin Buber*
Diodati	
Elb	*Elberfelder Bibel von 1905*
JPS	*Hebrew-English Tanakh der Jewish Publication Society (englisch-hebräische Bibel)*
Luther	*Wo nicht anders angegeben,* *ist Luther 1912 gemeint*
LXX	*Septuaginta (die griechische,* *vorchristliche Übersetzung des AT)*
M	*masoretischer Text*
Marx	*Die Lobgesänge. Aus dem hebräischen Urtext übertragen von Leopold Marx*
Rev. Elb	*Revidierte Elberfelder Bibel von 1991*
Schlachter	
Schlachter 2000	
Segond	
Svenska Folkbibeln	
V	*Vulgata*
Zunz	
Zürcher	

Über den Autor

Benedikt Peters, schwedischer Staatsbürger, geboren 1950 in Helsingfors/Helsinki (Finnland), seit 1960 in der Schweiz wohnhaft, seit 1978 verheiratet, vier Kinder, Wohnsitz in Arbon am Bodensee. 1974 bis 1977 Besuch einer Bibel- und Missionsschule in der Schweiz; von 1980 bis 1985 Studium der griechischen und hebräischen Philologie an der Universität Zürich, 1986 bis 1993 Redakteur in einem christlichen Verlag; seit Frühjahr 1993 vollzeitlich im übergemeindlichen und konfessionell ungebundenen Dienst als Bibellehrer tätig im gesamten deutschsprachigen Raum sowie in Süd- und Osteuropa. Autor einer Reihe von Büchern zu biblisch-theologischen und zeitgeschichtlichen Themen.